学习有方法

学习规划课

朝歌 编著

台海出版社

图书在版编目（CIP）数据

学习有方法 . 学习规划课 / 朝歌编著 . -- 北京：
台海出版社，2023.10
　　ISBN 978-7-5168-3660-6

　　Ⅰ . ①学… Ⅱ . ①朝… Ⅲ . ①学习方法－少儿读物
Ⅳ . ① G442-49

　　中国国家版本馆 CIP 数据核字 (2023) 第 184139 号

学习有方法 . 学习规划课

编　　著：朝　歌

出 版 人：蔡　旭　　　　　　封面设计：韩海静
责任编辑：姚红梅　　　　　　策划编辑：刘慧滢

出版发行：台海出版社
地　　址：北京市东城区景山东街 20 号　邮政编码：100009
电　　话：010-64041652（发行，邮购）
传　　真：010-84045799（总编室）
网　　址：www.taimeng.org.cn/thcbs/default.htm
E-m ail：thcbs@126.com

经　　销：全国各地新华书店
印　　刷：三河市南阳印刷有限公司
本书如有破损、缺页、装订错误，请与本社联系调换

开　　本：710 毫米 ×1000 毫米　　　1/16
字　　数：106 千字　　　　　　　印　　张：11
版　　次：2023 年 10 月第 1 版　　印　　次：2023 年 10 月第 1 次印刷
书　　号：ISBN 978-7-5168-3660-6

定　　价：158.00 元（全五册）

前言
preface

比天赋更重要的是方法

中国有句古话："工欲善其事，必先利其器。"虽然做事是最终目的，但掌握做事的方法，才是先决条件。学习也是同样的道理，"学会"不如"会学"，只有掌握了学习的方法，才能摆脱"明明很努力，成绩就是上不去"的魔咒。

《学习有方法》是一套科学合理、简便易用的学习方法指导书。全书共分为五册，用简洁的语言和贴近日常生活的故事，讲述孩子在学习过程中遇到的问题。书中包含了上百种学习方法和大量的图形、表格、导图等学习工具，如"万能记忆公式""康奈尔笔记法""时间管理四象限法""番茄学习法"等，这些宝藏学习法趣味性强，高效实用，能有效解决孩子不爱学习、不会学习的问题，助力孩子快速拿高分，逆袭成优等生。

希望《学习有方法》能够成为孩子前进的朝阳，帮助他们拨开云雾，找到通往成功之路。

认识我吧

唐小糖

性格开朗，是同学们的开心果。成绩优秀，班里的小学霸。喜欢分析问题，常常会总结一些学习小窍门与同学们分享。

鲁小路

同学们的暖心哥哥，无论谁遇到困难，他都会挺身而出。天生聪明，为人勤奋，成绩一直很突出。

郭小果

性格温顺，不是很自信，凡事都以和为贵。一直默默无闻地学习，但是缺少好方法，成绩并不太理想。

米小咪

聪明，口齿伶俐，平时很爱美。在同学们眼里，她是"时尚小达人"。不过学习成绩并不好。

钱小强

班级里的捣蛋鬼，常有一些"鬼点子"。反应很快，逻辑能力强，数学对他来说是小菜一碟。

目录 contents

第1章

提前布局，
少走弯路不迷茫

追风小二班
小糖，期中考试你又是第一名，怎么做到的啊？
小糖有超人附身！
一直在追赶，从未追上过！唉！
我连追赶的资格都没有……
哈哈，无他，会规划尔！

优秀的背后，是周密的规划

做任何事想要成功，都必须在行动前有一个周密的规划，学习也是如此。哈佛大学教授斯坦利·霍夫曼说："不管如何，要想提高学习效率，不可或缺的是要制定详细的学习规划。"周密的学习规划可以使学习目标明确，同时还能养成良好的学习习惯，从而大大提高学习效率。

暑假的一天，米小咪约唐小糖出来逛街。

"小糖，暑假快结束了，假期作业 也写完了，剩下几天你打算怎么'嗨皮'啊？"米小咪问唐小糖。

"'嗨皮'？我没想过啊，虽然假期要结束了，但我还是会按假期规划来度过每一天。"唐小糖喝了一口刚刚买的奶茶 回答道。

"啊？假期还要规划，你累不累啊！我都想好了，剩下的几天，我要每天睡到自然醒，白天打游戏、逛街、吃零食……反正就是变着花样让自己爽！"米小咪 一脸憧憬地想象着自己接下来几天要过的"幸福生活"。

"你这也太浪费时间了吧？何况你这样的状态，开学后会一时难以适应。"唐小糖担心地说。

"那你说怎么过？"

"虽然是放假，但每天要完成哪些学习任务 📋 ，什么时间该做什么，我都有认真规划。这样一来，我每天都感到很充实，又不会感到很累。"唐小糖说。

"那你岂不是每天都不能尽情地玩？"米小咪 不解地问。

"不会啊，我现在不就跟你在尽情地玩吗？虽然我规划了每天的学习时间，但也会留出一定的休息和休闲时间，这样既能让大脑得到休息，又不会影响学习，不是挺好吗？"

"其实你也可以做规划，科学合理地分配每天的时间，什么时候该学习，什么时候该休息。"唐小糖接着说。

"我真应该跟你取取经。"米小咪说。

"现在假期快结束了，那就准备做一个新学期的周密规划吧，加油，我看好你哦！"唐小糖向米小咪做了个鬼脸。

"好啊，小糖，不过我还得多跟你请教经验呢！"

"没问题，一起努力！"唐小糖 笑着拍了拍米小咪的肩膀。

学习规划

学习规划是指对某一时间段内的学习内容进行细致划分，将大量的学习内容分成多个阶段性目标，以便更加高效地完成学习任务。

　　很多小学生在学习时都缺少周密的规划，经常是"脚踩西瓜皮，滑到哪里算哪里"。之所以如此，是因为他们觉得，跟着老师的脚步走，按照老师的要求来学习就行了，自己何必再制定规划呢？

　　这种想法是不对的。要知道，学校和老师的规划是针对所有同学的，而每个同学还应该按照老师的要求，根据自己的实际学习情况制定具体、周密的个人学习规划，这样才能在学习过程中少走弯路，取得更好的成绩。

　　高尔基曾说："不知道明天该做什么的人是不幸的。"所以请记住，任何一个优秀的人都一定有着周密的规划，然后按照规划一步步去实现自己的目标。

周密的规划有哪些好处

学习目标明确： 学习规划是要求自己在什么时间，采取什么方法，达成什么样的学习目标，因而它可以促使你有步骤地完成自己的每一个学习目标。

合理安排学习任务： 每个时间段该做什么，需要多少时间等，都有详细规划，不会让你在学习中眉毛胡子一把抓。

学习效率高： 一些人之所以能成为学霸，其核心武器就是学习效率高，而科学、周密的学习规划可以有效提高学习效率。

学霸来支着儿

Step 1 分析自己的学习状况

制定学习规划前，先认真分析一下自己当前的学习情况，比如哪些科目学得好，要继续保持；哪些科目学得一般，有很大提升空间，需要继续努力；等等。

Step 2 确立学习目标

根据自己当前的学习情况，为自己制定适当、明确、具体的学习目标。"适当"是说这个目标不能过高或过低，自己努力后就可以达成;"明确"是说学习目标要便于对照和检查;"具体"是说这个目标有清晰的实现方法,如"让数学达到全班中上等水平"这个目标,就可以具体化为:每天完成10道计算题、5道应用题。

Step 3 科学安排时间

确立学习目标后,就要通过科学安排时间来实现这些目标。在规划时间时,既要规划好课内学习时间,也要考虑好课外学习和活动时间,还要考虑好不同学科的时间搭配。

本节要点回顾

⭐ 任何一个人,其优秀的背后都有周密的规划。

⭐ 为自己制定的学习规划要适当、明确、具体,具有可行性。

⭐ 规划要适合自己,一旦发现不适合,要及时调整。

快被我弟弟的学习气晕了……

你弟弟刚上一年级，怎么会气到你？

可别说你辅导不了他的作业，哈哈！

我觉得小强可能在以大欺小……

我猜，你是被他的学习习惯气晕的。

要不说小糖是学霸呢，真的只有学霸才懂！

小学低年级：培养学习习惯

有这样一句话："播种一种行为，收获一种习惯；播种一种习惯，收获一种性格；播种一种性格，收获一种命运。"由此可见，习惯的重要性。对于低年级的小学生来说，养成良好的学习习惯要比取得好成绩更重要，因为成绩是可以追上去的，而坏习惯一旦养成就不容易改变。能够把好习惯坚持下去的同学，以后才会越来越优秀。

"小强，放学后去打球 🏀 啊？"下课了，鲁小路走到钱小强桌边说道。

"唉，不行啊，今天要回去辅导我弟弟写作业。"钱小强叹了口气，无奈地说。

"你弟弟不是才上一年级吗？能有多少作业需要辅导！"鲁小路疑惑地问。

"你不知道，我弟弟就是个名副其实的'学渣'，所有学习的坏习惯全让他占了，我都要'无语凝噎'了！"钱小强一脸生无可恋的样子。

"哈哈，那你快说说，他都有哪些坏习惯让你这样无语？"鲁小路一副看热闹的表情。

"比如说啊，明明半小时就能写完的作业，他愣是能磨蹭一个小时；写作业时，不是上厕所，就是要喝水 ；不爱朗读，不爱预习，不爱复习，字还写得乱七八糟 ；好不容易把作业写完了，不是这个字丢了一笔，就是那个题丢了个数字！我每天都被气得快抑郁了，我妈妈还总说我没耐心！你说，我怎么才能解脱啊？"钱小强终于找到一个"吐槽"对象，恨不得把肚子里的苦水一股脑全倒出来。

"这问题确实比较严重。"鲁小路 点点头说，"不过，我听你说完后发现了一个问题。"

"什么问题？"

"我发现，你'控诉'你弟弟的这些学习问题，其实并不是他学习本身的问题，而是他学习习惯的问题。"鲁小路认真地说。

"怎么讲？"

"简单来说，就是没有养成良好的学习习惯。我记得我在上一年级时也有类似的问题，后来我妈妈帮我建立了学习习惯养成表，比如每天的某个时间段该学什么，要用多长时间 ，每天早晨坚持晨读，晚上坚持阅读，等等。养成表中还有一些奖惩措施，如果我按时完成了某个学习任务 ，就获得一个什么奖励；没有按时完成，就要接受某种惩罚……我就是在一年级时慢慢养成了很多好的学习习惯。"

鲁小路  把自己的经历讲给钱小强。

"你这个方法真不错！"钱小强  连连点头，"我也要学学你妈妈，把这种方法用在我弟弟身上。如果他能建立良好的学习习惯，岂不是不需要我每天盯着他学习了？"

"没错，是这样的。"鲁小路笑着说。

钱小强决定，今天晚上放学回家后，他就给弟弟制作学习习惯养成表  。

学习习惯

学习习惯是指在学习过程中经过反复练习后形成并发展，最终成为一种个体需要的自动化学习行为方式。

"妈妈，这道题怎么做？"

"我不想现在写作业，我现在就想玩……"

"作业写完就行了，不用检查。"

……

你是不是也经常说以上这些话？如果是，那可是很不好的学习习惯哦！

低年级是为学习打基础的阶段，基础打得不牢，到了高年级，学习就会出现后劲不足、成绩退步的现象。所以在低年级时，大家一定要让自己养成良好的学习习惯。

一般来说，低年级小学生不好的学习习惯主要包括学习目标不明确、学习时间不固定、听课时精神不集中、课后作业不能按时完成、写作业时马虎应付、平时不预习或不复习、考试时不认真读题或不积极思考、不会整理错题本等。如果你也有这些习惯，一定要及时改正，并请爸爸妈妈帮助你养成良好的学习习惯！

好的学习习惯有哪些

规范书写：从低年级开始就要养成良好的书写习惯，严格按照书写规范来写字。

每日阅读：阅读是学习语文的基石，可以根据自己的兴趣选择书籍，每天坚持阅读半小时。

认真听讲：听讲是学习的重要环节，只有认真听讲，才能更好地理解老师的授课内容。

⭐ 自主思考：遇到难题不要马上求助他人，而应自己先认真思考，实在解决不了时再寻求帮助。

⭐ 自觉检查：在完成作业后，自己认真检查一遍，查缺补漏。

学霸来支着儿

好的学习习惯能让我们终身受益，拉开同学之间差距的不是智商，而是良好的学习习惯。

Step 1 建立学习习惯计划表

根据自己的实际情况，建立一份学习习惯计划表，并根据计划表安排自己日常的学习。

星期一	星期二	星期三	星期四	星期五	星期六	星期日
上午	上午	上午	上午	上午	上午	上午
下午	下午	下午	下午	下午	下午	下午

Step 2 规范书写习惯

小学低年级是写字的起步阶段，在写字时，首先要有正确的书写姿势，其次是要学会正确地执笔，这些都是写好字的前提条件。此外，还要养成严谨的书写态度，把写字当成是一项重要的学习任务来完成，从而促使自己养成良好的书写习惯。

Step 3 大量且广泛的阅读

在阅读过程中，如果发现了生字词，或者觉得文章写得好，可以摘抄下来；如果发现了好词、好句，可以延伸出近义词、反义词，或者进行仿写。这些学习习惯都在为高年级的深入学习打基础。

本节要点回顾

⭐ 对于小学低年级的同学来说，培养学习习惯比取得好成绩更重要。

⭐ 制作学习习惯计划表，可以帮助你快速养成学习习惯。

⭐ 各种学习习惯要逐渐养成，不要一次贪多。

追风小二班
谁能理解怎么学习都学不会的痛啊！
同感！
怎么会呢？只要方法对，没有学不会！
此处有掌声。
这个问题，我认同小强。方法对，就能学会，哈哈！

小学中年级：构筑学习方法

在小学中年级阶段，学习内容虽然比低年级阶段要多一些，但总体上学习难度并不大。在这个阶段，能否学习好关键在于是否掌握了恰当的学习方法。可以说，此阶段的学习并不像一些同学想象的那么艰难，只要掌握了恰当的学习方法，不需要什么过人的天赋，照样能在学业上做到"芝麻开花节节高"。

还有一个多月就要期末考试了，老师把班里的同学分成不同的学习小组，唐小糖、郭小果、鲁小路、钱小强和米小咪被分到了一组，并由唐小糖担任组长。老师提出，期末考试平均成绩优秀的小组，可以获得一定的奖励。为了能成为优秀学习小组，各组同学都铆足劲儿学习，唐小糖负责的学习小组也不例外。

一天早晨，唐小糖刚走进教室，就发现坐在自己前排的郭小果正趴在书桌上，肩膀一抖一抖的，好像在哭。

"小果，你怎么了？"唐小糖用手指轻轻戳了戳郭小果的后背，关切地问道。

郭小果没有回头，但肩膀抽动得更厉害了。

"小果，你是哭了吗？发生什么事了？"唐小糖起身来到郭小果的座位旁，轻轻拍了拍郭小果的肩膀，再次问道。

"小糖，我……我觉得自己很……很差劲，我……"郭小果轻轻抬起头，两只手捂着脸，脸上还有泪痕 。

"小果，别哭，先告诉我发生了什么事，好吗？"唐小糖坐在郭小果身边，轻轻地问道。

"我……我刚刚做了一张测试卷 ，错了好几道题……我……我也很努力了……"郭小果抽抽搭搭地回答。

"你是怕期末考不好是吗？"唐小糖问。

郭小果点了点头，说："我怕……怕影响我们组的成绩……"

"小果，我理解你的担心，但学习不是一时的，一次成绩的好坏也不代表永远，你不要有太大的心理压力。"唐小糖 耐心地说。

"可是……我明明已经很努力了，为什么……"郭小果不解地问。

"是的，你是咱们小组最努力的组员，不过，如果你感觉成绩提升很慢，那就不是努力不够的问题了。"唐小糖说。

"那是为什么 ？"

"是学习方法的问题。如果没有科学的学习方法，就算再努力，成绩也很难提升。而且随着年级的升高，我们的学习压力也会越来越重，低效的学习方法除了耗费大量的时间和精力，最终取得的成绩也会令我们失望。"唐小糖 非常耐心地对郭小果说。

"原来是这样啊！那怎么办呢 ？"

"你别急，今天放学后，我帮你好好分析一下，看看什么学习方法适合你，一定帮你把成绩提上去。"

"太好了，小糖，真的谢谢你！"郭小果感激地对唐小糖 说。

学习方法

学习方法是通过学习实践总结出来的快速掌握知识的方法。学习方法没有统一规定，只要适合自己，就能提高学习效率。

"我明明已经很努力了，怎么还学不会呢？"

这可能是很多同学在学习过程中发出的疑问。尤其是进入小学中年级后，这种现象更加明显。

中年级是小学阶段的一个转折点，学习内容由之前的培养学习习惯和学习兴趣转向大量知识系统性的学习，我们可能无法及时掌握所学知识，因而也容易出现各种学习问题。但是，这并不表示学习就没有方法，那些成绩优异的同学，都是掌握了适合自己的学习方法。所以，如果你能找到适合自己的学习方法，同样可以摆脱"明明很努力，可成绩就是不理想"的魔咒。

小学中年级学习重点有哪些

阅读：到了小学三、四年级，语文课的重点逐渐由拼音、字词向文章理解过渡，而快速适应这一变化的最好方法就是多读课外书。

写作：小学中年级是训练写作的关键时期，而练习写作最好的方法就是勤动手写日记，最好可以每天坚持。

计算：加强计算练习，不断提高解决数学问题的能力。

奥数：如果你喜欢挑战，可以学点奥数，但不要勉强自己，也不要随便应付，抱着训练的态度和平常心学习即可。

英语：从听说到读写的过渡期，平时要多听、多读、多模仿，培养自己的语感。

学霸来支着儿

Step 1 便签预习法

高效预习是提升成绩的起点，科学复习则是形成完整知识体系的关键。两者一个是学习前的热身，一个是学习后的巩固，相辅相成，缺一不可。在预习时，可以参考下面的方法。

便签预习法

新内容
这一课主要讲了什么内容？

新问题
这一课有哪些新问题？

预习便签

新方法
这一课解决新问题要学哪些新方法？

新关联
新方法跟哪些学过的方法有关联？

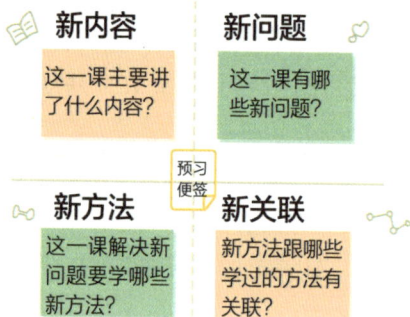

听好课 = 预习 + 听课 + 笔记

预习便签使用流程

使用流程

- 这节课主要讲：
- 这一课的新问题：
- 解决新问题要学的新方法：
- 新方法跟哪些学过的方法有联系：

- 写好的预习便签，贴在课本相应的书页上。
- 第二天听课时，便签起到提醒要点的作用，听到相应的地方就打钩。
- 预习便签不是听课笔记，不必保存。

注意事项

预习便签上四个内容不需要写得太细，跳过具体内容，找到问题和要点。

预习便签每项1～2句话。

预习便签，既让孩子完成了预习，又训练了孩子"带着目的阅读"的能力。

Step 2 整理错题本

进入小学中年级，一定要开始分科整理对应的错题集，从而找到自己的知识漏洞，并积极弥补这些知识漏洞。

活页便签错题本模板

错题本正面

科目：_____ 章节：_____ 时间：_____

题目：

复习记录

第1次：_____

正确☐ 错误☐

第2次：_____

正确☐ 错误☐

第3次：_____

正确☐ 错误☐

出处： 学习作业☐ 学校考试☐ 家庭练习册☐ 家庭练习卷☐ 其他☐

☆☆☆☆☆

错题本背面

错误类型： 知识点模糊☐ 审题错误☐ 缺少步骤☐ 格式不规范☐ 新题型☐ 答题思路☐

正解：

知识点：

错因思考：

Step 3 掌握听课"三原则"

听课时一定要认真、专注，并要遵循三个原则，即带着疑问听课、带着思考听课和带着任务听课。

疑问

带着疑问听课

带着疑问听课，听课时就有了目标。疑问主要来自课前预习，预习的目标就是找到问题。

思考

带着思考听课

在课堂上，无论老师是否会提问自己，都当作是在提问自己，从而积极自问自答，激发思考。

任务

带着任务听课

听课时的任务包括：在预习便签上打钩，记好课堂笔记，在课本上标出解题思路等。

本节要点回顾

⭐ 在小学中年级，构筑科学的学习方法很重要。

⭐ 小学中年级是小学的分水岭，抓住学习重点很关键。

⭐ 做好预习、复习，科学听课，整理好错题，对提高学习效率有帮助。

追风小二班

星期天我去听高年级学哥、学姐们的小升初讲座，有人一起没？

小糖，你这准备工作是不是做得太早了啊，我们才四年级！

小糖总是善于未雨绸缪。

没有比我周日踢球更重要的事！

小糖，我可以一起。

看看小路这觉悟！

小学高年级：为小升初做准备

　　小升初是每个小学生都要面对的问题，但小升初不是到了六年级才开始关注，很多小学生从四年级、五年级开始就要为小升初做准备了。在小学高年级时，如果学习知识不扎实，没有为小升初做好充分的准备，即使上了初中，想要取得好成绩也是很难的。所以，提前为小升初做准备，不但会让小升初变得容易，还会为初中的学习生活打好基础。

　　"小糖，放学了，还不走吗？"这天放学，郭小果转过头问坐在她后排的唐小糖。

　　"我看一会儿书 　　 再走，你们先走吧。"唐小糖抬起头，对郭小果笑了笑，说道。

　　"你在看什么书啊？昨天放学我就看你在看书。"郭小果好奇地问。

　　"是关于小升初如何做准备的书。"唐小糖 　　 举起书，在郭小果眼前晃了晃。

　　"小升初？我们现在才四年级，你这么着急上初中啊？"郭小果用不理解的眼神盯着唐小糖。

"哎呀，小果，你没听过那句名言吗？'机会永远留给有准备的人'，提前看看，提前了解，总归没坏处。"唐小糖做了个鬼脸。

"听你这么一说，我也来兴趣了。你快跟我讲讲，小升初都需要做哪些准备？"郭小果又坐下来，转过头看着唐小糖问道。

"咳咳——听着哈，小升初呢，需要在很多方面做准备。比如说，首先要知道，初中所学知识跟我们现在小学阶段所学的有哪些不同？小学阶段所用的学习方法，到初中还适用不适用？上初中后，学习科目增加了，学习时间会很紧张，我们该怎样合理利用时间才能提高学习效率？……这些都是需要提前了解和思考的。"唐小糖说得头头是道。

"My God!"郭小果假装翻了一个白眼，发出一声感叹，"上初中后，我感觉自己的智商可能会再次被狠狠碾压，唉，好悲伤！"

"哈哈，小果，也没你说得那么夸张啦！"看到郭小果的表情，唐小糖忍不住大笑起来。

"我是说真的！现在我都感觉学习很吃力，上初中后，不知道生活怎么折磨我呢！"

"不会的，小果，对自己有信心比什么都重要！"唐小糖平时经常鼓励郭小果，"何况，我们现在可以提前为小升初做准备，比如调整自己的学习态度，找到适合自己的学习方法，规划好自己的作息时

间 🕐，等等。做好这些准备后，小升初就不成问题了。"

"小糖，你总是这么厉害，想问题总是能想在我前面，难怪你学习这么优秀！"郭小果一脸崇拜地看着唐小糖说。

"哈哈，你可真会夸我，不过，我喜欢！"

两个好朋友一起笑了起来。

小升初

从字面上理解，"小升初"就是指学生从小学升入中学阶段。

小升初需要做哪些准备

认识上的准备：了解小学所学内容与初中所学内容的差异，调整自己的学习态度。

学习方法上的准备：掌握一些高效学习方法，如思维导图学习法、高效记忆法等。

时间计划上的准备：小学时主要学习语文、数学和英语，而升入初中后，相同时间里要学习7～9门课程，因此学会科学合理地利用时间很关键。

身体上的准备：多锻炼身体，做一些健身运动，增强体质。

心理上的准备：升入初中后，进入了青春期，不管是生理还是心理上都会产生巨大的变化，所以要做好心理上的准备，如多交朋友、放松心态、学会宽容等。

自主读书的准备：为自己列一份读书计划，鼓励自己积极思考问题，训练自己的思维从被动接受到主动分析。

学霸来支着儿

Step 1 提升阅读理解能力

小升初考试不局限于课本，还重点考察课外阅读和理解能力。所以，在小学高年级，要广泛地阅读，尤其要阅读经典名著，并重点关注其中的语句、修辞手法、人物关系等，或者借助思维导图来加深自己对以上知识的理解。

Step 2 多做真题

平时多做小升初考试的真题，可以使自己更好地了解近几年的考试方向和考试重点，有助于在平时学习中找到突破口，集中力量学好考试中最常见的题目类型。

Step 3 培养学习思维

小学的学习难度较低，许多科目解题方法比较固定且单一。到了初中，课程难度增大知识变多，解题的思路和方法更加多样，必须学会主动学习钻研，多角度思考问题，懂得灵活应变、举一反三，才能顺利过渡到初中。

本节要点回顾

⭐ 到了小学高年级，要积极地为小升初做准备。

⭐ 小升初的准备主要包括学习方法、时间规划、心态调整等。

追风小二班

谁能告诉我，我的银手链为什么会变黑？

"黑化"了，嘿嘿……

这……还真不知道。

这个我有发言权，因为它被"氧化"了！

这么神奇？请小强给大家讲讲，鼓掌！

数理化早启蒙，学习早开窍

俗话说："学好数理化，走遍天下都不怕。"可见数理化在学习中的重要作用。刚一开始学新内容很可能一下子就被各种枯燥的公式、抽象的概念搞蒙了。其实，对于数理化的学习应该早启蒙，早锻炼自己的数理化思维，这样在正式学习数理化知识时，才会更加得心应手。

"上课了，上课了——"

随着上课铃声 响起，大家都快步走进教室，准备上课。

这节课是科学课，科学老师已经进入教室了，同学们发现科学老师的手里拿着几根电线、一节电池 和一个小灯泡。大家很好奇，科学老师这节课要讲什么呢？

"同学们，你们看到我手里拿的东西了吗？大家猜一猜，这节课我要教大家什么知识呢？"科学老师开始上课了。

"老师，难道您要做个电路吗？"钱小强举起手 问道。

"钱小强同学说对了，那大家知道怎么做简易电路吗？"科学老师又问。

"老师，我知道！"鲁小路举起手，大声说。

"好，那请鲁小路同学上来给大家演示一下吧！"

鲁小路 一听老师叫自己，急忙从座位上起身，跑到讲台上给大家演示。只见他一手捏着电线的一端，把电线轻轻地接在灯座的一端，把另一端连接到电池的正极；又把另一根电线的两端分别接在灯座另一端和电池的负极上，然后打开灯座上的小开关，小灯泡一下子就亮了 起来。

"哇——真的亮了！"台下的同学都忍不住发出了惊叹声。

"鲁小路同学，你很厉害啊，真的做成了一个电路，让小灯泡亮了起来，非常好！"老师亲切地拍了拍鲁小路的肩膀，示意他可以回座位 了。

"那么，哪位同学能说说，这个小灯泡是怎么亮起来的呢？"老师又问。

"老师，这个我知道！"钱小强 忙举起手，大声回答。

"钱小强，那就请你回答一下吧。"老师说。

"因为电池里有电流，在打开开关后，电流会从电池一端经过电线和小灯泡到电池另一端，这就形成了一个完整的电路。在这个过程中，电流通过了小灯泡，所以小灯泡就亮起来了。"钱小强认真地解释着。

"很好！钱小强同学，你是从哪里学到这些知识的？"老师问。

"是从一本物理书上看到的，上面有各种各样的物理知识，比如声音、速度、摩擦力等，很有趣！"得到老师认可的钱小强感到很自豪。

"嗯，虽然我们现在还没有正式学习物理，但大家也应该像钱小强同学一样，多看一些类似的书籍，多学习里面的知识，为自己升入初中后学习数理化知识打好基础。"

同学们见鲁小路和钱小强知道这么多知识，也希望自己可以像他们一样厉害，心里默默打算，自己也要多学习一些数理化的知识。

数理化

数理化是数学、物理、化学三门学科的简写，一般也称作理科。与其对应的是文科，包括语文、历史、政治。

数学是在小学阶段就已经接触并学习的学科，物理、化学等则需要升入初中后才会学习。然而在学习数学期间，很多同学对它简直又爱又恨，爱是因为有些数学知识很有趣，恨则是因为数学中有很多抽象的公式、概念等不易理解，学起来有些吃力。

实际上，如果感觉数学学习很难，那可能是因为你缺乏数理化思维，这种思维能力需要在小学阶段就培养起来，为初中时学习物理、化学打好基础。

学霸来支着儿

Step 1 阅读有关数理化启蒙的书籍

现在有很多关于数理化启蒙的科普书籍，经常阅读这类书，可以提前培养数理化思维，弥补课堂教育短板，认识学科的本质，并通过一些有趣的案例，提升对数理化的好奇心与兴趣。

Step 2 多动手做实验

通过做实验，可以将一些数理化知识以及本质都了解清楚，记忆起来也会更加深刻。而且在做实验时，还能锻炼思考能力，提高逻辑思维能力。

Step 3 多看和数理化相关的纪录片

数理化知识并不都是枯燥乏味的，也很有趣，平时多看一些和数理化相关的纪录片，可以通过纪录片中生动形象的故事增加对理科知识的理解，更好地激发学习兴趣。

本节要点回顾

⭐ 为了更好地适应初中各科目的学习，数理化早启蒙很重要。

⭐ 通过动手做实验等方式，可以提升对数理化学习的兴趣。

⭐ 数理化早启蒙不等于提前学习高年级的数理化学科知识。

第**2**章

科学规划，
学习高效有条理

追风小二班
哎呀！周末作业写不完，谁能救救我？
周末作业不多啊，你怎么搞的？
出去玩儿过头了！
哈哈，玩时一时爽，作业“火葬场”！
我劝你还是做个学习计划吧！
做了啊，无效，怎么办？

别让无效计划拖累你

"凡事预则立，不预则废。"对于我们来说，学习的自主性十分重要，而学习计划既能让我们做事有条理，还能帮助我们逐步实现自己的目标。但是，如果你的学习计划不科学、不可行，那么不但无法提升成绩，还有可能拖累你！

"叮铃铃——"

下课铃响了，同学们陆陆续续走出教室。

平时一下课就叽叽喳喳地分享自己变美经验的米小咪，今天却格外安静，低着头坐在自己的座位 上，看起来很沮丧。

"怎么了，米小咪？今天的样子可不符合你的气质呀！"正准备出门的唐小糖 ，在经过米小咪座位旁时，看到米小咪无精打采的样子，好奇地问道。

"唉，别提了！"米小咪叹了一口气，"还不是被昨天的考试闹的！"

"昨天考试成绩不理想？"唐小糖站在米小咪身边，关切地问。

"你也看到了，和你们的成绩差一大截呢！关键是，我也按照老师说的做了学习计划呀，怎么成绩就没提升呢？"米小咪皱着眉头说。

"你是怎么做计划的？"唐小糖问。

"就按老师说的，每天6点半起床，背20分钟单词，然后吃完早饭来上学；放学后写作业，预习第二天的课程，周六日每天做一套综合试卷……"米小咪掰着手指头数着自己每天的学习内容。

"停停停！"唐小糖做了一个"停止"的手势，"我想知道，你每天能坚持这个计划吗？"

米小咪的脸一下子红了，吞吞吐吐地说："也有……间断，有时实在不想学习，就……就偷个懒……"

"你制订了学习计划，却不能坚持，那你的计划就等于无效计划，自然对提高成绩没有帮助啊！"唐小糖皱着眉说。

"那怎么办？可我有时候真的坚持不下去呀！"

"首先，我觉得你的学习计划太紧张了，几乎没有休息时间，这会让你感觉很疲劳，一疲劳就不想学了，学习效率肯定不高；其次，你的计划不够具体，也没有重点，并且每周也没有复盘……说白了，你看起来很努力，其实收获并不大。"唐小糖给米小咪分析起来。

"不就是个学习计划嘛，需要这么多讲究吗？"米小咪一副不解的神情。

"当然讲究了！你等着，我把我的学习计划拿给你看看。"

说完，唐小糖从书包里拿出一份学习计划表，递给米小咪。

米小咪一看，上面详细地写着每天除了上课时间外，其余时间的学习和活动安排，如每天的起床时间、晨读内容，放学后的学习内容、休息时间，以及具体要完成的学习目标等。

"跟你制订的计划 比起来，我的计划像是在偷懒哦！"米小咪不好意思地说，"不过，我现在知道自己该怎么做了。"

米小咪决定像唐小糖学习，重新制订一份详细的学习计划。她心里还暗暗下决心，自己不但要当"时尚小达人"，还要当"学习小达人"。

无效计划

科学合理的学习计划可以起到事半功倍的效果，很多同学虽然制订了学习计划，但成绩仍然没有提高，这是因为计划不科学、不合理，属于无效计划。

学习要有目标和计划，不能随意支配自己的行为，否则会导致学习效果大打折扣。学习需要理性，即依靠计划来支配自己的学习行为，才能起到约束、警醒自己的作用。

但是，每个人的学习情况和学习特点又不一样，比如有的人记忆力强，学过知识不易忘记；有的人理解力好，老师讲一遍就能听懂；有的人想象力丰富，善于在图形变换中找出规律……

你属于哪种类型呢？只有针对自己的特点制订学习计划，它才能成为你进步的好帮手。

有效计划什么样

要有明确目标：明确自己每天做几道题，学习哪些知识点，练习哪几篇听力，而不是泛泛而谈。

杜绝懒惰的想法：刚开始可能觉得坚持计划很难，但从微行动开始，一步步改变自己，就能养成坚持计划的好习惯。

合理分配精力：并不是学习时长越长，掌握知识就越多，要在自己精力最好的时间段学习最重要的内容，提高效率。

科学安排时间：学习计划中既要安排好学习时间，也要考虑休息和娱乐，既要考虑课内学习，又要考虑课外学习，还要考虑不同学科的时间搭配。

定期回顾，调整计划：每天晚上或每周固定时间对自己的计划进行回顾和总结，发现不足，及时调整。

学霸来支着儿

Step 1 学会把时间分段

我们可以把除正常上课外的时间分为早晨、下午放学后和晚上睡前三个完整的时间段，以半小时或一小时为一个时间段，一个时间段内只完成一项学习任务，中间可以加入休息时间，既能让大脑得到放松，又不会觉得太累，容易坚持下去。

学习计划表		
时间段	具体时间	学习任务
早晨起床后	6：30 ~ 7：00	背 20 个英语单词
下午放学后	17：00 ~ 17：30	完成作业
	17：30 ~ 17：50	休息
	17：50 ~ 18：20	完成作业
	18：20 ~ 19：00	吃晚饭，休息
晚上睡前	19：00 ~ 19：30	做 10 道计算题、5 道应用题
	19：30 ~ 19：50	休息，自由活动
	19：50 ~ 20：20	复习当天学习的内容，预习第二天的内容
	20：20 ~ 20：40	休息，自由活动
	20：40 ~ 21：10	阅读语文 15 分钟、英语 15 分钟
	21：10 后	洗漱，睡觉

Step 2 学习计划要突出重点

一天有 24 小时，每天用来学习的时间是有限的，但学习内容却是无限的，所以学习计划要突出重点，在重点学科和自己较弱的学科上多花些时间。

Step 3 计划要灵活

学习计划不要太死板，要有一定的灵活变通性，每天晚上或每周末复盘时，如果感觉某些地方不合理，要及时调整，这样才能高效地完成学习计划。

本节要点回顾

⭐ 学习要有计划，但不要陷入无效计划的陷阱。

⭐ 学习计划要根据自己的实际学习情况来制订。

⭐ 合理安排计划的时间，做到劳逸结合。

新的一天开始啦，朋友们，想好今天怎么学习了吗？

这有什么可想的，老师让我们怎么学，就怎么学呗！

怎么学习？翻着跟头学习吗？嘻嘻——

小路，你想表达什么？

"暖心哥哥"又要助人为乐，奉献学习经验了，快说来听听！

每日计划：量化一天的任务

美国著名演说家、教育家博恩·崔西曾说过：计划每天的工作只花费你大约 10~12 分钟的时间，但接下来一天当中这段时间能够为你节约两个小时的时间和精力。这句话对小学生同样适用。每天按计划学习，不但能让你顺利完成一天的学习任务，还能养成良好的学习习惯。

每天早晨，钱小强总是最后一个走进教室。不对，应该是冲进教室。往往他一只脚刚迈进教室，上课铃声 就会随之响起。

但今天很意外，钱小强早早就来到了教室，趴在桌子上正写着什么。

鲁小路走进教室后，一眼就看到了钱小强。

"嘿，今天太阳从西边出来的吗？钱小强竟然来这么早，真让人不敢相信哦！"鲁小路走到钱小强桌前，打趣地说。

"别提了，昨天踢球 踢嗨了，晚上忘写作业了，今早被我妈直接从被窝揪出来批评教育一通！我这不是抓紧时间来学校写，不然我怕老师一会儿再把我揪到讲台 上批评教育！唉，我太难了！"

钱小强嘴里诉着苦，写作业 📖 的手却一直没停。

"哈哈，对你的遭遇我深表同情啊！不过，这好像不是你第一次忘记写作业了吧？"鲁小路跟钱小强是很好的朋友，对他很了解。

"是啊！也不知道是老师留的作业太多，还是我记性太差。"

"我觉得是你每天的学习缺乏计划 📝 ，才容易丢三落四的。"鲁小路说。

"啊？每天的学习还要计划？那多麻烦！"钱小强不解地抬起头来。

"一点都不麻烦。只要你把每天的学习任务量化了，按照计划来学习，不但能按时完成每天的学习任务，还能大大提高学习效率呢！怎么样，要不要试一试？"鲁小路 😜 做了个鬼脸说。

"有点儿意思！等着，我写完作业，下课后找'鲁师父'取取经。"

"My pleasure（我的荣幸）！哈哈！ 😄 "

这时，"叮铃铃——"上课铃响了，鲁小路快步走到自己的座位上，准备开始新一天的学习。

每日计划

在学习过程中，除了要对一学期的学习时间统筹安排外，合理安排每天的学习时间和学习任务，可以防止学习过于随意，能大大提高学习效率。

无论做任何事情,想要成功,首先就要制订计划,并严格执行计划。计划分为长期计划和短期计划,长期计划固然重要,但短期计划也不能忽略。其中,短期计划又分为每日计划和每周计划。

同学们养成制订每日学习计划的习惯,将每一天的学习任务量化,不但能让自己的学习更有条理、有目标,学习任务更加明确,还能克服惰性,养成"今日事今日毕"的好习惯!坚持每天进步一点点,积少成多,成绩就会进步,各项能力也能随之提升。

你知道怎么制订每日学习计划吗?快来看看吧!

每日计划怎么做

早上 6:00~8:00:一日之计在于晨,此时是大脑最清醒、精力最充沛的时间段,可以安排各门功课的学习、背诵。

上午 8:00~9:00:这个时段人的耐力处于最佳状态,正是接受各种"考验"的好时间,可以安排难度较大的课程或学习内容。

上午 9：00 ～ 11：00：在这个时间段，人的短期记忆效果很好，对需要背诵、记忆的内容和马上要考核的知识进行"突击"，可以起到事半功倍的效果。

中午 12：00 ～ 下午 2：00：每天的午饭前后，人比较容易疲劳，此时可以休息一下，如睡 20 ～ 30 分钟，帮助大脑恢复精力，为下午的学习做准备。

下午 3：00 ～ 4：00：这个时间段的长期记忆效果很好，可以合理安排一些需要永久记忆的知识。

傍晚 5：00 ～ 6：00：有研究显示，此时是解答比较复杂的计算问题和比较消耗脑力作业的好时间，所以可以在这个时间段安排一些较难的计算问题，或者完成难度较高的作业。

晚上 7：00 ～ 10：00：根据自己的精力，对各科进行交叉预习和复习。

学霸来支着儿

Step 1 每天晚上写下第二天的学习计划表

除了在校学习之外，学习时间还包括在校外的时间。想要充分利用这段时间，就要做好每天的计划表。最好前一天晚上就把第二天的学习计划写下来，如中午休息时读一会儿书，下午放学后什么时间写作业，其他时间安排哪些学习任务等，都详细地写下来。

Step 2 **定时完成每天的作业**

在写作业时，可以准备一个闹钟，把写作业的时间设置好，到点就停笔，这样可以营造一个紧张的学习氛围，完成作业时更专注，从而提高学习效率，同时也保证其他学习内容的正常进行。

Step 3 **每天晚上对当天任务进行复盘**

每天晚上睡觉前，可以抽出 10 分钟时间，回顾这一天学习任务的完成情况，如果发现自己没有完成，要弄清是什么原因造成的，之后要尽量避免这种情况再次出现。

本节要点回顾

⭐ 做好每一天的学习规划，便于有目的地学习。

⭐ 学习任务清单要清晰、具体，才更容易落实。

⭐ 每天晚上对当天的学习任务进行复盘，看看计划的完成情况。

星期六，我最爱的一天，有人想跟我组建"英雄联盟"吗？

作业还没写完，哪有心思打游戏？唉，好可怜！

你是上天派来折磨我的吗？

我不要再和你做朋友，太悲伤了！

小糖，你的作业写完了？你是怎么做到的呀？

嗯哼！做好周计划，作业全不怕！

每周计划：试试"5+1+1"学习法

对于大多数同学来说，周末就是休息的时间，不需要考虑学习问题，但对于学霸们来说，周末是为自己制订下一周的学习计划的时间。一些学霸还喜欢用"5+1+1"学习法，以 7 天为周期，对自己的学习进行统筹安排和阶段总结。他们发现，跟月或学期比起来，一周的时间更好把握，也更有利于养成好习惯。

"星期天的天是明朗的天，星期天的一天我好喜欢……"

周一早晨，唐小糖嘴里哼着歌 ♪♪ ，一蹦一跳地进了教室。

"哟，这不是'暖心哥哥'鲁小路吗？今天怎么比我来得还早？"唐小糖看到正坐在桌前打哈欠的鲁小路问道。

"哈——"鲁小路又打了个哈欠，"周五老师留的课文背诵没背完，今天第一节课又是语文，我怕被老师提问，只好 5 点多起来背，哈——好困啊！"

"看看，这就是学习缺乏计划导致的'恶果'，自作自受呀！"唐小糖打趣道。

"你这人真没同情心 ♡ ，我都这么难受了，你也不安慰我一下！"鲁小路白了唐小糖一眼说。

"我怎么安慰你？学习没规划，效率必低下，这是至理名言，哼！"

"对了，我发现你好像每周的作业都完成得很好，你是怎么做到的？"鲁小路虽然偶尔完不成作业 📄，但学习还是很勤奋的，也会虚心地向学习好的同学请教经验。

"那是因为我每周都做计划啊，而且我有自己的'独门秘籍'，叫'5+1+1'学习法，你想不想听听？"唐小糖故意卖起了关子。

"当然想听，快给我说说！"鲁小路 马上来了精神。

"那你要听好哦！周一到周五，除了正常上课外，我会利用各种碎片时间来学习，绝不浪费一分一秒。但人不是机器，无法一直工作，也得休息才行，因此周六这天我就畅快地玩，完全不考虑学习的事；周六玩爽了，身心放松了，周日我开始收心学习，完成老师布置的作业，复习本周的学习内容，预习下周将要学习的内容，晚上再对本周学习内容进行归纳总结，制订下周的学习计划。这就是我的'秘诀'。"唐小糖 说完，摊摊手。

"这好像也没多难啊！"鲁小路 有些不屑地说。

"听起来不难，但你得按计划坚持才行。怎么样，要不你从这周开始试一试，挑战一下？"

鲁小路看着唐小糖有些挑衅的眼神，立刻来了斗志。

"好，那咱俩这周就比一比！不过，我还得再向你请教一下，你的每周计划都是怎么做的？"

"这不难，等一会儿下课后我教你。"

同学们陆陆续续来到了教室，第一节课马上就要开始了。

每周计划

每周的最后一天，我们都可以对下周的学习内容、学习目标和作息时间等，进行详细具体的安排，同时注意劳逸结合，既确保学习任务的完成，还要保证身心得到放松和休息。

"老师布置的周末作业太多了，连休息时间都没有了。"

"还要复习和预习，时间根本不够用好吗？"

……

你是不是经常遇到这样的问题？

其实，当你烦恼于学习一团乱麻、作业无法按时完成的时候，有一些同学已经做好了每周计划，并按计划一步步地完成了自己的学习任务。久而久之，你与对方之间的成绩就出现了较大差距。

　　制订周学习计划是个很好的习惯，与长期计划相比，每周计划更容易操作和执行。

　　那么什么是"5+1+1"学习法？就是指5个学习日、1个放松日、1个充电日。这种方法不但能让你充分利用好周一到周五的学习时间，还能利用周六的时间尽情放松，利用周日的时间进行总结归纳，从而让自己的每一步学习都在计划指导下进行。

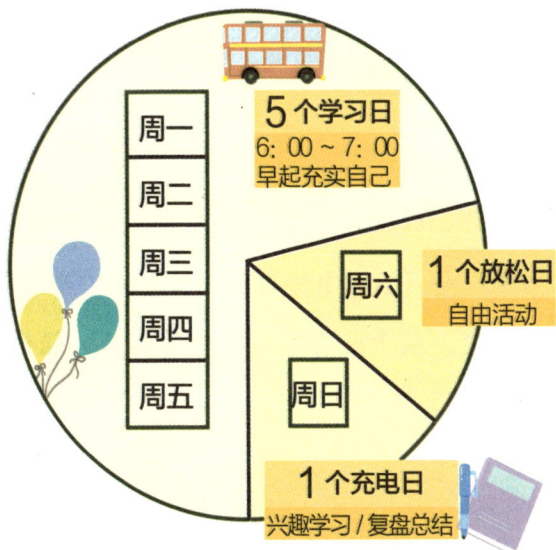

周一
周二
周三
周四
周五

5个学习日
6：00～7：00
早起充实自己

周六
1个放松日
自由活动

周日

1个充电日
兴趣学习/复盘总结

每周计划怎么做

周一到周五：除了正常上课外，抓住早起的黄金 1 小时（6：00 ~ 7：00 或 6：30 ~ 7：30）和睡前的 1 小时时间，专心学习。这样每天就能比别人多学 1~2 小时。

周六：已经拼命学习了 5 天，周六可以让自己好好放松一下，进行一些娱乐活动、体育活动等。

周日：完成周末作业，同时复习本周学过的内容，预习下周即将学习的内容。最重要的是，要对本周的学习情况进行总结，找到自己薄弱的地方，做好下周学习计划，重点学习自己薄弱的知识点。

学霸来支着儿

Step 1 适当奖励自己

坚持几周或一个月后，要给自己一份奖励，可以是一杯奶茶，也可以是一顿美食，或者是喜欢了很久的物品，强化自己继续坚持的动力。

Step 2 请家人或朋友帮忙监督

如果担心自己坚持不下去，可以请家人或好朋友来监督。有了家人或好朋友的监督和鼓励，更容易将计划坚持下去。

Step 3 制作"5+1+1"学习计划表

根据自己的学习情况，每周日制作下一周的学习计划表。

一周学习计划表

时间	早晨	午间休息	睡前
周一至周五	6：00～7：00 背诵课文、单词等	复习上午学习内容 预习下午课程	8：30～9：30 阅读、背诵
周六	睡到自然醒	休息、娱乐	休息
周日	完成周末作业	复习本周学习内容 总结本周学习情况	做好下周学习计划

本节要点回顾

⭐ 制订并执行每周学习计划，可以让学习更高效。

⭐ 运用"5+1+1"学习法，学习娱乐两不误。

⭐ 学习计划要坚持下去，才能看到效果。

追风小二班
新学期快来了哦，大家有什么打算没?
打算给自己烫个卷发尝试一下，哈哈!
打算让自己胆子大一点儿……
女生的思维啊……唉!
小糖，你有啥打算?
我嘛……先搞清楚“OKR 法”，
弄个学期计划出来。

学期计划："OKR 法"帮大忙

开学第一天，你可能会有些假期综合征。调整生物钟、准备文具和习题本、与老师同学热切联络起来……想必你已经做好了"开学收心第一课"。但是，还有一件事情很重要，就是做好新学期的学习计划，这样才能有的放矢地进行整个学期的活动安排。但如果已经开学一段时间了，也可以从那一刻开始制订学习计划。

今天是开学第一天，同学们个个脸上都洋溢着笑容😊，高高兴兴地迈进了校园的大门。

"嘿，鲁小路，好久不见啊！"看到校园门口的鲁小路，钱小强忙跑过来打招呼。

"小强，你好！"鲁小路也亲热地拍了拍钱小强的肩膀，两个好朋友一起向教室走去。

"哇，唐小糖，你比我们来得都早啊！"

鲁小路和钱小强一进班级，就看到唐小糖正专心致志地趴在桌子上写着什么。

"你们来啦，我正在做学期计划 。"唐小糖抬头跟他们打了个招呼，继续低头写着。

"什么计划？学期计划 ？一学期那么长，怎么计划啊？"钱小强不解地问道。

"我也是想尝试一下！前两天刚跟我爸爸学到了一种叫'OKR'的方法，我想试一试。"

"什么'欧'什么'啊'？是个什么东东？"鲁小路也走过来问。

"哎呀，就是一种用在企业管理上的方法，我爸爸在公司里经常用，但它也能用在学习规划上。简单来说呢，就是给自己制定一个长期目标，然后再把目标分解成为具体的学习内容，之后每周就按照学习计划上的内容一步步学习。这么说，你们理解了吧？"唐小糖抬起头看着眼前的两个男生。

钱小强和鲁小路你看看我，我看看你，两人都是一脸蒙。

"唉，算了，看来给你们讲也讲不明白，等一会儿我把计划制订好后拿给你们看看，你们就知道咋回事了。"唐小糖说完，继续低头写起来。

"好啊，好东西就是要彼此分享，哈哈。那我们俩先出去打会儿球 ，走，小路！"钱小强拍了鲁小路一下，两人走出了班级。

唐小糖看着他们的背影，笑了笑 ，继续认真地制订自己的新学期学习计划。

学期计划

学期计划主要从总体上对本学期各学科的学习做出全面的安排，设立学习目标，学会自己管理时间。

"新学期你有什么打算？"

"没什么打算，跟着老师学呗！"

很多同学可能都会这样回答吧。殊不知，没有计划、缺乏目标，学习就没有动力和努力的方向，只能"当一天和尚撞一天钟"。

新学期开始，结合自己所在年级的学习特点及自身的学习情况，制订一个完整、可行的学期计划是非常必要的。它不但能帮你养成良好的学习习惯，还能让你有条不紊地安排自己的学习任务。

"OKR 法"，英文全称为"Objectives and Key Results"，意思是"目标与关键成果法"。具体实施时，就是先设立一个比较有挑战性的目标，再将目标分解成为一些关键性、可量化的结果，最后将结果细分为若干个需要完成的具体任务，每天只要遵照任务来执行计划就可以了。

做好计划，并认真执行，就会看到自己的努力成果。

学期计划怎么做

学期目标 O	O1：期末考试时，语文、数学、英语有一个飞跃； O2：期末考试时，进入班级前 5 名； ……
关键性、可量化的结果	KR1：将数学计算题的准确率提高到 90%； KR2：每个月写 5 篇结构清晰、文字优美的作文； KR3：每个月阅读 8 本英文绘本，并复述故事梗概； ……
与关键性结果有关的状态	数学计算题的难度要结合自己的实际，循序渐进地进行； 从生活中发掘作文素材，有感而发； 每天固定时间阅读英语； ……
具体的学习计划	本周要订正上一周的数学错题，整理错题本，再完成一套数学题； 写一篇关于"秋天"的作文，阅读 10 页课外书； 读完两本英文绘本，并复述给家长听； 写下一周的学习计划； ……

学霸来支着儿

Step 1 制作 OKR 表格

　　根据自己的学习情况，列出学期计划表格，比如列一份下学期的学习计划。

　　下学期的学习计划：

O1：数学期末考试成绩提升 15 分

KR1：记住每一个单元的所有公式

KR2：计算题准确率提升到 90% 以上

KR3：每天做 5~10 道课外题

O2：语文期末考试成绩提升 10 分

KR1：每天早起晨读 30 分钟，背诵古诗一首

KR2：每周练习写 3 篇作文

KR3：每天做一篇阅读理解

O3：英语期末成绩提升 15 分

KR1：每天听 30 分钟英语

KR2：每天熟练记忆 10~15 个单词

KR3：每周练习写 3 篇英语作文

这样每天都可以评估自己的关键结果，让自己的信心逐级递增，也就不会想着放弃了。

Step 2 将具体学习内容填入计划表内

每位同学的学习情况不一样，为自己制定的学习目标也不一样，可以根据自己的实际情况，将具体的学习计划填入表内，规划出每周的学习内容。需要注意的是，如果时间不够完成所有计划，一定要先完成重要的内容。

Step 3 每周更新一次表格

虽然是学期计划，但每周也要更新一次表格，并将其贴在家中醒目的地方，便于了解自己的学习进度。

本节要点回顾

⭐ "OKR法"也叫"目标与关键成果法"，可以帮助我们做好长期学习规划。

⭐ 学期计划的目标只能有一个，并且要鼓舞人心。

⭐ "OKR法"要量化关键性的结果。

追风小二班
寒假来啦，我可以美美地化妆啦！小果，你要不要也试试？
我？我还是算了……
期末成绩出来了，大家都看到了吗？
小糖，你真是哪壶不开提哪壶！
哈哈，小咪，别学化妆了，想想怎么在寒假“超车”吧！
咋超？我也想知道。
一会儿咱们讨论一下吧。

寒暑假不虚度，实现弯道超越

　　每位同学都热切地盼望着寒暑假的到来，可以看电视、吃零食、打游戏，让自己好好放松一下。

　　但是，这可不代表假期就可以"躺平"懈怠，不用温习功课了。假期里过于放飞自我，不但容易遗忘掉之前学过的知识，还会白白浪费很多宝贵的时间。

　　寒暑假是一个很好的"弯道超车"的机会。在假期里制订合理的学习计划，学会管理自己的时间，安排好学习任务，就能有效提升自己。假期结束回到学校后，你和其他同学的差距也会显现出来。

　　"小咪，在干什么啊？"寒假里，唐小糖给米小咪发了一条微信。

　　"唉，刚刚接受完我妈狂风暴雨般的'洗礼'，现在正在'面壁思过'！"米小咪回了条信息 🗨，还同时带了个叹气 😫 的表情。

　　"为什么啊？"唐小糖又问。

　　"还能为什么？为了我的期末成绩呗！我妈说了，要是下学期我的成绩还不提升，就给我转到寄宿学校，怎么办啊，小糖？"米小咪回信息说。

"小咪，其实你完全可以利用寒假实现'弯道超车'的，就看你有没有决心了。"唐小糖 回信息说。

"什么弯道超车？我又不会开车，这跟学习有什么关系？"

"哎呀，我的意思是说，你可以利用假期提升成绩，赶超别人！你这理解力，真让人着急！"唐小糖叹了口气，又给米小咪回了条信息。

"假期是用来放松的呀，难道你每天都在学习吗？"米小咪问。

"放松是需要的，但学习也不能松懈。你要知道，假期可是实现'弯道超车'最好的时机！"

"怎么赶超？你快教教我，我真怕我妈把我转到寄宿学校去，不能每天回家，想想都绝望啊！"米小咪又追问道。

"其实很简单啦，就是科学规划一下假期生活，好好利用每天的时间，别都用来放松、学时尚，也要好好规划一下学习才行。"唐小糖回信息说，还同时附带了一个傲慢 的表情。

"行啦，唐小糖，别跟我卖关子了，快跟我说说怎么规划吧！"

"等一下，我把我的假期规划表拍下来给你看看，你就知道每天的时间如何不虚度了！"

很快，唐小糖就把自己的假期学习规划表发给了米小咪。米小咪 看完后，不禁感慨道："小糖能成为学霸，真不是没有原因的，连假期规划都做得这么认真！"

弯道超车

弯道超车是赛车运动中的一个常见术语，意思是在弯道处超越别人。两辆行驶速度相仿的赛车在直道上竞赛时，如果马力相差不大，彼此很难超越。而拐弯时，车辆速度比直道上有所降低，所以更容易超越。

在学习中，日常的学习生活就相当于赛车比赛中的直道，大家的学习进度和效率都差不多，所以平时成绩差不多的同学很难拉开距离。

寒暑假到来后，虽然也有不少假期作业，但毕竟离开了老师的约束和同学间的竞争，学习节奏打乱了，相当于学习在"减速"，有的同学还会直接停下来，甚至有的同学开始"开倒车"。

但是，很多学习内容都是不能间断的，比如英语、语文等，是需要坚持背诵和阅读的。一旦假期里停下来，新学期再想向前追，就没那么容易了。

所以，要抓住寒暑假这个"弯道超车"的好机会，科学规划时间，安排适当的学习任务。这样在假期结束回到学校后，很可能会跑到赛车道前列的位置。

假期规划怎么做

每天阅读1小时：如果上学时功课紧张，作业繁重，没时间阅读大量的课外书，那么假期正是一个弥补的机会。每天花1小时阅读，可以大大增加自己的阅读量。

练习口算和应用题：每天坚持练习口算和应用题，可以提高计算能力和数学思维。

每天练字1小时：寒暑假是练字的好时机，每天练字，不但能养成良好的书写习惯，还能培养耐心和意志力。

加强体育锻炼：多参加一些户外活动，如爬山、骑行、跳绳、游泳等，既能做到劳逸结合，又能增强体魄。

学霸来支着儿

Step 1 制作寒暑假日计划表

制作一份表格式的每日计划表，计划分四部分，分别为早晨、上午、下午和晚上。具体内容包括时间、具体事项、备注及完成情况，尽可能做到劳逸结合。

假期日计划表

时段	时间	具体事项	备注	完成情况（家长监督）
早晨	7：30	起床、洗漱		
	8：00	早餐		
上午	8：30 ~ 11：00	不外出：暑假作业／数学／口算／阅读／写作／乐器等	选择其中3个项目，每个20~25分钟（计时器），完成一项任务后休息5~10分钟，剩余时间可以自主安排	
		外出：公园／博物馆／和小朋友一起玩等		
	11：30	下楼打羽毛球或其他运动		
	12：00	午餐		
	12：30	休息		

时段	时间	具体事项	备注	完成情况（家长监督）
下午	13：00	阅读	周末可以安排外出	
	13：30	乐器／作业		
	14：30	睡午觉		
	17：00	起床		
	18：00	吃晚饭		
	18：30	休息（30分钟）		
晚上	19：00	跟读英语（30分钟）		
	19：30	阅读／写作／口算（30分钟）	选择其中1～2个项目进行练习	
	20：00	乐器（小提琴、钢琴、低音提琴）	选择其中1～2个项目进行练习	
	20：30	洗漱		
	21：00	睡觉		
	总结	每周一次计划总结与改进		

每日家务：1. 整理房间 2. 擦桌子 3. 扫地拖地 4. 洗袜子 5. 洗水果

Step 2 每周进行学习总结

每周末对自己一周的假期学习进行总结复盘，看看自己是否顺利完成了学习任务。如果没有完成，分析原因，并争取下周将未完成的任务补上，或者调整计划，让学习计划更科学合理。

一周学习总结

完成最多的任务：

完成最少的任务：

分析一下原因：

下周改进计划：

给自己打分：

本节要点回顾

⭐ 寒暑假是最好的赶超学霸的机会。

⭐ 制订假期学习计划，要根据自己的实际情况有所侧重。

⭐ 计划内容不要太紧密，也不要太粗略，要注意张弛有度，劳逸结合。

第 **3** 章

珍惜光阴，
学霸都是时间控

追风小二班
谁的假期作业写完了，对对答案？
我才刚开始写……
着啥急，国庆假期才刚过半，我想最后一天再写。
小咪，咱俩最有默契了，握个爪！
我写完了。
唐小糖，鲁小路，你们这样容易脱离队伍知道吗？
按时学习不拖拉，这是我们的美德，你总是不懂，唉！

摘下"拖拉""磨蹭"的帽子

十个同学九个磨，磨蹭是同学们身上常见的行为，尤其在学习当中，更是能磨就磨、能拖则拖，非要等到最后时刻实在拖拉、磨蹭不下去了，才匆匆忙忙地学习、写作业，结果由于缺乏充分的思考时间，作业常常写得乱七八糟，学习成绩也难以提升。

这是一个非常不好的学习习惯，不但会浪费很多宝贵的时间，学习效率也不高。真正的学霸，在学习时是很少拖拉、磨蹭的。如果你也想加入学霸的行列，就要先摘下自己"拖拉""磨蹭"的帽子。

上课铃声 响了，数学老师一脸严肃地走进教室。

"昨天的数学作业都谁没交？自己站起来吧！"

只见陆续站起几个同学，其中竟然包括数学成绩倍儿棒的钱小强。

"你们几个都说说吧，怎么回事？作业为什么不交？钱小强，你先说。"老师生气地对着钱小强 问。

"我……我本来想今天早起写的，但是，没起来……"钱小强嘟嚷着说。

"为什么昨天放学回去不写？"老师问。

"昨天……想写来着，后来看题目不难，就想今天早起写……"

"其实说白了，就是拖拉、磨蹭着不想写 ✏️ ！"老师打断钱小强的话，生气地说，"我发现很多同学都这样，明明很容易写完的作业 📄 ，非要拖拖拉拉的，到最后时间来不及了，要么胡乱写写，应付一下；要么就干脆不写了，这样的学习态度怎么能行？"

下课后，钱小强正在补作业，鲁小路 👦 走了过来，笑着对钱小强说："小强，你这数学小天才，怎么还会完不成数学作业 📄 呢？"

"嗨，昨天出去踢了一会儿球 ⚽ ，回家后感觉时间还早，就想看一会儿电视再写，结果看一会儿困了，就想睡觉，想着早起写。谁知道今天早晨 ☀️ 没起来……"钱小强摊摊手说。

"哈哈，你这是失策了！不过我觉得，关键问题还是你拖拉了。学习只要一拖拉，不但效率低，也容易出现各种问题。"

"没错，这次我得记住教训，今天回家先写作业，然后再出去玩。否则，下次可能就要被老师'约谈'喽！"钱小强 👦 苦笑了一下，继续低头补作业 📄 。

拖拉、磨蹭的习惯

一些同学在学习和生活中经常出现懒散、拖拉、磨蹭等现象，殊不知这样既浪费时间，又会导致学习效率降低。想要提高学习效率，就要改掉拖拉、磨蹭的习惯。

很多同学之所以做事拖拉、磨蹭，主要是因为缺乏时间观念，在潜意识中认为时间还早，自己不用着急，或者觉得作业很快就能写完，没必要提前写。殊不知，这会养成不珍惜时间的坏习惯。

怎么摘掉"拖拉""磨蹭"的帽子

倒计时法：给自己规定一个完成学习任务的时间，然后倒计时，感受到时间的紧迫性，抓紧时间完成任务。

减少周围事物干扰：在学习时，把与学习无关的东西都收起来，减少周围环境和事物对学习的干扰，从而更加专注地学习。

适当奖励：如果在规定时间内顺利地完成了学习任务，就给自己一些奖励。

学霸来支着儿

Step 1 给事件分类

有些同学在学习期间经常做一些其他的事，如喝水、吃东西、玩游戏、看电视等。为了不让这些事干扰学习，可以制作一个表格，把学习期间必须要做的事和自己想做的事区分开来。

必须要做的事	想要做的事
1. 准备文具、课本、本子 2. 削好铅笔 3. 桌上放一杯水或一杯果汁 4. 放好工具书 5. ……	1. 吃点零食 2. 玩一会儿游戏 3. 给某个同学打电话聊会儿天 4. 坐在桌前发会儿呆 5. ……

Step 2 剔除掉影响学习的事情

列出学习期间必须要做的事和并非必须、但自己想做的事情后，再尽量将那些并非必须、但自己想做的事情从学习时间中剔除，可以等到学习任务完成后再去做。

Step3　制作具体的学习时间表

　　为了避免学习时走神，可以把学习时间分成几段，每段25分钟或30分钟，中间留出休息时间。这样就不会感到学习很累，又能在休息期间做一些自己想做的事。

本节要点回顾

　　⭐ 要想提高学习效率，就要远离拖拉、磨蹭等习惯。

　　⭐ 善于规划自己的学习时间，安排好学习任务。

　　⭐ 制作的学习时间表要切实可行。

学习规划课

追风小二班

小强，今天你问我的问题，我想明白了，给你讲讲？

等一会儿，我玩游戏呢！

你游戏上瘾了吧？

游戏害人不浅哦……

你很危险哦！赶快远离电子游戏吧！

和电子游戏说"再见"

　　说起电子游戏，大家都不陌生，很多同学可能还是它的"疯狂粉丝"呢！

　　但是，长时间玩电子游戏，不但会导致视力下降，还会浪费大量的时间和金钱。尤其在级别高了以后，要升一级，就必须花不少时间；然而级别高了后，又很难放弃，只好投入更多的时间和精力去玩。就这样，宝贵的学习时间一点点地被电子游戏"吃"掉了，成绩也会直线下降。想要不被电子游戏浪费太多宝贵时间，就要远离电子游戏。

　　今天是周一，刚刚上第二节课，钱小强就在打哈欠　，还时不时地趴在桌子　上。要不是语文老师多次提醒他，他可能都要睡着了！

　　下课铃　刚一响，钱小强就迫不及待地放下课本，一下子趴在桌子上，还用校服蒙住脑袋，开始睡觉。

"喂，小强，走啊，出去转一圈！"鲁小路走过来，拍了钱小强肩膀一下。

"你干吗！没看到我在睡觉吗？不去，不去！"钱小强从校服下面伸出脑袋，不耐烦地回答了一句，然后又把脑袋塞进了校服里。

"你吃'枪药'了吗？这么凶！每次一下课，你比谁跑得都快，今天这是怎么啦？"唐小糖刚好走过来，看到钱小强的样子，怼了他一句。

"小糖，你不知道吗？钱小强最近总玩电子游戏，都快要玩'废'了！"米小咪也走过来，插话道。

"啊？你怎么知道？"唐小糖问米小咪。

"我昨天晚上跟妈妈去超市买东西，就看到他在超市旁边的电子游戏厅里玩呢！我还特意跑过去提醒他，这么晚了赶紧回家，不然家人该着急了。他说，他爸爸妈妈最近都没在家，他好不容易能跑出来玩玩游戏，还要我别管！"米小咪说道。

"不行，这件事我们得告诉老师，让老师找他家长沟通一下，不然，他的学习就'废'了！"唐小糖皱着眉头说。

鲁小路和米小咪都点了点头，决定放学后把这件事告诉老师。

电子游戏

电子游戏是指所有依托于电子媒体平台而运行的交互游戏，包括各种电脑游戏、手机游戏、街机游戏等。

电子游戏确实好玩，在紧张的学习之余，可以适当玩玩，让自己放松一下。但是，如果沉迷于电子游戏，就会浪费大量的时间。时间是最宝贵的，俗话说："一寸光阴一寸金，寸金难买寸光阴。"一旦荒废了宝贵的时间，以后再怎么懊悔都无济于事。

日本一位脑科学专家森昭雄教授的研究表明：长时间玩电子游戏的人的脑电波同老年痴呆症患者的非常相似，学术界称之为"电子游戏脑"。患有"电子游戏脑"的人还有注意力不集中、容易发脾气、动作散漫、做事无精打采、具有攻击性等症状。

如果你不想让自己聪明的大脑变成"电子游戏脑"，那就尽快远离电子游戏，和电子游戏说"再见"！

怎么远离电子游戏

逐渐缩短游戏时间：设置闹钟，让游戏时间从原来的1小时逐渐减少到30分钟、20分钟。闹钟响起，就强迫自己关掉游戏。

合理分配业余时间：可以花一些时间玩电子游戏，但一定不要让游戏挤占太多学习时间。

转移兴趣焦点：多培养一些积极的兴趣爱好，如打球、游泳、跑步等，转移对游戏的关注和依赖。

多结交现实中的玩伴：与玩伴一起参加有益的活动，既能提升交际能力，又能远离电子游戏。

学霸来支着儿

Step 1 做好时间规划

在学习之余，可以适当玩玩电子游戏，让自己放松一下，但一定要合理规划时间，并严格遵守，不能让游戏影响自己的正常生活和学习。

Step 2 严格遵守制订的计划

不能只制订计划，却不去实施，这样计划就是一张废纸。

Step3 请爸爸妈妈监督

可以和爸爸妈妈约定好，自己每次玩多长时间的电子游戏，请爸爸妈妈监督自己遵守约定。

本节要点回顾

⭐ 电子游戏会浪费大量的学习时间，要尽量远离。

⭐ 做好时间规划，逐渐脱离游戏影响。

⭐ 请家长帮忙监督，帮助自己与电子游戏说"再见"。

追风小二班
救命啊，单词背不下来呀！
英语老师让昨天晚上背的，你没背吗？
我不是想着上课前 5 分钟背下来就行嘛，哎呀，急死了！
我也刚刚才背下来，好紧张！
唉，你们呀！
没有超强学习力，“卡点”学习不理智呀！

别让"卡点"偷走时间

"还能再看一会儿电视，10：30一定睡！"

"上学来得及，我再睡5分钟！"

"上课前1个小时预习就来得及。"

……

你有过这样的"卡点"经历吗？其实，就在这些"卡点"过程中，时间被白白错过了，也白白浪费了很多看似碎片、实则宝贵的时间。如果我们能学会管理这些时间，不但能提高学习效率和成绩，还能更好地管理自己的人生。

放学前，老师留了语文作业，就是背诵当天学习的一篇古文，并说第二天上课时要检查同学们的背诵情况。

回到家休息了10分钟，唐小糖就赶紧拿起语文课本，准备把古文背诵下来后，再写 其他作业。刚打开书，唐小糖的手机就响了。

"喂，小糖，一会儿我去找你，你陪我去买点东西好不好？我昨天在你家附近的饰品店里，看到一条特别漂亮的粉色手链，你陪我去买吧！"电话 是米小咪打来的。这个米小咪，最爱美！

"不行啊，小咪 ，我还要背古文呢！"小糖有些为难地说。

"哎呀，那着急什么！我晚上7点开始背，现在才5点多，时间早着呢！"米小咪说。

"7点很晚了呀，要不这样吧，咱们俩现在开始背，背完后我再陪你去行不行？"小糖还是想先背课文。

"7点不晚，我最喜欢'卡点'学习了，效率高得很呢！"

拗不过米小咪，唐小糖只好放下课本 ，先陪米小咪去买手链。不过买完后，唐小糖还是马上回家，继续背古文。

第二天语文课上，语文老师检查了米小咪古文的背诵情况，结果米小咪背得磕磕巴巴，被老师说了一通。

"小咪，你的古文没有背熟吗？"下课后，唐小糖去问米小咪。

"也……也不算不熟吧！我昨天本来想着7点开始背，但是忘记了。我这个人又喜欢'卡点'学习，于是就等到8点多才背，可是，那会儿已经很困了，所以……"米小咪不好意思地说。

"为什么要等到8点？你这多浪费时间啊！"唐小糖很不理解米小咪的"卡点"学习。

"哎呀，这不是……习惯吗！"

"小咪，你这个习惯最好还是改掉。你想啊，每次做事都要'卡点'，万一过了一个点，就要卡下一个点，这中间等待的时间就白白浪费了！

利用这个时间 🕐 ，可以做很多事情的。"

米小咪点点头，说："你说得有道理，其实我妈妈也老说我这个习惯不好。看来，我得下决心改掉了。"

"卡点"综合征

"卡点"就是指在规定好的时间内做事，不能少一分钟，也不能多一分钟。久而久之，就容易形成一种习惯：学习或做事必须要在某个固定时间点才行。

7：59 和 8：01，都是接近 8 点钟，两个时间点仅差 2 分钟。但是在很多同学眼中，这两个时间可能相差的是"1 个小时"，这就是"卡点"综合征。

做什么事情都喜欢"卡点"，其实是拖延的一种习惯。比如，早晨 7 点钟起床，现在是 6 点 58 分，你想的不是"该起床了"，而是"还可以再睡 2 分钟"；晚上 6 点钟开始学习，现在是 5 点 50 分，你想的也不是"该学习了"，而是"还能再玩 10 分钟"。久而久之，你就养成了一个习惯：学习或做事总要整点开始才行。殊不知，这个习惯会白白浪费很多宝贵的时间。

这种习惯也就是常说的拖延症，而造成拖延症的主要原因就是自控能力差，或者时间管理能力差。如果习惯了这样拖延，对学习和以后的发展肯定会产生不良影响。

"卡点"综合征怎么治

培养守时的习惯：每次面对学习任务或其他事情时，都告诉自己要守时，按时去做。

提前进入状态：比如想要5点学习，就提前10分钟做好准备，准备好后就开始学习，不要在意时间是不是正好5点。

学会分解大目标：有时为了避免目标过大而拖延时间，可以先把大目标分解成一个个小目标，再依次实现，不给自己拖延的借口。

学霸来支着儿

Step 1 确定事情的优先顺序

按照轻重缓急，对事情或学习任务进行归类，如紧急且重要、紧急而不重要等。

Step 2 遇事先做两分钟

想要完成一件事情时，就立刻行动，不给自己找理由或进行自我暗示，不给自己"卡点"的机会。只要行动了，不管做什么都是进步。

Step3 利用"番茄工作法"管理时间

番茄工作法：每工作25分钟后休息5分钟，其中在这25分钟内不做任何与任务无关的事。听起来不难对吧，但如果你不懂它背后的逻辑，实行起来效果会大打折扣。

工作25分钟

休息5分钟

工作25分钟

休息5分钟

所谓"番茄工作法",就是让自己每工作 25 分钟后就休息 5 分钟,并且在工作的 25 分钟内不做任何与任务无关的的事情,只专注于当下的事情,提高时间利用率。

本节要点回顾

⭐ "卡点"做事的习惯会偷走大量的时间,要远离这种行为。

⭐ 想做就去做,不要拖延。

⭐ 给自己的学习任务按重要程度归类,先完成重要且紧急的任务。

聚沙成塔，做时间的富翁

世界上最宝贵的就是时间了，它一刻不停地向前走，失去后就不再回来。其实我们一天里有很多零碎的时间，虽然它们并不起眼，但是聚集在一起能量惊人，能够完成很多事。古人说"不积跬步，无以至千里"，如果能好好利用这些碎片时间，长期坚持下来，你就会变成时间的富翁。

"小糖，干啥呢？"这天下课，坐在唐小糖前排的郭小果转过头问。

"背单词啊。"唐小糖回答。

"就课间几分钟，能学什么呀！"郭小果有点不屑地说。

"你可别小瞧这几分钟，每天都有这样的几分钟，加在一起，能干好多事呢。告诉你啊，这一星期下来，我背诵了30个单词、2首古诗、1篇古文！"唐小糖掰着手指头细数。

"真的吗？"郭小果瞪大了眼睛。

"对啊！这几天我还利用一些零散的时间，记下5个数学公式，读完小半本作文选呢。"说到这里，唐小糖有些小得意。

"天哪！你是怎么做到的？"郭小果好奇地问。

"给你见识见识我的'碎片时间管理表' 吧！"唐小糖说完，从书桌 里取出一个表格。

郭小果接过来一看，惊呆 了！表格上详细记录了唐小糖每天的碎片时间，早起时间、等车时间、下课时间、放学时间……每一块碎片时间都有对应的事项。

"小糖，看见你这张表，我终于相信鲁迅先生 那句名言了。"

"时间就像海绵里的水 ，你只要挤，总是有的。"两个人异口同声地说。

"以前我老觉得时间不够用，后来我表哥告诉我，时间对每个人都是公平 的，就看你怎么利用好它。所以，只要我有空，哪怕是课间 10 分钟，我也会利用起来。"

"可是你把时间安排得这么满，能吃得消吗？"郭小果表示怀疑 。

"我并不是把所有的时间都用来学习，累了我会适当放松。你看！"唐小糖手指着 表格说："这是午后休息时间，这段时间我用来听英文歌曲 。这是晚饭前的时间，我看了一集动画片 。这是饭后时间，我打了羽毛球。"唐小糖笑着说。

"小糖，你真的太棒了！我能抄一份你的表格 吗？"郭小果满眼期待。

"当然可以了。"唐小糖 点了点头。

在唐小糖的帮助下，郭小果开始制作属于自己的碎片时间管理表，她再也不会因为时间不够用而烦恼了。

碎片时间

碎片时间通常就是指没有安排任何学习，没有被计划的时间，因为零散、无规律，所以被叫作碎片时间。

"我有很多想做的事情，但是没有时间。"

"现在什么事都做不了，还有10分钟就开饭了。"

……

日常生活中我们经常听到这样的话。当很多人在抱怨没有时间时，一小部分人却开始利用这些碎片时间提升自己。日复一日，年复一年，人与人的差距就这样拉开了。

不要小瞧生命中每一个不起眼的5分钟、10分钟。这些时间看起来很短，却能够做很多事情：写一篇日记，回顾新学的知识点，做一组眼保健操，看一篇英语短文，做一道数学大题……长久地坚持下去，将对人生产生巨大的影响。

仔细回忆一下，你的一天里有哪些碎片时间？是不是都献给手机或电视机了呢？从现在起，要争做时间的主人，好好利用时间，去拥抱最好的自己。

碎片时间在哪里

早起时间：可以一边洗漱、吃早点，一边听新闻报道或英语听力题。

乘车时间：可以练习英语听力，听音频读物。

等待时间：适合背诵古诗、文言文、作文素材。

下课时间：背诵单词、记数学公式。

等待开饭前：背背古诗、历史事件，练习数学题，都是不错的选择。

晚上洗漱后：适合书法练习、画画或睡前阅读。

能真正利用碎片时间的学生只有 3%~5%，如果能成为其中的一分子，那么你离成为学霸就不远了。

学霸来支着儿

Step 1 制作"碎片时间管理表"

根据自己的情况，列出每天的碎片时间，然后制订合理的学习计划。

碎片时间管理表							
零碎时间	早起时间	乘车时间	等待时间	下课时间	午饭后	晚饭前	睡觉前
星期一							
星期二							
星期三							
星期四							
星期五							
星期六							
星期日							

Step 2　制作碎片时间箱

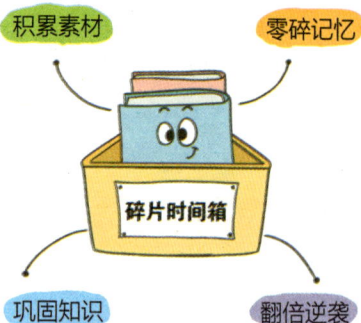

积累素材　　零碎记忆

碎片时间箱

巩固知识　　翻倍逆袭

准备一个小箱子，在外面贴上"碎片时间箱"，放上你想要阅读的书籍，建议不超过 3 本。这箱子可以放在洗漱台、床头柜或沙发旁。

Step 3　悬挂知识挂图

还可以在家里的墙上、镜子上，贴上带有语文诗词、地理地名、英语单词、数学公式、历史事件的挂画，方便随时学习、记忆。

本节要点回顾

☆ 不要准备好再学习，从小任务开始让自己运转起来。

☆ 拉开人与人差距的，是碎片时间的使用。

☆ 用好碎片时间，每天至少多出 1 小时。

追风小二班
周末啦，一起嗨皮去呀?
这不符合你的学霸风格啊?
我有点怀疑你在“套路”我们……
我也很奇怪，你是最爱学习的了。
你别骗我，我读书少……
难道你们不知道劳逸结合吗？周末啊！

规划作息，学好玩好休息好

　　我们都知道规划学习时间的重要性，但是在做规划时，很多同学只规划了学习，却没有规划休息，结果把一天的时间都安排满了学习任务，把自己搞得很疲劳，学习效率也不高。其实，脑科学家研究表明，大脑在休息的时候，会快速回放学习的内容，而大脑回放内容的次数越多，在随后的学习中表现就越好，这表明大脑获得休息后可以强化记忆。所以，真正的学霸不但会学习，更会玩、会休息，懂得在学习之余让大脑放松。

　　"啊，好困——"郭小果打着哈欠，走进了教室。

　　"小果，你怎么一大早就哈欠连天的，难道昨天晚上没睡觉？"唐小糖关切地问。

　　"也不是没睡觉，就是睡得太晚了，哈——"郭小果一边回答，一边又打了一个哈欠。

　　"为什么睡那么晚？你这个状态，很影响听课效率啊！"唐小糖皱着眉说。

　　"我知道呀！昨天不是星期天嘛，我表妹过来玩了，白天我们一起出去逛公园，晚上又去看电影，很晚才到家。结果到家后我才想起来，我的作业还没写完，于是就熬夜写作业，一直写到快凌晨了……"郭小果没精打采地说。

　　唐小糖刚想说郭小果几句，忽然看到钱小强也哈欠连天地走进了教室。

　　"天啊，钱小强，难道你昨天晚上也补作业到凌晨吗？"唐小糖大声问。

　　"咦，小糖，难道你有千里眼吗？连这都知道！不过，我没有补作业，我是看课外书看到了凌晨。哎呀，现在感觉走路都能睡着！"钱小强摇摇晃晃地向自己座位走去。

　　"你们……唉，真让人无语！不规划好时间，怎么能休息好？学习效率怎么能高呢？"唐小糖摇着头，一副恨铁不成钢的样子。

　　"小糖，那你都是怎么规划作息的？"郭小果揉着眼睛问。

　　"我啊，给自己制作了一个时间表，每天按照时间表进行啊！比如周末时，我会用一天时间尽情地玩，另一天就是复习一下上一周学习的内容，预习下一周即将学习的内容。这样才能让自己娱乐和学习都不耽误。"

　　"小糖，那下课后你教教我怎么制作时间表呗！"郭小果说。

　　"当然可以！"

不过，郭小果和钱小强这一天都是迷迷糊糊 的，强撑着让自己上完了一天的课，听课效率可想而知。

作息规划

作息规划就是对自己每天所做的事情进行时间规划，其中不但包括学习时间，也包括玩耍、休息的时间。

　　玩耍、休息与学习并不是完全对立的，对于小学生来说，智力水平、体力水平和社会能力等都可以在休息和各种游戏中得到发展。所以，一定要根据自己的生活习惯、学习任务、兴趣爱好等，规划好自己的作息。

　　虽然常说，学习犹如逆水行舟，不进则退，我们要抓紧每一分每一秒来学习，但是长时间的学习会导致大脑疲劳，注意力难以集中；而且小学生正处于成长发育阶段，大脑皮层的持久性较差，保持集中注意的时间短，这就需要在规划学习时做到劳逸结合。既要让自己学习好，更要玩好、休息好，保持规律的作息节奏。只有做到张弛有度，学习娱乐两不误，才能在保持身心健康的基础上不断提高学习效率。

科学的作息规划

规划学习时间：除正常上课外，要规划好课外学习时间，比如每天早晨起床后早读，晚上写完作业后预习第二天的课程等。

积极锻炼身体：每天保证1小时的户外锻炼时间，可以跑步、踢球、慢跑等。

保证充足的睡眠：每天最好保持8小时的睡眠时间。如果晚上睡不够8小时，中午也可以适当补一觉。

学霸来支着儿

Step 1 制作日常生活作息表

根据自己的生活和学习情况，制作每天的日常生活作息表，其中既包括学习内容，还要包括吃饭、睡觉、休闲娱乐等内容。

Step 2　玩就要玩个痛快

不要边玩耍边想着学习的事，等玩耍结束后，再带着轻松愉快的心情投入学习。

Step3　养成固定的习惯

在时间表中，规划好自己每个时间段要做的事情，并坚持执行，让自己养成固定的习惯，从而高效地完成每天的事情。

本节要点回顾

⭐ 有规划的作息应该劳逸结合。

⭐ 学习之余，要保持规律的运动和充足的睡眠。

⭐ 养成固定的学习和休息习惯。

第 4 章

改变习惯，做学习的小主人

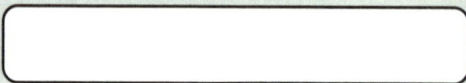

把大任务拆解成小任务

一些同学在学习时，之所以拖拖拉拉完不成，很多时候是感觉学习任务太重了，一时难以完成，故而有了畏惧、逃避的心理。如果学会了拆解目标或任务，把大目标、大任务拆解成一个阶段一个阶段较为轻松的小目标、小任务，每天坚持完成一点，不但不会感到劳累，还能将任务最终完成。

"下课了，小咪，一起出去玩吧！"唐小糖拍了拍正趴在桌子上"啃"单词的米小咪。

"哎呀，小糖，我要急死了，下节英语课老师要提问单词，我还没背完呢！"米小咪抬起头，表情苦涩地说。

"你之前没有背吗？老师一周前就留了这个作业呀！"唐小糖睁大眼睛问。

"我也背了，但都没背熟，太多了！你看，你看，这么多！"米小咪边说，边用手翻着英语课本。

"的确挺多的，不过我已经背完了。"唐小糖轻松地说。

"啊，这么多单词，你是怎么背下来的呀？"米小咪一脸的难以置信。

"如果像你这样，每次都把所有单词从头到尾背一遍，确实不容易记住。就算第一遍记住了，过两天也会忘记大半。"唐小糖说。

"不都是这样背单词的吗？难道你不是这样背吗？"米小咪抬头问唐小糖。

"我的'时尚小达人'，你也看到了，这样背的效果并不好啊！所以，我是把这些单词拆解成几部分，每天背几个，很快就能背下来。如果还有时间，就再复习一下前面背过的，加深记忆。然后，就都背下来啦！"唐小糖有些小得意地歪着头说。

"天啊，我怎么没想到啊！我每次从头背到尾，背得头晕眼花也记不住！"米小咪 做出一副可怜状。

"可是，现在你拆解来背可能来不及了，只能祈祷上课时英语老师大发慈悲，不提问你了，哈哈 。"

"是啊，大慈大悲的英语老师，拜托今天不要提问我，下节课我一定把单词都背下来！拜托，拜托 ！"米小咪做出一副滑稽的祈祷状。

"加油 吧，'时尚小达人'！不过，我希望你很快就变成'单词小达人'，哈哈！"唐小糖笑着说。

拆解任务

把有一定难度的学习任务拆解成一个个容易完成的小任务，或者把一个大的目标拆分成一个个容易实现的小目标，通过完成一个个小任务、小目标去完成大任务、大目标。

"要背100个单词，这也太多了！"

"要背下一篇这么长的文言文，做不到啊！"

……

你有没有这样抱怨过？是不是也觉得这些任务很难完成？

其实，学习任务的完成和学习目标的实现都是一个化整为零的过程。比如要背100个单词，看上去很多，要完成它也是一项不小的工程。这时就可以规划一下，每天背15个单词，一周时间就能背完了。这样把任务分解开来完成，不但任务量减轻了，每天看到自己的学习成果还会很有成就感。这就是分解学习任务的好处。

在每一天的学习中，都可以去完成每一项具体的学习任务，不要总盯着总任务。随着每天任务的完成，我们也会越学越起劲。

拆解任务怎么做

★ **按任务量拆解**：即将任务拆解到每周、每天，甚至是每个小时。

★ **按任务步骤拆解**：即第一步完成什么、第二步完成什么……

★ **按任务组成部分拆解**：规定一个时间段内只完成一个组成部分，每天坚持。

学霸来支着儿

Step 1 列学习任务清单

将大的学习任务拆分成一个个容易完成的小任务，然后将这些小任务列成一份清单，完成一项就打钩。

x 月 x 日家庭作业	具体安排
英语	背 10 个英语单词
数学	完成 2 道运算题
语文	默写 10 个生字
英语	背剩下的 10 个单词
数学	完成剩下的 3 道运算题
语文	默写剩下的 10 个生字
语文	写日记

Step 2 灵活安排学习任务

在学习期间，可以把一个任务通过拆分来完成，也可以把不同的任务合并完成。比如在完成背单词的小任务后，也可以顺便将默写的小任务完成。这样不但节省时间，还不会因为完成一项任务而感到枯燥。

Step3 规定完成任务的时间

有没有发现，自己感兴趣的任务，就想一直做下去；不感兴趣的任务，就拖拖拉拉不想做。为避免这种情况出现，我们应为每一个小任务设定时间，让自己在规定时间内完成后就停止，继而进入下一项任务。

本节要点回顾

⭐ 把学习中的大任务拆分成一个个小任务，消除对大任务的畏惧心理。

⭐ 灵活地完成任务，可把任务分解，也可以将任务合并完成。

⭐ 为每一个小任务设定时间，知道什么时候该完成什么任务。

追风小二班
有个数学问题想请教，哪位“大神”帮帮忙啦？
天啊，还有你这个数学“大神”不会的题？
钱小强，你在开玩笑吗？
要不，说来听听？
来吧，说出来咱们一起跟“大神”PK一下！

多请教，遇到难题不卡壳

在学习过程中，向别人请教是不可缺少的一步。不论是在预习、听讲、做作业，还是在复习、总结、课外阅读等过程中，都有可能遇到难题。这时，千万别自己钻牛角尖，而要多向同学、老师请教。所谓"学问"，不就是既要学，又要问吗？

"小果，下课了，不出去转转吗？"唐小糖用铅笔 轻轻戳戳前排的郭小果问道。

"唉！"郭小果 转过头，叹了口气回答，"数学老师留的思考题，我怎么都想不出来，哪还有心思出去啊！"

"哎呀，今天的思考题确实有点难，我也是跟小强讨论半天才解出来。"唐小糖说。

"你们解出来了？"郭小果 眼睛一亮。

"是啊，解起来很复杂，不过还要多亏了小强的'数学脑袋'呢！"唐小糖竖起了大拇指 ，给钱小强的数学思维点赞。

"唉，你们可真厉害，我就不行了，怎么都想不出来。"郭小果又叹了口气。

"我们也不是一下子就解出来的，有时遇到难题，自己思路受限，解不出来，就得多向别人请教，或者跟别人讨论一下，说不定就碰出思想的火花 了呢！"唐小糖说。

"我不是怕别人笑话我笨吗！"郭小果转过头嘟囔了一句。

"你怎么能这么想呢？每个人都不是天才，都有自己的短板，多请教别人，跟别人沟通，才能更好地打开思路，找到解决难题的最佳方法啊！"

接着，唐小糖拿过郭小果的笔记本 ，又说："现在跟我说说这道题，你在哪个地方卡壳了，看看我能不能给你点提示？"

"这里……我怎么都想不出……"郭小果指着笔记本上的题目，跟唐小糖说出自己的困惑。

唐小糖耐心地给郭小果讲起来，不一会儿，两个好朋友脸上都露出了轻松的笑容……

学习中的难题

学习中会遇到各种各样的难题，有的是题目本身很难；有的是学生基础知识不牢固，解答不出来；还有的是解题方法不适合；等等。

学习不是一件轻松的事，有的知识学起来比较轻松、比较好理解，但也有的知识比较深奥，或者比较费脑筋。遇到比较深奥或难以理解的知识，我们就会感到学习的困难。

其实，每个人在学习中都会遇到难题，也都有自己解决不了的问题。一旦在学习中遇到了难题，首先要结合学过的知识独立思考，努力寻找解决的方法。如果实在解答不出来，可以虚心地向他人请教，寻求老师、同学的帮忙，别人的经验和指导可以帮助我们更快地理解和掌握知识，避免走弯路。

当然，即使请教别人，自己也要认真思考，反复理解，充分消化吸收，这样才能巩固知识，并且把不会的知识彻底"吃透"，变成自己的知识。

遇到难题向谁请教

★ 请教老师：梳理出自己遇到的难题的细节，虚心地向老师请教。老师在讲解时，要认真倾听和理解。

★ 请教同学：向学习成绩比较好的同学请教，有时即使同学不能马上帮着解决，在跟同学一起讨论的过程中，也能找到解题的关键。

★ 请教家长：如果是在家里写作业时遇到难题，可以向爸爸妈妈请教，请求他们的帮助或和他们一起讨论。

★ 请教朋友：有时在校外学习遇到难题，一时没办法向老师和同学请教，也可以请教身边的朋友。

学霸来支着儿

Step 1 向他人请教时要说清自己的思路方法

不管是向老师请教，还是向同学、家长请教，都要先说清自己的思路方法，再说自己卡在什么地方，自己的思维误区是什么。这样，别人在为你答疑解惑时才会更有针对性。

Step 2 提问前要捋一遍思路

在向他人请教难题前，最好自己先捋一遍思路，并在别人讲解时随手记录要点，回来后马上归纳总结，以便掌握解题方法。

Step 3 多练习同类题目

在向别人请教，弄清了解题方法后，可以多找几道同类题目进行练习，以便熟练掌握解题方法，从而真正掌握这一知识难点。

本节要点回顾

⭐ 遇到问题要及时向老师或同学请教。

⭐ 请教老师或同学时，要先自己捋顺自己的思路。

⭐ 得到解答后，再多练习一下同类题目，巩固知识点。

追风小二班
有没有人空闲，跟我聊聊人生呗？
我的人生太时尚，跟你聊不到一起。
我的人生只有做不完的作业，聊不？
小果，话说我也正在写作业，哈哈，看来咱俩可以聊聊。
每次只做一件事，写作业不是要专心致志吗？
我赞同小糖的说法。

每次只做一件事

　　在日常学习中，很多同学分不清主次，什么都想做，有的同学甚至会边学习边玩，结果看起来什么都没耽误，其实什么都做不好，这就是典型的注意力不集中的表现。时间长了，不但不利于专注力的养成，还不利于学习成绩的提高。所以，学习时最好要求自己每次只做一件事，当一件事做完、做好后，再去做另外一件事，这样才能把事情一件件地做好，把任务一项项地完成。

　　"叮咚——"

　　周六一大早，唐小糖的手机就收到一条微信 🔲 ："早啊，小糖，一起去体育场打羽毛球 🏸 啊？"

　　唐小糖睁开惺忪的睡眼仔细看了看，是米小咪。

　　"这个米小咪，大周末起这么早 ☀️ ！"唐小糖嘟囔了一句，但还是回了信息，"只有我们俩吗？还有其他人吗？"

　　"我还约了小路和小强，小果今天有事来不了，我们四个正好可以双打，快来！"米小咪还加了一个"着急"的表情 。

"好吧，那等我。"唐小糖从床上爬起来，洗漱完毕，吃点东西就出门了。虽然老师留的周末作业比较多，但唐小糖向来会在周末留一天给自己休息，周日集中攻作业 。

很快来到体育馆，鲁小路和钱小强已经到了，俩人正在打羽毛球。米小咪自己坐在羽毛球场的一角，手里拿着英语书 ，正在嘟嘟囔囔地背单词。

"小咪，你怎么在这里背单词？这多吵啊！"唐小糖坐下来，不解地问。

"哎呀，这不是争分夺秒学习嘛，学习娱乐两不耽误。——嘿，鲁小路你的球太臭了！"米小咪这边回应着唐小糖，那边还关注着鲁小路和钱小强的打球状况。

"争分夺秒学习倒是没错，可你这是一心二用，既玩不好，背单词效果也好不了啊！"唐小糖 皱着眉说。

"不会的，我今天上午还准备背20个新单词呢！——哎，钱小强，你越线了好吗？"

唐小糖无奈地摇摇头。

接下来，几个好朋友就愉快地打起了羽毛球 ，当然，米小咪也要一会儿就跑过去看看英语单词。

星期一上学，米小咪噘着嘴找到唐小糖，沮丧地说："小糖，我前天背的单词好像一个都没记住，怎么回事啊？"

"我跟你说了，学习时一心二用是不行的，要每次专心 💙 做好

一件事，现在你知道了吧？"

米小咪觉得，唐小糖说得还真有道理，真不愧是学霸呢！

专注于一件事

在学习时，每次只做一件事或只完成一个任务，把全部注意力都放在这件事或这个任务上，是提高学习效率的最佳方法。

每次只做一件事，听起来是不是很简单？但是有很多人做不到。如果你习惯在吃饭的同时背单词，在写作业的同时听音乐，在思考问题的同时看电视……这样一心二用，是没办法让自己专注于任何一件事情的，最终是学习没学好，玩也没玩好。

其实，很多同学在学习上遇到的问题都源于注意力不集中。正因为注意力无法集中于一件事，或

者集中在一件事上的时间太短，所以难以对这件事进行深入思考，学习效率自然低下。

所以，不论是学习还是做其他事，都不要太贪心，专注做好眼前的事才会得到最大的收获。

怎样专注一件事

设定目标：比如自己要在某段时间内完成多少学习任务，然后在这个时间段内只做这一件事。做完后，再去做下一件事。

分解任务：如果学习任务较重，需要较长时间才能完成，那就将任务分解，每个时间段只专心地完成一项任务。

隔绝诱惑：在学习时，把身边可能影响注意力的物品，如手机、文具等，都放在视线之外，不让它们分散我们的注意力。

劳逸结合：专注一件事是很耗费精力的，所以在专注做事一段时间后，就要让自己休息一下。

学霸来支着儿

Step 1 先做最重要的事

想要一次只做一件事，就要把自己的学习任务按轻重缓急进行分类，然后先集中精力做最重要的一件事。

Step2 营造专注的氛围

如果身边让你分心的事情很多，就要想办法营造一个能让自己专注的氛围，把那些可能让你分心的东西屏蔽掉，从而更加认真地做好眼前的事。

Step 3 尽量在固定的时间做固定的事

让自己习惯在固定的时间内完成固定的任务，可以大大提高学习效率。

时间	学习任务	所用时间
下午 5：00 ~ 5：30	英语作业	25 分钟
下午 5：50 ~ 6：20	数学作业	28 分钟
下午 6：40 ~ 7：10	语文作业	30 分钟
晚上 8：00 ~ 8：20	阅读	20 分钟

本节要点回顾

⭐ 每次专注于一件事，可以提高学习效率。

⭐ 分清事项的主次，先做最重要的事。

⭐ 充分预估好做完一件事的时间，并让自己专注其中。

在兴趣爱好中发展特长

　　大科学家爱因斯坦曾说过："兴趣是最好的老师。"每个人都有自己的兴趣，也都有自己的特长。如果能在自己的兴趣爱好中发展特长，就能激发出更多的潜能。兴趣和特长不仅能为我们带来乐趣，更有可能让我们在未来获得更好的发展。

　　今天的班会上，老师请大家说说自己的兴趣爱好，大家畅所欲言。

　　唐小糖说："我最喜欢下棋　　　，尤其喜欢研究怎么才能把对手打得落花流水。"

　　鲁小路说："我喜欢跑步　　　，现在我每天都早起，先去跑步半小时。"

　　郭小果说："我喜欢整理，我妈妈说我长大后可以去做个整理师。"

　　钱小强说："我就不用说了，大家都知道，我最喜欢的就是研究数学题，嘿嘿！"

　　米小咪说："我最喜欢时尚的东西，我希望自己长大后能当个服装设计师或化妆师。"

......

"很好，大家都很有想法，那你们有没有想过，怎样把自己的这些爱好变成特长呢？也就是说，怎样才能把这些爱好变成自己的优势，让它们比别人更厉害呢？大家下课后讨论一下，下节课我请同学上讲台来讲一讲，到时大家一起评价一下，谁讲得最好。"老师笑着说。

下课后，钱小强来到唐小糖桌前，大声说道："小糖，来，跟我杀一盘，看看咱俩谁的棋艺更厉害👍？"

"你也会下棋？"唐小糖用不可思议的眼神看着钱小强。

"你太小瞧我了！我告诉你，我不但是数学高手，也是下棋高手，我可是在专业班学过的！"钱小强甩了甩头，傲娇地回答。

"哇，你还是真人不露相啊，来来来，比就比，我还能怕你？"唐小糖从书包里拿出一盒五子棋 在桌上摆好，准备跟钱小强一比高下。

同学们纷纷凑过来，想看看两个人谁的棋艺更胜一筹。

在大家的围观中，钱小强和唐小糖杀了三盘，钱小强以两胜一负胜出。

"小糖，看不出你还真有两下子啊！"唐小糖向钱小强伸出大拇指👍。

"咳，喜欢，同时也为之努力过，取得一点小成绩，不算啥！"

钱小强扬扬头，笑眯眯 地说道。

"好，明天我们就让钱小强上台给大家讲讲，他是怎么把自己的兴趣爱好发展成为特长的，这很值得咱们学习，大家说对不对？"唐小糖 大声对着同学们说。

"对，对，让小强给大家讲讲！"同学们纷纷附和。

"哎呀，这……不是献丑了吗？"钱小强有点不好意思，但心里还是美滋滋的。

特长

特长是指在某一方面具有超过普通水平的技能、才能或能力。

著名教育家苏霍姆林斯基认为，每个孩子都应该至少找到一项稍微不错的学科、一项课外的兴趣特长。在孩子有信心、有能力、有兴趣的领域，慢慢学会如何学习，如何克服困难坚持学习，体会到被他人肯定的动力，最终找到内在的动机。

这就提醒我们，要通过各种活动找到自己的兴趣爱好，并将其发展为自己的特长。这些兴趣爱好既可以是我们学习的科目，也可以是其他的，如画画、音乐、演讲、体育项目等。兴趣爱好可能很容易产生，但要想将其变为特长，就需要很长时间的努力和坚持。当然，在这个过程中，我们也能体会到坚持热爱所带来的快乐和成就感，还能使自身的能力不断得到提高，可谓是一举两得。

发展特长有哪些好处

提高自信：拥有一两项比他人更擅长的技能或技艺，就会赢得他人关注和尊重的目光，因此也会更加自信。

挖掘潜能：我们可能有自己的兴趣爱好，但并不突出，如果能把这项兴趣爱好发展成为特长，潜能也会得到更深入地挖掘。

愉悦身心：发展自己热爱的项目，可以放松身心，调适紧张的学习生活，并从中体会到愉悦感和成就感。

学霸来支着儿

Step 1 积极参加各种活动

平时多参加学校的社团活动，尝试不同团队中的角色，承担不同的任务，发掘自己的兴趣，同时不断发现自己的优势潜能。

Step 2 遇到瓶颈期，要适当调整学习方式

即使是自己喜欢的项目，在深入学习过程中也可能遇到瓶颈期，学不下去或不想学，这时可以跟老师或家长沟通，适当调整学习方式，以便继续坚持学习。

Step3 敢于展示自己

寻找机会积极展示自己的特长，成功了，可以增加信心；即使失败了也没关系，可以从中找到原因，不断提升自己。

本节要点回顾

⭐ 发现自己的兴趣爱好，将其发展为特长。

⭐ 特长项目不要太多，要选择自己真正喜欢和热爱的。

下周数学测试，大家都准备得怎么样了？

从来没为数学考试做过准备的人飘过……

钱小强，我劝你善良！

唉，我和数学就像最熟悉的陌生人……

这次测试比较重要，还是要准备一下的。

我们都要向小路学习！

为重要的事情做准备

俗话说：做事有备才能无患。学习也是如此。在面对一些重要的学习内容或考试时，提前做好预习或复习，既可以让知识掌握得更牢固，还可以让自己在考场上心不慌、脑不乱、手不抖，并且取得更好的成绩。那些超级学霸，都是善于为重要的事情做准备的人，因而面对学习时也能做到得心应手。

"小果，别写了，天天趴在桌子  上写，我很奇怪你都在写什么？走吧，出去玩一会儿。"下课了，米小咪来到郭小果桌前，叽叽喳喳地说道。

"不去了，下周不是要考试吗？我都没复习呢！"郭小果  皱着眉头说。

"哎呀，下周才考呢，现在急什么？"米小咪伸手拉住郭小果正在写字的手，"走吧，陪我出去转转。"

"好吧，好吧。"郭小果放下笔 ，准备跟米小咪出去。

两人刚要出去，忽然发现坐在郭小果后排的唐小糖也没出去，正聚精会神地坐在桌前看数学课本上的例题，一边看还一边用笔在草稿纸上画 着什么。

"小糖，跟我们一起出去转转吧！"米小咪说。

"不了，你们去吧，这道例题我还没弄明白。"唐小糖头也没抬地回了一句，手也没停下来。

"小糖，这例题老师不是讲过了吗，你怎么还看？"郭小果转过身，看了看唐小糖桌上的课本 ，问道。

"是讲过了，但我还有点问题没弄明白，所以得好好研究研究。很多考试中的题目其实都是例题的延展，把例题吃透了，我们才能更好地应对各种习题和考试。知道'万变不离其宗'不？就是这个道理！"唐小糖 抬起头，胸有成竹地回答。

"啊？我每次考试前复习都是背公式，使劲儿做课外题，累得半死，成绩还提不上去；你每次好像轻轻松松就能取得好成绩，原来诀窍在这里！"郭小果 瞪大眼睛说。

"呃……这个嘛……也不全是这个道理，但在考试前做好复习肯定是没错的，做任何重要的事情都要有前期精心的准备！只不过准备的方式不同而已，就看怎么更高效。"唐小糖有些小得意地回答。

"哎呀，你们两个好啰唆，都要上课了！算了算了，我也不出去了，我也去为下周的考试做准备。不过，这次我也试试小糖的方法，哈哈。"

米小咪蹦蹦跳跳地回了自己的座位。

看到米小咪一惊一乍的样子，唐小糖和郭小果都笑了。

重要的事情

学习中经常会遇到一些比较重要的任务，如马上到来的考试、测验，或者是一些重要活动等。在这些事情到来之前，提前做好准备，可以事半功倍，提高做事效率。

想要让学习更高效，平时就要做好学习规划，尤其是要为一些重要的事情做好准备。比如面对即将到来的考试，要提前几天开始复习，每天具体复习什么内容，达到什么效果；面对新学期的到来，要提前完成假期作业，还要做好新学期的学习规划；等等。只有一切都有规划、有步骤地进行，才能更好地应付和解决学习中的难题。

怎样为重要的事情做准备

做事之前：先思考这件事目前是不是很重要，自己有没有必要做。如果确定这件事很重要，就要做好计划，并做好全力以赴的准备。

做好规划：为要做的事做好详细、具体的规划，如每天做什么，需要多长时间完成，实现什么样的目标等。

总结方法：在准备过程中，积极思考更快、更好的方法，让自己花最少的时间高效完成。

事后思考：即使感觉自己做好了准备，也要思考一下是否还有哪些地方需要改进，并及时反思、弥补，将准备做到最佳，以应对即将到来的重要的事情。

学霸来支着儿

Step 1 列好近期事情的清单

以具体时间为单位，如一周、半个月、一个月等，看看这段时间内可能有哪些重要的事情发生，如重要考试、比较有意义的活动等，将这些事情分别列出来。

Step 2 分清事情的轻重缓急

将列出的事情按照轻重缓急进行分类，再找出当前最重要、最紧急的事情。

Step3 为重要的事情做具体准备

列好做事的计划或步骤，为完成这件事所做的物质准备等，然后按部就班地去做，为有效完成这件事而全力以赴。

本节要点回顾

⭐ 学习过程中，为重要的事情做好准备，可以事半功倍。列好要做事情的清单，找到当前最重要的事情，再为其做准备。

⭐ 做准备的过程也要有规划，不要眉毛胡子一把抓。

第 **5** 章

学霸心法，
成就更好的自己

追风小二班
学习好累，我想“罢学”，求支持！
今天周末，你还在学习？
出来逛街啊，小果，请你喝奶茶。
可我的数学题还没刷完……
要劳逸结合，老不听我的话！
小果，你就是太刻苦了，学习得用点儿巧劲儿才行。

你没成功，可能因为太刻苦了

"学海无涯苦作舟。"这句话确实很激励人，但并不是在任何情况下都适用。学习虽然要努力刻苦，可是不代表自己比别人刻苦一些，就能取得好成绩。人的精力有限，就像一桶水，只会刻苦而不懂休息的人，精力桶里的水会不断下降，结果就会导致精神涣散，注意力不集中，学习效率也会不断降低。所以，有时成绩不好并不是不够努力、不够刻苦，恰恰是因为太刻苦了！

"这周末我想找人去爬山 🏔️，有人想一起去吗？"下课时，老师刚走出教室，唐小糖就在班里大声问。

"我，算我一个！"钱小强急忙举起手 ✋。他最喜欢玩，这种活动怎么能少了他？

"我虽然很想去，可我答应陪'母后'去买衣服 👕 了，我得回去请示一下'母后'才能决定。"米小咪在一旁大声说。

"小果，你去不去？"唐小糖用铅笔戳了戳坐在自己前排的郭小果。

"我，我还是不去了，我得学习。"郭小果一边奋笔 疾书地抄写着老师写在黑板上的内容，一边小声回答。

"哎呀，小果，你这课间在学习，放学后回家在学习，早晨比我们每个人来得都早，来了就学习，难道周末也不休息吗？"钱小强皱着眉头问郭小果。

"谁叫我的成绩不好呢！不努力怎么办？"郭小果 抬起头，无奈地说。

"小果，跟我们一起去吧，放松放松。"唐小糖说，"你每天这样努力刻苦地学习，成绩却总提不上去，应该找找原因，而不是继续不停地学啊、学啊……"

"能是什么原因？我妈妈 说，我还是不够刻苦。"小果低着头，沮丧地说。

"我觉得恰恰相反，你就是太刻苦、太努力了，结果起了反作用。学习是要劳逸结合的，你每天光知道学习，大脑一刻都不放松，怎么能受得了呢？就算大脑是一台机器 ，你也得让它停下来，上上油、降降温不是？"唐小糖头头是道地说。

"真是这样吗？"郭小果 有些怀疑地问。

"我觉得小糖说得对。不是有那么一句话：不会休息的人，就不会工作。你是属于'不会休息的人，就不会学习'。"钱小强插嘴说道。

"那好吧，周末我也跟你们一起去爬山 🏔 吧，也让我的'机器'休息休息。"郭小果准备回家说服妈妈，让自己周末跟好朋友一起去爬山。

主动休息

主动休息是指有意识地主动选择某一种休息方式以缓解疲劳，恢复精力。比如"番茄学习法"，学习 25 分钟，休息 5 分钟，再继续学习。

大多数人都认为，学习要努力、刻苦，却很少有人意识到，科学的学习模式应该是：高度专注＋主动休息。那些学霸并不是刻苦学出来的，而是在学习时能够保持高度专注，只要感到精力不足，就会主动停下来让自己休息。这样，他们的精力就能很快恢复，从而继续保持高度专注的学习状态。如此反复，才是学习的最佳途径。

要记住，有效学习的关键在于保持专注，而不是比拼刻苦和努力。

怎样做到主动休息

主动休息：学习感到有些疲劳时，就主动放下书本，到户外呼吸一下新鲜空气，或者听听音乐，让自己的大脑得到放松。

简单运动：户外散散步，在房间里做几个深蹲，或爬楼梯，都是不错的放松方式。

小憩 10 分钟：课间或学习过程中，如果感觉大脑有些累，就趴在桌上小憩一会儿。

找人聊天：可以在课间跟同学聊聊天，在家中学习较长时间后跟家长聊聊天，都可以放松身心。

学霸来支着儿

Step 1 寻找自己的"番茄时钟"

每个人的学习状态不一样，要结合实际情况找到自己的"番茄时钟"，也就是进行几天或一周的自我观察，记录下自己各个时间段的学习时长（专注时长，而不是坐在桌前的时长）。找到之后，就可以按照这个时间段来学习。

Step 2 每周设置一个休息日

努力学习，刻苦学习，不等于不眠不休地学习，所以一定要让自己休息好。每周设置一个休息日，如周六或周日等，不给自己安排任何学习任务，尽情轻松、愉快地玩耍，为下一周紧张、繁忙的学习储备精力。

Step3 选择适合自己的休息类型

重视并认真做好多种休息类型的选择，选择定期的户外活动或体育锻炼，或做深呼吸，或欣赏音乐，不仅能让身心得到放松，也能保持身心健康。

本节要点回顾

⭐ 努力、刻苦不是提高学习效率的有效方式。

⭐ 会休息的人，才是会学习的人，学习需要劳逸结合。

⭐ 找到适合自己休息和放松的方式，帮助自己快速恢复精力。

追风小二班
要考试了，睡不着，怎么办？
天啊，世上还有让米小咪睡不着的事情？
同款睡不着的女生……
大家和我一起数绵羊怎么样？
亏你想得出来！

克服考前紧张心理

　　很多同学在考试前都会感到紧张，看不进去书，甚至还会表现出一些不好的情绪症状，如失眠、头痛、注意力不集中、出汗等，这些状况都有可能影响即将到来的考试。所以，考前准备不仅包括对各种专业知识的充分准备，还包括对心态的调整和疏通，这样才能保证自己在考场上发挥出最佳水平。

　　"叮铃铃——"下课铃 响了，老师拿起课本准备离开。

　　"老师，您等一下，您再给我讲一下这道题吧，我上课时没听懂。"米小咪从座位上站起来，急匆匆地奔向要离开的老师。

　　"米小咪 同学，这道题我已经讲过两遍了，还不会吗？"老师有点意外地看着米小咪。

　　"是啊……我也很着急，怎么就不会呢？这快要考试了，我好着急啊！"米小咪小声嘟囔着。

　　"好吧，那老师再给你讲一遍。你看……"老师 又耐心地给米小咪讲了起来。

"这回听懂了吗？"

"这回我明白了，谢谢老师。"米小咪 兴高采烈地回到了座位上。

可是没过多久，米小咪就开始焦虑地喊起来："哎呀，我怎么又忘啦，这道题刚才老师怎么讲的？我怎么这么笨啊！"她急得快要哭了。

"小咪怎么了？别着急！"唐小糖走过来，安慰米小咪说，"你是因为快要考试了，感到紧张是吗？"

"是啊，小糖。你也知道，我的数学成绩很差，每次都会复习很长时间 ，可一到考试就不行了！你看，老师刚刚给我讲的题，我一转眼就忘记了，这可怎么办啊？"

"别急，小咪，听我说——"唐小糖用手 扶住米小咪的肩膀，继续安慰她，"你太紧张了。现在，我们不要再想这道数学题，放下它，跟我一起到外面转一转，让自己放松下来。"

唐小糖拉着米小咪就出去了。

考前心态

考前心态就是考试前的心理状态，一般有紧张、焦虑、迷茫、分心、平静、自信等情绪表现。这些都是正常现象。

临近考试，好的心态对考试的正常发挥有着至关重要的作用。有些同学一到考试就会产生紧张、焦虑甚至害怕等情绪，这些情绪会影响考试水平的正常发挥。

想要克服考前紧张心理，就要在考试前学会调整自己的情绪和状态，同时做到劳逸结合，让自己运用恰当的方式放松，这样才能用最好的状态应对考试。

怎样缓解考前紧张心理

调整心态：不要一直纠结于自己不会的内容，多给自己信心。

写下焦虑：把所有自己感到紧张、焦虑的念头都写下来，如"担心考不好""知识点总忘"等。把自己的感受表达出来，可以缓解紧张心理。

适当休息：休息不但能放松大脑，还能减轻心理压力，缓解紧张情绪。可以根据自己的实际情况听听音乐、散散步、打打球等。

充足睡眠：充足的睡眠可以让情绪放松，缓解压力，同时还能让自己保持旺盛的精力。

学霸来支着儿

Step 1 适当降低自己的心理预期

面对考试，我们不一定非要拿满分，只要全力以赴就可以了。过高的期望，会给自己带来较大的压力，让自己的心理过度紧张。

Step 2 每天留出彻底放松时间

考试前的复习巩固固然重要，但也不能夜以继日连轴转，否则只会让自己身心俱疲，直接影响考试状态。最好能每天至少留出30分钟时间让自己彻底放松，把书本放在一边，去散步、运动、跟朋友聊天，以此来缓解紧张焦虑的情绪。

Step3 不要再死磕难题

考前最重要的是给自己信心，把重点知识和习题巩固好。临近考试，就不要强迫自己把之前不懂、做错的难题一一搞定了，否则只会给自己增加心理负担。

本节要点回顾

⭐ 考试前出现紧张心理是一种正常现象。

⭐ 适当降低自己的心理预期，可以缓解考前的紧张情绪。

⭐ 清醒敏捷的头脑能够帮助我们提高学习效率，所以，适当的休息是很有必要的。

追风小二班
又被老师批评了，唉，好难过！
我都习以为常了……
安慰小果。
我给你买奶茶，天下就没有一杯奶茶解决不了的问题！
小果，我给你精神支持。
有你们真好！

抗挫三步法，遇到困难不"罢工"

在学习过程中，遭遇挫折和困难是难免的事，即使是学霸，他们的学习过程也不可能永远一帆风顺。但是，当挫折和困难来临时，如何面对挫折、抵抗挫折，却很考验一个人的心态和自我管理能力。那些真正的学霸，即使在遭遇挫折时仍然可以保持积极的心态，并用恰当的方法对抗挫折，成就自我。

放学了，同学们陆陆续续地走出教室，准备回家。

"咦，小果，你怎么还不走？"鲁小路背着书包准备走，忽然看到郭小果还在座位上，低着头，不知道在干什么。

"我……我一会儿……就走……"郭小果没有抬头，说话断断续续的。

"怎么了小果？哎呀，你怎么哭了呢？"鲁小路赶紧坐到郭小果身边，关心地问道。

"没事，我……"郭小果使劲儿地控制着自己的情绪，说不出话来。

鲁小路想起来了，今天发了语文期中考试的试卷，快放学时，语文老师把郭小果叫去办公室，很久才出来。鲁小路估计，郭小果可能这次考试成绩不理想，被语文老师 批评了。

果然，鲁小路看到郭小果夹在语文课本中的期中考卷，成绩不太好，这应该就是郭小果哭泣的主要原因。

"小果，你是因为这次没考好难过吧？"鲁小路 小声地问。

郭小果没说话。

"没关系的小果，谁也不会一直考高分。你的语文成绩一直不错的，这次只是没发挥好而已。"鲁小路耐心地安慰着郭小果。

"我……我觉得自己很差劲……这次，我又拖我们学习小组的后腿了，他们一定很讨厌我……"郭小果 越说越伤心。

"小果，不要在意这些，调整好自己的状态，努力把成绩追上去就可以了。"

"怎么调整啊？我就是很差劲，我想退学……"郭小果泪眼婆娑地说。

"只是一次没考好而已，一点小挫折，怎么就想退学呢？一次成绩 代表不了什么，我们能从中吸取经验和教训才最关键。我教你一个'抗挫三步法'吧，这也是我应对挫折的秘诀！"鲁小路头头是道地对郭小果说。

"是什么啊？"

"第一步，告诉自己，这是一次激励我进步的机会；第二步，找出问题，比如自己对哪些知识点的学习还很欠缺；第三步，开始行动。

怎么样，你要不要试试？"鲁小路 用鼓励的眼光望着郭小果。

"我可以吗？"郭小果还有些不自信。

"当然可以，任何人都可以！我们一起加油 ，小果！"

两个好朋友一起用力地点了点头。

学习挫折

学习挫折是指在学习过程中遇到阻碍或困难，一时又无法克服而产生的情绪反应或紧张的状态。

学习是一个漫长而艰辛的过程，难免会遇到各种各样的挫折和困难。当遭遇学习困境时，很多同学会陷入难过、沮丧、失望等负面情绪中，甚至想放弃学业，直接"罢工"。

这些状态都是不利于学习的。实际上，学习中的困难和挫折并不是失败，而是我们在学习中遇到的挑战。在面对这些挑战时，首先要培养积极的心态，提高自己的学习动力和信心。其次要仔细分析学习中遇到的问题，继而制订合理的计划，用积极上进的心态应对挑战和挫折。只要不断总结经验和教训，并勇于改正，意志坚强，就一定能克服困难，成为学习的强者。

学习遇到挫折怎么办

接纳挫折：学习中难免遇到挫折和困难，这时不要沮丧、气馁，而是要勇敢接受，并从挫折和困难中吸取经验和教训，为接下来更有针对性的学习做好准备。

识别难点：审视自己遇到的问题，找出导致失败的难点。

分析原因：找出自己学习中遇到困难和挫折的原因，比如学习不专注、基础知识掌握不扎实等。

学霸来支着儿

Step1 告诉自己"我要改变"

对抗挫折和困难最有效的办法，就是比它更强大。一旦在学习中遇到挫折或困难，有效的应对方法就是告诉自己"我要想办法改变这种现象"，从而激励自己应对挫折的决心。

Step 2 找到造成挫折的原因

学习遇到挫折或困难，要仔细分析原因，找到学习中的难点。只有找到问题症结，才能有的放矢地加以纠正。

Step 3 激励自己继续努力

找到原因后，要及时调整学习计划或策略，并激励自己继续努力。只要自己具有学习动力，且学习动机是长远的、正确的，就不会因为学习中的一时挫折而丧失决心和信念。

本节要点回顾

⭐ 学习遇到挫折不要气馁，更不要动不动就"罢工"。

⭐ 运用抗挫三步法，积极寻找失败原因，并调整学习目标。

⭐ 正确激励自己，让自己时刻保持学习动力。

追风小二班
20 个俯卧撑，走起！
我坚持不下来，怎么办？
你可以向小强取取经。
小强，打个赌呗，我每天 100 个跳绳，咱俩看谁坚持时间久？
小菜一碟啦！
有热闹看了！

锻炼意志力，解决 3 分钟热度

很多同学在学习和做事时经常是 3 分钟热度，坚持不了多久就放弃了，这其实就是意志力薄弱的表现。意志力对于学习和成长来说至关重要，只有具备强大的意志力，才能克服学习中遇到的困难和挫折，让自己变得越来越强大、越来越优秀。

"小咪，上次我们一起制订的学习计划 📄，你坚持得怎么样？"放学路上，唐小糖和米小咪 一起向校外走，唐小糖问米小咪。

"我……我就坚持了几天……"米小咪吞吞吐吐地回答。

"为什么？"唐小糖 用不可思议的眼神看着米小咪，"我们制订计划有半个月了吧？你难道只坚持了几天吗？"

"也……也不是，我想起来就会坚持一下，有时坚持不下去，就……嘿嘿。"米小咪挤出一个尴尬的笑容 。

"唉，真拿你没办法！"

"我有时觉得太麻烦了……"米小咪小声嘟囔着。

"怎么会麻烦呢？你只要坚持下来，就会养成习惯，以后按照计划学习就跟吃饭 、睡觉一样自然了。如果做事总是3分钟热度，那任何计划都没办法提升你的学习成绩！"唐小糖一副恨铁不成钢的表情看着米小咪。

"其实，我也觉得这个计划挺好的，我刚开始坚持几天，感觉每天学习很有规律。但是，有时我一换衣服 ，一打扮自己，就发现时间不够了，然后就……"

"那这样吧，我再重新陪你制订一份学习计划 ，重新规划一下你的学习时间和日常活动时间，我继续坚持我的计划，然后我们俩每天打卡，互相监督，你看怎么样？"唐小糖问米小咪。

"小糖，你真的能每天坚持按照学习计划进行吗？我怎么就不行呢？"米小咪 有些不解地问。

"我其实有时也想偷懒，但每次一有这样的念头，我就马上给自己心理暗示，告诉自己：做事要坚持，不能轻易放弃。并且我还把有些学习目标进行了分解，每完成一个小目标后，就给自己一点小奖励，比如看10分钟电视、买一份小零食 等。多鼓励自己，自然而然就坚持下来了。"

"小糖，我真应该早点跟你说这件事，要是我也用你这样的方法，可能就不会中途放弃了。好，从今天开始，我们互相监督，我继续坚

持我的学习计划 ▤ ，保证完成任务！"米小咪朝着唐小糖做了个敬礼的手势，两个好朋友会心地笑了。

意志力

意志力就是控制自己的注意力、情绪和欲望的能力。一个人有了意志力，就有了克服困难的心理动力，面对目标更加坚定，不会轻易放弃目标。

你是不是经常感觉自己很难坚持一件事，做事3分钟热度？

这些都是缺乏意志力的表现。

可别小看意志力！一个拥有坚强意志力的人，即使遇到再多的困难、有再多的不满情绪，也会坚持完成自己的学习和工作任务。而且，意志力强大的人会更自律，哪怕在学习上遇到困难，也能够正确面对，不会轻易放弃，最终收获成功。

日常如何锻炼意志力

从小事做起：比如每天早晨 6 点钟起床，晨读半小时，如果能坚持一年，对意志力的锻炼将会大有帮助。

坚持早起：睡懒觉只需要闭上眼睛，而早起却需要主动拒绝床被的舒适，这是对意志力的一个极大考验。

坚持每天打卡：每天坚持对某项学习内容或活动进行打卡，不但能增强自己的成就感，还能锻炼意志力。

学霸来支着儿

Step 1 设置一个清晰、长远的学习目标

一个清晰、长远的目标可以成为学习动力，时刻激励我们用更积极的心态面对学习中的各种挑战和挫折。

Step 2 将大目标拆解为具体的小目标

与大目标相比，小目标往往更容易实现，也更容易让我们体会到成就感，并且不需要消耗太多的意志力。当我们达成一个小目标后，适当给自己一点奖励，也是对意志力的一种强化。

Step3 给自己积极的心理暗示

遇到困难，想要放弃时，就告诉自己："我能行，我可以再坚持一下！""我很棒，能做到！"这种积极的心理暗示可以增强自信心，让我们产生继续坚持下去的动力。

本节要点回顾

⭐ 要解决学习中的3分钟热度问题，就要提升自己的意志力。

⭐ 通过设立合理目标，可以有效锻炼意志力。

⭐ 通过做一些日常小事或自己喜欢的事，不断强化意志力。

追风小二班
下周的作文竞赛选拔赛，都谁报名?
我肯定是不行的。
我想试试。
要是写怎么变美的内容就好了，我最有经验，嘻嘻!
什么时候能举办数学竞赛啊?
想报名的明天找我，小果，你也试试呗!
我……我还是算了吧……

自信的孩子会发光

自信是一个人性格当中很重要的组成部分，成为自信的人，是每个人学习和成长过程中的必修课。拿破仑曾说："在我的字典中没有不可能的字眼。"这是多么强大的自信。相信自己是有价值的人，你就可以变成有价值的人，做有价值的事。

"这次数学考试得最高分的同学是——"临下课前，数学老师准备公布这次月考的成绩。为了引起大家注意，她还故意卖了个关子。

"钱——小——强！"在同学们期待的眼神中，老师终于说出了名字。

"哇，小强，你好厉害 ，几乎每次数学考试都能拿最高分！"同桌鲁小路 用胳膊碰碰钱小强，一脸羡慕地说。

"哎呀，小事情啦——"钱小强有些不好意思，但还是一脸的骄傲。

"同学们，大家要向钱小强同学学习，有不会的问题也可以多跟他讨论，学学他的学习方法。好了，下课。"随着下课铃声的响起，老师走出了教室。

"哟哟哟，钱小强同学，请接受一下我的采访 ，谈一谈你是怎么把数学学得这么好的？"米小咪手里拿着一本卷起的课本 当作话筒，假装来"采访"钱小强。

"咳，天生数学智商高，没办法！"钱小强故意摊摊手 ，摆出一副无奈的表情。

"小强，你真厉害，我就不行了，怎么学都学不好，唉！"坐在钱小强后排的郭小果 叹了口气说。

"小果，你干吗这么不自信呢？你的数学虽然比小强差一点，但你的英语学得很好啊！我经常看到小强转过头向你请教英语问题呢！"唐小糖 在一旁说道。

"啊，英语……也一般而已，小强问我的问题有时我也不会，我和你们的学习成绩比，还是差远了。"郭小果一直都这么不自信。

"小果，别这么说，你在我们眼里也很优秀，也有很多优点。"钱小强转过头来鼓励郭小果，"比如你记单词就比我快，做阅读理解也比我强，我还要多谢你对我的帮助呢！"

"真的吗？"郭小果简直不敢相信，自己在朋友眼中还有这么多优点。

"当然！小果，相信自己，你在我们眼中一直都很棒 ！"唐小糖说。

听到大家对自己的肯定，郭小果 感到非常开心。

自信的力量

拥有自信心会使人身上散发一种独特的魅力，不管是在学习还是在其他方面，都有着很大的优势。而且，自信还会让人更加淡定、从容、有力量，也会让人产生战胜挫折和克服困难的勇气。

怎样让自己拥有自信

我可以：每天早晨起来后，对着镜子里的自己微笑，给自己加油，并对自己说："我可以！"

不怯场：不管是跟同学相处，还是回答老师的问题，都要落落大方，大胆地应对。

有计划：从小让自己养成按规划做事的习惯，做事时就会胸有成竹，也会越来越自信。

学霸来支着儿

Step 1 正确评估自己的潜能

在学习过程中，要善于正确地评估自己的潜能，既不要评估得太高，也不要过于谦卑，更不要拿自己的缺点跟别人的优点比较，否则只会放大自己的不足，导致自我评价出现偏差，让自己丧失信心。

Step 2 学会鼓励自己

感到自己有了消极或自卑心理时，就多给自己一些鼓励，如"我并不比别人差""我不必自卑，每个人都不完美"……这样的鼓励可以让人产生进步的动力，也会提升自信心。

Step3 坚信"天生我材必有用"

俗话说：尺有所短，寸有所长。人的兴趣、才能、素质等都是不同的，所以要多看自己身上的闪光点，并坚信"天生我材必有用"，善于根据自己所长来规划学习和人生。

本节要点回顾

⭐ 要相信自己，多看到自己的长处和优点，多给自己积极的鼓励。

⭐ 正确评估自己的潜能，正确认识自己，努力做好自己。

学习习有方法

时间管理法

朝歌 编著

台海出版社

图书在版编目（CIP）数据

学习有方法.时间管理法 / 朝歌编著 . -- 北京：
台海出版社 , 2023.10

ISBN 978-7-5168-3660-6

Ⅰ . ①学… Ⅱ . ①朝… Ⅲ . ①学习方法－少儿读物②
时间－管理－少儿读物 Ⅳ . ① G442-49 ② C935-49

中国国家版本馆 CIP 数据核字 (2023) 第 183680 号

学习有方法 . 时间管理法

编　　著：朝　歌

出 版 人：蔡　旭　　　　　　　封面设计：韩海静
责任编辑：姚红梅　　　　　　　策划编辑：刘慧滢

出版发行：台海出版社
地　　址：北京市东城区景山东街 20 号　邮政编码：100009
电　　话：010-64041652（发行，邮购）
传　　真：010-84045799（总编室）
网　　址：www.taimeng.org.cn/thcbs/default.htm
E-m ail：thcbs@126.com

经　　销：全国各地新华书店
印　　刷：三河市南阳印刷有限公司
本书如有破损、缺页、装订错误，请与本社联系调换

开　　本：710 毫米 × 1000 毫米　　1/16
字　　数：106 千字　　　　　　印　　张：11
版　　次：2023 年 10 月第 1 版　　印　　次：2023 年 10 月第 1 次印刷
书　　号：ISBN 978-7-5168-3660-6

定　　价：158.00 元（全五册）

前言

preface

比天赋更重要的是方法

中国有句古话："工欲善其事，必先利其器。"虽然做事是最终目的，但掌握做事的方法，才是先决条件。学习也是同样的道理，"学会"不如"会学"，只有掌握了学习的方法，才能摆脱"明明很努力，成绩就是上不去"的魔咒。

《学习有方法》是一套科学合理、简便易用的学习方法指导书。全书共分为五册，用简洁的语言和贴近日常生活的故事，讲述孩子在学习过程中遇到的问题。书中包含了上百种学习方法和大量的图形、表格、导图等学习工具，如"万能记忆公式""康奈尔笔记法""时间管理四象限法""番茄学习法"等，这些宝藏学习法趣味性强，高效实用，能有效解决孩子不爱学习、不会学习的问题，助力孩子快速拿高分，逆袭成优等生。

希望《学习有方法》能够成为孩子前进的朝阳，帮助他们拨开云雾，找到通往成功之路。

认识我吧

唐小糖

性格开朗，是同学们的开心果。成绩优秀，班里的小学霸。喜欢分析问题，常常会总结一些学习小窍门与同学们分享。

鲁小路

同学们的暖心哥哥，无论谁遇到困难，他都会挺身而出。天生聪明，为人勤奋，成绩一直很突出。

郭小果

性格温顺，不是很自信，凡事都以和为贵。一直默默无闻的学习，但是缺少好方法，成绩并不太理想。

米小咪

聪明，口齿伶俐，平时很爱美。在同学们眼里，她是"时尚小达人"。不过学习成绩并不好。

钱小强

班级里的捣蛋鬼，常有一些"鬼点子"。反应能力很快，逻辑能力强，数学对他来说是小菜一碟。

目录
contents

第1章

用好"时间金矿"，成绩就像坐火箭

追风小二班
你们怎么都能按时完成作业呀?
我感觉时间不够用呢!
起早贪黑地学吧!
我每天做作业到很晚呢!
谁来拯救我们呀!
是不是有小偷?偷走了我们的时间。

赶走偷时间的"盗贼"

时间是公平的，不管是好人还是坏人，不管是大人还是孩子，所有人每天的时间都是 24 小时。因此时间也是人生最宝贵的财富。有人用时间换来健康；有人用时间换来金钱；有人用时间换来快乐；而同学们都可以用时间换来好成绩。但时间总会被偷走，在看动画片时、在玩游戏时、在为了作业发愁时……

"时间 很公平，同时也很宝贵。如何利用好有限的时间至关重要。那么我们的时间都去哪了呢？"班会上，老师带领大家讨论珍惜时间的问题。

"球场上。"钱小强最爱接话，逗得大家哈哈笑。

"我看是游戏里才对吧？"米小咪不忘嘲笑"死对头"。

"我感觉我一直在学习可是时间还是不够。"郭小果被活跃的气氛打开了话匣子。

"是啊，作业太多了，根本做不完啊！"同学们异口同声地说道。

"想一想，你一天中真正的学习时间有多少？坐在书桌 前不等于在真正的学习，做样子可不算数！"老师说道。

"是啊，学习时总是走神呢！"郭小果开始反思自己。

"其实我大多数时间也都用在玩上了，根本就不怎么学习。"钱小强不好意思地说。

"嗯，我经常因为爸爸妈妈监督我写作业而产生情绪，所以很多时候写作业就是做样子。"米小咪也意识到了自己的问题。

"那么究竟是谁偷走了我们的时间呢？"老师看大家能意识到自己的错误，继续引导。

"手机 ！"钱小强抢着回答。

"唐小糖，你的时间有被偷走吗？"老师见唐小糖始终没有发言。

"我学习时遇到难题怎么都解不出来时就会走神。"唐小糖想了想说。

"时间是我们最大的财富，每分每秒都值得珍惜。现在我们要向时间小偷 宣战，它别想在我们这里偷走一秒钟时间。"老师慷慨激昂的情绪也带动了同学们，同学们纷纷表示以后要珍惜时间，把时间留给有意义的事，做自己时间的主人。

时间

时间是生命中最珍贵的财富，它是不可逆转的，每一分每一秒都是宝贵的。我们应该珍惜时间，充分利用它来实现自己的梦想和目标。

"时间怎么都不够用，学习效率太低了。"

"一天有效的学习时间太少了……"

很多同学要起早贪黑地学习，甚至家长也要一刻不离地监督孩子学习，但无论家长怎么努力，孩子的学习成绩总是得不到提高。

赫胥黎说："时间最不偏私，给任何人都是 24 小时；时间也最偏私，给任何人都不是 24 小时。"如何正确利用时间就成了关键问题，没有计划、盲目地安排一天的事情，往往造成拖延、低效等问题。家长应该引导孩子正确利用时间，养成珍惜时间的好品质。

谁偷走了你的时间

低效率：边学边玩，遇到难题不深入思考，往往导致效率低下。低效率不仅浪费时间，还导致身心疲惫。

不在意：每分每秒都很重要，时间就像海绵里的水，应该学会从生活中挤时间。等车时背单词、洗漱时练听力都可以使时间利用最大化。

坏情绪：坏情绪容易使人消极应对生活中的事情，失去对事情的兴趣，导致时间从指间悄然溜走。学会控制情绪也是珍惜时间的好办法之一。

不专心：无法静心做事，时间流逝就很快，结果一事无成。例如，有些人在学习时喜欢听音乐，这就是不专心的表现。

急于求成：不能正确地认识自己，目标设立过高，结果把自己累得半死，同时也会丧失自信。

被打扰：家长一刻不离地监督孩子学习的方法是不可取的，学习是孩子自己的事情，让孩子自己安排时间，不去打扰才是对孩子的帮助。

学霸来支着儿

Step 1 制订学习计划

制订一份详细的计划，每天按照计划学习，避免在琐碎的事情上浪费时间。

Step 2 优化学习流程

学习需要一套系统的流程，需要循序渐进地进行。从预习到上课听讲再到课后作业和复习，需要结合自身情况合理安排。

Step 3 利用碎片时间

有很多碎片时间都被我们浪费了，与其在等待、无聊中荒废，不如把碎片时间利用起来。随身携带的单词本、生字卡片都可以在碎片时间拿出来看。

本节要点回顾

⭐ 时间是人生最宝贵的财富。

⭐ 珍惜时间，让有限的人生发挥无限的价值。

⭐ 拒绝不必要的事情，把时间用在有意义的事情上。

追风小二班
人这一生啊，一闭眼一睁眼，一天就过去了……
一闭眼不睁眼，这辈子就过去了……
一睁眼不闭眼，吓死你……
……
这是什么节奏，离元旦晚会还早着呢，就排练上小品了。
时间过得真快呀！

5 种工具，建立时间感

无聊时，感觉时间过得好慢呀，秒针在你眼前有节律地嘀嗒嘀嗒地走着，似乎时间停滞了一般；可是玩耍时，感觉时间又像飞奔的马儿，撒着欢从你眼前飞过。可无论时间是停滞还是飞快运转，我们的生命都在一分一秒地流逝，永远回不到宝贵的昨天。

"钱小强，你又不交作业 📓 ！"课代表冲着钱小强喊。

"嘿嘿……昨天玩得太高兴，一兴奋就忘了。"钱小强自知理亏，嬉皮笑脸地回答道。

"你就等着老师的批评吧！"课代表没好气地说。

"你不说，我不说，老师也就不知道，明天我悄悄补上。"钱小强仍然嬉皮笑脸地跟课代表讨价还价。

"你这是骗自己呀！"课代表无奈地说。

"不如你跟我一起去老师那认个错，告诉老师今天抽空补上。"课代表开始帮钱小强想办法。

"那可不行，一想到老师因为我没有交作业而心情不好的模样，我就害怕。再说了，我今天也补不上啊！"钱小强没心没肺地分析着。

"钱小强你也是，怎么天天只知道玩呢？一点时间观念都没有。"米小咪总喜欢批评钱小强。

"其实也不怪钱小强，当我们专心做一件事时，时间就过得很快，尤其是……"唐小糖说了前半句，后半句没好意思说。

"尤其是什么？"大家最不喜欢说话说半句的人了，憋得慌。

"尤其是钱小强那么贪玩，一点时间感都没有，所以没写作业也正常。"唐小糖索性就实话实说，逗得大家哈哈笑 😊 。

"时间感是什么？"钱小强挠挠头迷茫地问。

"时间感简单地说就是你知道自己玩了很久了，该学习了。"唐小糖就地取材，拿钱小强举例子顺便挖苦一下。

"那怎么样才能建立时间感呢？"同学们都很好奇。

"我们凭感觉感知时间是不够的，需要借助一些工具 🔧 来建立时间感，比如手表、闹钟、沙漏等。"唐小糖解释道。

上课铃响，同学们赶紧跑回座位。

时间感

时间感能让我们意识到时间的流逝和变化，让我们感受到时间的长短、快慢。

"今天状态好，时间过得好快呀！"

"好无聊呀，时间怎么这么慢呀！"

时间宝贵，我们要珍惜时间，并且利用时间达成目标。时间感是生命中必不可少的感知能力，它让我们更有意识地优化时间，让时间更好地为我们服务。

建立时间感不仅有助于我们珍惜时间，还能让我们减少无聊时的痛苦，增加快乐。

建立时间感的 5 种工具

闹钟：可以在设定的时间点提醒我们，能达到强有力的唤醒，使我们不至于错过重要安排。

时钟：能让我们建立对时间的认识，初步感知秒、分、时的概念。

手表：能让我们感知时间的流逝，是时间管理工具中最能和我们产生深度连接的工具。

番茄计时器：是番茄工作法的辅助工具，是短时间段劳逸结合的好帮手，还能使我们更加深入地学习。

沙漏：是最能体现时间流逝的画面感的时间管理工具，它把无形的时间化为有形的流沙，让我们更加珍惜时间。

学霸来支着儿

Step 1 分解时间

尝试以30分钟为单位，记录你近期所做的事，对你以前的时间安排和日常事务有个认识，从而更好地利用时间。

时 间	星期一	星期二	星期三	星期四	星期五	星期六	星期日
6:30							
7:00							
7:30							
8:00							
8:30							
9:00							
9:30							
10:00							

Step 2 "不做"清单

根据总结的时间表，把不需要做的事情列出来，接下来的时间就是做该做的事情。

Step 3 设置时间约束

做每件事都给自己规定一个时间，有助于培养时间感，久而久之，可以提高做事效率。

本节要点回顾

⭐ 利用工具可以有效建立时间感。

⭐ 建立时间感有助于我们珍惜时间、把握时间。

⭐ 只有做到自律，时间管理工具才能发挥作用。

追风小二班
回到家我妈就让我写作业，根本学不进去。
你啥时候都学不进去好吗?
哈哈哈，赞成。@ 郭小果
人家这么严肃，你俩别闹，我就是晚上才能学得进去。
是有这个说法，一天中有个学习效果最佳的黄金时段。
黄金时段就是一天。

一天中最适合学习的时间段

　　每天除了在学校的学习和睡觉吃饭的时间外，我们还有 8 个小时左右的时间可以自由支配。那么如何利用这部分时间成了能否弯道超车的关键。一天中到底什么时间最适合学习呢？我想答案应该是因人而异的，有的人早上清醒，记忆力和学习效率都很高；有的人在夜深人静时更容易深度学习。但无论怎样，通过合理安排时间都可以提高学习效率。

　　"钱小强你周末玩了两天，怎么还能交上作业？"鲁小路诧异地问道。

　　"这你就不懂了吧，我可是会神功！"钱小强扬扬得意地说。

　　"我白天玩得越开心，晚上做梦写作业就写得越快！"钱小强见鲁小路不信继续说道。

　　"那你真厉害，明天帮我把作业也写了吧！"米小咪在旁边准备揭穿钱小强的谎言。

　　"啊……没工夫。"钱小强一面打哈欠 ，一面懒散地说。

　　"可别吹了，昨晚肯定又熬夜写作业了。"米小咪忍不住揭穿他。

15

"我就是熬夜写作业效率高。"钱小强理直气壮地说。

"效率倒是高了，错题 也不少吧？"米小咪丝毫没打算放弃揭短。

"净说实话……"钱小强服软了。

"别说我，你们都什么时间写作业呢？"钱小强赶紧转移话题。

"我回到家就开始写，写完才出去玩，这才是作业的正确打开方式嘛！"米小咪骄傲地说。

"所以你的正确率很高？"钱小强开始反过来逗米小咪。

"什么时候写作业不重要，重要的是怎么提高学习效率和质量吧？"鲁小路找到了问题的关键。

"是的，我也觉得学习效率和质量才是第一位，我们可不能把完成作业作为学习的目的。"唐小糖对鲁小路的观点表示赞同。

"那你什么时候学习？"众人齐声问道。

"我每天都会早起背诵课文和单词，写作业的时间安排在晚饭后，晚饭前这段时间一般都用来记忆。"唐小糖回答道。

大家都知道学习的目的不是为了完成作业、应付家长和老师，只是自己没有合理地安排时间，没给学习留出足够的时间，所以才总是着急赶作业 。

学习的黄金时间段

学习的黄金时段一般认为是一天中状态最好或记忆力最好的时间段。一般情况上午精力充沛，所以学习的状态是最好的。而根据科学研究，晚饭前是多数人的记忆高峰期。

"现在这个时间段学习效率低，我不学了。"

"我喜欢熬夜写作业，效率高。"

我们所说的某个时间段学习效率低，要么是在逃避学习，要么是这个时间段不适合相应的学习内容。通过时间分类，可以很好地解决这个问题。

那么学习真的有黄金时段吗？答案是合理安排时间，任何时间都是学习的黄金时段。那么该如何合理安排时间呢？

学习的时间分类

碎片时间：就是夹杂在很多事情中间的零散时间，比如乘车时间、课间等，这些时间可以拿出单词、古诗文等背诵熟悉。

整块时间：是可支配的大块完整时间，比如每天放学后的时间，这些时间适合系统地学习一些知识。

记忆时间：清晨起床、晚饭前、睡觉前都是记忆的高峰时间，可以利用这些时间记忆单词、课文、古诗等。

练习时间：比较随意，根据自己的实际情况进行合理的安排即可。

学霸来支着儿

Step 1 建立时间分类表

根据自己的情况对时间进行分类。半小时以上的时间可以作为整块时间，整块时间可以用来做一些专心的事情，半小时以下的时间可以用来预习、背诵等。

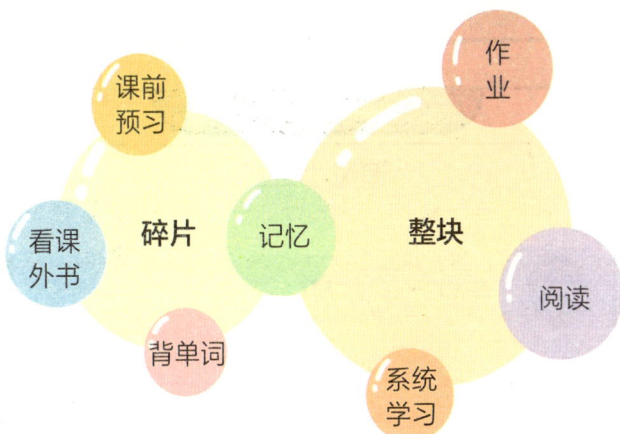

课前
预习

作
业

看课
外书

碎片

记忆

整块

阅读

背单词

系统
学习

Step 2 早起

刚起床精力充沛，是记忆效果和学习效率的黄金时间。

Step 3 睡眠时间

科学研究表明，睡眠质量最好的状态是以 1.5 个小时为周期，睡够几个整周期就可以。正常睡够五个睡眠周期就可以，也就是 7.5 个小时。

本节要点回顾

☆ 学习的黄金时间在于如何合理安排时间。

☆ 优质的睡眠对学习效率有很大的帮助。

☆ 身体需要放松和适当休息。

追风小二班
感觉这一天好忙呀！
尽管很忙，但还是要尽力完成学习任务。
是啊，忙归忙，但成绩不能落下。
你俩唱双簧呢？
找不到做事的重点，就会又忙又乱。
要不试试 ABC 时间管理法？

ABC 时间管理法：尖子生都在用

每天又忙又慌乱，最后还一无所获，这主要是因为没有区分事情的优先级，总是徘徊于"无意义"的事情上。这些"无意义"的事往往会让我们感到时间紧迫，任务繁多。这时，ABC 时间法就派上用场了。通过将任务分类并按照重要性和紧急性进行安排，就可以有效地管理时间，合理分配精力，避免在不重要的事情上浪费时间。

"我这一天天早起晚睡地学习，怎么成绩还是没有提高呀？"郭小果疑惑地请教唐小糖。

"让我想想啊！"唐小糖很想帮助郭小果。

"是不是我太笨了，像别人说的那样，就不是学习的料。"没等唐小糖说话，郭小果开始自己寻找答案了。

"要么就是方向不对，要么就是方法不对！"唐小糖认真地说道。

"那方向不就是好好学习，考上好大学吗？"郭小果好像更迷茫了。

"你这么说也对，那你学习的时候有没有把学习和日常分个轻重缓急呢？"唐小糖继续问道。

21

"这还有轻重缓急呀？"郭小果认为学习和生活不用分，想起什么就忙活什么，只要自己在努力就好了。

"生活中有 80% 的事是不重要的，只有 20% 的事决定着我们的成功，所以应该把精力放在重要的事情上，这就是我说的轻重缓急。"唐小糖怕罗列数字说不清楚，不过这回郭小果似乎明白了。

"你说的是二八法则吧？"鲁小路听后问道。

"也算是吧，不过这里叫作 ABC 时间管理法，主要说的是时间管理。"唐小糖更正道。

"又有方法？"大家都纷纷竖起耳朵 等着唐小糖传授经验。

"ABC 时间管理法就是把鲁小路说的二八法则分成了三部分，'二'的部分不变，依然是最重要的事，或是对目标影响最大的事，而把'八'分成了两个对目标影响不大的事。"唐小糖继续说道。

"我明白了，就是这一天我虽然忙得不亦乐乎，但是没有做对提高成绩有帮助的事情。"郭小果恍然大悟。

"就是这个意思，我们现阶段最大的任务就是好好学习，提升自己，所以应该把最多的时间放在学习上。"唐小糖欣慰地笑了。

ABC 时间管理法

ABC 时间管理法中，A 类事务是最重要、最迫切的，B 类事务是次要的，C 类事务是最不重要、最不紧急的。

"起早贪黑忙活一学期，成绩还是老样子！"

如果学习很累，成绩还难以提高，就要考虑一下，我们是不是做了大量的无用功。无用功不仅占用大量的时间和精力，而且对我们的成长帮助甚微，甚至没有帮助。正所谓"穷则思变，变则通，通则达。"我们的时间和精力是有限的，应该把有限的时间和精力放在重要的事情上，只有这样，才能轻松地完成目标。

抓住重要的事情，会发现事物的本质。凡事从本质出发，就不容易被表象所迷惑，从而一些难题也就迎刃而解了。

ABC 时间管理法的步骤

列任务：罗列出待完成的所有任务。

分轻重：将这些任务按照重要和紧急的程度分成 ABC 三类。

A 类：集中精力和资源对 A 类进行攻克，确保 A 类高效、高质量地完成。

B 类：在完成 A 类后，再处理 B 类。

C 类：C 类根据自己的情况，可以不做处理或者委托他人处理。

学霸来支着儿

Step 1　四象限法则

跟 ABC 时间管理法不一样的是，四象限法则除了重要紧急的事外，还有重要不紧急的事。我们应该在完成重要紧急的事后，把大量的时间和精力放在重要不紧急的事上，这样我们的生活才能更加从容不迫。

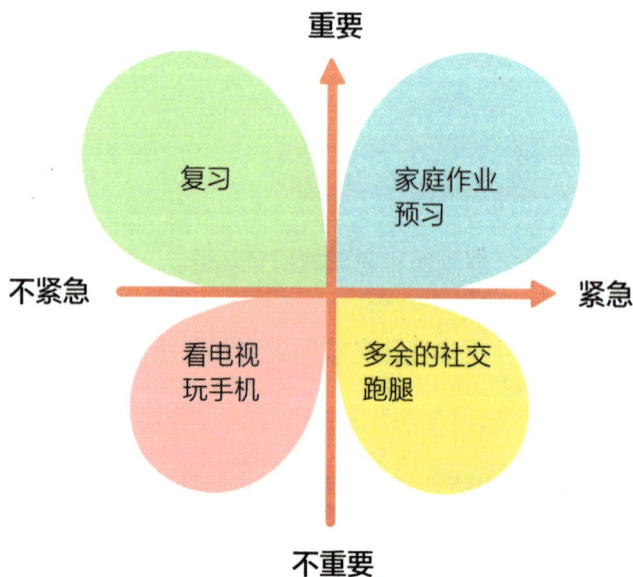

Step 2 人际关系同样适用 ABC 时间管理法

孔子曰："益者三友，损者三友。友直、友谅、友多闻，益矣；友便辟、友善柔、友便佞，损矣。"把更多的社交时间留给益友，减少和损友的交往，学习和生活都会得到很大的收获。

Step 3 学会拒绝

一方面要在做计划时留出处理琐事的时间，另一方面应该拒绝一些不重要的人和事。

本节要点回顾

⭐ ABC 时间管理法适用于多数情况。

⭐ 将多数时间和精力用在最重要的事情上。

⭐ 重视重要不紧急的事，以防每天都在处理紧急重要的事。

追风小二班
你们学习咋都那么有劲头?
你咋知道的?
你咋知道的?
因为我们是祖国的花朵，社会主义的接班人。
放眼未来，立足当下。
@鲁小路 相比于花朵我更喜欢天空。

长计划，短安排，立即做

学习没有动力，总是在别人的"监控"下完成。这样学习并不会让我们感到快乐，反而成了负担。可是我们学习真的是为了家长吗？家长之所以没日没夜地唠叨我们，是因为他们知道，知识能改变我们的命运。这与物质条件不同，头脑中有知识，看世界的角度就会不同，处理事情的方式也就不同，精神世界也会不同。反之，即使拥有足够的金钱，也不一定会获得幸福。我们应该从现在起建立大局观，学会战略思考，规划人生，努力达成！

"你说学习有什么意义呢？谁说话天天用唐诗啊？"钱小强说道。

"考个好大学，以后也能有个好工作。"郭小果说道。

"你说话虽然不用唐诗，但是说话时用和不用效果就不一样。"鲁小路像说绕口令一样说得钱小强摸不着头脑。

"就比如，同样见到瀑布　　，人家李白说'飞流直下三千尺，疑似银河落九天'。钱小强说'这家伙，真响，真高'。"鲁小路的举例逗得大家哈哈笑，同学们仿佛看到了钱小强站在瀑布前感叹。

"你别总拿我举例子,你拿唐小糖举例子!"钱小强知道是开玩笑,嬉皮笑脸地 转移话题。

"就比如同样是接触一种新科技,唐小糖不会拒绝,肯定会用学习的眼光去接触去了解,而钱小强肯定说'都是骗人的'。"鲁小路继续举例子,又逗得同学们哈哈笑 。

"那说不准,要是新游戏,人家钱小强可不比小糖差。"米小咪在一旁帮腔。

"去去去,人家在这儿说正经的呢,你们总拿我开玩笑!"钱小强急忙打断话题。

"我觉得大家说得没毛病,学习除了让我们考个好大学,有个好工作之外,更多的应该是能让我们实现更大的人生价值。"唐小糖像哲学家一样阐述着自己的观点。

"有很多学生因为厌学而产生轻生的思想或行为,这就是他们不知道学习的真正目的,并且对自己的人生没有合理的规划。"鲁小路虽然成绩不如小糖,但是全面发展的典范,并且有长远的目标。

"是呀,我也不太愿意学习,觉得学习很痛苦。"钱小强很有同感,尤其是不喜欢爸爸妈妈坐在旁边看着他学习。

"所以我们应该树立长远的目标,只有知道学习是为了什么,才会真正有动力,有了动力,困难自然就为我们让路。"鲁小路不再挖苦钱小强。

这个课间很充实，大家对未来产生了兴趣。有人说要多读书，通过书本了解世界；有人说得好好学，将来有更大的平台；也有人说学习可以让自己的生活更精彩。就连钱小强也在努力地想着自己未来的样子。

长计划

长计划是前瞻性的思考，不是空洞的想法；是基于对自己的充分认识做出的理性思考，目的是对自己的未来做战略性布局，让自己努力有方向、成长有动力、学习有力量。

"我的目标就是考上好大学。"

"上了大学就轻松喽。"

对自己没有准确的认识和明确的目标，就会导致不愿坚持，遇到困难打退堂鼓。树立远大的目标并不是件容易事，但是我们可以结合自己的现状，做目所能及的长计划。

我们可以从一个学年开始做计划，本学年各科成绩要达到什么样的水平，进而把整个学年的目标分成学期目标、月目标、日目标。为了完成目标，需要每天回顾自己的学习情况，不断调整优化。

如何规划自己的人生

确立价值观：明确自己的核心价值观，将帮助你在未来的道路上保持一致性和方向感。可以写下自己的优点、缺点、兴趣和价值观等信息，在此基础上思考自己想要的生活。

坚持持续学习和成长：不断学习新技能、新知识，提高自己的能力和竞争力。

制订可行性计划和确定目标：包括短期目标（1年内实现）、中期目标（3～5年内实现）和长期目标（10年内实现）。

健康生活：健康的身体是实现目标的重要条件。养成健康的生活习惯，让自己更有活力和动力。

找到自己的平衡点：在追求目标和规划人生的过程中，找到学习和生活的平衡点，让自己更加成熟和稳定。

学霸来支着儿

Step 1 反推人生

当走到人生的尽头时，你希望别人怎样评价你？你如果希望人们评价你是一个坦诚、正直的人，那就朝这个方向努力，你的目标、梦想、计划全都往这个方向努力，我想你会如愿以偿的。

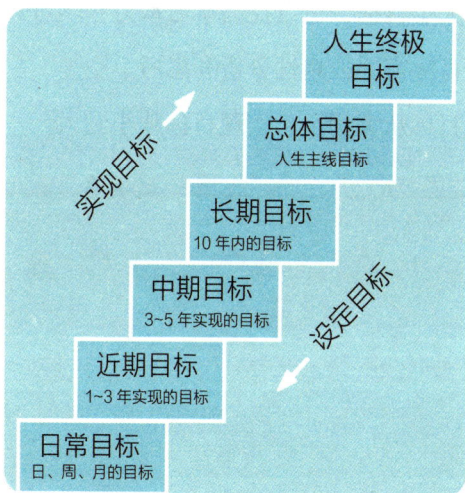

Step 2 长计划，短安排，立即做

长计划的设定不免会随着时间的推移发生变化，通过把长计划分解成一个个的小目标，在不断完成小目标的同时，也在逐步完善大目标。为了确保达成目标，不能拖延，应该立即行动，只有在路上，才能发现美丽的风景。

Step 3 目标记录表

把短期目标记录下来，并且记录完成情况，通过完成目标的情况，不断调整方向，同时也增加成就感，更愿意坚持下去。

本节要点回顾

⭐ 树立人生目标，可以提高学习动力和学习兴趣。

⭐ 长期目标需要战略性分析和思考。

⭐ 设立目标从大到小，实现目标从小到大。

第 **2** 章

告别低效勤奋，变"苦学"为"巧学"

追风小二班
你们上课能跟上老师的节奏吗？
那得看是什么课了，音乐课我节奏感老强了！
@钱小强 别闹
我有点儿困难，有时候回家做作业都需要爸妈辅导。
提前预习一下就好了。
可是怎么预习呀

课前做预习，课上事半功倍

　　每个学期老师根据教学大纲设定教学安排，仅仅通过上课听讲有时无法跟上老师的节奏，一旦掉队，学习可能就会越来越吃力。要想上课能听懂，就要做到提前预习。提前预习可以让我们对课程知识点有大概的了解。高效的预习方法，可以使学习事半功倍。

　　"小糖，我课前也预习，怎么上课还是跟不上老师讲的内容呢？"郭小果疑惑地　请教唐小糖。

　　"你是怎么预习的呢？"唐小糖想了想问道。

　　"就是大概看看课本上的知识点呗！"郭小果并不理解唐小糖为什么这么问，心想："预习还能怎么预习呢？"

　　"预习可不仅仅就是看看书　那么简单，预习也讲究方法，只有方法对了才能达到好的效果。"唐小糖似乎看懂了她的疑惑。

　　"可不是吗，我数学预习就很有方法！"钱小强胸有成竹地说。

　　"数学？数学还要预习？预习也看不懂。"郭小果说。

　　"钱小强，传授一下经验呀！"唐小糖很好奇钱小强的预习方法。

"很简单，边玩边学。"钱小强骄傲地说，没想到唐小糖也会向他请教。

"我可不信！"唐小糖质疑地说。

"你看，比如今天数学老师要讲正方形 ⬜ ，我会拿出我的卡牌研究，根据公式看卡牌不是四个边都相等，那应该不是正方形。我就把它剪成四个边都相等的。"钱小强真诚地说。

"这真是个好办法，这样不仅可以加深对正方形的认识，还能理解正方形的意义。"唐小糖心中不由得佩服。

"那语文和英语也没有正方形呀？"郭小果还有一肚子的疑问。

"每个学科的预习方法是不一样的，语文和英语可以先默读一遍课文，并标注生字生词，第二遍阅读就需要查字典或看单词表来学习，再读一遍课文基本就可以了。"唐小糖也分享了自己的预习方法。

郭小果听了他们的分享对预习的方法也有了大致的了解，急急忙忙跑回座位准备大干一场。

课前预习

　　课前预习就是提前学习没有接触过的知识。课前预习不仅可以提高听课效率，还能增强对知识点的记忆，是学习必要的环节之一。

"老师讲得太快了，我都跟不上。"

"这学期又废了，彻底掉队了。"

很多同学都觉得跟不上老师的节奏，更可能的是，如果一次两次上课跟不上老师的节奏，就很有可能后面的知识点也会跟不上，最后导致恶性循环。

解决这些问题不仅要课后认真复习，课前预习也同样重要。课前预习可以提高学习效率，增强对知识点的记忆。同时高效的课前预习可以帮助自己更轻松地完成学习任务。

各学科如何高效预习

语文：熟练通读课文，正所谓"书读百遍其义自见。"第一遍通读，标注生字；第二遍查生字；第三遍尝试理解中心思想。

数学：标注出重点、难点、疑点；尝试推导公式理解定义；结合以前所学知识，融会贯通；根据自己的初步学习，尝试做课本上的练习。

英语：先通读课文，一边读一边尝试理解课文意义、大概故事情节，同时标注不认识的单词、不理解的语法；再通过查阅词典等方法认识单词，初步记忆单词。

学霸来支着儿

Step 1 学期预习

暑假和寒假除了放松身心，也是为下学期做好预习的最好时间。把未来一学期要学习的内容列一个思维导图，有利于理清下学期的学习思路以及重点知识等。

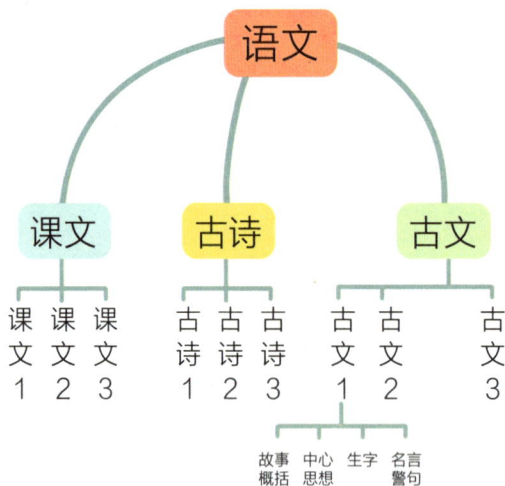

语文
├── 课文
│   ├── 课文1
│   ├── 课文2
│   └── 课文3
├── 古诗
│   ├── 古诗1
│   ├── 古诗2
│   └── 古诗3
└── 古文
     ├── 古文1
     │   ├── 故事概括
     │   ├── 中心思想
     │   ├── 生字
     │   └── 名言警句
     ├── 古文2
     └── 古文3

Step 2 实践出真知

学习是为了应用，当你发现一个理论在现实生活中可以应用时，印象就会非常深刻。比如数学的一个形状、语文的一个成语、英语的一个语法都可以通过预习提前在实践中应用。

Step3 圈圈点点

在预习时，难免遇到难以理解的知识点。通过在相应的位置利用不同的形状做标记，可以方便我们在课堂上进行提问和重点理解。

本节要点回顾

⭐ 预习是学习的必要环节。

⭐ 正确地预习可以提高学习效率。

⭐ 预习是培养独立自主能力的一种好方法。

追风小二班
你们怎么都这么有精神？上课不困吗？
忙着玩呢！哪有时间困。
哈哈……有道理
呃……你晚上不睡觉吗？@郭小果
学习学到大半夜，没精神啊！
要不你试试上课认真听？

高效听课 45 分钟，胜过起早贪黑两小时

现阶段的学习压力确实很大，家长的期望、老师的督促，还有对未来美好生活的追求，都使我们必须努力学习。很多时候早起晚睡增加学习时间来完成学习任务，导致休息时间不足，最终会影响上课听讲。长此以往，形成恶性循环，学习效率就会越来越低，不仅不能提高学习成绩，还会使身心疲惫。所以学习应该把握重点，不应因小失大，上课才是答疑解惑的最好时候，只有上课吸收好，课后才能高效地完成学习任务，提高学习成绩。

"记笔记跟不上老师的节奏怎么办？"郭小果嘟着嘴请教唐小糖。

"你不会每句话都记了吧？"唐小糖诧异地问。

"不然呢？"郭小果反问道。

"这就是课前预习的重要性，课前需要把本节课的重要知识点做个梳理，这样才能把握老师讲的重点。不至于像没头苍蝇一样，老师说什么就记什么了。"唐小糖耐心地解释道。

"而且，就算是重点知识没有跟着记下来，也不要过于纠结，选择跳过，跟上老师讲课最重要。"唐小糖补充地说。

"那你能跟上老师记笔记吗？"郭小果崇拜地问。

唐小糖直接把自己的课堂笔记拿出来，大家纷纷凑过来取经。

"哇，小糖上课也开小差呀！你看她的笔记本上花花绿绿地画了这么多。"钱小强找到了优越感。

"谁像你，课堂笔记比脸都干净！"鲁小路的话惹得众人哈哈大笑。

"嘿嘿……"钱小强嘿嘿一笑，缓解尴尬的气氛。

"我这是图形记录法，把复杂的文字转换成抽象的图形，会比写字快一些，反正课堂笔记只有自己看，自己能看懂就行了。"唐小糖不忘给大家解释自己的笔记。

"这是什么新玩意？"众人一脸疑惑。

"图形记忆法，比如老师说正方形就画正方形，老师说重点就画个五角星，有问题的就画个圆圈，总之用你自己理解的方式记录。"唐小糖自信地说道。

"原来学习真的可以这么轻松呀！"鲁小路感叹道。

听了唐小糖的方法，同学们都尝试着发明自己的"摩斯密码"。

课堂笔记

课堂笔记是记录课堂上所学知识的笔记，也是自己课后复习的根据。课堂笔记可以在课本上记录，也可以在笔记本上记录，根据个人习惯，选择最合适的方式即可。

"尽管我很努力学习，可是学习成绩仍然很差。"

"不听了，听也听不懂。"

学生阶段，大部分时间是在课堂上度过的，课堂上有传道解惑的师长，也有积极向上的同学，所以上课时的学习效果也是最好的。通过老师的讲解，我们可以更高效地理解晦涩难懂的知识点；通过老师的监督，我们能高质量地完成学习任务。

上课认真听讲是学生必备的基本素质。因为，它不仅可以帮助学生更好地理解课程内容，还能够提高学生的思维能力和学习效率，还可以让学生更好地与老师和同学交流，提高学生的社交能力和人际交往能力。

如何做到上课认真听讲

提前预习：了解相关知识和概念，可以让你更好地理解老师的讲解。

集中注意力：避免分心和干扰，不要做与学习无关的事情。

⭐ 留意重点：关注老师重点讲解的内容，做好笔记，理解概念和思路。

⭐ 互动交流：积极参与，与老师和同学进行讨论。

⭐ 多练习：下课后，要加强对课程内容的复习，巩固学习效果。

⭐ 良好习惯：规律作息、饮食健康等，有助于提高听讲效果和学习效率。

学霸来支着儿

Step 1 课堂笔记

课堂笔记可以帮助我们把握重点，加深对知识点的记忆，同时结合预习内容查漏补缺，及时答疑。

主题：			
预习	重点1	重点2	是否理解
	疑问1	疑问2	是否理解
课堂	重点1	重点2	收获
	重点1	重点2	收获
总结			

Step 2 像老师一样讲课

课本上的东西，结合老师课堂所讲，自己整理归纳再讲出来。这个方法可以帮助我们加深记忆，增强对知识点的理解。

Step3 大胆交流互动

上课时老师都会提问与互动，积极参与互动不仅能提高听课质量，还能提高自信，增加归属感与学习兴趣。

本节要点回顾

⭐ 上课认真听可以提高学习效率。

⭐ 提前预习上课内容能帮助理解。

⭐ 课堂笔记根据自己的情况记录。

追风小二班
快期末考试了，你们复习得怎么样了?
不怎么样，发现以前会的现在都不会了。
我也是,像无头苍蝇,不知从何学起。
都一样……
你也一样吗? @唐小糖
我都复习完一遍了。

用最少的时间，换最大的复习效果

复习是学习中不可或缺的一环，它可以帮助学生巩固和加深已经学过的知识点，发现不足和错误，提高应试能力和自主学习能力。所以，学生应该养成良好的复习习惯，制订合理的复习计划，利用各种复习工具，不断地巩固和加深已经学过的知识点，这是学生必须具备的学习能力和素质。

"难怪人家唐小糖学习成绩好，我预习还没完事，人家都复习完一遍了。"钱小强羡慕地 说道。

"你不也两遍了吗？游戏一天就好几遍，不用羡慕别人，钱同学优秀着呢！"米小咪总是拿钱小强开玩笑。

"咱们的学习方法肯定不对，得多向小糖学习呀！"鲁小路一边笑一边对着唐小糖做出请教的姿势。

"其实也没啥，就是开始得早，做完作业没啥事就准备复习呗！"唐小糖谦虚地说。

"那你可是太谦虚了，我也很久以前就开始复习了，到现在也没复习几页呢。"郭小果沮丧地说。

"那你应该没有我开始得早吧！我是学完每个知识点过一个星期就复习一遍的，也就是说老师的课讲完了，我基本也就复习一遍了。这样期末就不用起早贪黑地临阵磨枪了。"唐小糖解释道。

"这……也太'卷'了。"米小咪惯用网络用语。

"哪有那么多时间，又得预习又得复习的。"钱小强觉得这很不可思议。

"其实咱们作业本来也不多，如果上课认真听，作业很快就完成了。这都是相辅相成的，预习得好，上课听得就好，下课作业做得就快，也就自然有足够的时间预习和复习了。"唐小糖见同学们不信解释道。

"厉害！那你既然说第一遍难道还有第二遍吗？"鲁小路更在意小糖的学习方法。

"有第二遍，还有第三遍呢！"唐小糖认真地说。

"我晕！"钱小强听到这么多遍的复习头都大了。

"因为后面也没什么课了，所以第二遍就整体快速地复习，找出这个学期学习过程中的重点、难点、错题。第三遍就重点看一下第二遍中筛选出来的重点和错题，我们大多数失分点都是在错题得不到解决上。"唐小糖进一步分享自己的经验。

"终于知道为啥小糖那么快了，人家根本就没错题，所以复习也就是加深一遍印象，可是你们看我的错题本 。"米小咪故作绝望地举起自己厚厚的错题本。

不过同学们还是有了方向，也知道了平时多努力，期末才不至于迷茫。趁着距离考试还有一段时间，同学们紧锣密鼓地开始了复习计划。

复习

回顾之前学过的知识，以加深对知识的理解和记忆。在学生阶段，复习是非常重要的环节，只有通过复习，才能够巩固所学的知识，提高自己的学习成绩。

"老师讲完课没有那么多时间复习，怎么办呀？"

"考试前看看书就行了，不用那么累。"

复习不仅仅是应试必需的环节，也是学以致用的提升，只有一个知识真正地被掌握，用起来才会得心应手，这也是我们平时觉得学了知识都没用的原因。

复习的方法包括：阅读笔记、教科书和其他资料，做练习题和模拟考试，与同学互相讨论和交流等。复习的重点是对重要概念、原理和公式的掌握和理解，以及对常见错误和易错点的注意和纠正。复习的时间应该充足，计划合理，避免临时抱佛脚和过度疲劳。复习是学习过程中不可或缺的一部分，可以帮助学生巩固和提高学习成果，也是一种良好的学习习惯和生活方式。

复习的作用

巩固知识点：复习可以帮助我们巩固已经学过的知识点，避免遗忘，为后续的学习打下坚实的基础。

提高记忆效果：通过不断地复习，加深对知识点的印象，有助于将知识点转化为自己的知识体系，从而提高记忆效果。

发现不足：复习的过程，可以帮助学生发现自己的不足和错误，及时进行纠正和补充，提高学习效果和能力。

提高应试能力：复习是应对考试的有效方法，通过复习可以提高应试能力，提高成绩和排名。

培养自学能力：复习是培养学生自学能力的重要途径，通过自主复习，学生可以逐渐形成独立思考和学习的能力。

学霸来支着儿

Step 1 思维导图

尝试写出本学期某学科的思维导图，将大概知识点进行回忆，写完后再翻书对照，看自己遗漏了哪些，有哪些是错误的，这样能更高效地帮我们查漏补缺。

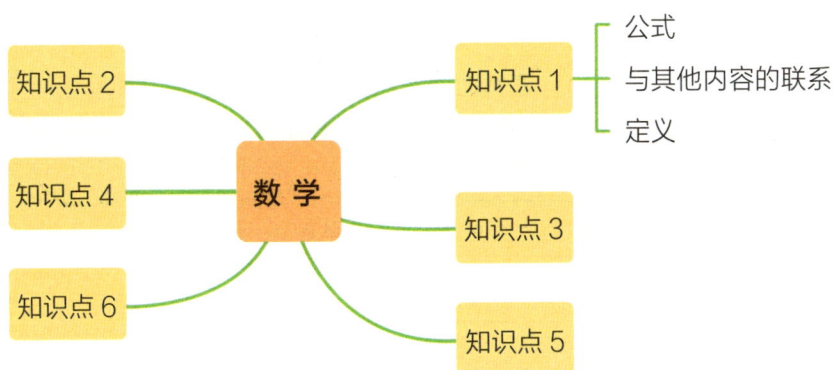

Step 2 突出重点

通过自己的练习经验，找到课程的重点和难点，有针对性地进行复习，避免在不重要的内容上浪费时间。

Step3 错题本

错题本是非常重要的学习工具，已经做对了的题基本都已经掌握。而做错的题是需要反复琢磨弄懂的。错题本可以帮助我们找准复习的方向，从而更高效地复习。

本节要点回顾

⭐ 通过不断复习牢牢地将知识点记住。

⭐ 从学习完一个知识点后就应该开始复习。

⭐ 思维导图可以帮助我们找到复习的方向。

追风小二班
作业写完了吗?
今天周五，还有好几天呢，着什么急。
你周日就能写完了?
他得拖到期末
我也不想写呀!
不写心里又惦记着，不如试试20 秒启动法。

20 秒启动法，写作业不拖延

不想做作业，不做心里又始终惦记着，玩也玩不痛快。这大概是很多同学的现状。其实很多人都有拖延的毛病，总觉得还有时间，等到最后再去完成也不迟。可是等你最后赶工的时候，就会发现有很多问题，可能是家里突然有计划出去玩，可能是突然感冒没办法写作业，等等。所以克服拖延的毛病至关重要。

"我只要每天往这一坐，想起一大堆的作业，就想出去打球。"钱小强跟鲁小路抱怨作业多。

"我也是，每天都拖到很晚才写作业，有时还得爸爸妈妈催着，我才能坐下，即使坐下来也不愿意写。"对于写作业鲁小路也感同身受。

"这个没办法。"钱小强听鲁小路也这样，瞬间打起了精神。

"不过唐小糖肯定比我们强。"鲁小路想到班级里的"点子王"。

"谁都拖延，但作业总得写，玩也玩不痛快，不如先把作业搞定，再尽情做自己喜欢的事情。"唐小糖边写作业边搭着话。

"有什么方法吗？我也想早点写完作业痛痛快快地玩，不但心里惦记着作业，还得被大人在屁股后面追着催。"鲁小路问道。

"用'20秒启动法'。"唐小糖看着鲁小路诚恳的脸放下笔说道。

"20秒启动法？"大家有些不理解。

"其实也没有那么神秘，就是当你想做一件事情的时候，想到了就赶紧开始做。"唐小糖看大家有些疑惑 接着说道。

"哪有那么容易？一想到那么多作业就头疼。"钱小强质疑道。

"首先当我们该写作业时，就马上坐在椅子上，赶紧拿出作业本和笔 ，先在作业本上写一道题。这样就算开始了。"唐小糖解释道。

"你这个方法挺狠啊，对自己下手毫不留情！"鲁小路感叹道。

"简直是毫无人性！"钱小强跟着说道。

"惨绝人寰！"鲁小路跟钱小强一唱一和把大家都逗笑了。

"但是我喜欢 ！只要能快速完成作业就好！"鲁小路接着说。

学就专心学，玩就痛快玩，不是很好的一件事吗？

20秒启动法

20秒启动法是行为心理学中的一种策略，旨在帮助人们克服拖延的习惯，启动自己的行动。这个方法的核心思想是：如果一项任务可以在20秒内开始，那么你就很有可能完成它。因此，关键在于减少任务启动的障碍，让自己更容易获得行动的动力。

"时间早着呢，一会儿再写作业！"

"家里来了客人导致没做完作业。"

拖延是一个普遍存在的问题，但是可以通过一些方法来克服它。可以采用时间管理技巧，如制订计划和优先级、将任务分解为更小的步骤、使用番茄工作法等，来提高学习效率和减少拖延。此外，可以通过增强自己的动力和自律能力来克服拖延，如设定目标和奖励自己，与朋友或同学互相监督等。

需要注意的是，拖延并不是一种病态行为，而是一个普遍存在的现象。每个人都可能会拖延，但是关键在于如何克服它，让自己更高效地工作和生活。

造成拖延的原因

缺乏动力和自律能力：是拖延的一个常见原因。如果没有足够的动力和自律能力，人们可能会很难坚持下去，从而选择推迟或者逃避。

没有清晰的目标和计划：不知道先从哪里开始，从而选择推迟。

习惯性的拖延：很难改变，从而影响学习效率。

父母的指责：如果父母坐在身后，每做一道题就指责一次，容易让我们对学习产生恐惧，从而逃避学习。

没有认识到学习的重要性：意识不到学习的重要性，只知道成绩好了爸爸妈妈开心。

学霸来支着儿

Step 1 番茄工作法

给学习规定时间，比如学习 25 分钟休息 5 分钟，在学习的 25 分钟内，任何事情都不能打扰你，这样更容易进入状态，提高效率。

Step 2 制订计划

给每天的作业制订计划，根据自己的实际情况，合理安排作业顺序，有助于快速启动。

Step 3 找到动力

学习究竟是为了什么？为了满足对美好世界的好奇，为了追求高层次的精神世界，为了自己的兴趣与爱好……

本节要点回顾

⭐ 拖延是普遍的现象，不是病态。

⭐ 20 秒快速启动，克服拖延。

⭐ 利用番茄工作法等工具可以更好地解决拖延问题。

追风小二班
英语又没及格。
你数学那么好，别让英语拖后腿呀！
我数学不好，咱俩成绩平均平均都能及格。@ 钱小强
好好学吧！
少不了一顿捶
我不偏科，都不好！

不让弱科拖后腿

偏科对我们的影响是不容忽视的。首先，偏科会影响综合素质的提高。其次，偏科也会给我们的未来发展带来一定的不利影响。

测试成绩出来了，真的是几人欢喜几人愁，同学们除了互相打探成绩和讨论试题外，也对偏科展开了讨论。

"这次数学又没有考好，我真是太笨了！"郭小果拿着不及格的数学卷子沮丧地说道。

"咱数学就相当好！"钱小强嬉皮笑脸地拿着数学卷子炫耀着。

"钱小强，你太过分了！"郭小果气不打一处来。

"没关系，我数学也不好，我陪着你呢！"米小咪安慰着郭小果。

"其实谁都有擅长的科目和不擅长的科目，没关系的，只要接下来好好学，我想谁都可以取得好成绩的。"鲁小路为大家打气。

"可是该怎么努力呢？一看见数学我就头大！"郭小果还是高兴不起来。

"要想克服偏科，首先得知道为什么偏科。"唐小糖也加入了谈话。

"可是我也不知道为什么学不好数学。"郭小果为此感到迷茫。

"偏科的原因有很多，可能是因为我们对某些学科更感兴趣，或者因为缺乏学习方法等。找出原因后，可以有针对性地制订计划。"唐小糖开始跟同学们分析偏科的原因。

"我大概是缺少学习方法吧！"郭小果想了想。

"那我肯定就是对数学太感兴趣了，从而把精力都放在数学上，而忽略了其他科目。"钱小强也开始反思起来。

"我就是懒……"米小咪淡定地说了一句。

"这是病，得治！"钱小强抓住机会狠狠嘲笑米小咪。

"不管什么原因，找到原因，从问题本身出发，咱们一起寻找解决办法吧！"唐小糖鼓励大家。

同学们开始了热火朝天的讨论，没兴趣的就从实践、手工、视频、音频的学习开始培养兴趣，懒惰的就找勤奋的同学监督，缺少方法的多练习，探索方法。又是一次有意义的讨论呀！

偏科

偏科是指学生在某些学科上表现优异，而在其他学科上表现较差的现象。偏科直接影响的就是考试成绩，同时也影响孩子的全面发展，应该得到重视。

"这孩子挺聪明的，就是太偏科。"

"我就是不爱学英语。"

学科之间本身有着很多的联系，并没有难易之分。多数的偏科都是因为我们的心态有所偏颇。偏科会严重影响学习成绩，久而久之也会使我们失去信心。要克服偏科，首先要找出偏科的原因，制订有针对性的学习计划，采用多种学习方式，培养对学科的兴趣和热情，调整心态，坚持练习，并寻求帮助。通过这些措施，可以帮助学生提高综合素质，克服偏科，取得更好的成绩。

对于学生偏科，老师和家长应该怎么做

给予额外的支持和资源：为弱科提供更多的帮助和支持，例如安排额外的练习等。

提供更多的反馈和指导：给予学生更多的反馈和指导，帮助他们了解自己的学习进展，发现自己的弱点并加以改进。

鼓励学生互相合作：让弱科学生与其他学生一起学习，共同进步。

给予激励和奖励：为弱科学生设立一些激励和奖励，例如表扬信等，以鼓励他们更加努力学习，提高成绩。

采用不同的教学方法：为弱科学生设计不同的教学方法，例如采用多媒体教学、小组讨论等，以提高学生的学习兴趣和积极性。

学霸来支着儿

Step 1　坚持练习

偏科必然会对学科间的时间分配造成影响，克服偏科就必须突破自己的舒适区，在弱科上多下功夫，多练习多请教，只有这样才能更快地弥补弱科。

Step 2　培养兴趣

兴趣是最好的老师，通过对弱科知识的了解与实践，由易到难，循序渐进，兴趣也就慢慢培养出来了。

Step 3 寻求帮助

弱科学习势必会更加困难，在遇到问题时积极向老师、同学求助，有助于快速解决问题，建立自信。

本节要点回顾

⭐ 走出舒适圈，挑战自己，冲刺弱科。

⭐ 找到偏科原因，从根本上解决问题。

⭐ 从自身出发找出解决问题的方法。

第 **3** 章

善用学习工具，离高分更近一步

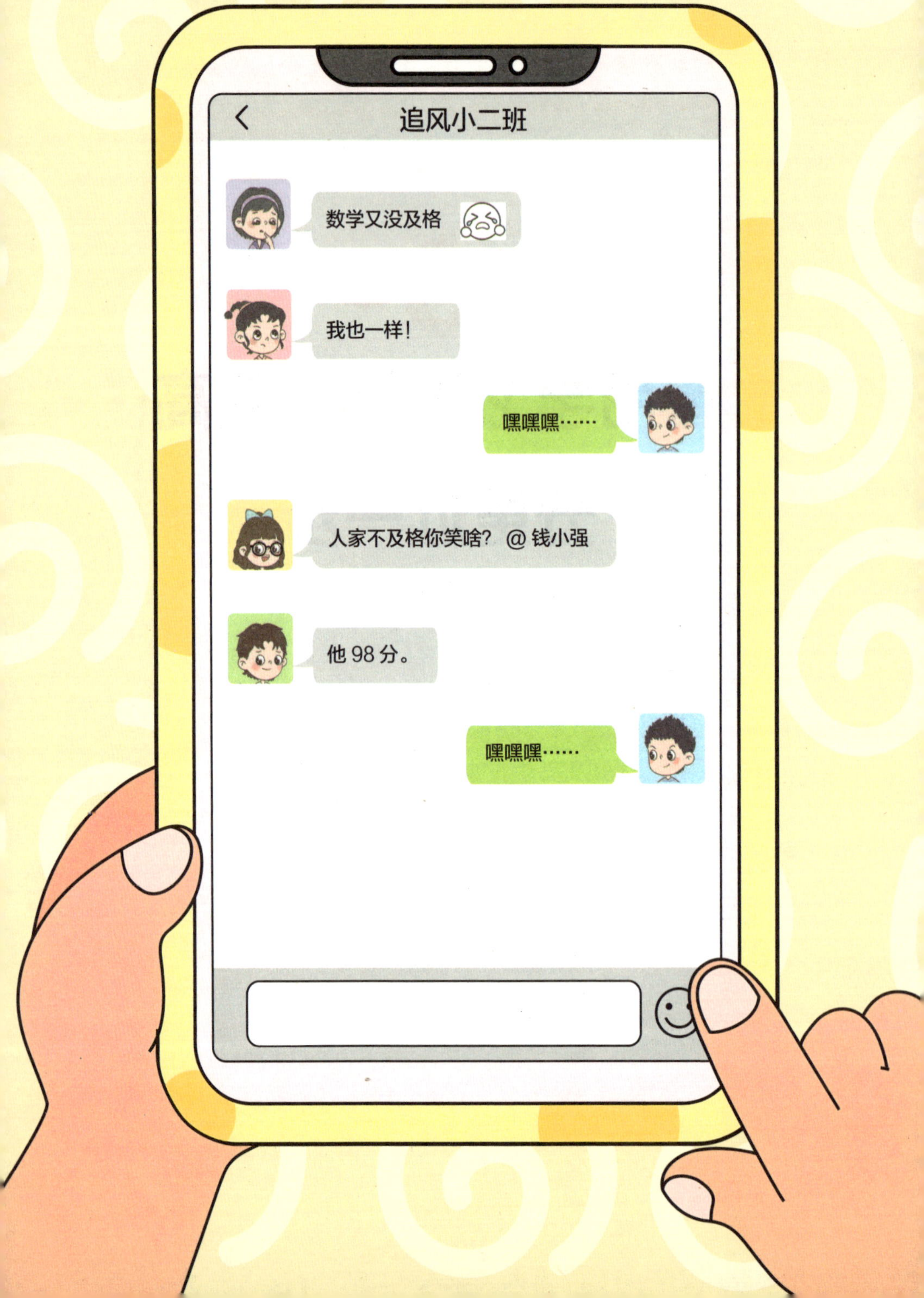
追风小二班
数学又没及格
我也一样!
嘿嘿嘿……
人家不及格你笑啥? @钱小强
他 98 分。
嘿嘿嘿……

课本：藏着 80% 的得分点

课本作为教学和学习的基本工具，涵盖了考试中 80% 以上的知识点。只要我们扎实地掌握这些知识点，就能拿到考试时 80% 以上的得分点。课本是很多专家老师根据我国各年龄段的学生量身定制的学习工具。通过对课本知识的学习，能系统地学习文化知识，循序渐进地掌握知识点。课本上的知识点对学生来说也是最容易接受和理解的，因此重视课本知识的学习十分重要。

"咦？这么多字的作文呀？"钱小强看着米小咪密密麻麻的笔记本 好奇地问道。

"什么呀，我在写作呢！"米小咪见钱小强有兴趣，骄傲地说。

"啧啧啧……还写作。'那是一个温柔的夏季，人们热得满头大汗 。'"钱小强一边感叹一边拿起笔记本读了起来。

"你这不通顺呀！病句连连。"钱小强紧接着嘲笑道。

"赶紧还给我！"米小咪一边大喊一边抢夺笔记本。

"就不给就不给……"钱小强一边跑一边往下读。

"哎呀！这病句，是钱小强读得不对还是米小咪写得不好呀！"鲁小路感叹道。

"哎呀，人家还没润色呢！"米小咪红着脸解释道。

"看来钱小强读得没问题呀！"鲁小路恍然大悟。

"你这语文课本可得好好读读了，不然词语都用错了。"钱小强把笔记本还给米小咪说。

"你也不比我强多少！"米小咪愤怒地说道。

"是呢！要是让我写我可能一个字都写不出来。"鲁小路知道不能打击别人的积极性，鼓励米小咪说道。

"其实我知道写得不太好，可是我该怎么提升自己呢？"米小咪并没有因为嘲笑而放弃梦想。

"钱小强说的也不是没道理，我们的语文课本中不仅藏着得分点，还能陶冶情操、提升文化素养。只要我们一步一步地打好基础，米小咪，我相信你一定能成为大作家的！"唐小糖也鼓励米小咪坚持梦想。

米小咪听了大家的话对写作更加自信了，也意识到自己不能好高骛远，而应该从基础学起。先把课本吃透，才能更好地拓展自己的知识。

课本

课本，也叫"教材"或"教科书"，它是师生进行教学互动必不可少的工具。它能提供丰富的阅读材料，营造自主学习的情境，促进学习方式的改变；也可让学生在学好本领的同时树立正确的、科学的价值观、人生观和世界观。

"课本有什么好看的，直接做练习题就好了。"

"数学就是多做题，课本知识都太简单了。"

一直以来，我们对课本存在很多的误区，认为课本只是上课用的工具而已。殊不知，课本中涵盖了考试80%以上的得分点。只有把课本的知识吃透、学明白，才能在考试中运用得更好。

每个学科都需要从课本学起，如语文除了需要背诵优美句子、生字生词之外，还应该通过对课文的学习，体验其中的思想，进而使我们的品格得到升华。把数学公式、定义熟记于心，同时例题能够清晰地理解，才能在各种习题中游刃有余。

课本如何运用

掌握新知识：通过使用课本预习、上课、复习，掌握新知识，生字、生词、公式等都需要通过课本学习了解。

理解新知识：掌握知识点后需要进一步通过课本理解新知识，比如理解语法和公式等。

练习工具书：通过课后练习来查漏补缺，在练习中发现自己不会或不理解的知识，需要通过查阅课本进行补充学习。

活学活用：当我们完全掌握课本知识后，就可以将知识运用在生活中，比如利用数学公式解决生活中的问题等。

复习工具书：通过课本与练习题结合，可以达到事半功倍的复习效果。

掌握新知识

理解新知识

复习工具书

课本

练习工具书

活学活用

学霸来支着儿

Step 1 **重视例题**

课本上有相应的例题，这些例题是对课本知识的总结，练习题、考试题中有很多题都是根据课本例题变形而来的，通过对课本上例题的举一反三，可以掌握相应的题型。

Step 2 小号课本

把课本上的重点知识抄写到一个小笔记本上，就变成了最适合自己的小号课本。我们就可以利用碎片时间来复习相关的知识。

Step 3 学会看目录

目录上有这一学期的所有知识的标题。尤其是章节学习开始时，看一下目录，有助于准确抓住学习重点。

本节要点回顾

⭐ 课本是学习的基础，打好基础才能追求拔高。

⭐ 课本学习有技巧，例题很重要。

⭐ 死记硬背不可取，采取方法效率高。

教辅书：找对"私人导师"

教辅书是学习中必要的工具之一，是课本的延伸。学习课本知识同时结合教辅书可以加深对知识的理解与记忆。但是市面上琳琅满目的教辅书，简直让人挑花眼，因此选对教辅书至关重要。选择教辅书不能"韩信点兵——多多益善"，而应该化繁为简、对症下药。基础薄弱的同学应该选择简单易懂的教辅书，基础较好的同学可以选择提升拓展的教辅书。

"为什么我的教辅书看不懂呢？"刚下课，郭小果就抓狂地大喊道。

"怎么了，教辅书 不都这样吗？"米小咪过来安慰道。

"是呀，我看小糖就用的这个，所以我也让我妈帮我买的这个，可是我上课想参考着这个听老师讲课，一翻开感觉它们认识我，我不认识它们呀！"郭小果沮丧地说。

"没关系，我用的也是这个，也看不懂。"米小咪大大咧咧地说。

"教辅书的种类那么多，说不上哪个就买对了。"鲁小路上前安慰道。

"教辅书种类那么多，还是买错的概率更大一些呀！"钱小强感叹道。

"选对教辅书也不难，只要把握一个原则就够了！"唐小糖的话仿佛阳光 照亮了同学们压抑的内心。

"那就别绕弯子了！快告诉我们吧！"大家急得不行，纷纷催促唐小糖。

"买教辅书就好像我们买衣服、鞋子 一样，得根据自己的情况选择，比如有的同学基础薄弱，那就买相对简单一点儿的教辅书；有的同学基础好，就可以买挑战性强的。"唐小糖的话让大家心里有谱了。

"可是即使这样，我们可能也买到不适合自己的教辅书。"钱小强买教辅书失败的经验最多 。

"一般情况选择正品肯定没错。"唐小糖又补充说道。

"是呀。也可以让老师根据我们每个人的水平来推荐相应的教辅书。"鲁小路遇到事情总喜欢寻求帮助。

同学们你一言我一语地讨论到上课 。

教辅书

教辅书是对课本的扩展，它既包括对课本知识点的解析，又包括针对课本知识的测试。选择适合的教辅书对我们学习更有帮助。

"这本书题太难了，这题没法做呀。"

面对琳琅满目的教辅书，我们到底应该怎么选择呢？好不容易买了一本，回家却看不懂，有的教辅书甚至解释很模糊，根本达不到教辅的作用。

选择教辅书首先应该看"颜值"，字体印刷是否清晰、气味是否难闻、排版是否合理等都是应该考虑的。另外选择教辅书也应该"量体裁衣"，根据自己的情况选择难易程度适合自己的教辅书，而不是人云亦云地"随大流"。

选择教辅书的几个标准

难易程度：根据自己的学习情况选择合适的教辅书，基础薄弱一定要选择简单的，循序渐进。

题量大小：题不在多，只要是经典的、有代表性的就可以。有时候一本书上同质化的题太多反而浪费时间。

专业程度：有些教辅书不够专业，甚至直接把课本的内容复制到教辅书上，要选择对理解课本知识有帮助的教辅书。

⭐ 排版美观：如果觉得排版好看更容易让自己深度学习，那就可以买一本排版精美的教辅书。

⭐ 内容清晰：清单式的教辅书更简洁，更容易找到重点。

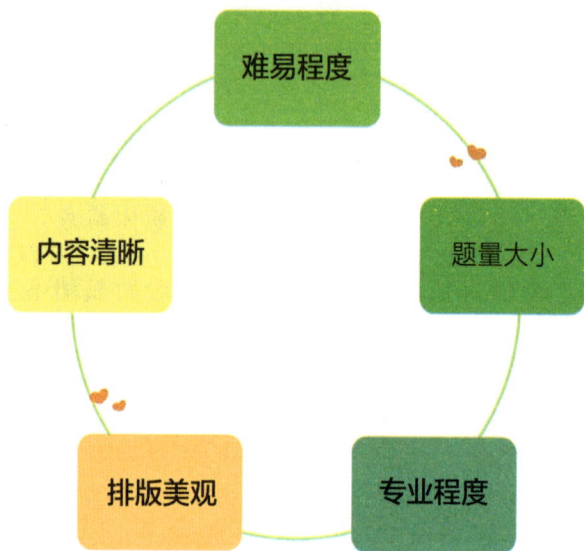

难易程度

题量大小

内容清晰

排版美观

专业程度

学霸来支着儿

Step 1 利用教辅书预习

　　好的教辅书对课本知识的讲解更细致，预习时可以参考教辅书，并尝试在预习阶段解答教辅书上的例题。

Step 2 利用教辅书完善课堂笔记

在课后完善笔记时，尝试复述课堂内容，再检查自己遗漏和笔记遗漏的知识，这时就可以通过教辅书完善笔记、帮助理解。

Step3 从前言中找到方向

好的教辅书都会在前言或者序言中给读者引导和提示，也会给出该书的特点和有别于其他教辅书的不同之处。

本节要点回顾

⭐ 选择适合自己的教辅书，而不是随波逐流。

⭐ 教辅书可以帮助我们预习、复习以及完善笔记等。

⭐ 教辅书只能作为学校知识的辅助，不能反客为主。

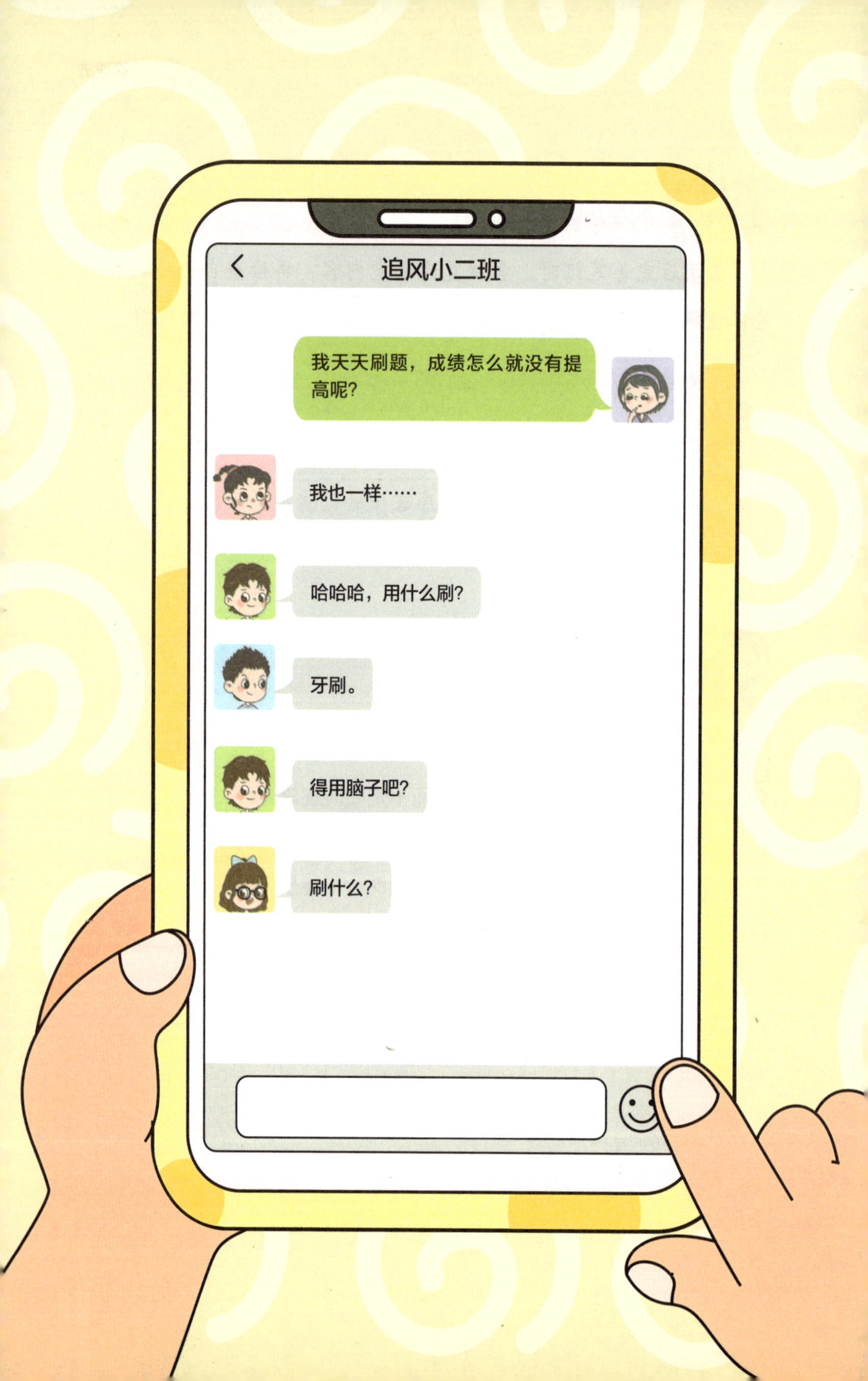
追风小二班
我天天刷题，成绩怎么就没有提高呢？
我也一样……
哈哈哈，用什么刷？
牙刷。
得用脑子吧？
刷什么？

习题集：好成绩这样炼

刷题作为提高成绩有效的方法之一，应该被重视。刷题不仅可以增强对已有知识点的记忆，还能查漏补缺。习题集作为刷题工具，直接影响着刷题的质量和效率。因此选择优质的习题集可以使我们刷题事半功倍。好的习题集不仅可以提高学习效率，还能提高学习兴趣，那么应该如何选择习题集呢？

放学铃声响起，郭小果还在埋头苦学，看着同学们一窝蜂地冲出教室，唐小糖好奇地问道："小果，今天不着急回家呀？"

"妈妈给我买了好多习题集，我得把这张卷子做完再回家。"郭小果一边在草稿本 上演算一边回答着唐小糖。

"买了好多是多少呀？"唐小糖又问。

"倒也没多少，三本习题集。"郭小果平时没少刷题，三本习题集听起来很多的，但对于她来说也是"小菜一碟" 。

"这么多习题集，你都能做完？"唐小糖觉得太不可思议了。

"我有'技巧'，别跟别人说哦！"郭小果神秘地说，同时从桌洞里拿出一摞厚厚的答案。

"呃……这就是'技巧'？"唐小糖惊呆了。

"小糖，你不知道，这题又难又多，我要是自己做，一学期也做不完一本呀。"郭小果委屈地说。

"刷题固然有效，但是也不能通过这种方式来刷呀！"唐小糖既心疼又生气，她不希望好朋友这样自己骗自己。

"你可以告诉妈妈，我们做题的最终目的是提高成绩，而不是摆出一堆又一堆的习题集。"唐小糖一边说一边拿走她的答案。

"只要选择一本优质的习题集，把一本做好、做会、吃透，就足以提高成绩了！"唐小糖用以往的经验告诉郭小果。

"好吧，其实我也知道这样不对，可是妈妈买的习题集太难了。我根本就不会做。"郭小果抱怨道。

"那就买一本适合的习题集吧，你现在基础较差，应该选择一本题目相对简单的习题集，另外，还可以选择一些答案解析比较细致的，这样就不至于为了应付家长而学习了。"唐小糖继续给郭小果出主意。

听了唐小糖的话，郭小果也明白了自己的问题所在。收拾好书包，高高兴兴地回家了。

习题集

习题集具有配合课本查漏补缺、加深记忆的功能，应该根据自己的实际情况进行选择。

"题海战术最有用，就靠它来提高成绩吧！"

"锯响就有沫，只要好好做题，成绩就会得到提高。"

题海战术的确是提高成绩的便捷之路，但是错误的方法容易徒劳无功，不仅耽误时间，而且达不到很好的效果，甚至可能让我们产生厌学、敷衍的情绪。

优质的习题集，并不代表题目数量庞大，而应该是所有的习题都具有一定的指导性，答案有多种解题方法和详细透彻的分析，并且可以将题目涉及的知识点作为重点和提示。

好的习题集有哪些特点

针对性强：习题集需要有针对性的分类，这样才能对自己进行针对性的训练，也不至于遇到难题卡半天。

难易分类：由易到难阶梯式地将题目进行分类，这样循序渐进地学习可以增加成就感以及提高学习质量。

排版清晰：清晰的排版看上去干净、利落，可以增加做题的兴趣。

答案专业：包括解析清楚明了、有更合理的解题思路以及相关类型题目的突破口等。

学霸来支着儿

Step 1 刷题有目标

一眼看出答案的简单题可以不做，怎样都解不出来的难题少做，重点刷处于中间难度的中档题，目标是将中档题刷成简单题。

Step 2 分类刷题

针对性地刷题，可以针对自己的弱点刷题，也可以专门训练自己某一方面的能力。比如自己的弱点是某一类知识点，那么就可以把这类知识点的题型都拿来做一遍并且做懂做会。

提高成绩

Step3 复盘

　　每做一套题，完成后都要进行复盘。需要考虑以下问题：思路卡壳、解题不畅的地方有哪些；易错点、细节题有哪些；哪些题可以多角度解答。复盘可以找到自己的问题所在。

本节要点回顾

⭐ 习题集是提高成绩的必经之路。

⭐ 刷题应该有目标，盲目刷题浪费时间。

⭐ 做练习时不要卡壳，追求效率。

追风小二班
做了一套题，全是错的。
你还好意思说。
有什么不好意思说的，咋也比你强。
还别说，错题都是宝贝。
错题要成了宝贝，我就是大宝贝。
错题是不是宝贝得看你怎么对它。

错题本：提分的撒手锏

做练习题的过程也是查漏补缺的过程，如果仅仅是做完习题就放在一旁，那么错题将永远是错题。这时候错题本就至关重要，当完成一套题的时候，无论是自查还是老师判卷，都应该把整套题从头到尾看一遍，并且找到那些错的、有疑问的或者对了但是曾经拿不准的题，把它记录在错题本上。这些题将是复习和重点学习的对象。

"每次交作业都是一大堆的叉 🗒️ ，好难呀！"米小咪感叹道。

"谁让你不认真呢！"钱小强一边吐舌头一边说道。

"你咋也那么多叉呢？"米小咪面对这个"冤家对头"从来不服软。

"有叉说明有问题，有了问题就要解决。"鲁小路说道。

"那肯定是这些题没有掌握！"米小咪也开始反思自己的错题。

"那就上课好好听呗！"钱小强开始找寻解决问题的办法。

"这句话从你嘴里说出来咋那么别扭呢？你钱小强竟然知道上课要认真听讲！"米小咪习惯性地逗他。

"我怎么就不能认真听讲了，我不但要认真听讲，我的课后作业正确率还要比你高呢！"钱小强不服气地说。

"错题好办，找个错题本就可以了！"唐小糖轻松地说。

"错题本？"同学们很惊讶，难道作业还要错题本。

"对呀，错题可是我们的宝贝。"唐小糖神秘地说。

"错就错了，怎么错题还成了宝贝了。"郭小果有点儿不理解。

"要这么说，我可就是宝贝之王。"钱小强的话把大家逗得哈哈笑。不过大家都认为错了就错了，怎么能专门为它浪费个本子 📓 呢？

"错题本能够帮助我们查漏补缺。"唐小糖拿出自己厚厚的错题本。

"我们做作业时，做对了的大多都是已经熟练掌握的知识，做错的才是应该重点关注的。而多数人总把精力放在自己会做的题目上。"唐小糖继续解释道。

"有道理。"鲁小路表示十分赞成。

"把做错的题记录下来，这样就能更容易知道哪里有欠缺，从而在复习的时候重点琢磨错题就好了。"唐小糖补充道。

"你这个方法真好，就是费本子！"钱小强嬉笑着说。

"你直接说你懒就行了呗！"大家齐声说道。

是啊，一个错题本很容易买到，可是坚持记录需要很大的动力呀。

错题本

错题本主要记录日常学习和测试的错题、拿不准的题等。它可以帮助记录不足，让我们在复习时找到重点。

"已经错过的题再做还是错的，怎么办呀？"

"知识不够牢固，学完就忘。"

不重视错题，就会导致同样的题型反复做错，错题本不仅仅是把错题记录下来，而需要我们把每一道错题都完全弄明白，只有这样，才能达到查漏补缺、巩固基础的目的。

错题本的使用方法

经常回顾：之所以出错，大多是因为知识点掌握不扎实，所以应该经常回顾自己的错题，吃透错题。

相互交流：同学间可以交换错题本，达到互相借鉴、互有启发的目的。在别人的错题中"淘金"，可能会发现自己忽视的错题，从而实现共同提高的目的。

拓展功能：建议在错题本上完善几个功能，将错题模块化，让"错"变得更清晰，如：标出"概念错误""思路错误""理解错误""审题错误"等错误原因；标出"错误知识点等"；写出答题的方法和技巧等。

贵在坚持：错题本的使用贵在坚持，断断续续也必然会遗漏知识点，久而久之，成绩难以得到提高。

做好标记：每一页可以加一个小标签，标注上该页的内容范围，这样方便查找，也为整理增加了一点儿乐趣。

学霸来支着儿

Step 1　好题本

错题本也可以是好题本，即使有些题做对了，但代表性或是容易出错的题都可以记录下来，避免再遇到类似题型出错。

Step 2　从错题本中找弱点

错题本是自身的错误系统汇总，当我们把错误汇总在一起的时候，就很容易看出其中的规律性，找到规律就可以从某一个方向专心攻克，这样更高效、更有针对性。

Step3 借助工具

借助错题工具可以更高效地记录错题，如错题打印机，可以既清晰又准确地打印出错题，这样可以节省抄写的时间。

本节要点回顾

⭐ 错题本是提高学习效率的好工具。

⭐ 错题本可以帮我们巩固基础、查漏补缺。

⭐ 错题本不是额外的学习任务，而是学习的一部分。

想买个好一点儿的笔记本有推荐的吗？

干什么用？

记笔记用喽。

那普通笔记本都可以吧？

你还记笔记？

笔记本没有推荐的，记笔记的方法倒是有。

超级笔记：优秀有"记"可循

学习离不开记笔记，上课要有课堂笔记，读书要有读书笔记，错题还要有错题笔记。可见笔记是学习过程中必要的工具。那么笔记究竟有什么作用呢？笔记最重要的两个作用就是加深理解和复习回顾，所以在记笔记时应该以方便后续学习为目的。讲究方法、提高效率，最终通过记笔记达到良好的学习效果。

"大家把课堂笔记整理一下，老师要抽查。"课代表收家庭作业时顺便提醒同学们。

"什么？课堂笔记 ？"钱小强难以置信地吼道。

"我的笔记记得乱七八糟，怎么办呀！"米小咪开始着急起来。

"没关系，老师只是想看看大家上课是否记了笔记，乱七八糟也没关系，总比没记强。"课代表一边说一边看向钱小强。

"看我干什么，我可是记了笔记的！"说着钱小强举起他凌乱的笔记本昂首挺胸地说。

"你那也叫笔记！"米小咪看着钱小强凌乱的笔记本笑着说道。

"咋说我也记了！"钱小强依旧理直气壮地说。

"就是，记了就比不记强，是吧，小强。"鲁小路准备给钱小强个台阶下，被人调侃总是不好的。

"不过话说回来，咱们记笔记可不是为了应付老师检查。"课代表语重心长地说。

"对对对，课代表说得对！"鲁小路十分赞成课代表的看法。

"最起码，我们再次翻开笔记本的时候,得知道当时发生了啥吧！"鲁小路接着说道。

"我的也能看清的。"钱小强一边翻着自己凌乱的笔记本一边辩解道。

"你这笔记记得好有个性呀！"郭小果看见钱小强的笔记惊呆了。

"你的笔记记得怎么样? 我来检查一下。"钱小强故作严肃的样子。郭小果拿出笔记，让大家目瞪口呆，郭小果的笔记记得十分工整，而且每页都有小标签，一下就能找到想找的页码。

"真厉害！"大家异口同声地赞叹道。

"不过我记笔记本身就用了很长时间，整理就更费时间了，所以也没什么时间再回顾了。记笔记不看似乎就失去了它的作用。"郭小果也说出了自己的烦恼。

"记笔记也应该有方法，不然这样也太累了。"唐小糖心疼地看着郭小果。

大家都知道唐小糖点子多，纷纷拿起她的笔记借鉴，她的笔记记得十分清晰，相比于郭小果更简洁明了，让人一下就能找到重点，同学们不禁心生敬意。

超级笔记

超级笔记是一种高效记笔记的方法，用这种方法不仅简洁明了、一看就懂，而且能把握重点，还能更好地回顾。

"笔记记了就行了，谁有时间天天看它呀！"

"记笔记太累了，索性拿别人的抄一抄效果也是一样的。"

很多同学对记笔记不是很重视，或者知道记笔记的重要性却难以保持这个习惯。记笔记不仅可以加强对所学内容的理解和记忆，还能在复习的时候给予关键的指导。

复习时，拿出记录清晰的笔记，是不是成就感满满呢？因为这上面不仅记录着一学期的知识，还记录着我们辛勤的汗水。

超级笔记 6R 法

准备（Ready）：写下标题和日期，同时用标签将这一页做标记。

记录（Record）：尽可能记录所学内容，尤其是老师讲解时的重点难点等。

简化（Reduce）：课后或者记录完成后提炼本节关键词、中心思想、重点等。

复述（Recite）：遮住笔记，只看关键词尝试复述笔记内容。

思考（Reflect）：通过复述与分析，写出本节内容的心得或者未来的计划等。

复习（Review）：根据艾宾浩斯遗忘曲线定期复习。

超级笔记6R法	① 准备 (Ready)	
索引 ③ 简化 (Reduce) ④ 复述 (Recite)	**笔记** ② 记录 (Record)	
总结	⑤ 思考 (Reflect)	⑥ 复习 (Review)

学霸来支着儿

Step 1 给它点颜色

　　记录好的笔记也需要不断回顾反思复习，在这个过程中，可以用荧光笔在重点内容上涂色。这样在以后的学习中不仅一眼就能找到笔记中的重点，而且花花绿绿的颜色相比枯燥单调的文字更能提起学习的兴趣。

Step 2　留出空余地方

根据自己的习惯在每节笔记上空出足够的空间，以便后期补充。另外很多知识每学习一遍都会有不同的心得，这时可以在空白处补充自己的想法。

Step 3　便利贴

便利贴可以作为笔记的目录或者标签使用，也可以在重点的地方做解释用。便利贴不仅可以丰富笔记的观感，还能适时补充内容，是灵活性较高的工具。

本节要点回顾

⭐ 记笔记是为了加深理解记忆和回顾复习。

⭐ 超级笔记6R法可以帮助我们更高效、高质量地记笔记。

⭐ 记笔记不是一次性的任务，而需要整理、思考、复习等步骤。

第 4 章

掌握高效学习法，提高学习效率

追风小二班
怎么昨天学的东西，今天看起来那么陌生呢?
它可认识你。
这个事听起来挺熟悉呀。
不用熟悉，他俩天天忘东西，习惯就好。
她，她……
别让知识成过客呀!

对抗"遗忘曲线"，摆脱无效学习

　　有没有发现我们学过的东西甚至刚刚背过的单词，不一会儿就忘得差不多了。我们在刚学习新内容时，由于印象深刻和新鲜感，能够保持较高的记忆率，但随着时间的推移，会逐渐忘记这些内容。重复学习和巩固可以帮助我们延缓遗忘进程并加强记忆。因此，在学习新内容后及时回顾、总结和复习，有助于加强记忆，巩固学习成果，并最大限度地减缓遗忘速度。

　　"我就不明白，同样是记忆，怎么人家小糖脑袋就能装进那么多知识呢？"钱小强一边摸着自己的大脑袋一边大声发问。

　　"也许是她的学习方法比较好。"米小咪试图解答。

　　"要我说肯定是里面装的东西不一样，人家脑袋里装的是对大千世界的好奇，你脑袋里装的是游戏装备。"鲁小路笑着说道。

　　"你们……人家在讨论正经事呢，好吗？"钱小强一本正经地说道。

　　"小路说得有道理。"唐小糖认真地说。

　　"其实好奇心只是一方面，影响记忆力的因素有很多。"唐小糖准备给大家普及知识了。

"快说说！"众人齐声说。

"影响记忆力最大的因素就是勤奋。"咦……同学们一片嘘声。

"德国有个心理学家叫艾宾浩斯，他经过长期研究发现了人类的遗忘是有规律的，并且绘制了著名的艾宾浩斯遗忘曲线。大概意思就是我们刚刚背下来的东西在短时间内就会被遗忘 50%，随着时间的推移，遗忘的也就越多。因此复习是保持记忆的最好方式。"唐小糖解释道。

"相比于复习，我更想听其他的因素……"钱小强对于勤奋这件事不以为然。

"根据科学研究，除了勤于复习，人们会记住引起兴趣的事情，比如最喜欢的电影和娱乐节目，正是因为里面的场景能引起我们的兴趣，我们才能轻松记住。"唐小糖又列举了一些因素。

"原来记忆也是有方法的，怪不得小糖每天能轻松完成老师布置的背诵作业呢。"米小咪终于知道自己背诵不好的原因了。

大家听了唐小糖的分析，都对记忆有了新的认识。其实同学们也清楚，无论干什么，付出跟收获总是成正比的，所谓的某个人记忆力好也只是人家比我们付出了更多的努力罢了。就连钱小强也不再较真，而是老老实实地坐在座位上背诵课文。

艾宾浩斯遗忘曲线

艾宾浩斯遗忘曲线是一种描述人类记忆遗忘的曲线，由德国心理学家艾宾浩斯在 19 世纪末提出。该曲线表明，人类在学习某些新知识后，会快速遗忘大部分内容，而在之后的时间里遗忘的速度逐渐减缓，最终形成一个稳定的记忆。艾宾浩斯遗忘曲线通常被用来指导学习和记忆的过程，在学习后及时进行复习，以保持知识的长期记忆。

记忆是人类大脑的重要功能之一，它对我们的生活和工作有着至关重要的作用。良好的记忆力可以帮助我们更好地吸收和掌握知识、应对挑战以及解决问题。但记忆力并非一成不变，它可以通过锻炼和学习来不断提高。

艾宾浩斯遗忘曲线

根据艾宾浩斯遗忘曲线制定出的间隔记忆法分为如下几个周期：

刚记完：这时可以记住全部内容，如果这节课要听写英语单词，课间就可以突击记忆。

1个小时：这时已经忘记一大半的内容了，所以上完一节课如果课间有时间可以粗略复习一下老师所讲的内容。

8个小时：从这时起记忆内容慢慢地稳定了，此时可以记住大概三分之一的内容，认真做作业可以增加记忆效果。

1天：如果没有前面的复习和作业，那么此时还可以记住大约三分之一的内容。

2天：由于记忆效果稳定，现在还可以记起四分之一的内容，如果没有前面的复习，现在要复习一次哦。

6天：一个星期左右需要重新复习，这样记忆效果可以维持在高峰。

学霸来支着儿

Step 1 遗忘曲线

艾宾浩斯遗忘曲线可以帮助我们理解记忆的原理并且达到良好的记忆效果。

艾宾浩斯复习计划表

序号	学习日期	学习内容	短期记忆复习周期			长期记忆复习周期		
1								
2								
3								
4								
5								

Step 2 关键字记忆

当我们需要记忆一篇文章时，先通读一遍文章，再提取文章中的关键字，然后看着关键字尝试着背诵相应的文章。

本节要点回顾

☆ 根据遗忘规律合理安排复习时间和频率。

☆ 重复记忆是永久记住的关键。

☆ 遗忘曲线因人而异，需要摸索出自己的遗忘曲线。

追风小二班
学习真的好痛苦啊！
不一定吧，有时候也挺有趣的。
我也有同感，学习可以很有意思。
看来你俩对学习的看法还挺一致的。
学习真痛苦？

西蒙学习法：治愈"学习恐惧症"

对学习没有兴趣，学习没有动力，甚至感觉学习痛苦，这是很多同学的通病。究竟是什么原因造成的呢？研究表明，当我们主动做一件事情时，往往热情高涨、干劲十足，而当我们被动做一件事情时就会出现反抗情绪。那么学习是主动的事情还是被动的事情呢？

"其实我也想学习，可就是学不下去，每个学期都设立了好多目标，结果呢？凉凉……"钱小强刚一下课就开始高谈阔论。

"这也不能怪你。要怪只能怪知识它不懂事，你不待见它，它还非要积极主动地往你脑袋里钻。"米小咪的话惹得同学们哈哈大笑。

"对呀，你说知识要是能像 U 盘 一样直接拷贝到大脑里该多好。"钱小强丝毫不在意别人的态度，自顾自地沉浸在幻想的世界里。

"别做梦了，有那时间背会儿单词，也不至于下节英语课又站着上。"鲁小路笑着提醒道。

"你看你们，没有梦想，没有追求，说不定就因为我这个想法，以后我当了大科学家，就把所有知识做成 U 盘，直接转存到大脑里，让所有人饱览群书，全科满分。"钱小强扯着嗓门说着自己的梦想。

"我相信这一天会到来，但前提是你先坐下，把现在最大的问题解决了。"唐小糖也泼了一盆冷水 给钱小强。

"最大的问题是什么？"钱小强不解地问。

"那就是学习喽！先把基础打好，再向往未来，这叫'脚踏实地，仰望星空'！"唐小糖的话把钱小强从幻想中狠狠地拉回现实。

"可是我一想到这么多知识就烦得慌，学不下去！你有什么方法吗？"钱小强有心学习，可是总被外界的诱惑困扰。其实大家也一样。

"方法倒是有，但是……"唐小糖说着停顿了一下。

"但是什么？"大家异口同声地问道。

"但是再好的学习方法都需要付出勤劳的汗水 ，至少目前还没有那个万能的 U 盘。"唐小糖说着看向钱小强。

"你放心，为了我的梦想，我肯定好好学，坚持下去。"钱小强拍着胸脯打包票。

"这个方法说来也简单，如果能坚持，那你就犹如一匹脱缰的黑马，谁都拦不住你！"唐小糖故意卖关子。

"你可急死我了，快说吧，一会儿上课了！"鲁小路也跟着着急。

"看起来我们现在都有积极的学习动机，首先需要一个大目标，比如寒假期间要提升弱科英语的成绩，那么就把寒假 80% 的时间和精力都投入完成目标中，为了不断地坚持和获得成就感，需要把大目标分成若干个可以独立实现的小目标，接下来就是不断地完成小目标。"唐小糖一口气就说完了学习方法。

"这算什么方法呀！"钱小强不屑地说道。

"这个方法最大的优点就是看似没有方法，实则相当实用。它告诉我们只要在某个方面付出足够的努力，可以获得相应的成就。不是U盘哦！"最后唐小糖还不忘调侃一下钱小强。

是呀，努力本身就是最大的方法，如果没有学习兴趣，可以通过不断地完成小目标增加成就感。只有变被动为主动，才能有更好的学习效果。

西蒙学习法

西蒙学习法是诺贝尔奖获得者西蒙的一种学习方法，这个方法告诉我们，只要集中精力做一件事情，就可以在短时间内掌握这个本领。

"学习真是件头疼的事。"

"看着这么厚的习题集我就望而却步了，更别说做完了！"

积极主动的学习动机是学习的第一步，而学习动机也是可以培养的。面对浩如烟海的知识，我们应该充满好奇心。由于周围环境的变化，我们渐渐地对知识失去了兴趣，甚至对学习充满憎恶，学习变成了负担，变成了痛苦。

我们既然不能逃避，何不勇敢地面对？我们既然无法选择，何不大胆尝试呢？西蒙学习法可以帮助我们攻克很多学科，尤其是在寒暑假这种大段的时间，是利用西蒙学习法提高弱科的绝佳机会。通过西蒙学习法，不断建立自信与成就感，渐渐地，就会爱上学习！

西蒙学习法四步骤

选择学习领域：选择想要攻克的科目，比如英语基础薄弱，成绩不佳，就可以设定英语为自己的学习领域。

设定目标：可以设定用暑假 40 天的时间攻克英语，将成绩提高到 90 分以上。

拆分学习内容：若想达到设立的目标，需要背500个单词、背10篇课文、做20套真题，把这些学习任务拆解。以半小时为单位，将这些任务均分，并且需要连续不断地攻克、记忆、练习。

集中精力学习：为了完成目标，需要严格按照计划执行，并且投入大部分精力。

学霸来支着儿

Step 1 学习方法大融合

将多种学习方法融合可以使学习更高效，比如西蒙学习法结合费曼学习法。西蒙学习法可以让我们集中精力做一件事，而费曼学习法可以让我们学习更高效。

费曼学习法 + 西蒙学习法 + 思维导图 → 适合自己的学习方法

Step 2 战线拉长，学习新本领

我们并没有足够多的时间全身心地学习新技能，这时就需要把战线拉长，目标设立长远，拆分更细，这样就可以在学习之余尝试掌握新的学科，比如天文学、主持、乐器等。

Step3 利用西蒙学习法复习

西蒙学习法也叫"锥子学习法"，意思就是集中一切精力和资源专攻一件事。当我们面对期末复习无从下手时，就可以针对期末考试进行突击复习，将复习目标拆分成精细的小目标，增加学习时间，这样往往能够达到意想不到的效果。

本节要点回顾

⭐ 西蒙学习法旨在短时间内攻克一个领域。

⭐ 利用西蒙学习法复习和假期攻克弱科可以提高效率。

⭐ 西蒙学习法结合其他学习方法共同使用，效果更好。

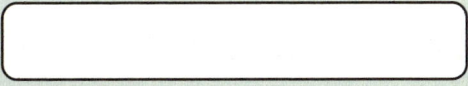

斯科特·杨学习法：尖子生的秘诀

对学习过程的简单理解只有两步——输入和输出，保证高质量的输入，才会有高质量的输出，而学习的目的恰恰就是高质量的输出。通过费曼学习法我们知道，输出也会加强输入的质量。可见学习的过程之间也是相辅相成的。但是很多同学对于学习的过程本身就很迷茫，因此会遇到相应的困惑，从而产生厌学的情绪。如果我们根据自身情况把学习的流程弄明白，那么学习的结果也会随之而改变。

"小强，我得说你几句啊！你总是在群里发负面言论，可不好呀！"鲁小路说道。

"我也就是说说。"钱小强一贯嬉皮笑脸的模样，其实他自己也知道这种厌学情绪不能在群里发。

"不过话说回来，之所以被影响，是因为自己本身就没搞明白学习的意义。"鲁小路结合自身情况又劝慰钱小强。

"是啊，你说得太对了！"钱小强对这个问题深有感触，他每天面对"巨量"的家庭作业痛苦不堪。

"我能理解大家的迷茫与痛苦，其实我以前也出现过这种情况。"唐小糖见大家对学习迷茫很想帮助他们。

"这么说，你是解决了这些问题，才有现在的学习状态的吗？"郭小果迫不及待地问道。

"是呀，其实我们最大的问题就是没弄明白学习的原理！"唐小糖又提出了新的概念。

"原理？"钱小强更加迷茫了。

"原理很简单，那就是输入和输出，我们要重点研究的就是输入的问题，输入没问题了，输出自然就没问题了。"唐小糖简单明了地描述了原理。

"这不就是钱小强说的那个万能的U盘吗？"米小咪听出了门道。

"这个我喜欢，快讲讲怎么回事。"钱小强顿时就来了兴趣。

"输入就是接收的过程，但是输入跟输出是有交集的，比如上课听讲是输入，上课回答问题就是输出，在回答问题的时候也加深了记忆和理解，这样回答问题又可以作为输入。"唐小糖怕大家不明白举例进行了说明。

"这么一说我似乎懂了，我们现在输入端出了问题，输出时自然就痛苦。"鲁小路若有所思地说。

"对呀，其实输入也有很多步骤的，比如预习、上课听讲都是输入的环节，而输出有时候也是在输入。"唐小糖进一步解释道。

"你要这样说，我就理解了，我上课时不好好听讲，下课自然不爱学习，是吧！"钱小强憨憨地说。

"加拿大有个学霸，他仅用一年的时间就学会了四门语言。他把学习流程分成五个步骤：获取、理解、拓展、纠错、应用。"唐小糖又用加拿大学霸的事例给大家说明。

"这么厉害，我也要做学霸！"钱小强兴高采烈地扯着嗓子喊道。

唐小糖的话让大家对学习没有那么恐惧了，大家知道学习是有方法可循的，只要按着流程，一步一步地夯实基础，谁都可以做学霸！

斯科特·杨学习法

斯科特·杨学习法可以分为五个步骤，即获取、理解、拓展、纠错、应用。

"每天忙忙碌碌就是没有成效！"

"坐在书桌前就很痛苦，找不到学习的乐趣。"

对一件事情的恐惧，大多来自对这件事情的无知，从步入校园起，家长只告诉我们要好好学习，却没告诉我们应该如何好好学。

斯科特·杨学习法把学习清晰地分成五个步骤，再结合自身的情况，通过实践不断摸索出适合自己的学习流程，那么我们就不会对学习产生厌烦甚至恐惧了。

斯科特·杨学习法

获取：快速获取知识，这一步大概了解知识的内容即可，其实这也是预习的阶段。在这个阶段有余力的话可以把不理解的进行标记，为第二步做好准备。

理解：通过老师课堂的讲解以及对辅导书的参考，对接触的知识进行更深入的理解。这时可以结合费曼学习法对新知识进行复述，以求理解透彻。

拓展：通过练习、复习将新知识和旧知识进行融合，同时也对新知识进行更加透彻的理解。

纠错：通过测试、习题等对新知识进行纠错，查漏补缺，完善知识系统。

应用：熟练掌握知识后，通过应用加深理解，将知识变成自己的财富。

获取

理解

拓展

纠错

应用

学霸来支着儿

Step1 深度拓展

深度拓展可以加深对知识的理解和记忆，引起我们对知识的兴趣。可以通过对知识背景、知识关系的研究进行拓展，还可以多角度、跨学科地研究相关知识。这种拓展能使我们对知识的运用更灵活，提高我们解决问题的能力。

Step 2 联想法

联想法很有意思，我们在遇到一个知识的时候如果很容易联想到另一个知识，就会使自己的知识体系越来越完善。比如当我们学到"bank"（银行）时，除了联想到"tank"（坦克）还能联想到银行大楼窗户的正方形（数学内容），甚至还能联想到"二战"时轰鸣而过的克里斯蒂坦克（历史、军事）。

Step3 图表法学习

将枯燥的文字画成通俗易懂的图表，增强趣味性的同时，还能加深理解和记忆。同时表格还能更好地体现差异、相同、大小、多少等，有助于一目了然地了解知识脉络。

本节要点回顾

⭐ 斯科特·杨学习法是一套完整的学习系统，可以提高学习效率，建立良好习惯。

⭐ 快速获取知识和及时纠错是斯科特·杨学习法的重点。

追风小二班
快期末考试了，互相帮助哈！
什么？你要抄袭呀？
借鉴好吗？
不如好好复习一下，还有时间。
时间不够了吧？
我还能复习 20 遍！

SQ3R 法：做高效阅读的小书虫

　　找到合适的学习方法，比死记硬背效果好得多。尤其是现在的学习时间都很紧，如果不提高效率就很容易掉队。我们现在学习的主要途径就是读书，因此读书的速度和效果就显得十分重要了。SQ3R 法是一种高效阅读方法，旨在带着问题阅读，并由此可以引发思考。

　　课堂上，老师提问米小咪又没回答上来，米小咪很伤心，下课后委屈地哭了起来，同学们纷纷跑来安慰。

　　"没事的，咱们预习了，也听讲了，回答不上来也不必太放在心上，下次就好了。"郭小果上前安慰道。

　　"是呀，老师要是提问我，我肯定也回答不上来。"钱小强看米小咪哭，也上前劝慰道。

　　"大家知道你预习了，再说了，一个小问题回答不上来，老师也不会在意的。"鲁小路同情地说道。

　　"要说预习吧，也预习了，要说没预习吧，我确实不会预习，也就是看看书。"米小咪说道。

"没预习就没预习呗，没预习还有这么多说法。"钱小强开玩笑说。

"小糖你预习时有什么好的方法吗？"米小咪转头望向唐小糖。

"预习……"唐小糖说了一半陷入了思考。

"有个学习方法不仅可以提高预习的质量，而且还适合整个的学习过程。"唐小糖接着说。

"什么方法这么神奇？"鲁小路睁大眼睛问。

"这个方法应该在我们爷爷奶奶年轻时就已经广为流传了。"唐小糖重点强调了这个学习方法的历史。

"快说重点吧！"性子急的钱小强问道。

"先大概浏览一遍内容，然后根据内容提出相应的问题，再带着问题进行精细阅读，并且尝试解决这些问题，再就是尝试复述整个内容，最后一步就是循环复习。"唐小糖一股脑儿说出整个过程，不过大家跟着唐小糖学了这么多学习方法现在也能理解了。

"预习就是这个方法的前半部分呗？"鲁小路总会举一反三。

"复述就是用费曼学习法呗？"郭小果模仿着鲁小路的口吻说道。

"没错，所以说方法都是相通的，除了需要根据自己的情况选择适合的学习方法外，更多的是坚持。"唐小糖认真地说。

"是啊，'师傅领进门修行在个人'啊！"鲁小路语重心长地说。

"这就好像武功的最高境界是无招胜有招，学习方法到最后，就是万般皆是法。"钱小强突然转了一顿词。

最近唐小糖热衷于分享学习方法，同学们除学到了学习方法，还懂得了勤奋。大家都知道"书山有路勤为径"，潜心学习不找借口才是明智的选择。

SQ3R 法

SQ3R 法早在 1946 年就被提出，也是常用的学习方法之一。它旨在强调带着问题阅读，这样就可以边学习边思考，可以提高学习的效率和质量。

"学习知识总是不扎实，提笔就忘。"

"看书就是看书，不用加入自己的思考。"

正确的学习方法，会让学习形成一套系统，这就好像冷兵器时代的战争，有坚固的防御城墙总是比一盘散沙的乌合之众更难攻破。当学习形成一套系统后，记忆就像坚固的城墙，不容易被攻破，更易达到最佳的学习状态。

SQ3R 法就是从预习到复习的一整套系统，这个方法让学习变得有的放矢。在学习中加入思考，这样学习就从单纯的应试变为学以致用。

SQ3R 法

浏览（Survey）：快速浏览一本书的提要、目录、前言、全文内容等，对该书或章节有个大体的了解。

问题（Question）：根据浏览的内容尝试提出问题。

阅读（Read）：带着问题详细地对所学知识进行阅读，并解决提出的问题。

复述（Recite）：合上书本，用自己的语言复述刚才阅读的内容，语言尽量简洁完整，有卡顿或是不会的查阅相关资料解答。这里可以参考费曼学习法。

复习（Reviwe）：经常复习学过的知识，直至该知识被记住并且可以熟练应用。

学霸来支着儿

Step 1 问什么

在 SQ3R 法中第二步的问题很重要，因为只有问得正确，才能回答得正确。首先对于阅读来说，可以问这篇文章的主题思想是什么；发生了什么事；时间、地点、人物；人物的特点是什么……

Step 2 根据艾宾浩斯遗忘曲线进行复习

记住的知识会有一定的遗忘周期，要想完全记住，需要按照一定的频率进行复习。复习的频率可以保持在1天、3天、7天、30天、3个月各一次，这样就可以完全记住，当然也可以按照自己的记忆规律，有序展开复习。

Step3 潜意识背书

睡前半个小时用来记忆，海马体会在睡着的时候帮你背书，因此睡前的半个小时是记忆的黄金时间，效果会很好，第二天早上起床，再用15分钟的时间回忆前一晚的内容，这个内容就会印在你的脑子里。

本节要点回顾

⭐ SQ3R法是较早出现的学习方法，是经过无数人验证的经典学习方法。

⭐ SQ3R法更适合用在为了养成良好的阅读习惯时使用。

⭐ 休息是学习的一部分，重视休息才能高效学习。

用思维导图解锁学习密码

　　学习知识本来是循序渐进、相互关联的，但是由于细分了学习内容，如果不加以分析、总结、归纳，就很难明白其中的联系，知识也就很难形成系统。利用思维导图很容易理清知识的脉络、了解知识的结构，从而对所学知识有更深刻的理解和记忆，并且能随时随地地运用知识。

　　"我感觉自己太博学　了！"钱小强下课后跟同学们发出感慨。

　　"你又说大话。"钱小强的话正好被路过的米小咪听见。

　　"你不懂，我现在啥都接触过，啥都会一点儿！"钱小强骄傲地说。

　　"接触过不等于掌握，就算掌握了，也不等于会运用，你离'博学'还远着呢！"米小咪狠狠地给钱小强泼了一盆冷水　。

　　"米小咪说得有道理，我们离博学都远着呢！"鲁小路在一旁附和道。

　　"我有一种啥都会，又啥都不懂的感觉，你们非得刨根问底。"钱小强也不知道咋形容自己的处境。

　　"知识学得杂得想办法整理，说大话可没办法帮你整理杂乱无章的知识碎片。"米小咪开玩笑地说道。

"其实我也存在跟钱小强同样的问题，感觉就是学到了一些知识碎片，毫无规律可言，每次遇到相关联的知识点都要翻书才能联系在一起。"郭小果对钱小强的处境表示理解。

"不妨尝试用思维导图的方式，来整理知识。"唐小糖准备把自己常用的思维导图介绍给大家，以帮助同学们摆脱困境。

"你看，还是小糖博学。"钱小强笑着说道。

"博学谈不上，我这也是现学现卖，这不也是'费曼'一下嘛！"唐小糖十分谦虚地说。

"思维导图我倒是听说过，不就是个大纲吗？跟书的目录有什么区别？"鲁小路曾经接触过思维导图，但只是看了一眼并没有重视。

"区别大了，思维导图是一种以中心为主题，通过分支和节点来展开、扩展和组织相关内容的图形化工具；目录是一种按照一定的层次结构，将内容按照章、节、条目等进行排列的文本工具。"唐小糖认真地回答。

"思维导图有什么用？"钱小强一针见血地问道。

"思维导图有很多作用，它既是方法又是工具。作为方法，可以通过画思维导图进行预习、复习、知识总结、记笔记；作为工具，它可以把杂乱无章的知识碎片进行整合，让我们拥有完整的知识系统。"唐小糖说道。

"听起来是个不错的东西，我最喜欢多功能的东西了！"钱小强突然来了兴趣。

"你以为这是变形金刚 啊！"鲁小路笑着说道。

"还别说，思维导图还真是变形金刚，它的形式是多种多样的，根据表达的东西不同，有常见的树形图，还有鱼骨图、发散图，甚至根据想象和理解画成更有趣的都行。"唐小糖补充说道。

思维导图真是个有趣 的工具啊，同学们争先恐后地画了各种各样的思维导图，不仅收获很大，而且可玩性十足，过了好久同学们还沉浸在思维导图的风潮中。

思维导图

思维导图是表达发散性思维的有效图形思维工具，它简单、有效又很高效，是一种实用性的思维工具，可以用在预习、复习、总结、思考，甚至头脑风暴中。

"知识点倒是掌握了，但是再回顾的时候还是联系不起来。"

我们很认真地学习，但有时候还是无法很好地把知识串联起来。明明付出了很多努力，成绩仍然很难得到提高。这个问题的关键在于不能把所学的知识进行系统性的应用，甚至出现了断点。

这时如果我们寻找一个关键词，再把这个关键词进行联想拓展，与它有关的知识点、案例、公式、定义全部罗列出来，再通过思维导图的方式将它们整合，就形成了相应的知识系统，以后遇到这一类题型时就很容易调动出曾经的知识系统，从而轻松解题。

思维导图制作步骤

确定中心词：围绕某个知识点展开，这个知识点就是中心词。中心词可以是一篇文章的题目，也可以是一个数学的知识点，或者是一本书的书名。

发散中心词：确定了中心词，就等于给思维导图确定了范围，然后把这个中心词涉及的所有知识点都罗列出来。比如中心词是形状，那就可以发散为圆形、正方形、长方形、三角形等。

完善中心词：当我们发散中心词后，需要对发散好的中心词进行二次发散或者三次、四次发散。如圆形：公式、定义、应用、例题等。

美化思维导图：初步的思维导图完成后，为了更加美观和直观，还需要根据自己的习惯进行美化，这样一个思维导图就完成了。

经常回顾完善：随着我们的学习，可能会有新的知识进入中心词范围，这时就需要补充完善。这样不仅可以完善知识系统，还能加深记忆。

学霸来支着儿

Step 1　利用思维导图高效背诵

在复习前用思维导图进行整理，在不同的重点位置涂上不一样的颜色，这样在理清课本内容、知识点之间的联系时，也复习了一次。同时根据思维导图的提示尝试对重点内容进行记忆，记忆不牢的再翻书确认。

Step 2　用思维导图记笔记

记录相应的主题，再根据上课内容或者读书内容记录第一分支，如果有难点或疑问可以标记在相应的位置。第一分支还可以发散第二、第三分支，但记录思维导图时一定要只记关键词，而不是大段文字，以提高效率。

Step3　系统整理知识点

以"英语学习"为中心，然后通过分支和节点来展开、扩展和组织相关知识点。比如，可以将"单词"作为一个节点，然后在它下面添加各种单词的分类，如"常用单词""四级词汇""六级词汇"等，同时在这些节点下面添加具体的单词，以此来整理和记忆单词。

本节要点回顾

⭐ 思维导图是高效好用的学习方法和工具。

⭐ 思维导图可以系统地处理学过的知识。

⭐ 思维导图有误区，完全照抄、单一罗列、涂鸦式都不可取。

第 **5** 章

好习惯
成就终身学习力

追风小二班

呼叫呼叫……谁来救救我。

又怎么了?

我被人盯上了。

被谁盯上了?

被我妈……

大惊小怪,就好像谁没被盯上过似的。

越主动，越高效

　　有没有过这样的经历：你正准备做一件事，做一件自己喜欢的事，旁边突然出现一个人对你指手画脚，告诉你这件事必须做好，不做好不准吃饭。此时你是什么心情和想法呢？这件事是为他而做，要么就敷衍了事，要么就索性不做。这是为什么呢？在潜意识里，谁都不喜欢被动做事，恰恰相反，我们喜欢主动做一些事情，而且主动做的事不仅效率高，还十分认真。那么学习也一样，我们不需要为别人而学习。

　　"花钱如流水，学习似抽筋。一天不挨打，我就不开心。"钱小强一边摇头晃脑一边说着自己的新作走进教室。

　　"谁说钱小强不爱学习的，这顺口溜说得一点毛病没有呀，很符合他的气质嘛！"鲁小路开玩笑道。

　　"可别提了，我要是不写作业，母慈子孝，我一写作业可以说是鸡飞狗跳。"钱小强向鲁小路抱怨着自己的境况。

　　"都这样了，你还不长心，还有时间在这说快板呢！"鲁小路善意提醒钱小强。

"你不知道，只要我妈坐在旁边，我的大脑就一片空白。"钱小强继续表达着内心的不满。

"你就不能主动点吗，主动学习，家长不就不坐在旁边了吗？"米小咪听不下去了，直接教育起钱小强。

"我上次主动学习还是在幼儿园，后来由于不会做题，他们就天天坐在身边教我，后来……就这样了。"钱小强委屈地说。

"哈哈哈……"米小咪笑得合不拢嘴。

"那你可以尝试一下主动学习，他们看见你的改变，就不会再坐在你身边了。"郭小果非常勤奋，家长从来不担心她的作业 。

"可是……"钱小强欲言又止。

"可是什么呢？"米小咪疑惑地问道。

"我现在已经不太愿意学习了，怎么办呢？"钱小强摇了摇头说。

"这就是养成了不好的学习习惯，调整心态是高效学习的第一步，要想学习更轻松、更高效，就必须养成主动学习的好习惯。"唐小糖对此深有感触。

"可是，我被动学习这么久了，哪那么容易就养成主动学习的习惯呀！"钱小强苦恼地说道。

"可以从简单的开始，比如主动做家庭作业，放学后可以先做自己擅长的科目。让家长看到改变，对我们的学习产生信心，也就不再催促了。而我们自己也将会通过一点一点的成就感，慢慢地做出改变。"

郭小果可是主动学习的榜样，她分享了自己的经验。

"是的，我们就是需要提升自尊水平，这样就会主动学习、主动做事，做一个独立自主又自信的人。"唐小糖学习和做事从来不用家长催促。

自尊水平

自尊水平是指个体对自己的价值、能力、成就和自我形象的评价和信任程度。它是一个人对自己的认知和情感的综合体现，包括自我接受、自我尊重、自我肯定、自我信任等方面。

"我很难做到自律，总需要在别人的要求下完成任务。"

"爸爸妈妈不管我我就不学习，管我我就不愿意学习。"

我们很难做到自律，因此才有那么多的"直升机父母"出现。但是即使父母像直升机一样悬停在头顶，我们依然不愿意学习，这样既痛苦，又效率低下，很难真正进入学习状态，也严重影响自信心。

但是对学习这件事来说，永远无法逃避，我们终将独自步入社会，以一技之长谋求生存。那么主动学习就变得至关重要，主动学习会让学习变得更加高效，同时也能让我们在快乐中学习。这就需要我们提升自尊水平。

提高自尊水平的方法

接受自己：接受自己的缺点和不足，不要苛求自己。

培养自信：通过学习、实践和经验积累，逐渐培养自信心。

坚持自我肯定：每天告诉自己一些积极的话语，如"我很棒""我能行"。

做自己喜欢的事：找到自己的兴趣爱好，做自己喜欢的事情，让自己感到快乐和满足。

建立良好的人际关系：与他人建立良好的关系，得到他人的认可和支持，有助于提高自尊水平。

健康的生活方式：保持健康的生活方式，如良好的饮食习惯、充足的睡眠和适当的运动，有助于提高自尊水平。

学会放松：放松身心，减轻压力和焦虑，有助于提高自尊水平。

接受挑战：勇于接受挑战，克服困难和挫折，有助于提高自尊水平。

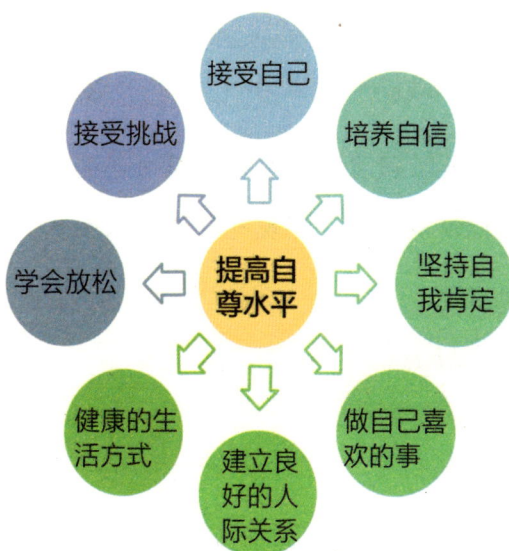

接受自己

培养自信

接受挑战

坚持自我肯定

学会放松

提高自尊水平

健康的生活方式

建立良好的人际关系

做自己喜欢的事

学霸来支着儿

Step 1 从擅长或容易的做起

先从自己擅长的领域或者比较容易的题型开始，逐步建立自信，从而养成主动学习的习惯。

Step 2 设立目标

　　设立的目标需要符合实际，以跳一跳够得着为最佳。树立好目标后，可以利用西蒙学习法将目标详细拆解成很多可行的小目标，逐个击破。

Step3 利用游戏的原理学习

　　逆向规划人生，设立奖励机制，对自己的正确行为不断给予正面反馈，通过游戏原理，实现有价值的人生。

本节要点回顾

　　⭐ 只有积极主动才能更高效地学习。

　　⭐ 提升自尊水平，有助于提高自律、增长自信。

　　⭐ 不让外界影响自己的成长。

我有好多难题不会做呀!

问不就得了。

别人烦我怎么办? 别人没时间怎么办? 别人觉得我啥都不会怎么办?

别人等着你问,你不问怎么办?

别人对你笨不笨并不关心怎么办?

别人都不知道你有问题怎么办?

有疑就问，没有问不会的知识

很多同学不爱问问题，因为他们觉得自己的问题不重要或者不值得问。另外一些同学可能害怕被老师同学嘲笑批评，因此选择保持沉默。还有一些同学可能觉得自己已经理解了老师所讲的内容，因此不需要再问问题。但是，不问问题会导致学的知识和理解程度受到限制，也会直接影响学习效果和成绩。因此，我们应该克服自己的顾虑和恐惧，勇于提出问题，这样才能更好地理解和掌握所学知识。

"小果，今天的作业怎么这么多题都没做呀？"课代表在收作业时看见郭小果的作业有好几个题都空着，疑惑地问道。

"这几道题我想了一晚上都不知道怎么做，所以还是等老师上课讲吧！"郭小果无奈地回答。

"老师要是不讲呢？你就一直空着吗？"课代表知道郭小果内向爱面子，不喜欢向别人提问。

"那我再问也不迟嘛！"郭小果笑着打马虎眼。

"我看老师要是不讲，你这学期都不一定能搞明白。"米小咪向来跟郭小果关系很好，她毫不客气地揭穿郭小果的想法。

"可是 😞 ……"郭小果停了停继续说，"大家学习都很忙，问别人不是耽误人家时间吗？"

"哪有那么多可是，别人愿不愿意告诉你，你问了再说呀！"鲁小路乐于助人，他很不理解郭小果为什么不好意思问。

"你就是脸皮太薄。"钱小强说道。

"是呀，小唐不是给我们说了费曼学习法了吗？大家都巴不得有机会给别人讲题呢！"米小咪灵机一动说道。

"可是别人也不会怎么办？"郭小果还是有些犹豫，她总觉得向别人提问难以启齿。

"同学们不会就问老师呀，老师不会就问老师的老师，这有什么难的！"钱小强大大咧咧地说道。

"题都是人出的，总有人能解决，再说了，这么简单的题问钱小强就行了。"鲁小路说着看向钱小强。

"那是，就没有我解决不了的问题！"钱小强拍着胸脯说道。

"正好，那你帮我看看这道题怎么解？"郭小果顺势问道。

"呃……这道题……这个……那个……咳咳……我相信你师爷我老师肯定能讲明白！"钱小强假装捋着胡子说，逗得大家哈哈笑。

不过通过同学们的玩笑，郭小果终于在唐小糖的帮助下把空着的习题做完了。

"向人请教也没那么难嘛！"郭小果轻松地说，郭小果也终于知道弄懂题的快乐和成就感比不好意思好得多！

盲区

每个人的知识都存在着盲区，这些盲区是自己不知道或者不理解的区域，通过有效的提问、沟通，可以减少自己的盲区，学习的过程就是缩小盲区的过程。

有疑就问是一种积极主动的学习态度。首先，有疑就问可以及时纠正错误的理解和认识，避免在学习过程中积累错误的知识。其次，通过不断的提问和探究，我们可以更深入地了解知识，提高自己的学习能力和水平。

此外，有疑就问还可以培养思维能力和创造力。在提问的过程中，需要不断地思考和分析，从而激发思维潜能和创造力。通过不断的提问和探究，可以发现问题的本质和规律，从而更好地理解和掌握知识。

如何做好有疑就问

确定问题：首先要明确自己的疑问是什么。

找到合适的人：可以是老师、家长、同学、朋友等。

问问题：在提问前，先简单介绍问题的背景，然后清晰明了地说出问题，避免模糊不清或含糊不清的表述。

倾听回答：听取对方的回答，认真理解并记下重要的信息。

进一步追问：如果对方的回答还不够清晰或详细，可以进一步追问，直到自己得到满意的答案。

学霸来支着儿

Step 1 选择封闭式问题或开放式问题

根据自己的情况选择合理的提问方式。如果对于某些知识点不理解一般都需要进行开放式提问，比如你可以帮我具体讲述一下这篇课文的写作特点吗？对于自己不确定的问题可以选择封闭式问题，这类问题一般提问对象只需要回答是或否，这样可以节省时间。比如这篇课文的中心思想是在第一自然段的第一句话吗？

Step 2　**重复确认**

对于不确定的问题要重复确认，确保自己的问题没有歧义和误解，让人能够准确回答。对于没有理解的问题应该进行追问，以确保自己能够得到清晰的答案并理解。

Step3　**简明扼要、逻辑清晰地提问**

确保提问对象能够清晰地知道我们的疑问，这样既能保证提问对象给我们讲出重点，又可以节省彼此的时间。

本节要点回顾

⭐ 遇到问题就主动提问，没有问不会的知识。

⭐ 根据情境选择开放式问题或封闭式问题。

⭐ 回答别人的问题本身是一种快乐，所以积极地提问吧。

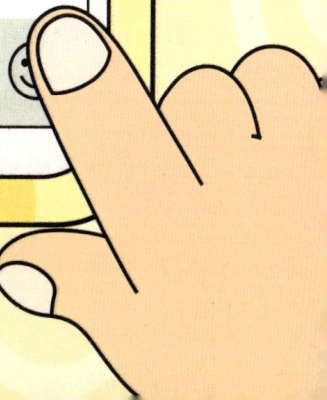

培养阅读习惯，轻松爱上阅读

阅读是获取知识、拓宽视野、提高思维能力的重要途径。通过阅读，可以了解丰富的文化、历史、科学、艺术等方面的知识，拓展自己的视野。阅读还可以提高语言表达能力和阅读理解能力，让我们更好地理解和应用所学知识。此外，阅读还可以让我们放松心情、减轻压力、提高生活质量。因此，阅读是一项非常重要的活动，我们应该养成良好的阅读习惯，不断地学习和成长。

班主任计划每个月组织一次读书会，要求同学们每个月读一本好书，再将这本好书用自己的语言分享给大家，这可把同学们愁坏了。

"读书还用得着别人督促吗，自己读就完事了！"钱小强信誓旦旦地说。

"对，自己读好处多多，最大的好处就是你不读别人也不知道。"鲁小路一眼就看出钱小强的小心思，毫不留情地揭穿了他。

"净说大实话，主要是学习这么忙，哪有时间看课外书啊！"钱小强嬉皮笑脸地说道。

"学习这么忙，你也没少玩。"米小咪不留情面地说道。

"你们呀！一点儿都不团结，大家都不看书，就不用分享了，再说了，你们谁能有读书的习惯呀！"钱小强依然我行我素地说。

"大家都在思考如何高效阅读，如何养成良好的阅读习惯，只有你在想办法逃避阅读，你这是在逃避成长呀！"鲁小路一针见血地说。

"我就不信阅读能养成习惯，我看见书就困 。"钱小强依然不信有人喜欢阅读，但是他并不否认阅读能促进成长，只是自己懒罢了。

"阅读习惯是可以养成的，并且阅读有'瘾'，一旦你养成了阅读的习惯，还很难戒掉呢！"唐小糖认真地说。

"真的吗？"钱小强一脸不相信的样子。

"但前提是你得先养成阅读习惯！"郭小果又补充说道。

"那你是怎么养成阅读习惯的呢？像你这样的学霸我以为是天生的呢！"鲁小路好奇地问唐小糖。

"要想养成良好的阅读习惯，首先你要让书触手可及，需要把感兴趣的书放在家里最容易看到和拿到的地方，沙发旁、床边、马桶旁都可以，让你随时随地都有书 看。"唐小糖分享起自己养成阅读习惯的方法。

"那家里岂不是很乱？"只要是与学习有关的事钱小强总有一堆理由推脱。

"放心，只要告诉你妈妈，你要好好读书，不管家里有多乱她都能接受。"鲁小路拍着钱小强的肩膀说道。

"那倒是……走！回家捣乱去喽！"钱小强总把重点放在捣乱上，真让人无语 ◔‿◔ 。

"或许你可以边捣乱边读书呢？"唐小糖提醒道。

哈哈……教室里传来一阵愉快的笑声。

阅读

阅读是指通过阅读文字、图像、符号等信息来获取知识、理解思想的过程。对于学生来说，阅读是一项非常重要的技能，因为它可以帮助学生扩展知识、提高语言能力、增强思维能力、培养阅读兴趣和习惯。

"把成绩搞好已经很累了，还要阅读？"

"一看书就困，而且看书对我们来说也没啥用嘛！"

很多同学认为阅读对于成绩的提高没有帮助，还不如多做一些习题。这是一种误区，通过阅读，我们可以了解不同的文化、历史、社会和科学知识，拓宽视野，增强自信心和自我认知。此外，阅读还可以帮助我们提高写作能力、口语表达能力和思维逻辑能力，提高学习成绩和竞争力。因此，阅读对于学生来说是非常重要的，是学生成长和发展的必要条件。

看书就困的根本原因在于对阅读没有兴趣，那么该如何培养阅读兴趣呢？培养阅读兴趣最好的方法就是在这个领域获得成就感，因此可以通过将获取的知识讲出来逐渐培养兴趣。这样既加深了理解，又帮助了别人，何乐而不为呢？

如何高效阅读

确定阅读目的：在开始阅读之前，先明确自己的阅读目的，这有助于提高阅读效率和理解能力。

预览：在开始阅读正文之前，可以先快速浏览一下文章的标题、副标题、段落标题、图片、图表等，这有助于了解文章的大致内容和结构。

确定重点：在阅读过程中，可以通过标记、画线、做笔记等方式，将文章中的重点内容画出来，这有助于提高阅读效率和记忆能力。

⭐ 控制阅读速度：阅读速度过快容易导致理解不足，阅读速度过慢则会浪费时间。因此，要根据文章的难易程度和自己的阅读能力，控制阅读速度。

⭐ 善用工具：现代科技提供了许多阅读工具，如电子书、阅读器、语音朗读等，可以根据自己的需求选择合适的工具，提高阅读效率。

⭐ 多练习：阅读是一项技能，需要不断练习才能提高。可以选择一些适合自己的阅读材料，每天坚持阅读一定的时间，逐渐提高阅读速度和理解能力。

学霸来支着儿

Step 1 建立良好的阅读环境

我们都知道阅读是非常好的习惯，可是拿起书本又很难看得下去，甚至连拿起书本的动力也没有。想要建立良好的阅读习惯，首先就应该让阅读触手可及。只有让阅读的门槛降低，才能开始接触阅读，体验阅读的乐趣与心灵的安宁，渐渐地就会爱上阅读，从而养成阅读习惯。

Step 2 有效输出

阅读是一件收获很大的事情，但如果你将获取的知识牢牢地锁在自己的大脑里，不仅容易忘记，而且还无法学以致用。我们可以通过同学之间的读书会等途径相互分享阅读的收获，这样不仅可以获得成就感，增强阅读动力，还能扎实掌握、学以致用。

Step3 电子书和有声书

科技在发展，阅读的载体也变得丰富多样，电子书不仅携带方便，而且它的存储空间比较大，利用碎片时间可以随时阅读。有声书可以使阅读更高效，而且讲解清晰、重点明确，也是获取知识的重要手段。如果听到哪本书比较好，又觉得讲得不够细致，就可以购买纸质书籍来补充阅读。

本节要点回顾

⭐ 阅读是重要的学习习惯。

⭐ 通过技巧可以建立阅读习惯，从而做出改变。

⭐ 选择好书，提高阅读质量。

追风小二班
作文每次都只得一半的分。
对于你来说就不少了。
不行，我得好好学，少挨上几板子。
哈哈……你作文写好就不挨板子了？
只能少挨几板子
写作文很简单啊！

写好日记，作文不愁

　　考试中作文的分数占 30 ～ 40 分，可见作文是语文学习重要的内容之一。但是作文也成为很多同学失分较多的考试内容之一。病句、逻辑、举例、措辞都成了痛点。我们该如何提升作文水平呢？语文的学习就是长时间积累加上分析总结的结果。写日记不仅可以锻炼语言组织能力，还可以反思每天的得失。曾子说："吾日三省吾身。"而写日记就是反省自己最佳的手段。

　　"这次考试我们的作文成绩都不是很好，不过郭小果和唐小糖同学的作文都是满分100。下面请郭小果同学分享一下自己的心得。"课堂上语文老师拿着大家的语文试卷说。

　　"我也没什么好分享的，就是每天都写日记，每天都摘抄几个成语和几句名人名言，还有优美的句子或者段落。在写作文的时候拿出来用一下就好了。"郭小果谦虚地说。

　　"郭小果同学很谦虚，而且她的作业每次都写得很认真，字迹工整，摘抄的句子也都很有代表性，可见是用心了。"语文老师给予了郭小

果很高的评价 👍 。

"下面请唐小糖同学分享一下自己的学习心得。"

"我每天都会坚持写日记，日记中多半记录的是自己一天中接触的知识以及自己一天中的得失，这也让我养成了反思自己的习惯。通过反思，我分析一天中哪里做错了需要改正，哪里做得好需要坚持。总之写日记让我有很大的收获。"唐小糖也提到了日记。

"唐小糖同学的作文一直写得都很好，这一定离不开她坚持写日记的好习惯。同学们谁还有坚持写日记的好习惯？请举手 ✋ 。"老师的发问让同学们鸦雀无声，一个举手的都没有。

"那有没有经常写日记的同学呢？"老师看着鸦雀无声的课堂把标准又降低了一下，她期望能看到更多的同学举手，果然举手的同学超过了一半。

"很好，除了日记 📖 是我们提倡每天坚持写的外，积累日记是我们每天都要交的语文作业，咱们最近积累日记的质量不是很好，多数同学都是在应付。"语文老师又重点指出最近积累日记的不足。

"老师，我觉得积累日记没什么用，每天就是记几个成语、几段话，难道就能提升作文水平吗？我觉得还是多做习题提高成绩比较快。"钱小强大胆地站出来提问。

"你能主动表达自己的疑问是好事，你说的做习题我也能理解，这样吧，你除了坚持积累日记外，每天再多做一套习题。正好语文也是你的弱科，趁这个机会好好提升一下。"幽默的语文老师把全班同

学逗笑 😊 了。

"啊！不要啊！"钱小强假装抓狂的样子。

"鲁小路，你觉得积累日记有必要写吗？"语文老师又把目光转向鲁小路。

"有必要，积累积累，积少成多，正所谓'不积跬步，无以至千里；不积小流，无以成江海。'我们通过每天积累3个成语，一年就能积累1000多个成语，再通过不断地复习，加深了对成语的理解和记忆，对日后的应用和应试都有很大的帮助。"鲁小路站起来认真地说，听了鲁小路的分析响起了热烈的掌声 👏 。

"说得很好，鲁小路的积累日记一直写得都很认真，他也说出了积累日记的众多优点，积少成多，学以致用。"语文老师对鲁小路也提出了表扬。

"记日记作为好习惯之一，可以说对我们有着极重要的作用，日记不仅可以让我们反思得失、锻炼语言能力，还是发泄心情的一种途径，当我们心情不愉快时，可以通过写日记来调节，从而能让我们更好地适应变化的环境。除了生活日记和积累日记外，还可以记学习日记，就是在日记里把一天所学的内容，包括其他科目的内容进行总结，这也是温故知新的过程。"老师除了生活日记和积累日记又强调了学习日记。同学们才知道原来日记不仅仅是发牢骚的秘密基地，也可以作为复习的好工具 📖 。

日记

　　日记通常理解为生活日记，主要是对日常生活中所发生的事及心情变化、反思得失的记录。学生阶段为了更好地提高学习效果，可以增加学习日记和积累日记。学习日记主要用来回顾一天的学习内容。积累日记主要是积累词汇、名人名言等，是提高语文成绩的好帮手。

　　"写日记太麻烦了，而且还没啥用。"

　　"写日记总是容易忘记，难以坚持。"

　　写日记是一种记录生活的方式，它可以帮助我们记录每天的所见所闻、所思所想，让我们更好地了解自己的内心世界。

　　通过写日记，可以反思自己的行为和思考，发现自己的优点和不足，从而更好地改进自己。此外，写日记还可以帮助我们保持积极的心态，减轻压力，缓解情绪，让我们更加平静地面对生活中的挑战。

　　每天坚持写日记，对语文成绩的提升有很大的帮助。我们可以有目的地对日记的文字进行优化，从而锻炼作文能力。

写日记还能让我们看到坚持的美好。随着时间的流逝，日记本将越来越厚，闲暇之余翻阅自己写的内容，回想当时的心情，未尝不是一种美好。

写好日记需要做什么

细心观察：老师讲了什么、哪些事让我们深有感触、哪些事还需要改进，都需要细心地观察总结。

筛选关键事：不可能把所有的见闻都写下来，而是把影响大的事情记录下来，影响不大的可以忽略不写或一笔带过。

整理思路：选定一件事该从哪个角度写，从不同的角度切入对看法和理解都是有影响的。

尊重事实：我们难免会带着偏见记录，但应尽量尊重事实，如果不尊重事实，就会失去反思的意义。

反映情感：这件事让我有哪些收获、我当时是什么心情，如果以后再遇到类似的事情应该如何应对。

偶尔回顾：在闲暇之余可以随意翻开以前的日记，进而思考，如果这件事发生在今天，我的处理方式会不会有所改变。

细心观察

尊重事实

筛选关键事

整理思路

反映情感

偶尔回顾

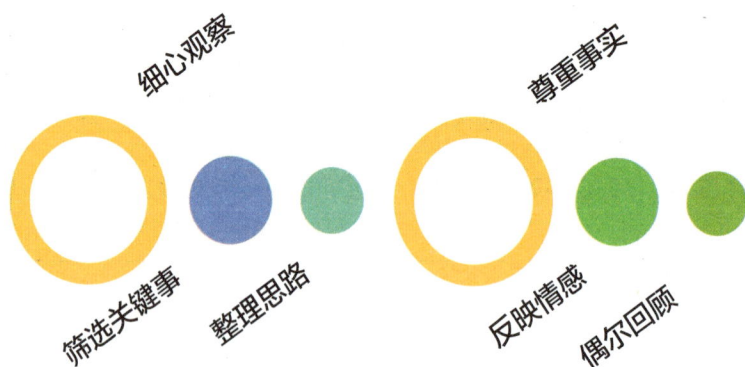

学霸来支着儿

Step 1 积累日记是作文的撒手锏

　　不要小瞧积累日记，积累日记顾名思义在于长期的积累，每天用半个小时时间整理抄写成语、句子、名言警句，不仅可以有效提高作文成绩，积累的成语、句子等也将是终身受用的宝贝。

Step 2 写作文的公式

　　在数学的学习中，一个公式就能解决很多问题。写作文同样也有公式，选几篇优秀的作文将它们背下来，它们就可以为我们所用了。当你背诵多篇作文后，就会发现你背诵的作文几乎能套进所有的作文话题中，同时你还可以模仿优秀作文的格式、语言风格等来提高自己的写作水平。如果你以前作文成绩一直不佳，不如尝试用这种办法解燃眉之急，久而久之就会有自己的写作风格。

Step3 多看书

书本是打开世界的窗户，是认识世界的眼睛。读书不仅可以增长见识，还能让我们积累大量的作文素材，正所谓"读书破万卷，下笔如有神"。书读多了，写作文和写日记都将不再是问题。

本节要点回顾

⭐ 根据内容，日记可以分为生活日记、积累日记和学习日记。

⭐ 写好日记可以提高作文水平。

⭐ 写日记应以修养心性为目的。

听说明天就要分学习小组了，希望不要跟钱小强在一个组。

您可不是香饽饽

被嫌弃了吧，二位。

@ 唐小糖 咱俩可以在一组吗?

这就抱大腿了。

应该可以让好几个人在一组的吧!

与同学互为老师，共同进步

　　良好的人际关系可以促进同学之间的合作和团结。这不仅可以提高学习效果，还可以培养团队合作精神和领导能力。同学互为老师，在建立深厚的同学情谊的同时，可以互相监督学习，还可以互补不足，以达到更好的学习状态。

　　"这学习小组，真是怕啥来啥。"米小咪不情愿地说道。

　　"这就叫'鱼找鱼🐟，虾找虾'。"钱小强满不在意地应付道。

　　"这学习小组本来是让我们互相帮助、共同进步，你们俩倒好。"鲁小路在中间说道。

　　"这不正好可以互相帮助嘛！我相信老师在分组的时候也是考虑到你俩能互相帮助。"唐小糖笑着说道。

　　"小糖你不知道，我倒是想让他给我讲题，你知道人家什么态度吗？眼睛斜向上45度，下颌高高抬起，嘴里说着：'这么简单的题都不会，上课干啥去了？'"米小咪跟唐小糖诉苦😣。

　　"她更好！我问她这阅读理解怎么做的，她给我来个，'你不用做，说了你也不懂,懂了你也不会,会了你也不学,学了你也不做。'"作为"报答",钱小强又学着米小咪的样子跟大家吐槽,逗得大家哈哈大笑。

"你们这哪是互为老师,这明明是互相吐槽。"唐小糖说道。

"你俩在学校真是屈才了,快去参加个选秀,说不定同学们都得靠你俩提拔呢!"鲁小路笑着 说道。

"对呀,你们俩这么有默契又幽默,快去参加选秀,说不定能拿大奖呢!"郭小果信以为真,真的撺掇他俩去参加选秀。

"扯哪儿去了,人家在说学习的事情呢!你们让我们去参加选秀,哪跟哪啊!"米小咪情绪好多了,其实她跟钱小强并不是水火不相容,只是两个人都爱开玩笑,加上同学们总拿他俩当开心果,索性就经常打打闹闹。

"其实我们挺羡慕你俩的,难得有这么好的朋友,怎么开玩笑都不记仇,玩笑过后依然是好朋友,你们肯定能互相提升、共同进步的。"唐小糖虽然人缘好,但没有这样的朋友跟她开玩笑,大概也是性格的原因吧。

"是呀,我觉得我们组很有意义,两个人可以相互监督、相互促进,就算两个人都不会的题共同研究也能弄懂。"郭小果如愿以偿地跟唐小糖分在一组,她向唐小糖学了很多学习方法,学习也更加努力了。

"但是,我们该开玩笑时开玩笑,该学习时就认真学,如果两个人只知道开玩笑,也做不到优势互补。钱小强人家问你问题时你应该认认真真、仔仔细细地讲清楚，当然米小咪提问也应该以尊重为前提，清楚认真地提问，这样两个人才能优势互补嘛！"鲁小路像大哥一样给他们讲道理。

"确实，我们分学习小组的目的不就是互相帮助、共同进步嘛，我俩除了互相开玩笑外，真应该彼此激励、共同成长，这样也不枉费老师一片苦心。"钱小强率先低头向"冤家"抛出橄榄枝。

"好吧！停战！我以大局为重，不跟你斤斤计较。"米小咪也算是给了钱小强台阶下。

自从老师分了学习小组，同学们学习热情十分高涨，下课了，总能看见同学们三三两两聚在一起讨论问题，班级里的学习氛围好极了，很多同学成绩也有大幅提升。

共同激励

我们和同学在一起的时间是最多的，同学之间有着深厚的友谊，因此也最为了解。在班里找一个与自己志同道合的同学，两个人互为老师、互相激励，对于提高成绩有很大的帮助。

"他学习不好，只会给我捣乱。"

"他学习成绩比我好，会不会看不起我呀？"

作为同学之间互相学习和进步的伙伴，我们应该互相帮助和支持，共同成长。在学习中，可以互相分享自己的知识和经验，帮助彼此解决问题和困难。同时，也应该互相鼓励和激励，共同进步。

在课堂上，可以互相提醒和纠正，帮助彼此更好地理解和掌握知识。在课外，可以一起讨论和研究，共同探索新的领域和知识点。通过互相学习和交流，可以不断提高自己的学习能力和水平，更好地应对未来的挑战。在这个过程中，也要学会尊重和欣赏彼此的不同之处，包容和接纳不同的观点和思维方式。只有这样，才能真正实现互相学习和进步，成为更好的自己。

和同学共同进步有哪些关键点

相互尊重：在与同学的合作中，相互尊重是非常重要的。尊重同学的意见和想法，不要轻易否定或嘲笑对方的观点。

有效沟通：良好的沟通是互相帮助的关键。要确保信息传递清晰明了，避免误解和不必要的争执。

互相支持：当同学遇到困难时，应该给予帮助和支持，共同克服困难。

共同目标：合作的目的是实现共同的目标。同学们应该明确目标，共同努力，这样才能共同进步，相互促进。

反思总结：经常进行反思总结，找出学习过程中的不足之处，互相指出，共同改进，做彼此的良师益友。

学霸来支着儿

Step 1 正确处理矛盾

无论是朋友还是同学，在一起交流无法避免矛盾，当产生矛盾时，应该学会换位思考，站在对方的角度客观地想一想这件事，这样就很容易找到合适的解决办法。

Step 2 给予包容

发现对方缺点除了帮助改变之外，也应该给予包容。要知道没有十全十美的人，通过两个人的不断沟通和磨合才能逐渐形成默契，才能更好地向着目标前进。

Step3 学会倾听

　　每个人都有表达的欲望，有时候也会因此打断别人的说话，这样不仅不礼貌，而且还容易忽视重点信息，造成沟通上的误解。学会倾听不仅是对他人的尊重，也更有利于目标的达成。

本节要点回顾

　　⭐ 和同学互为老师可以有效提高学习成绩。

　　⭐ 学会处理和同学的关系是互为老师的前提。

　　⭐ 学习对方的优点，反思自己的缺点。

学习习
有方法

高效听课法

朝歌 编著

台海出版社

图书在版编目（CIP）数据

学习有方法 . 高效听课法 / 朝歌编著 . –– 北京：

台海出版社 , 2023.10

ISBN 978-7-5168-3660-6

Ⅰ . ①学… Ⅱ . ①朝… Ⅲ . ①学习方法－少儿读物

Ⅳ . ① G442-49

中国国家版本馆 CIP 数据核字 (2023) 第 184465 号

学习有方法 . 高效听课法

编　　著：朝　歌

出 版 人：蔡　旭　　　　　　　封面设计：韩海静
责任编辑：姚红梅　　　　　　　策划编辑：刘慧滢

出版发行：台海出版社
地　　址：北京市东城区景山东街 20 号　邮政编码：100009
电　　话：010-64041652（发行，邮购）
传　　真：010-84045799（总编室）
网　　址：www.taimeng.org.cn/thcbs/default.htm
E-m ail：thcbs@126.com

经　　销：全国各地新华书店
印　　刷：三河市南阳印刷有限公司
本书如有破损、缺页、装订错误，请与本社联系调换

开　　本：710 毫米 × 1000 毫米　　1/16
字　　数：106 千字　　　　　　　印　　张：11
版　　次：2023 年 10 月第 1 版　　印　　次：2023 年 10 月第 1 次印刷
书　　号：ISBN 978-7-5168-3660-6

定　　价：158.00 元（全五册）

比天赋更重要的是方法

中国有句古话："工欲善其事，必先利其器。"虽然做事是最终目的，但掌握做事的方法，才是先决条件。学习也是同样的道理，"学会"不如"会学"，只有掌握了学习的方法，才能摆脱"明明很努力，成绩就是上不去"的魔咒。

《学习有方法》是一套科学合理、简便易用的学习方法指导书。全书共分为五册，用简洁的语言和贴近日常生活的故事，讲述孩子在学习过程中遇到的问题。书中包含了上百种学习方法和大量的图形、表格、导图等学习工具，如"万能记忆公式""康奈尔笔记法""时间管理四象限法""番茄学习法"等，这些宝藏学习法趣味性强，高效实用，能有效解决孩子不爱学习、不会学习的问题，助力孩子快速拿高分，逆袭成优等生。

希望《学习有方法》能够成为孩子前进的朝阳，帮助他们拨开云雾，找到通往成功之路。

认识我吧

唐小糖

性格开朗，是同学们的开心果。成绩优秀，班里的小学霸。喜欢分析问题，常常会总结一些学习小窍门与同学们分享。

鲁小路

同学们的暖心哥哥，无论谁遇到困难，他都会挺身而出。天生聪明，为人勤奋，成绩一直很突出。

郭小果

性格温顺，不是很自信，凡事都以和为贵。一直默默无闻地学习，但是缺少好方法，成绩并不太理想。

米小咪

聪明，口齿伶俐，平时很爱美。在同学们眼里，她是"时尚小达人"。不过学习成绩并不好。

钱小强

班级里的捣蛋鬼，常有一些"鬼点子"。反应很快，逻辑能力强，数学对他来说是小菜一碟。

目录
contents

第 **1** 章

高效课堂：
好成绩的起点

追风小二班
汗滴禾下土，听课真辛苦。溜神解解乏，课后一脸蒙。
今天数学课我就溜号了5 分钟，作业怎么都不会做了呢？哪位大神行行好，有时间给我讲一讲。
你今天上课溜号何止5 分钟啊，老师不止一次用眼神瞟你。
今天的知识点很多，我的作业倒是做完了，可是我马上要去练羽毛球，没时间给你讲了，不好意思啊。
我一会儿也有钢琴课，实在抱歉。
我也有道题不会，我们明天一起去问老师吧。

听课要专注，手到、眼到、心到

　　课堂时间很重要，有些知识点一旦在课堂上错过了，课下往往需要花费几倍，甚至十几倍的时间才能弄明白。但是，如果你掌握了高效的听课方法，在课堂上短短45分钟内获得的知识和技能，常常要比自己埋头自学一整天还要管用。

　　千万不要以为这是在夸大其词。你可能不知道，站在讲台上的45分钟时间是老师多年教学经验的积累和精心的备课所凝聚出来的。老师向其他名师及教学能手学习的成果也在其中。

　　"钱小强，刚才上数学课的时候你一直冲我比画什么呀？怎么不好好听课？"一向好脾气的鲁小路看上去有些不高兴地说。

　　"是啊，你自己不认真听课，还老打扰别人，真是讨厌！"米小咪都觉得钱小强今天课上太能捣乱了。

　　"上课的时候我看到郭小果在打盹儿　　，你距离她较近，我想示意你叫醒她。"钱小强不好意思地摸着头说。

"我昨天预习的时候有一个问题始终弄不明白，琢磨了很久，所以睡得有点晚了，今天老师讲的内容又很难懂……反正不知道怎么回事就是听不进去，脑袋迷糊得很。现在下课了，我反而觉得不困了。"郭小果懊恼地说。

唐小糖拍了拍郭小果的后背说："走吧，我陪你出去放松一下，课间 10 分钟可以好好地让脑袋清醒清醒。"

钱小强听到了也迫不及待地说："好呀好呀，我也想跟你们一起去！米小咪、鲁小路，走吧，我们一起去！"

几个人走出教室来到了操场，看着依然懊恼的郭小果，唐小糖安慰她："上节课已经过去了，愁眉苦脸也没有用，而且还会影响接下来上课的心情，不如活动一下，好好地为接下来的几节课储备能量。"

看着好朋友们活力满满的样子，郭小果真是既羡慕又佩服，她诚恳地说："你说得对，不过，我还是想知道你是怎么做到每一天都那么精力充沛、专注认真的？"

听到郭小果的问题，钱小强也说："是啊，我也想知道你是怎么做到的，我虽然在上课时没有犯困，却总是忍不住思想溜号，老师也常常说我，人虽然坐在教室里，可是心 早已经溜到别处去了。"

看着两个好朋友一脸认真的模样，唐小糖说："其实你们俩的问题，都是由于专注力不够造成的，如果上课时能够专注于老师的讲课内容，就不会觉得无聊，不会犯困和走神了。"

"我们也想提高专注力呀，可是怎么才能做到呢？"这次急着询问的不仅仅是郭小果和钱小强，还有看上去一向不热衷学习的米小咪。

看到大家这么急切，唐小糖很开心，她说："提高专注力很重要，我回家以后就把这方面的训练方法发给你们！"

专注力

专注力，又称注意力，指一个人专心于某一事物或活动时的心理状态。

课堂时间短短 45 分钟，也许你觉得有点困，不如先打个盹儿；也许你突然想到了一件有趣的事情，便迫不及待地想要和好朋友分享……于是在一次又一次的不经意中，时间就这样一点一点地溜走了。很多同学说，我也不想那样，我也想认真专注地听好每一堂课，可是上课容易犯困、走神怎么办？

提高专注力，才能高效地利用好课堂时间，才能抓住课堂内容的重点、难点，进而高效地解决心中疑惑，领略课堂之美。

如何提高专注力

Step 1 听觉训练

边听边思考：先提出具体问题，然后分组朗读下列语句，读完后回答问题。

第一组问题：一共读了几个"铅笔"？

> 铅笔 橡皮 圆珠笔 铅笔 钢笔 直尺 毛笔 铅笔

第二组问题：一共读了几次"皮球"？

> 排球 皮球 足球 皮球 篮球 皮球 排球 皮球

第三组问题：一共读了几次"妈妈"？

> 妈妈，我的好妈妈。
>
> 妈妈是衣，想起来暖暖的。
>
> 妈妈是糖，叫起来甜甜的。
>
> 下雨时，妈妈是伞。

大海上，妈妈是船。

我是妈妈的太阳，

妈妈是我的蓝天。

我爱我的好妈妈。

听词语做动作：听到文具名称时举左手，听到其他不做反应。（可适当调节语速、增减内容）

橡皮	皮鞋	米饭	卷笔刀	蛋糕	铅笔
牙膏	馒头	圆规	涂改液	电视	钢笔
金鱼	课本	牛奶	热水器	蜡笔	花生
蜻蜓	笔袋	面包	订书机	地图	书包

 **Step 2** 视觉训练

请看下面的列表，并且说出字体的颜色，而不是读出文字。

紫橙黄绿红青蓝

黄黑白绿青蓝紫

绿红橙黄黑白紫

青黄蓝紫黑橙绿

学霸来支着儿

Step 1　心要用上

每次上课前，把将要学习的内容高效地预习一遍。所谓的"高效预习"是结合书本上强调的重点内容、例题或课后作业去发现重点和难点，最好能在课本上做出简单的标记，这样在听课的时候，就可以条理清楚、脉络清晰了。

看看一些学霸总结的课前"探雷"法吧！

图表法：根据学科和内容选择合适的图表形式，如流程图适用于记录过程和步骤，表格和图表适用于整理数据和统计。根据学习内容，将相应的知识点、步骤、数据等写到图表中，便于记忆和理解。

符号法：用"？"、"！"或"——"等简单又醒目的符号对书中重点、难点或疑惑的内容做出标记。这种方式方便记录、结果清晰，而且也便于加强记忆。

Step 2　眼睛要跟上

上课时，需要跟着老师的思路和讲解走。老师在哪儿讲，注意力就应该放在哪里。当老师在投影仪或电子白板上展示内容时，我们的眼睛就要跟着屏幕上的内容走。

Step 3 嘴巴要用上

老师在黑板上讲解做题步骤时，可以跟着老师小声说出后面的思路，看看老师讲的和你说的是否一致，这样就能跟上老师的节奏了。

老师在课堂上提问时，要尽量回答，老师可以根据你的回答，了解你对知识的掌握情况。

Step 4 小手来帮忙

每当老师放大声音或者多次强调时，通常都是重点内容，这时可以动动小手，快速记录或圈画。

本节要点回顾

⭐ 课上难以集中精力，要从提高专注力做起。

⭐ 听课、记笔记和思考分析相结合，不能只听不记，也不能只记不理解、不思考。

⭐ 眼到、手到、心到，让自己的感官一直跟着老师走，思想不溜号，上课才高效。

追风小二班
哪位整理好了今天的英语笔记？麻烦借来一阅。
不会吧，大学霸，你还要借别人的笔记来看，你上课的时候没听课吗？
我就是因为要抓紧时间认真听课，才来不及记一些东西的。
我的笔记很全，可以借你参考一下。
我也刚刚整理好，一会儿给你发过去。
是不是只有我每天不怎么记笔记？

记笔记不等于抄黑板

　　记笔记很重要，原因有两个：第一，我们的记忆常常会出现偏差和遗忘，如果不记笔记，过一段时间就会忘记课堂上的内容，从而造成知识的遗漏；第二，记笔记可以帮助我们跟上老师的讲课节奏，从而更加专注高效地理解课上的内容。

　　因此，好的笔记可以帮助我们随时总结和查阅具体的课堂要点，无论是做作业之前、考试之前还是定期复习，笔记都能发挥重要作用。另外，掌握高效的记笔记方法可以帮助我们有效地预习、听课和复习。

　　不过，笔记并不是课堂上的"专利"，而且笔记记得再多，如果缺乏认真的思考和深入的理解，那下课之后脑袋依然是空的。记笔记也需要科学的方法。

　　唐小糖说："小果，你的笔记 记得很全，谢谢你。不过，我想问一下，你的笔记是把老师黑板上的内容都抄下来了吗？"

郭小果说："是啊，我把老师黑板上的内容全都抄下来了，可是怎么还是感觉没听明白呢？"

"小果，我在参考你的笔记 时也发现了一些问题，如果你不介意的话，我想说说我的想法。"唐小糖没有直接回答郭小果的问题。她接着说，"为了更好地说明问题，我们先来看一下鲁小路的笔记。小果你看，鲁小路的笔记明显思路更清晰、条理更清楚，而且运用了便利贴和不同颜色的笔 ，看上去重点突出、脉络分明。"

郭小果看了鲁小路的笔记后忍不住惊叹道："他的笔记记得可真清楚，一眼就可以看明白老师上课讲的重点和要点，而且他还画了一些图表 ，这样看上去知识点更加简洁清楚了。我的笔记看上去密密麻麻一大片，虽然内容很详细，可是却分不清哪些有用哪些没用，这样复习的时候不仅难以查找重点和难点，而且看上去也没有那么赏心悦目，看着厚厚的一本都要愁死了。"

唐小糖看着郭小果愁眉苦脸 的样子，冲她做了个鬼脸说："小果，记笔记不等于抄黑板 ，课堂时间很宝贵，我们要充分利用好每一分钟，可不能只是一味地抄写。"

郭小果忽然想起什么似的说："对了，你借笔记的时候我其实也挺奇怪，你写字的速度一向比我快，怎么课堂笔记反而还要向大家借呢？"

唐小糖笑着说："课堂上最重要的事情可不是记笔记呀，而是理解和思考老师的讲课内容，笔记 可以下课再补充整理，课堂上如果跟不上老师的节奏去思考和理解，那可就很难再补了。"

郭小果说："可是，如果有重要的内容没记下来怎么办？"

唐小糖说："我们可以简单地做个思维导图，或者把关键词先记下来，等下课后借同学笔记 或者找老师要一下课件资料，把细节补充整理好就可以了。所以说，记笔记是讲究方法的，不能眉毛胡子一把抓，而且要想让笔记重点突出、脉络清楚、查找方便，还可以借助一些小工具。"

郭小果说："快把你的方法和工具告诉我吧，这样我就不用上课的时候记到手酸，下课脑袋一片糨糊了 。"

"别急，我们首先要知道，笔记应该记什么。如果什么都记，那么无论是记笔记还是利用笔记复习的效率都是很低的。"唐小糖认真地说。

笔记应该记什么

笔记应该记框架思路、方法技巧、重点难点、总结思考。

很多同学都曾抱怨：明明老师在黑板上强调的

内容我都记到了笔记本上，甚至连老师在黑板上讲的例题我一个小数点都不差地记了下来，可是做作业的时候为什么还是感觉自己脑袋发蒙，不知道从哪里下手。

千万不要觉得笔记没有用，就放弃记笔记。我们需要放弃的是错误的记笔记方式，而不是记笔记这一好习惯。

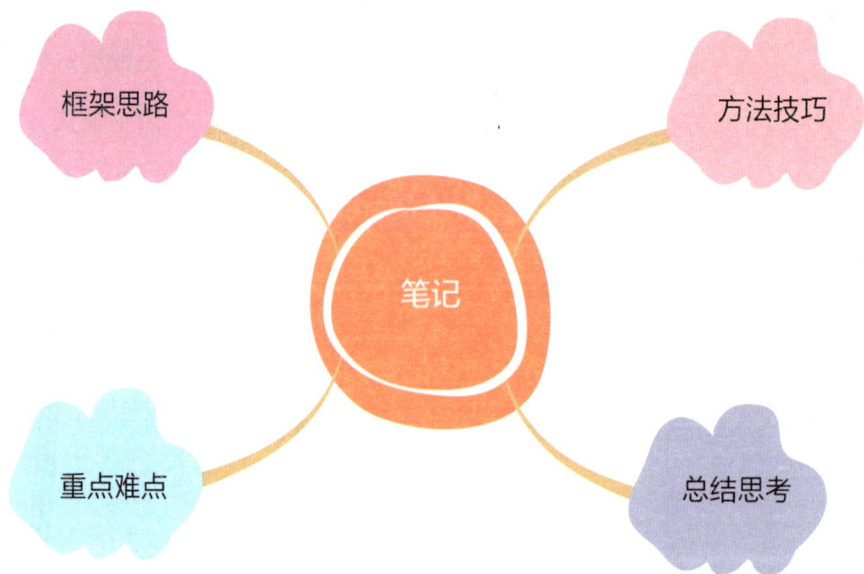

框架思路

方法技巧

笔记

重点难点

总结思考

学霸来支着儿

Step 1 康奈尔笔记法

- ☐ 提炼要点 / 重点
- ☐ 提炼关键词
- ☐ 提炼标题
- ☐ 提炼关键概念
- ☐ 提炼相关联的问题

- ☐ 记录重点
- ☐ 记录中心思想
- ☐ 记下疑问

- ☐ 没明白的知识点，及时请教
- ☐ 用自己的话总结概括中心思想

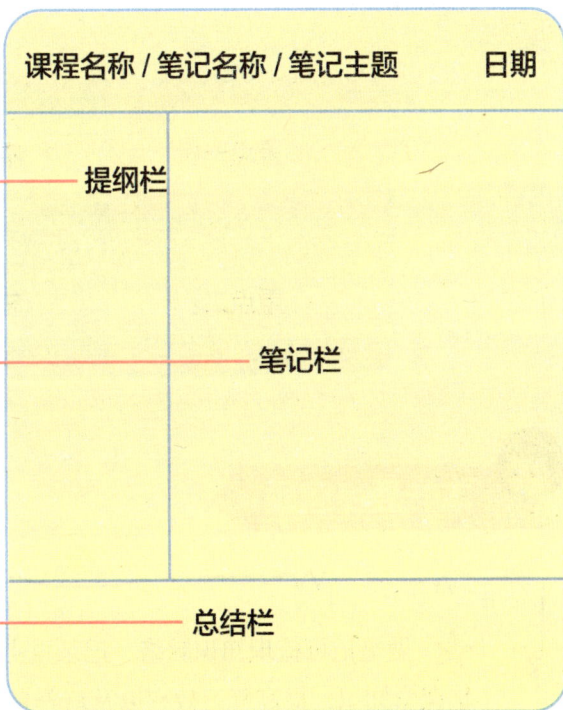

课程名称 / 笔记名称 / 笔记主题	日期

提纲栏

笔记栏

总结栏

Step 2 打印或手抄笔记模板

这是一种十分简便的"拿来主义"，平时有空的时候可以打印或手抄一些非常实用的笔记模板，比如上面提到的康奈尔笔记法等。

Step 3 分模板、分区域

如果手边没有合适的笔记模板，可以自己用笔在笔记本的页面上简单地分出几个区域，每个区域记录不同的内容，这样有助于查阅笔记时更加一目了然。

重点一：	本节难点：
重点二：	总结思考：

本节要点回顾

⭐ 做笔记可梳理知识脉络、记录重点难点、帮助理解记忆课堂知识、提高复习效率以及培养良好的学习习惯。

⭐ 好的笔记应该具备以下条件：逻辑清晰完整、内容主次分明、重点难点突出。

⭐ 记笔记的诸多方法和小工具可以根据自己的需求灵活使用，只要有助于学习即可。

追风小二班
同学们，有大事发生——听说从下学期开始，除了教语文课的班主任，所有的任课老师都要换新的。
怎么办？我觉得之前的老师挺好的，换了新老师会不会不适应？
只要数学老师不换成令人闻之色变的X老师，别的都无所谓。
放心吧，只要听课态度端正、听课方法正确，老师严厉些反而能督促我们进步。

科目不同，听课方法也不同

不同的老师会有不同的讲课风格和方法，但只要自己根据不同的科目特点，采取科学高效的听课方法认真上好每一堂课，那就没有什么好担心的了。

也就是说，与其担心会不适应新老师的讲课风格，还不如想一想自己是否掌握了各学科的学习方法，尤其是听课方法。因为，只有听好每一堂课，才能高效地掌握知识要点，从而提高学习成绩。

米小咪一脸懊恼地向大家诉苦："一到数学课我就犯困，哈欠打得我都快用手遮不住了，下课铃🔔一响，我又瞬间清醒。你们说说这是什么毛病呀？"

钱小强半玩笑半提醒地说："哈哈，数学老师那么严厉，你居然敢犯困，小心老师批评你！"

鲁小路忍不住提醒说："你这样下去可不是办法，老师批评不批评倒是其次，最重要的是，你的成绩会越落越远的。"

听了他俩的话，米小咪更发愁了。看着米小咪的样子，唐小糖询问道："你是没有休息好，还是别的课不困，只有数学课犯困？"

米小咪垂头丧气地说："要是每科都这样我不就全完了吗？只有数学课这样，因为我根本听不懂，其实数学课我下的功夫最多了。"

郭小果说："我倒是不困，可是数学课听起来也有些吃力，我觉得自己已经很努力了。"

钱小强说："那你们俩都得特别注意了，数学这门学科的系统性最强了，如果现在落下了，以后上课就更听不懂了。而且，随着年级的升高，会不断地增加新科目，其中很多科目都离不开数学。"

郭小果和米小咪忍不住异口同声地说："那可怎么办呀？"

唐小糖说："不要急，任何科目都有其特点，我们只要了解各科特点，并根据科目的具体特点寻找到具体的学习规律和方法就好了。如果不了解学科特点盲目努力，那无论多用功也只是无效努力。"

鲁小路认真总结说："唐小糖和钱小强说的都有一定的道理。我们一定要避免一开始就听不懂，最后造成'越听越烦，越烦越不想听，越不想听越不理解'的恶性循环。我们要根据不同学科的特点，进行科学的学习规划。"

盲目努力

盲目努力是指没有合理目标和科学规划的努力，虽然花费了大量时间和精力，可实际上是消耗自己的能量。

如果没有科学合理的学习规划，我们就会浪费很多时间和精力。如果想要用最短的时间考取最好的成绩，那么一个科学合理的学习规划就显得尤为重要。

然而，不同的学科有不同的学习方法，了解不同科目的特点，对于掌握高效的学习方法，提高各科成绩非常重要。

小学阶段不同学科的特点分析表

学科名称	语文	数学	英语
学科特点	容易上手，但知识点多、文化性强	内容少，但难度大	注重交际性，基础知识简单但运用不易
学习方法	1. 平时积累、大量阅读和练笔都很重要，需要长期坚持。 2. 老师讲的基础知识要牢记。 3. 体会课文表达的文学意境，提高文学鉴赏水平。	1. 课上夯实知识点，理解和掌握计算方法、应用题思路及知识点梳理。 2. 课下要花费大量时间做练习，提高做题准确率。	1. 上课听懂单词和固定短语的用法，理解和掌握语法结构。 2. 加大听和读的练习，培养语感。 3. 勇敢说，不怕错。 4. 写作模板活学活用。

学霸来支着儿

Step 1 用心听，努力抓基础

无论是哪一科目，都要重视基础知识的记忆和理解。很多同学平时不少做题，但是考试时却拿不到高分，就是因为丢掉了基础分。

这些基础题，常常被老师称为"送分题"，而这些基础知识其实都出自老师的课上，对于语文、英语科目来说尤其如此。

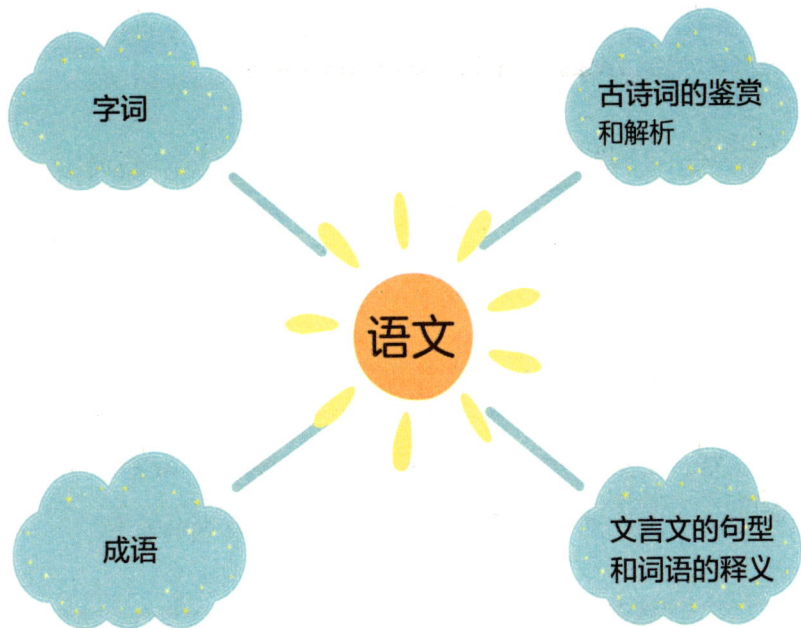

字词

古诗词的鉴赏和解析

语文

成语

文言文的句型和词语的释义

Step 2 用手记，及时归纳和总结

用心听，手还要勤。除了书上已经归纳好的知识点，还要根据老师的讲解认真归结和总结，书上没有的重点知识，当堂能记笔记就记下来，如果课堂上记不下来，课后也要补上，千万不要偷懒！

Step 3 理清知识点

听课必须做到跟着老师的节奏走，抓住当堂知识的重点，弄懂当堂教学的难点，尤其是数学概念、推理过程等预习时自己看不懂的地方。

Step 4 拓展思路

数学的学习要注意拓展思维的广度和深度，要勤动脑、多思考、多分析，尽可能地做到举一反三。比如，当老师提问时，尤其是老师问有没有其他解题思路时，一定要高速转动大脑。这种问题很烧脑，但是对开拓学科思维真的非常有效。如果可以运用不同的方法吃透一道题，那就掌握了解决这一类题的密钥。

本节要点回顾

⭐ 方法不对，努力白费，不同学科的特点不同，听课方法自然也不同。

⭐ 吃透课本，注重知识的总结和串联，打好基础是提高各科成绩的关键。

⭐ 每科知识都有其内在的联系，要学会构建不同学科的知识体系。

追风小二班
今天放学后，学校的“英语角”有活动，谁要参加?
我还是算了吧，英语老师留的作业我做了整整一节自习课都没做完呢。
这次老师留的作业不多呀，你怎么做了那么长时间?
有几个句型结构我总是弄不明白。
今天的“英语角”活动我一定要参加，因为我最喜欢的老师也要来。
我也很喜欢那位老师，可是我今天真的去不了，呜呜呜……

当堂知识，当堂消化

有些同学没有掌握良好的学习方法，上课时抓不住重点，下课后又不主动提问，最后造成课堂知识没有消化，从而影响后续的听课效果，最终导致越来越跟不上老师的节奏。

周日下午，米小咪在群里发出求救："上周英语课老师留的周记，是什么主题？拜托各位，赶紧回复一下，明天老师就要检查了。"

一向快言快语的钱小强回复道："拖了一个星期，你现在知道着急了？"

"别说风凉话了，快告诉我到底是什么主题？"隔着屏幕都能感到米小咪是真着急。

看到她真的着急，钱小强才不好意思地说："不是我不告诉你，是怕我说了你也写不出来，老师让写周记时把上周讲的几个句型结构都用上。我记得，那节课你好像理解得不是很透彻。"

米小咪说："钱小强，你这话说得可真委婉，说实话，那节课我根本就没听懂，后来的作业错了好多。就是因为觉得太难了，所以才一直拖着没写，可是现在实在是不能再拖了呀！"

唐小糖说："米小咪，我现在正好有空，不如我帮你梳理一下那节课的内容吧。如果课堂知识没听懂，作业是不可能写对的，更何况周记是要融会贯通运用的。"

米小咪说："那可太好了，其实我一直想让你帮我讲一讲，可是又觉得不好意思。真的谢谢你！"

唐小糖说："也是我大意了，那天光想着'英语角'的活动，没注意你没听懂课，后来我又把这件事给忘了。"

米小咪说："怪我自己笨，当堂知识当堂没弄懂。"

听到这些，唐小糖忍不住笑了，"你可不笨，你聪明着呢，只是没有把课上的知识当堂消化掉，时间长了造成知识的'消化不良'了。"

米小咪说："我正好想问你一下，你每节课都能把老师教的内容消化吸收了吗？"

唐小糖说："大多数的时候可以做到，不过有些时候也弄不明白一些问题，这些问题我会马上去问老师或同学，肯定不会拖到第二天的。"

米小咪说："可是，你只是偶尔弄不明白一些问题，而我是很多问题一直都弄不明白，也正是因为这样，我才不好意思 😊 去问老师和同学的，怕大家嘲笑我。"

唐小糖说："你这种情况肯定是多种原因造成的，比如不明确课堂上的学习目标，上课的时候抓不住重点，等等。"

米小咪说："说实话，常常一节课下来，我都不知道自己哪些知识会了，哪些知识不会。到了做题的时候，更是一头雾水。"

唐小糖说："这就是问题的关键。"

米小咪说："那我该怎么做呢？"

唐小糖说："你可以采取对自己提问的方式，这种方法既简单又高效，很多人都在用呢。今天我就用这种方式帮你梳理一下上周的英语知识 吧。这样岂不是一举两得！"

米小咪说："小糖，你真的是太好了！"

提问学习法

学习就像穿越沙漠，如果盲目地一头扎进去，那么穿越的概率非常渺茫。外加上长途跋涉，精力透支，这种无助感会逐渐消磨你的自信。俗话说：学贵有疑。小疑则小进，大疑则大进。学习的本质，其实就是发现问题、解决问题的过程，如果揣着问题去学习，主动抓取、了解知识，就相当于手握地图行走在沙漠，有方向，有路径，那么学习的效率就会提升。

唐小糖的提问大法

课前提问

——上节课你学会了什么？还有什么疑问要解决？

课中提问

——这些句型为什么是这样的组成结构？

——这个句型有什么用？

——这些知识可以与哪些知识联系起来？

课后提问

——之前的疑问都解决了吗？还有问题没弄明白？

通过提问，就可以清楚地了解哪些知识点是自己已经掌握的，哪些是没有掌握的，已经掌握的还需加强复习，没有掌握的则要及时掌握。这样一来，对当堂知识就有了非常清晰的认知，针对自身的知识掌握情况，就可以采取相应的方法加以解决了。

学霸来支着儿

Step 1 设置目标，关注疑问点

听课之前根据预习情况制定具体的听课目标，注意：目标的制定一定要清晰、准确、有针对性。比如，哪些内容是之前了解过但没有理解透彻的；哪些内容是没有弄懂的；这节课的内容如何融会贯通等。

具体方式如下：

重点听预习时不懂的地方，紧盯目标，绝不错过重点内容。

关注老师在一节课上首尾的呼应，跟着老师构建完整的知识链条。

Step 2 边听边理解边记忆

课上尽量边听边理解边记忆，保持大脑的高速运转，每节课都坚持这样做，时间长了就会收获很多，也会节省很多时间。

Step 3 不懂就问

当堂没听懂的知识当堂就问，如果课堂上老师没给留提问的时间，那就课下马上去问，也可以向班里的其他同学请教。记住：问老师、同学不是什么丢脸的事情，而是变优秀的重要途径。

Step 4 回答问题

老师在课堂上提问时，无论老师是否点你的名，你都要根据具体问题认真思考，如果答案是错误的，或者解题的思路和其他同学的不一样，可以课下向老师请教。还可以根据老师的问题，对课上内容进行思考和总结。更重要的是，还可以在回答问题的过程中发现自己可能存在的知识遗漏。

本节要点回顾

⭐ 要把课堂内容真正消化吸收，不要只追求看上去的"认真努力"。

⭐ 明确目标、理清思路，课堂知识更易吸收理解。

⭐ 对课堂学习的知识要及时总结和反馈，提问和回答问题都是掌握知识的有效途径。

米小咪，你在上学期期末总结上跳的舞得了一等奖！

米小咪，你太厉害了！

恭喜你，米小咪，你为咱们班赢得了荣誉。

谢谢大家的夸奖，我都有些不好意思了。

这有什么不好意思的，这是你自己努力得来的。

我确实练了很久，不过，在比赛中有一个女生跳得比我好，可惜她在第三个跳跃时出现了大失误，不然我是拿不到一等奖的。

事情都过去这么久了，这些事情你居然记得一清二楚！

因为我仔细地回忆过很多次了，这些都是我自己思考总结出来的。

经常复盘，学会思考和总结

　　任何学习都离不开认真思考和总结，跳舞如此，课堂上同样如此。课堂上，老师总是提醒我们多思考、多总结，但如果我们自身认识不到思考和总结的重要性，老师说得再多也没有用。

　　如果已经知道了思考和总结的重要性，但在学习的时候不知道如何使用，那就有必要学习一些有效的方法了。

　　自习课上，米小咪看到唐小糖在本子上不停地涂涂写写，于是问道："小糖，你是在画画吗？"

　　唐小糖笑着回答："不是啊，我在对今天课上的内容进行简单的复盘。"

　　"什么是复盘？做这个有什么用？"米小咪一脸迷惑。

　　唐小糖放下笔对米小咪说："简单地说，复盘就是对所学知识的总结。对了，你也会复盘啊，昨天你说的对舞蹈表演时的回忆、思考和总结。"

米小咪说："那只是我自己喜欢跳舞，而且一心 ♡ 想跳得更好，才那样做的，不过在这之前我根本不知道那就是复盘。"

"难道你就不想把学习成绩搞得更好吗？跳舞和学习课堂知识虽然有区别，但是学习方法是可以互相借鉴的。"

听了唐小糖的话，米小咪陷入了沉思，过了一会儿她说："我当然想提高学习成绩了，而且我觉得你说的这种学习方法很好，从现在开始，我要向你学习怎么复盘知识！"

"当然可以了，不过，先让我把今天的复盘日志写 ✏️ 完吧。"唐小糖笑着回答。

"写完了，记得把你的复盘日志 📄 给我看一下！"米小咪开心极了。

看着米小咪开心激动的样子，又想到她以前干什么都只图一时新鲜，唐小糖很认真地告诉她："米小咪，我必须提前和你说清楚，复盘学习法本身并没有太大的难度，但是需要长期的坚持 ✊，因为我们的学习必须要经常进行总结，否则就很容易造成知识的碎片化和断裂。"

米小咪同样认真地回答："我是真的想学，因为我也想和你们一样成为成绩优秀的好学生。"

复盘学习法

复盘源于围棋，是指将下围棋的过程重新复演一遍，研究自己哪步棋下得好，哪步棋下得不好。这种推演的过程，叫复盘，后来这种方法被广泛运用到了学习过程中。

复盘可以随时进行，而且也适用于任何条件下，可以利用各种工具详细推演，也可以在头脑中进行推演。复盘的形式也是多样化的，表格、图片、文字、图形等都可以灵活运用。

不过，复盘学习法不是一蹴而就的，它不可能一下子就提高学习成绩，但是只要长期坚持，就一定会有显著效果。进行复盘时可以参考下面这种形式：

	今日课程	语文	数学	英语
回顾目标	所学内容			
重演过程	复述知识点（记录课上内容）			
重要知识点分析	不懂知识点			
	易混淆知识点			
	重点背诵知识			
	纠正错题			
总结规律	总结归纳知识之间的联系			

除了利用复盘日志表对当天课堂内容进行及时总结，还可以通过其他方式对知识进行思考和总结，如利用笔记和思维导图等方式将知识点进行整理和总结，形成自己的学习笔记。

学霸来支着儿

Step 1 对知识点进行归类

对于已经学过的知识，一定要学会概括总结，比如：

提炼核心知识点。

画出每个知识点的对应逻辑图。

把大块内容画出完整的逻辑图，如一单元的知识逻辑、一学期的知识逻辑等。

Step 2 追根溯源，寻找内在规律

在进行总结时，需要不断地追问为什么，追求本质和根源，这样才能从根本上找出知识之间的内在规律。

Step 3 精准自查，及早发现知识漏洞

源头自查：列出疑难问题清单并进行自测，发现问题及时寻求解决办法。

结果自查：分析作业和试卷，尤其是错题，搞清楚错误源头。

他人帮测：和同学互相出题，或找家长帮忙出题，全面考查知识点。

本节要点回顾

⭐ 对知识点进行归类，总结各知识点之间的规律，形成知识体系，这是解决疑难问题的根本。

⭐ 复盘要常态化，每天、每周、每月或考前都要进行，认真思考，掌握科学总结方法，经常复盘，成绩自然会稳步提高。

第 2 章

只要学习方法对，语文并不难

今天我可真丢脸呀!

快说说发生什么事了。

今天小姨带小表弟来我家玩，我给小表弟读故事的时候，把"防御"的"御"读成了"xiè"，更尴尬的是，小表弟当场就指出了我的错误。

那可真是很尴尬。

我当时尴尬得都要钻到地缝里去了。

老师上周还说你读字只认半边儿呢，后来怎么解决的?

解决什么呀，我直接不敢再读了，只好用我新买的玩具来吸引表弟的注意力。

方法得当，生字生词不忘

生字词掌握得不牢固，在很多时候，给我们带来的后果可不只是简单的丢脸而已。对字词的认识和使用，是语文学习中最基础的内容，基础如果掌握得不够扎实，那么将对日后的学习、工作及生活造成非常不利的影响。

下课后，钱小强正准备以百米冲刺的速度冲出教室，鲁小路来收作业了。钱小强一看鲁小路收的是语文生字本，就笑嘻嘻地对鲁小路说："今天的生字生词我都会了，老师不是说不会写的写三遍，都会写的就不用写了吗！"

鲁小路一把抓住钱小强说："你确定会写了吗？上次出板报的时候，你就写了错字，全班同学都看到了。"

钱小强红着脸说："你不要总是提我的糗事了，这也太没面子了。"

米小咪抓住机会对钱小强说："你也知道没面子不好受吧，上周你还笑话我读错字呢。"

钱小强说："你是读字读半边儿，我是写字写错一半儿，咱们可真是同病相怜。"

唐小糖说："生字词是语文学习的基础，你们今天读半边儿、明天写错一半儿，长此以往，错的可就不是一星半点儿了。"

钱小强说："你说得对，我就是没有耐心，总觉得看完就会了，等真到用的时候，才发现很多字都会写错、写混。"

鲁小路说："很多生字、生词看似简单，但是看了不等于会了，学了不等于记住了，尤其是基础知识的掌握更要讲究精准，1就是1，2就是2，一定要真正地落在实处，不仅要认得准确，还要写得正确，一笔不落。"

米小咪问："怎么样才能把生字、生词掌握扎实呢？我也是经常学过就忘，很多字看上去似曾相识，可是却读不准、写不对，就像我妈说的'字认得我，我不认得它'。"

唐小糖说："认错写错字、认混写混字，这些问题都是因为没有真正把字词掌握扎实造成的。其实扎实掌握生字、生词，有很多方法。"

如果说语文是很多学科的基础，那么生字词就是基础中的基础，只有扎扎实实地把这些基础掌握好，才能攀登更多的知识高峰。所以说，通过适当的方法扎实学习和巩固字词，对每一个同学来说都至关重要。

学霸来支着儿

Step 1 轮番"轰炸"，逐个消灭生字

第一轮	先对着书本把生字一笔一画地抄写一遍，写完之后对照书本认真检查，确保每一笔都写得完全准确。写完两三遍之后自己默写或找他人帮助听写，确认自己完全掌握。
第二轮	第一轮完全没有问题之后，接着做拼音或词语练习，把练习过程中出现的错别字挑出来并加强记忆。
第三轮	把第二轮出现的错别字和平时听写、测验及考试中出现的错别字一起挑出来，再认真抄写和核对，并进行听写或默写。对于反复出现的错别字，用工具书查明起源或意思，理解字义，就不会出现同音字、形近字之类的错别字了。
第四轮	把之前学习过的生字词迅速看一遍，不要忽视和遗漏不常出错的字词，再针对前几轮出现过的错别字重点抽查一下，确保完全会写会用。

Step 2 找到规律，拓展生字范围

　　在学习生字的过程中，还可以通过自己摸索或借鉴他人经验等方式寻找汉字的规律，比如同偏旁、同部首的字有哪些规律，通过这些规律还可以拓展出哪些生字，某个字的同音字又有哪些等。当然，还可以把这些有关联的字编成小口诀记忆。

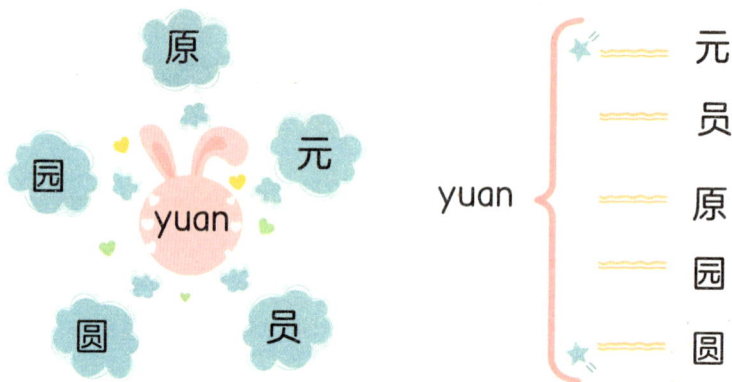

原　园　元　圆　员　yuan

yuan
元
员
原
园
圆

Step 3 制作识字卡，让识字变得更有趣

　　掌握了规律以后，就可以通过制作识字卡片或便利贴等方式来进一步巩固加深对生字和过去很多字的记忆。

Step 4 仔细分辨，纠正出错频率高的字

　　学习过程中还会发现有一些字极易读错写错，对于这些字，一定要仔细辨析，弄清词性词义，切勿出错。如：

多音字。这些字极易读错，但如果弄明白不同读音代表的具体意义，就可以避免出错。如：担（dān），意思是"用肩挑"，是作为动词使用的，可组词为：担负、承担、担水；担（dàn），意思是"挑着的东西"或"重量单位"，可以作为名词或量词使用，可组词为：重担、一担行李等。

形近易错字。如赢、赢两个字，"赢"字的意思往往与金钱利益有关，而"贝"在人类社会中曾经代表交易的货币，所以"赢"字中有"贝"；而"赢"字的意思是瘦弱，而"羊"则代表弱者，所以"赢"字中有"羊"。

我们还可以准备一个专门的易错字本，这个本子里面的内容可以随时补充。具体如下：

易读错的字	易写错的字
1. 炮（páo）制	1. 琵琶
2. 豆泡（pāo）	2. 琴瑟
3. 不谙（ān）水性	3. 委曲求全
4. 创（chuāng）伤	4. 才疏学浅
5. 辍（chuò）学	5. 变幻莫测
6. 埋（mán）怨	6. 措手不及
7. 抹（mā）布	7. 弱不禁风

本节要点回顾

⭐ 温故而知新，循环复习、经常巩固学过的字词，不仅可以有扎实的基础，而且还有助于理解和掌握新的字词。

⭐ 字的书写和读音往往有一定的规律，把握规律、辨明特点，可以更好地记忆和拓展生字。

追风小二班

学校又新成立了几个社团，听说有轮滑社和乐团，谁想参加？

我想参加轮滑社。

我也想参加轮滑社，郭小果的萨克斯吹得很好，可以参加乐团。

我也很想参加乐团，可是我现在根本没有时间。

为什么没有时间？社团活动都是在课后进行的。

每天都有很多东西要背，今天的古诗和解析我还没背会呢。

我看你每天都快把脑袋扎进书里了。

成绩要提高，背诵是关键

都要背哭了，可最后课文还是没背下来；一个小时都没背下一首古诗；刚背会几个成语的意思可过了一会儿就混淆了，最后越背越心急，越来越没有自信……你有没有这样的经历？

"老师今天要求默写这一单元学过的5首诗，天啊！我昨天只背会了3首！最早学过的那两首我昨天都没来得及复习！" 郭小果苦着脸 说。

钱小强很奇怪 地问："你不是一直都在背吗？前面的你没有背会吗？"

郭小果说："前面的两首我以前背会了，可是这几天又学新的，我只顾着背新学的，旧的都忘了。"

钱小强说："你这样有点像一个书包 ，装了太多的书 ，反而以前的书都装不下了呀！"

唐小糖看郭小果一脸着急，忙对钱小强说："快别打趣小果了，你看她都要急哭了。"

钱小强急忙说："对不起，郭小果。"

郭小果说："我没有生你的气，只是自己着急，为什么我每天那么辛苦地背诵，可还是没有你们几个背得好，到底是哪里出问题了呢？"

唐小糖急忙拍着郭小果的肩膀说："先别着急，你很聪明，看你做的手工比我们做得都好，估计是你的背诵方法有问题，如果方法得当，再加上认真努力，背诵一定难不倒你。"

听了唐小糖的话，郭小果感觉心情好多了，她急忙向大家请教更好的背诵方法。

> 背诵是几千年传下来的传统的学习方法，培养了无数文人学士。通过背诵，能够消化、吸收所学的知识，培养我们的理解能力、分析能力，锻炼记忆力，提高语言表达能力。
>
> 尤其是语文这门学科，涉及的知识点既多又杂，有很多内容是需要熟记背诵的，比如很多成语及其意思、名言谚语、重要的没落、古诗等。面对这么多需要背诵的内容，如果只是头扎进书堆里机械地重复，那只会事倍功半。只有掌握合适的方法，背诵就不再痛苦，而且会让学习更加高效。

学霸来支着儿

Step 1 手口配合，边写边背诵

边写边背诵，不是让我们把需要背诵的东西抄一遍，而是有技巧地写，具体方法如下：

衔接词	比如句子或段落之间的衔接词，这会帮助我们在背诵时更容易连接顺畅。
重点词	在句子中起到强调作用的词或非常有特色的词，这可以加深对整句或整段话的印象。
容易卡顿的词	背诵不通畅时，哪里卡顿写哪里，写几次以后，自然就通畅了。

Step 2 理清脉络，先理解再背诵

很多同学一提到背诵就头痛，遇到比较长的文章时尤其如此。其实背诵篇幅较长的文章或段落时，不妨先理一理文章或段

落的脉络和层次，再把整篇文章中每一个段落的意思用自己的语言进行简单的概括。自己对要背诵的东西完全消化了解之后，再在头脑中尝试着回忆和背诵。

Step 3 337 朗读法

什么是 337 朗读法？

第一个"3"指 3 种体裁：古诗词、小古文、现当代散文。

第二个"3"指 3 篇文章：每种体裁各选 3 篇文章，可以根据实际情况进行调整。

最后一个"7"指一个周期为 7 天：每周 7 天，连续朗读固定的 3 种体裁文章。

这种方法适合日常朗读，每天只要抽出 10～20 分钟时间就可以，不必有太大压力，属于自由背诵，久而久之，就会发现成果十分显著。

Step 4 选择合适的背诵时间

睡前背诵。有人说，学习了一天，实在太辛苦了，睡觉之前看书除了更快地入梦，根本没有什么用。这种说法并不准确，其实，即使在睡着之后，大脑皮层仍然活跃，入睡之前回忆一下白天所学的知识或者背诵一些重要内容，睡醒后你会发现效果非常好。

清晨背诵。可以在早晨刚睡醒的时候，大致回忆一下昨天刚刚学过的内容，这些内容自己之前已经有了初步的了解，但是有些内容可能记忆有些模糊，如果在早晨头脑最清醒的时候，通过口头复述来巩固知识，那么对昨天讲过的知识马上就会产生一种"历历在目"的感觉。

无聊时背诵。人觉得无聊时，往往是最需要补充新知识的时候，也是最容易接收知识的时候。所以，与其无聊时无所事事，还不如拿起书本充实自己。

定期复习和总结。任何人的记忆都不可能是永久的，更何况是需要时时学习记忆新知识的同学们，因此，即使是前面已经背得滚瓜烂熟的东西，也要定期复习和总结。在复习和总结时，可以通过自测，先弄清楚自己遗忘的知识有哪些，再通过课堂上老师强调的知识点来总结出需要加强巩固的内容，最后把自己需要复习和背诵的东西再巩固一下。

本节要点回顾

⭐ 背诵要选择合适的方法和技巧，闷头死记硬背不仅会产生疲劳感，而且效果也不好。

⭐ 学习要懂得劳逸结合，如果一时难以静下心来背诵，那就不如休息一会儿，换个合适的时间再背。

昨晚的《开学第一课》你们看了吗?

当然看了,形式和内容都不错,主持人的风格也很幽默。

我也看了,不过可惜我家来客人了,我错过了最后几个节目。

那太可惜了,最后有一首歌和一段舞蹈,我都很爱听。

钱小强,你说的这两个节目我也很喜欢,不过你好像用了一个病句。

钱小强,你确实用了一个病句,舞蹈怎么能用"听"这个动词呢?

不好意思,失误,这纯属失误。

希望这样的失误不要出现在学习中!

考虑够周全，病句就不难

是不是很多同学也有过与钱小强一样的"失误"？

说话时不注意说出病句，可能会惹听者一笑，也有可能会引起误会，甚至还可能因此导致彼此之间的矛盾和隔阂。而在做题时修改不好病句，或者在写作文时写出有问题的句子，那影响的就会是我们的成绩。

"米小咪，你昨天下午值日的时候，有没有看到我的语文笔记本和病句卡？"唐小糖一边收作业，一边问座位上的米小咪。

米小咪说："我看到你桌子下面有个本，里面夹着几张卡，捡起来放到你的桌上了，你今天早上来的时候没看见吗？"

唐小糖说："真奇怪，我怎么没看见呢？我早上来的时候，桌上什么都没有，而且我还认真地看了书桌里面呢，什么也没有发现呀。"

听见她俩对话的钱小强急忙站起来说："唐小糖，是我拿了你的东西，实在不好意思，我忘记和你说了。你现在要用吗？"

唐小糖说："我现在不用，你先拿去用吧。"

鲁小路也热心地说："钱小强，我这里也有一些关于病句修改的方法，你需要吗？"

米小咪感到好奇，"你们还专门总结了方法，我平时都是凭语感做这种题的。"

唐小糖说："语感确实有一定的作用，可有时候句子太长或者成分比较复杂，仅仅凭借语感是不够的，我们需要把各种问题都考虑周全，否则就很容易丢分。"

米小咪点点头表示认同，"你说得对，有些句子我虽然读起来有些奇怪，却又不知道问题在哪。"

说完以后，米小咪就急着和钱小强一起去看唐小糖、鲁小路总结的修改病句方法了。

　　面对修改病句这类题，首先，要弄明白什么是病句。病句就是指结构不完整、意思表达不明确、不清楚，甚至是错误的句子。

　　然后，再来考虑怎样才能把病句修改好。我们都知道，做任何事都需要讲究方法和技巧，修改病句也一样。而且修改病句这种题型会经常出现在试卷上，如果没有恰当的方法和技巧，就会忽略一些问题，导致找不到病因，从而无法做对题、拿到分。

学霸来支着儿

Step 1 通读一遍，了解句意

在修改病句之前，要先通读一遍，了解这个句子要表达的意思。

Step 2 找准病因，对症下药

医生要想把病看好，首先要知道病症在哪里，修改病句也一样。看看是哪些地方出现了问题。只有弄清楚这个句子的"病"在哪里，才能在此基础之上进行修改。

针对具体的病因，总结出如下几种病句类型。

病句类型	举例	修改
用词不当	1.爸爸妈妈对我的盼望太高了。 2.爷爷养了许多鱼，因此他喜欢鱼。	1.爸爸妈妈对我的期望太高了。 2.爷爷养了许多鱼，因为他喜欢鱼。
搭配不当	1.我们要树立讲卫生的好习惯。 2.我喜欢听歌和舞蹈。	1.我们要养成讲卫生的好习惯。 2.我喜欢听歌和观看舞蹈。
前后矛盾	1.天空中飘着几朵五颜六色的白云。 2.叔叔经常偶尔吸烟。	1.天空中飘着几朵白云。 2.叔叔经常吸烟。
语序颠倒	1.老师同意并考虑了他的意见。 2.小明改正并找出了很多错误。	1.老师考虑并同意了他的意见。 2.小明找出并改正了很多错误。
重复啰唆	1.你总是最后一个末尾吃完饭。 2.我们异口同声地说"支持你"。	1.你总是最后一个吃完饭。 2.我们异口同声"支持你"。
成分残缺	1.小狗是好朋友，我很喜欢它。 2.不讲卫生是一种非常不好的。	1.小狗是我的好朋友，我很喜欢它。 2.不讲卫生是一种非常不好的习惯。
分类不当	1.妈妈买了许多水果，有苹果、西瓜和黄瓜、豆角。 2.长城和南京长江大桥是很有名的名胜古迹。	1.妈妈买了许多水果和蔬菜，有苹果、西瓜和黄瓜、豆角。 2.长城是很有名的名胜古迹。
意思不明	1.指南针是我国古代的四大发明。 2.小明和小强是同学，他喜欢和他一起打篮球。	1.指南针是我国古代的四大发明之一。 2.小明和小强是同学，小明喜欢和小强一起打篮球。

Step 3 修改有原则，必须要遵守

　　找到病句出现的原因之后，就要根据具体的原因进行相应的修改。但在修改时，需注意以下原则：

　　保留原意。修改后的句子要与句子原本的意思保持一致，千万不能把牛头改成马面。

宁少勿多。即尽可能地选择改动少的方法，改动越少，操作起来越简便，也越容易保持原意。

Step 4 改完检查，必不可少

找准病因，改好病句之后，一定要再通读一遍，确保句子的语法、逻辑完全正确，而且还要与原句再进行一次对比，确定保持了原句的意思。

本节要点回顾

⭐ 先通读，再找病因，再修改，最后检查，这是修改病句的基本流程，认真做好每一步，修改病句不再难。

⭐ 需要修改的病句，有时似乎故意和我们捉迷藏，常常充满迷惑性，但是只要考虑周到，按照方法细心查找，就一定可以找到"病因"。

⭐ 不仅要在修改病句时考虑周全、细心查找，在自己写作文的时候也要最后通读一遍，千万不要出现病句。

追风小二班

周五下午，学校操场上举行的"跳蚤市场"活动，你们都买什么了？

我买了一些书。

你怎么总是买书，每天上学看那么多书，还没看够吗？

那你买了些什么？

我买了很多漂亮的发卡。

米小咪，你的发卡很漂亮，但我们也应该多关注内在，比如读书。读书可以让我们的气质更加出众，让我们变得更有内涵。

你们想读就读吧，小心一个个读成"书呆子"！

提高阅读质量和数量，才能取得好成绩

一些同学觉得读书很枯燥，不如在球场上奔跑飒爽，不如玩游戏有趣，不如朋友间的玩耍热闹……甚至会想，总是读书，会不会变成"书呆子"？

其实读一本好书，就像和大师谈话，每读一次都会有无数火花在头脑中闪现；读一本好书，不仅不会变呆，而且还会使头脑更加聪明，灵魂更有高度，心胸更为开阔，眼光更加长远……

班里举行的辩论比赛刚刚结束,米小咪就抓住鲁小路的胳膊问:"你怎么那么厉害？简直不敢相信，平时你在班里可是从不与人争论的，今天竟然把对方辩手打得没有还手之力了。"

鲁小路笑着说："我可没打他们,他们也只是没有'还口之力'了。"

大家听了鲁小路的话，忍不住都笑了。

米小咪还在后面追问："你到底是怎么做到的？我以前以为你只是成绩好，没想到口才也这么厉害，辩论场上你用的那些典故真好呀，还有对古代知识的运用，也十分了得。平时你不爱说话，我还以为你只会考试，不善言辞呢。"

"你只看到别人的成就，却没有看见他们为此付出的努力和汗水。鲁小路平时看了多少书，说出来能吓你一跳！"钱小强抢着回答。

鲁小路听了之后说："小强说得有道理，无论是平时的学习成绩，还是今天辩论比赛的结果，确实都与我平时读书多有关系，不过我并不觉得读书是受罪，相反，我认为是一种享受，是一种幸福。"

米小咪更加诧异，急忙问："你是怎么把读书 当成享受的，能不能教一教我？"

鲁小路大方地说："当然可以了。"

广泛而深入的阅读 ，可以使我们听、说、读、写 各方面的能力都能得到显著的提升。如何才能养成良好的读书习惯？平时阅读要选择哪些书？拿到一篇文章或一本书要怎么读？弄清这些问题之后，阅读就不会成为困扰我们的难题了。

学霸来支着儿

Step1 总结阅读理解的做题技巧

平时喜欢读书，而且也读了很多书，为什么在做阅读题的时候总是出错？不是卷子上的阅读题出题太偏太难，而是平时没有把老师课上讲的做题技巧总结出来。

关于阅读理解的做题技巧，老师不仅在讲解阅读题时会讲到，而且在平时分析课文时也会时时渗透。这就需要我们做个有心人，勤思考、善归纳，在做阅读题时结合这些技巧去分析，阅读理解题就不会再成为丢分题。

Step 2 进行精读训练

在平时的阅读过程中，不要只是粗略浏览故事情节，而是要有计划地进行精读训练，坚持一段时间就会发现，无论是好词、好句、好段的积累，还是阅读理解，或是写作水平都会有显著提升。精读训练可从如下几方面进行：

了解背景	读作品之前先了解作者及写作背景，有利于对文章的深层次理解。
鉴赏作品	先通读，并品鉴文章好在哪里，标题、结构、文字描写还是人物塑造，有利于从整体上把握作品。
进行标注	可以画出好词好句，并分析句子的修辞手法和在文中的作用，也可以写出自己对某个词、某句话的理解，这个过程就是把书中内容消化吸收的过程。
总体概括	认真读完两遍后，尝试用自己的语言概括文章主旨，故事的起因、经过和结果等，这有助于总体把握全文，同时还有助于建立写作文的结构思维。

Step 3 精选优质书单

市场上书的种类很多，但我们的时间和精力都有限，应尽可能地筛选一些能够满足自身需求的优质图书。哪些算是适合且能够满足自身需求的书呢？举例如下：

优质书单

获得世界大奖的经典绘本	获得凯迪克奖、凯特·格林纳威奖的绘本，包括各种主题，同学们可以挑选适合自身年龄段和阅读水平的作品。
文笔绮丽、辞藻丰富灵活的散文	这类书有助于增加词汇量、提高对语言灵活运用的能力。
中外名著	这类书有助于加深对社会及生活的思考。
历史类书籍	这类书有助于思考和分析问题时更能着眼于时代特点。
名人传记	可以选择性地读一些中外名人的传记，这类书有助于我们更深刻地理解人物。
教育部推荐的适合各年级学生的书单	这些书是经过许多专家评选出来的，值得一读。

Step 4 让阅读形成肌肉记忆

固定阅读时间。如果你还没有养成良好的阅读习惯，那就确定一个阅读时间，每天坚持在固定时间阅读，最初不要过于关注每天读了多少，而是让阅读成为生活的一部分，养成坚持阅读的习惯。

合适的阅读地点。至于阅读的地点，如果有时间、有条件，可以选择固定的阅读地点，比如书桌旁或固定的阅读角，如果没有时间和条件，那就不必局限具体地点，随身携带要阅读的书，只要到了阅读时间就马上拿出来读。

从兴趣入手，循序渐进。阅读要从易到难、由浅入深、循序渐进地进行，这样才能坚持下去。

习惯一旦养成，就会形成肌肉记忆，每天一到时间或走到适合读书的角落，就会自然而然地拿起书来阅读了。

本节要点回顾

⭐ 能够培养读书的兴趣的确是一件好事，但是读书却不能只凭兴趣。

⭐ 广泛而深入的阅读有助于学习，但学习成绩的提高只靠纯粹的阅读是远远不够的。

⭐ 阅读需要长期坚持，读一天、读一本可能看不到效果，但日积月累，一直坚持，你有可能会成为"语文学霸"。

追风小二班
各位快救命啊!
我来也!
所为何事?
我妈让我给我二舅写封信，我不知道怎么写。
啊? 都什么年代了，还要写信? 有什么事打个电话不就好了吗。
说的就是嘛! 米小咪，你可真是我的知音。
估计你妈是想让你练练笔，看样子你是真需要多练练。
快点给我支支着儿吧，你们不能见死不救呀!
钱小强，你真是“临时抱佛脚”。

平时勤练笔，拯救写作"困难户"

是不是有些同学和钱小强一样，平时话挺多，一旦需要写作就感到犯难？出现这种问题的根本原因是平时写作的机会太少。如果能够经常练笔，不断积累写作经验和技巧，那么在需要写作的时候就不会感到困难了。因此，在平时我们应该重视写作，多加练习，不断提升自己的写作水平和能力，这样才能更好地接受学习和生活中的挑战。

一大早，钱小强在校门口一边来回甩着手里的一沓信纸，一边左右张望。

唐小糖看见他打招呼说："钱小强，你怎么不进教室？"

钱小强着急地把信纸拿到唐小糖面前说："我妈说我的信写得不行，你快帮我看看，到底哪里不行，需要怎么改？"

唐小糖拿过来信大致看了看说："你这哪里是信，明明就是流水账，简直就是把你们一家一天的行程都记录下来了，而且有些语言过于口语化，怪不得你妈说你写得不行。"

米小咪这时正好经过，她拿过信来一看，忍不住大笑着说："钱小强，你平时不是挺能说的嘛，怎么写起信来似乎和你二舅没什么话可说，硬是一句一句往上凑啊！"

钱小强委屈地说："我妈让我把家里最近的情况告诉我二舅，我交代的不是挺清楚的吗！"

看着平时充满活力的钱小强今天变得这么沮丧，唐小糖没有再批评他。把信还给他之后，唐小糖认真地说："写作其实也有一定的技巧和规律可循。咱们先进教室上课，等课间休息的时候我再仔细和你说。"

课间休息的时候，钱小强急忙拉着唐小糖问："你说的写作技巧是什么呀？"糖小糖耐心地跟他讲解了如何构思、如何用词、如何选材等写作技巧，鼓励他多写多练。

唐小糖说："写作犯难的根本原因还是你只是听会了，却很少动手练，最开始的时候你可能写得不太好，甚至总觉得没什么东西可写，可是你练得越来越多以后，就会发现写作并没有想象的那么难。"

钱小强点了点头说："你说得对，我确实是手太懒了，可是我也想提高自己写作文的水平，有没有什么办法能督促我坚持练习呢？"

一直在旁边听他们对话的鲁小路这时开口说："这样吧，我们可以在群里进行一项写作打卡练习，每天确定一个主题，然后大家都根据这个主题来进行打卡练习，这样既可以督促大家一起进行练习，还可以互相学习。"

听到鲁小路的话，钱小强高兴地说："那可真是太好了，大家一起来打卡练习，这样就不会觉得枯燥无味了，会觉得很有动力。"

周围的很多同学听了以后都表示想加入写作打卡练习当中。

看到大家这么踊跃，唐小糖认真思考了一下又说："既然大家都愿意进行打卡练习，那我先申明一下，我们一定要认真打卡，不能为了打卡而打卡，打卡练习的目的是提高大家的写作水平。只要大家一起努力，我们的作文成绩一定会越来越好👍的！"

很多同学是不是常常觉得写作文的时候，很难凑够字数？抓耳挠腮地写出一句话，可是数来数去还差好多字？而且老师也说你的作文缺少趣味，就像流水账。还有一些同学十分热衷于背范文，在自己写作文的时候模仿范文进行写作，这种方式常常会导致很多同学写的作文千篇一律，缺乏自己主观的思考。

遇到这些情况怎么办？不如试着用一些小技巧让文章变得既有趣味又形象生动吧。

学霸来支着儿

Step 1 内容要丰富——平时注重积累材料

平时要善于利用各种途径积累材料，具体途径如下：

一些有教育意义的动画片里面有一些关于小动物、人物故事的内容，熟记这些小故事会让记叙文很有看点。

坚持背诵，平时多背一些古诗古文、名言佳句，或小幽默及小典故等，这些材料可以让作文锦上添花。

根据自己的需要进行材料的积累，不过需注意的是，积累材料在于精而不在于多，不要做无用功。

Step 2 写作打卡，坚持练笔

对于写作"困难户"来说，最难的往往不是掌握写作技巧，而是把写作这件事坚持下来。对于小学生来说，自己主动坚持每天进行练笔会有些困难，如果和同学们一起在群内进行写作打卡，在大家互相监督和鼓励下，这件事就会容易一些。

写作打卡就是对自己坚持写作这件事做出记录。具体是根据设计好的打卡目标，每天坚持写作练习，在完成练习后大家再按时提交练习成果。

每周写作打卡表　打卡人

时间	打卡项目	完成项目
星期一	1. 看图写话。 2. 句子仿写。 3. 主题词"阳光"。	
星期二	1. 故事分析。 2. 句子扩写。 3. 主题词"痛苦"。	
星期三	1. 看图写话。 2. 句子仿写。 3. 主题词"天空"。	
星期四	1. 故事分析。 2. 句子扩写。 3. 主题词"幸福"。	
星期五	1. 看图写话。 2. 句子仿写。 3. 主题词"温柔"。	
星期六	1. 故事分析。 2. 句子仿写。 3. 主题词"亲情"。	
星期日	1. 读书心得。 2. 句子扩写。 3. 主题词"兴趣"。	

Step 3 主题要明确——始终围绕主题来写

　　无论是日常练习，还是一篇要求规范的作文，在写作时都必须要有鲜明的主题，无论是开头、结尾还是中间的内容都要围绕主题来写。如果写的文章没有鲜明的主题，无论内容多么丰富，词句多么优美，别人都会觉得不知所云。

本节要点回顾

　　⭐　写作是一件长期的事情，需要不断地练习，要想做好这件事，手必须要勤，不能犯懒，也可以和同学们一起互相督促着坚持练习。

　　⭐　保持卷面整洁，字迹要工整清楚，平时多练字，一手好字会为你提高印象分。

高效听课法

第 **3** 章

提高英语成绩，
五步就够了

追风小二班

暑假开始了，大家准备去哪儿玩？

我现在只想大睡三天。

那你岂不是要变成"睡神"了。

我还没想好呢，天气太热了，觉得去哪儿都没精神。

你们都来我家吧，我这里有全套的英文原版《哈利·波特》，咱们可以一边看大片，一边吃西瓜。

太好了，我报名！

我也去！

太高端了吧，我觉得我根本听不懂。

我也听不懂。

可以设置双语字幕，不过听原声体验感会更好。

大量"听"，获得深度语感

有输入才会有输出，一门外语，最先感受到的就是声音，而学习外语的最终目的也是为了将这种语言作为一种有效的工具熟练地运用到学习和生活当中。每天坚持大量地听，是学好英语的重要基础。

英语测试的成绩一公布，就听见钱小强说："这次英语后面那道最难的题，我居然蒙对了！"

米小咪惊讶地说："老师说，全班只有不到十个同学做对了最后那道题。"然后她又有些泄气地说，"你蒙都能蒙对，我只填对了两个。这次考试前，我可是花了好多时间 复习的。"

钱小强接下来说："要说全蒙也不是，但要说真正的会，其实我也不明白为什么要那么填。"

郭小果说："我每次考试 前，都会把老师讲过的语法背得滚瓜烂熟，但一到考试还是发蒙，你是怎么做到的？"

钱小强挠了挠头说："其实我只是凭着语感去做。"

唐小糖说："暑假去你家看《哈利·波特》时就发现，你的听力确实很好，看起来你平时没少'磨耳朵'，已经获得了良好的语感，这对英语成绩 的提高很重要。"

郭小果问道："怎样才能提高语感？能不能分享一下？"

鲁小路说："英语老师之前发过一份听力练习计划 ，我保存过，放学后发到群 里。我们也可以根据自己的情况来适当调整计划。"

听得太少，这是英语成绩难以提高的一个主要原因，那么英语听力要怎样做才能更有效地提高？

学霸来支着儿

Step 1 有目标、有规划地开展

虽然每一位同学都想提高自己的英语成绩，可是每一位同学对英语学习的具体目标都是不同的。针对不同的学习目标，需要制订相应的听力计划。具体方法如下：

想养成听英语的习惯：最好的英语听力入门资料是朗朗上口的儿歌和情节引人入胜的小故事，一些有趣的英文动画片也是不错的选择。

想提高口语表达能力：多听英文访谈、对话、电影或真人秀类的节目，这些内容一般说来都是即兴的、非常自然的口语表达，它们并不局限于教材和语法，会让我们的口语表达更加有趣和活泼。

想拓宽知识面：不妨听一些科普类的资料，当然选择资料时应尽可能地符合自己的能力和兴趣。

总之，任何一门功课的学习都要以目标为导向，如果想提高自己的英语能力，那么就要有针对性地去听，只要你能坚持下来，效果一定十分显著。

Step 2 灵活调整倍速，效果翻番

如果最初进行听力训练的时候，感觉速度太快，可以适当减慢速度；当适应了这个速度之后，再用正常速度去听；当有了一定的听力基础或者对一个听力资料十分熟悉以后，可以尝试提高音频的速度，如 1.5 倍或 2 倍。

Step 3 有计划、有步骤地练习

英语听力练习一般有如下步骤：

第一遍：盲听——不要看资料的内容，初步了解全文意思。

第二遍：无字幕精听——仍然不看资料内容，逐词逐句反复听，尽量还原每一句话。

第三遍：有字幕精听——边听边对照字幕，看看自己究竟听懂了多少。

第四遍：边听边记——尽可能地记住每个单词和句子的读音，直至能够轻松地背下来。

Step 4　随时随地听

有些同学说，我每天要预习、复习、做作业，还要做家长买的卷子，我没有那么多的时间听英语……其实听力练习，根本不必局限于固定的时间和固定的地点，更不必准备太多的东西。

如果真想长久地把听英语这件事坚持下去，那就要降低听力门槛，让听英语变得十分便利，随时随地都可以进行。比如早晨起来跑步的时候、吃早饭的时候、上学放学的路上、睡前、外出游玩的时候……任何适合你的资料，随时随地想听就听。

本节要点回顾

⭐ 英语水平不是听一次或偶尔听几次就可以提高的，"听"英语是一项长期的学习任务，我们要合理安排听英语的时间，大量听，不是一次听很久，而是长期坚持去听。

⭐ 英语听力练习要由易到难、循序渐进，既不要停在舒适区裹足不前，也不要太过吃力。

虽然一直都知道唐小糖的英语成绩好，但是没想到能好到这种程度！

米小咪，你这一惊一乍的怎么了？

今天唐小糖真是让我们大开眼界！

郭小果，你今天怎么也这么反常？别光吊人胃口呀，快把话说全了。

今天上街的时候，我们遇到外国友人在问路，看上去挺着急，当时围在那里的人都听不懂，结果唐小糖一出马，问题很快就解决了。我们这也算是为中外友好做贡献了吧。

这可真厉害！

勇敢"说"，自信展现口语

　　单词和语法只是英语学习的一部分，而且只是其中的一小部分，只会这些书面知识而不会实际的运用，就是我们常说的"哑巴英语"。

　　如果你学的只是"哑巴英语"，那么当你和别人用英语沟通的时候，对方说什么，你完全听不懂；而当你说的时候，由于不经常说，导致发音和口语表达能力都不熟练，最后只能和对方把彼此要说的话一个单词一个单词地拼一遍，这样你崩溃，对方也崩溃。

　　学习语言的最终目的是灵活地运用，越是勇敢地说，才能说得越好。

　　"唐小糖，老实交代，你是不是偷着请外教了？"放学后的米小咪紧跟在唐小糖的身后追问。

　　唐小糖反问她："你为什么会这么想？"

　　米小咪："我看你的英语口语说得那么流利，而且发音也像咱们的听力老师那么标准，如果没有外教，那怎么可能做到？"

　　唐小糖摇摇头说："我从来没有请过英语家教，外教更不可能。"

听到唐小糖的话，米小咪点了点头。看着米小咪的样子，唐小糖诚恳地说："其实现在学习英语的工具和软件有很多，我们可以充分地利用这些工具进行口语练习。"

米小咪说："我也下载过一些英语学习软件，也会跟着读，可是在实际生活中却不敢说，我担心自己说得不好被人嘲笑。"

唐小糖拍着米小咪的胳膊说："我也有过你这样的想法。万事开头难，但是开了头之后，你就会发现，其实事情远没有你想象的那么难。"

> 第一次说的时候，你也许只会磕磕巴巴地往外蹦单词，语法混乱，缺乏逻辑，更没有任何趣味，自己说得费力，别人听着也觉得吃力。但是，你的每一次表达都会有不同程度的进步，最后你的口语能力就会有显著的提升。

学霸来支着儿

Step 1 鹦鹉学舌——从模仿开始

学习英语首先需要大量地听，那么在听的过程中，就只是简单地用耳朵听吗？当然不是，我们还要用心感受，比如人物的感情、说话的腔调等，并在此基础上开始模仿。

如果我们把听到的声音模仿到位了，那自己表达出来的东西就更接近母语表达者。具体练习方法如下：

练习途径	具体方法
看英文原声电影	方法一：模仿语音； 方法二：模仿语调。
学习工具或学习软件	进行跟读训练，一句一句地跟读。
和自己对话	方法一：选择一个话题，对着镜子练习； 方法二：自己分饰多个角色，和自己进行对话。
和他人对话	方法一：利用聊天软件，和一些想要学习中文的外国友人进行网络对话； 方法二：和家人、朋友、同学一起练习。

Step 2 不断扩充简单句

很多同学说："我的英语基础很一般，只会说一些简单的句子，和别人用口语聊天时，常常觉得干巴巴的，没有什么内容。"要想改变这种现状很容易，那就是在平时的练习中不断地扩充简单的句子，这样口语表达的内容就会越来越丰富。

比如，你最初只会说：

I like swimming.

My mother and I like swimming.

My mother and I like swimming, and we swim every day.

My mother and I like swimming, and we swim every day in the morning.

My mother and I like swimming, and the doctor said that we should swim every day in the morning.

扩充完以后，把最后的句子进行多次朗读，直到可以把它流利地说出来。通过扩充简单句子，可以把之前学习的单词、语法一步步地运用到口语当中。

这个方法不仅能帮助提高英语口语水平，英语造句水平、单词量等也会飞速进步。

Step 3 从自己感兴趣的话题入手

开口说英语不是一场严肃的考试，它只是一种很自然的表达。在进行口语表达时，先从感兴趣的话题入手，任何话题都可以，但这些话题一定是自己头脑中十分熟悉的东西，你对它们有自己的理解。

只有熟悉的、感兴趣的并有了深入理解的话题，才有足够的内容可说，并且有可能将这些内容表达清楚。

本节要点回顾

⭐ 勇敢迈出口语交流的第一步，有了第一次之后，就会有之后的无数次。

⭐ 充分利用经济的学习工具和软件。

追风小二班
你们看《中国诗词大会》了吗?
看了，真有意思，咱们也组个团报名吧，这样就可以督促我们好好背诵古诗词了。
干脆我们也办个“班级诗词大会”吧，这样我们就可以天天斗诗了。
要不然把“英语单词大会”也办起来吧，一个人背单词有时觉得真没意思。
这话可说到我的心坎里了！我举双手赞成！

高效"记"，词汇稳步扩充

　　英语启蒙和学习，单词量是一个永远都绕不过去的话题，甚至可以说，单词不会，英语全废。对于要应对考试的同学们来说尤其如此。可是背单词真的是一件很痛苦的事情，许多同学要么是每天花很多时间背单词，要么是今天会了，明天又忘。

　　可是，我们也会发现，有很多同学，背单词对他们来说似乎只是"小菜一碟"，当我们还在为背单词而苦恼时，他们的词汇量已经十分惊人，甚至已经达到了可以阅读英文原著的水平。

　　他们是怎么做到的呢？

　　唐小糖一脸兴奋地走进教室，故作神秘地对几个好朋友说："我这里有一个好消息，还有一个坏消息，你们要先听哪一个？"

　　钱小强拉长声音说："当然是——都听了！"

　　其他同学也让嚷嚷着要赶紧听。

　　在大家的催促声中，唐小糖揭开了谜底，她说："咱们之前说的'诗词大会'和'单词大会'都可以举行了，不过我们可不是只在班里小规模举行，而是要在全校范围内举行。"

鲁小路听了以后说："也就是说，全校学生都可以参加。这么一来，压力瞬间变大了呀！"

米小咪接着说："这样子是不是不公平 ⚖，我们怎么能和高年级的学生比呢？"

郭小果和其他几位同学也低声附和"是啊，是啊，这样的话我们肯定会输的。"

就连好胜心一向很强的钱小强也觉得胜算不大。

唐小糖看上去并不担心，信心十足地说："还没比怎么就知道我们一定会输呢！大家不要灰心 🩵，只要我们一起努力，也许能赢呢！"接着她又说，"钱小强，你记东西一向很快，怎么这么没信心呢？"

看到唐小糖充满斗志的样子，钱小强说："什么时候比赛呀？说实话，我记东西快是快，可却记得不持久。"

记单词是不是有这样的苦恼：为什么别人记单词的速度那么快？我花了好长时间才背会十几个单词，而对方已经背会了几十个甚至上百个。更可怕的是，他们不仅在记忆的速度上领先，而且对单词的记忆还很持久。

是不是很羡慕？与其临渊羡鱼，不如退而结网。我们还是赶快行动起来，学一学掌握更多词汇量的方法吧。

学霸来支着儿

Step 1 艾宾浩斯记忆法

根据艾宾浩斯遗忘曲线，在特定时间点进行复习，以提高记忆效率。这就是艾宾浩斯记忆法。

根据艾宾浩斯记忆法，我们可以利用下面的表格来记单词。

日期 　年　 月　 日　 背诵单词共 ＿＿ 个

单词	释义	复习时间							
		1小时	1天	2天	4天	7天	14天	28天	60天

（注：制作或打印这样的表格，每天学习新单词的同时也要复习旧单词，复习时，会的打√，不会的打 × ，最好把打 × 的内容用符号或荧光笔标记出来，方便再次背诵时一目了然。）

Step 2 结合阅读和例句加深对单词的记忆

直接背诵单词表或单词书的方法十分枯燥，对于大多数同学来说，很难培养起兴趣，无法形成主动的、积极的记忆。而且这种方式也只是知道单词的意思，却不了解单词的具体用法。

在学到新单词后，可以在便利贴或笔记本上写出包含这个单词的例句，或者在阅读时把有关单词的句子标记出来，如果某些单词有多种词性和词意，那就把有关不同词性和词意的例句都写出来。这样就会对这个单词有更加全面深刻的记忆。

运用这种方式背单词，其实就是把单词放到具体的情境当中去记忆，我们记的并不是单词本身的意思，而是单词在阅读的文章或句子中的意思及其具体使用方法。这种方式不仅有助于理解和记忆单词，还能提高口语表达及英语写作能力。

运用这种方式记单词时，需要注意以下几点：

尽可能从课文当中找例句：这不仅有助于高效记住单词，还有助于对整篇文章形成有效记忆。

课文例句不全，就自己造句：如果课文中的例句不能全面、充分地反映单词的多重词性或词义，不妨自己造句，这同时还能提高英语造句水平，可谓一举两得。

Step 3 词根词缀扩充词汇量

英语90%的单词都是由词根＋词缀组成的，学会词根词缀记忆法，就可以轻轻松松一口气背上百个单词。为什么这么说？

因为有了词根词缀法，只要掌握了一个核心词汇，就可以拓展几个、十几个其他的相关词汇。例如：

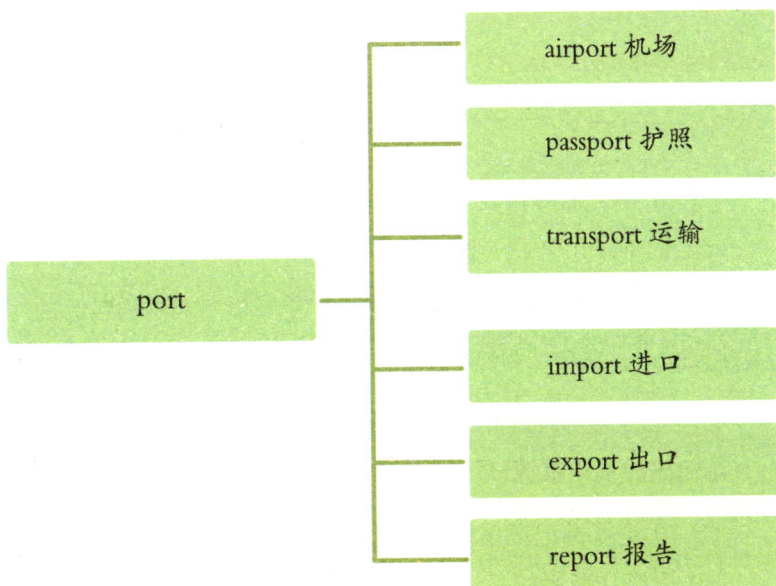

```
                        ┌─ airport 机场

                        ├─ passport 护照

                        ├─ transport 运输
  port ──────┤
                        ├─ import 进口

                        ├─ export 出口

                        └─ report 报告
```

Step 4 利用比较法扩充词汇量

在建立好对单词的第一印象之后，可以通过比较的方式进一步拓展词汇量，以达到举一反三的目的。常用方法如下：

同义词、近义词比较法：比如一个单词可以用哪些同义词来替换；它的近义词有哪些，它们彼此之间的区别有哪些，例如 good 和 well 的相同之处和区别是什么，它们什么时候可以相互替换，什么时候只能用其中的一个。

反义词比较法：这种方法对于记忆形容词、副词十分有效，常常可以通过一个单词认识多个单词。

本节要点回顾

⭐ 记单词需要重复、重复，再重复，隔几天就把单词书或笔记本拿出来翻一翻、写一写，经常复习才能形成长久的记忆。复习时可以尝试用背诵、应用等方式刺激自己的记忆。

⭐ 记忆要与理解相结合，否则只是知识的罗列，而不是对知识的真正掌握。

⭐ 无论哪种记忆单词的方法都不是单一的、孤立的，而是可以综合使用的。

大家吃完晚饭去放风筝吧。

这次英语考试没考好，妈妈说我不认真，正在整理阅读理解的错题呢，我是没有时间去了。

我也被我妈批评了。看来我们是同病相怜啊！

我爸买了我最喜欢的老鹰风筝，可惜今天不能玩儿了。

没关系的，明天我们再一起玩儿吧。

巧妙"读"，阅读理解全会

　　阅读理解题是英语考试中最容易丢分的一种题型，要想提高英语成绩，就必须掌握做阅读理解题的技巧和方法。

　　"郭小果，你在忙什么？"唐小糖拿着跳绳　准备去操场玩儿。

　　郭小果愁眉苦脸地回答："昨天英语测试，我的阅读理解题错了一多半儿，我正在改呢！可是，好难呀，里面有很多生词，而且一些句子特别长。妈妈说我不认真读题瞎选，可是我真冤枉啊，我觉得自己已经够认真了。"说着，郭小果还拿出自己的卷子　给唐小糖看。

　　唐小糖看到上面标得密密麻麻，吃惊地问："郭小果，你一直都是这么做英语的阅读理解题吗？这样做题，速度很慢吧？而且你刚才也说了，正确率　也不太高。"唐小糖没忍住多说了一句。

　　郭小果说："是啊，我常常读完后面的忘了前面的，有时候读着读着就不想继续读下去了。"

　　唐小糖说："做任何题　都要弄明白出题者的目的，阅读理解也是如此，根据这类题的出题规律进行分析，就可以弄清楚出题者具体要考查我们哪方面的能力了。"

"听你这么一说，我瞬间感觉信心大增呢！"郭小果高兴地站了起来。

在做英语阅读题时，你是不是也像郭小果这样？把每一个单词都翻译出来，生怕漏掉一个，结果不仅读得特别慢，而且读到最后早就记不清前面讲的是什么了。甚至有时候，刚读完一段就已经不想再继续读下去了。

这种做法不仅效率低，而且效果也很差。要想做好阅读理解，平时仅仅多听多读根本不够，还要掌握科学的做题方法。

学霸来支着儿

Step 1 **先读题，再读原文**

找到题干中出现的疑问词，确定这道题是在问什么。如 When/ Where /Who/Why/Whose/What/How many/How much

等，这些疑问词问的都是文中的细节问题，考查的是信息搜索能力，通常在文中就能直接找到答案。

通过题干顺序理清文章脉络。题干的顺序往往和文章的顺序是一致的，这可以说是一种"约定俗成"的规律。所以在做题的时候，可以通过题干问什么，大概来猜一下文章会以什么顺序来表述，然后再通过题干顺序锁定文章对应内容。这样可以缩小答题范围，大大提高做题效率。

分析出题规律。英语试卷中的阅读理解题其实有一定的出题规律，具体如下：

阅读理解出题规律与分析	
文章题材	√说明文； √记叙文； √应用文（多为一封信）。
出题类型	√细节信息； √推理判断； √词义猜测； √文章主旨大意或作者观点。
考查能力	√细节信息； √推理判断； √词义猜测； √文章主旨大意或作者观点。
出题规律	√题目与文章顺序通常保持一致； √文章主旨一般出现在最后一题。

Step 2 发现文章中的关键词和关键句

阅读理解的文章中常常会故意设置一些迷惑性的内容来干扰做题，但是如果能找准文章中的关键词和关键句，就可以迅速找到真正的答案。比如：

转折词：一些转折词，如 but/however/yet 等单词的后面常常藏着问题的真正答案，它们前面的内容通常只是用来迷惑你的。

段落首句：每段话的第一句十分重要，尤其是文章开头的第一句话，常常蕴含着整篇文章的灵魂和线索。

引用部分：文章中引用或转述他人的内容，往往藏着关键信息。

高频率词：文章中重复出现的词很关键，正确答案往往就是包括这种高频率词的选项，或者是对这种高频率词进行同义替换的选项。

文章结尾：结尾常常是整篇文章的总结，作者的真正意图也会在这里表明。

Step 3 学会分析长难句

阅读理解中的长难句必须要拿下，因为这种部分最容易出题。具体怎么分析？方法如下：

先找主干：把句子中没用的修饰语、限定词以及插入语通通砍掉，只留句子的主干部分，这样就可以初步了解句意。

再加枝叶：把之前砍掉的部分一点一点地加回来，具体了解每一部分修饰的内容是什么，这样就可以把握作者想要表达的目的是什么了，理解了这些再回过头去看题干问的是什么，就可以做到心知肚明了。

Step 4　生词的正确打开方式

即使词汇量已经够大了，可在英语的阅读理解中还是会出现不认识的生词。很多阅读理解中的题目都涉及对一些生词的理解，想要绕开，显然不可能。这时正确的打开方式是什么？学学下面的做法：

大胆推测：你没有看错，平时在做阅读理解的时候，如果看到生词，首先要做的并不是翻开字典查，而是展开想象推测，结合上下文的意思，尝试在自己已有的知识体系中查找相关的信息，然后进行合理的推测。这样做，有利于提高阅读敏感度和理解力。

查明词义：强烈建议用英英词典查单词，这样可以更好地培养我们用英语思考和理解的能力。

同义替换：英语阅读理解中经常出现的题型就是同义替换，即考查一些生词可以用哪些词进行替换，之前查英英词典的时候你可能会发现一些替换词，如果英英词典里没有出现相应的替换词，那不妨根据词典的意思自己找出这些生词的同义词。平时做题时多进行这样的练习，考试时才会得心应手。

本节要点回顾

⭐ 信息搜索能力是英语阅读理解考查的重要方面，平时在阅读文章时应注重观察细节信息，发现关键信息。

⭐ 推测生词意思也是英语阅读理解考查的要素之一，这需要平时多积累、多查阅。

⭐ 辨析作者观点或分析文章主旨也常常在做题时遇到，遇到这类题，只看文章的开头和结尾就可以了，答案通常就藏在里面。

追风小二班
我的英语日记本丢了，里面的内容很重要，麻烦大家帮忙找一找。
英语老师也让写日记了？我怎么不知道。
老师没说，是我自己用来日常练习的。
这就是老师和同学都喜欢你的原因呀，老师没有留的作业你也会自觉进行课外练习。
钱小强，你还记得上次老师让写英语作文时你着急的样子吗?
不要哪壶不开提哪壶！

认真"写"，满分作文不愁

"英语作文真是难，难于上青天！"这句话是不是说出了很多同学的心声？当然也有不少同学会反驳："你说的并不完全对，有时候我在心里已经想好了怎么写，可是一到下笔的时候才发现自己想的其实是母语作文的写法，用英语就不知道该怎么表达了。"

可是，平常考试时英语拿满分的同学也不在少数，他们是怎么做到的呢？

钱小强拿着篮球 冲进教室，一边喘着粗气一边大声说："鲁小路，我知道谁拿了你的日记本。"

鲁小路急忙站起来说："是哪个班的同学？你带我一起去找他。"

郭小果一脸担心地看着他们说："你们去做什么？"

鲁小路笑着说："我们只是去要回我的日记本 。"说着他和钱小强一起走出教室。

他们在操场上找到那位捡到日记本的同学时，那个同学不好意思地说："对不起，我原本想在放学的时候还给你的，还想问一下能不能把你的日记本借给我看看。"

鲁小路说："不好意思，我每天都要用，这样吧，如果你喜欢，我可以选一些好的拍成照片发给你。"

拿到日记本，钱小强不解地问："这有什么好看的？再说了，语文日记我都觉得很难写，你居然还写英语日记，你是怎么做到的？"

鲁小路说："其实也没什么，我就是用英语记录一些日常生活或心中 所想。"

钱小强更加不解地说："我以为英语作文就是背范文，然后把自己想出来的单词往上一套就行了。不过，话说回来，即使是这样，我也常常苦思冥想、东拼西凑。"

鲁小路笑着说："我以前也像你一样，不过现在觉得好多了。"

钱小强急忙上前说："把你的写作 方法好好讲一讲呗。"

如果将听力、阅读和记单词都视为学习英语时的输入，那么口语和写作就是输出。输入是输出的基础，没有平时基础知识的丰厚积累，就不可能形成优质的输出。而与口语相比，写作的要求则更加严格，要想写好一篇作文，要对单词、语法、文章立意和结构等知识和能力加以综合运用。

听上去是不是很难？的确不简单，但是只要用心去做，并且掌握好的方法，最后你会发现英语写作才是最容易拿到高分的部分。

学霸来支着儿

Step 1 模仿借鉴优美句型

什么样的句型算是值得模仿和借鉴的优美句型呢？可以从如下几方面考虑：

用来表示建议、想法的句子结构，这类句子在书信、对话、记叙文或议论文中都十分常用。

可以使句与句之间或段与段之间联系更加紧密的短句或句子，如罗列观点时可用in the first place/what's going on/at last/in the end，等等。

可以用到文章末尾的主旨升华句型，如：Grateful for what you do（感谢你所做的一切。）. It was your brave heart and strong faith that could make our success（正因为有了你勇敢的内心和坚定的信念，我们才取得了成功。）.

Step 2 运用高级表达，让你的作文更惊艳

专门准备一个记录好词好句的本子，把在阅读、练习听力或从别人口中听到的一些好词好句记录下来，并且随时拿出来翻一翻、背一背。这样，在用英语写作时，就不会总是来来回回地用那些陈旧的词汇了。举例如下：

想表达"我觉得""我认为"时，少用"I think"，尝试用"I feel that""I assume""I consider that"……

想表达"我同意""好的"时，少用"OK""Yes"等，尝试用"I agree""That sounds good""I'm on board"……

想提出原因时，少用"because of"或"because that"，尝试用"In that""The reason why"……

想表达"我想……"时，少用"I want"，尝试用"I wish to""I feel like""I'm dying to"……

想表达"高兴"时，少用"happy"，尝试用"enjoyable""glad"……

为了让作文更有亮点，可以尝试使用一些更新鲜、更高级的表达方法，而不是用那些被人们过度使用的老套词汇。这样阅卷老师才会对我们的作文刮目相看，留下深刻的印象。

Step 3 构建基本框架

要想写好一篇优质的英语作文，首先就要确定基本的框架。一般英语作文的结构可以分为：开头、正文、结尾三部分。

开头：可以采取引用、表述等方法直接提出观点。

↓

正文：内容要丰富，尤其注意整体的衔接，罗列要点时注意各要点之间的起承转合。

↓

结尾：一定要与开头呼应，但要避免与开头内容重复，要尽可能地对文章主旨加以升华。

Step 4 总结分析问题

　　除了上述技巧之外，还要学会总结自己在英语写作中出现的问题，问题经常出在哪里，就重点完善哪里，这样就能不断提高写作能力。

英语写作中常见的问题如下：

常见问题	原因分析	改善途径
没有明确主题，或主题与要求不符	没有认真审题，或文中没有明确提出观点	认真审题，开篇点题，结尾呼应
语法错误	语法基础不扎实	进行语法自测，发现自己的语法漏洞，然后逐个攻破
内容空洞	材料不充分	平时多积累材料和词汇，尤其是有趣或热门的话题材料
逻辑不通	结构不清晰或表述方式太乱	确定基本框架，注意句子之间及段落之间的紧密联系
没有思路	积累太少，平时没有养成记录好词好句的习惯	平时要多积累好词好句

本节要点回顾

⭐ 英语写作和口语一样，都是学习英语的重要输出方式，但它比口语要求更严格，比如单词的拼写、文章主题的把握、语法结构等。

⭐ 万变不离其宗，单词、语法是学习英语的基础，丰厚的积累再加高效的练习方法，英语作文就一定会有所突破。

第 **4** 章

数学想要拿满分，不止背公式

我换了一个新书包。

你以前的书包还很好呀，为什么要换？

我以前的书包太小了。

你是要搬家吗？书包要那么大干什么？

参考书、练习册，东西越来越多，尤其是数学练习册最多了。

你可太夸张了！

不要说风凉话了，你数学经常考满分，当然不用再买练习册了。

学好数学，从吃透课本开始

你是不是为了提高数学成绩，会找一堆练习册做习题，要么就依赖那些看上去知识很全面的参考书？

可是，你认真地想一想，自己是不是掉进了一个怪圈：数学成绩越不好——买的课外书越多——做的题越多——成绩似乎越来越不好。

难道参考书有错吗？做练习册有错吗？

参考书和练习册本身并没有错，但是，如果我们在没有完全掌握课本内容的情况下就盲目地做那些书上的题目，就容易出现偏差或错误。因此，学好数学，首先要从深入理解课本内容开始。

唐小糖的数学课本掉到了地上，路过的米小咪帮她捡了起来，还给唐小糖的时候，米小咪惊讶地问："你的课本怎么比我的厚这么多？你在里面夹东西了吗？"

唐小糖说："没有呀，大家的课本都一样，我的怎么会比你的厚呢！"

见唐小糖不信，米小咪快速走到自己课桌前，把自己的数学课本找出来，然后把两人的课本 放在一起一比，果然唐小糖的数学课本比米小咪的要厚很多。唐小糖也不解 地自言自语道："这到底是怎么回事呢？"

钱小强看到了笑着 说："看你平时学习很厉害，怎么一下子糊涂了！当然是因为你平时经常翻书，而米小咪的数学课本一看就是没怎么翻看过的。"

米小咪听了后说："数学不是要多背公式、多做题 吗？看书有什么用？"

这下轮到唐小糖不解了，她反问米小咪："你平常都不看数学课本 吗？不好好看课本，你做题的时候能顺利吗？"

米小咪不好意思地回答："我平常确实不怎么看数学课本，做题的时候确实也不顺利。但是我觉得这二者之间没有直接关系吧？我就是因为数学成绩不好，才做课外习题的。而且，我买的参考书上面既有公式定理等知识点的总结，又有相应的练习题 ，题量比书上的多得多。"

唐小糖说："数学成绩差的原因是我们忽略了课本上的内容，学好数学，应该先课内，后课外。"

钱小强听了唐小糖的话赞同 地说："对对对，确实是这个理。如果你书上的内容都弄不明白，做题肯定不顺利，而且也没什么效果。"

米小咪又问："数学课本看上去内容并不多，我们都要看什么？"

唐小糖听了十分干脆地回答："看目录、标题和所有的概念、公式、定理，还有每一道例题。"

米小咪又说："这些东西我买的参考书 上也有呀，为什么非要看课本？"

钱小强又接着说："市面上的参考书 琳琅满目，我们很难辨别哪些是由权威专家编写的，哪些是由非专业人士胡乱拼凑的。然而，数学书是由我国数学专业领域中最顶尖的人士组织编写的，无论是完整性还是科学性 都是最优秀的，而且也是最适合我们年龄特点的。"

米小咪感慨地说："看来我还真是差点错过一个亿呢！真没想到数学课本原来这么重要。"

钱小强笑着 说："你以为呢！要不是我们及时挽救你，你可真就要错过一个亿啦！"

数学学习常常被很多同学忽略的一个重点，那就是课本。许多同学的数学课本，常常被埋没在一大堆参考书和练习册中没有用武之地，甚至有些同学的数学课本用了一个学期，几乎还是崭新的。

学霸来支着儿

Step 1 巧妙利用课本目录

目录对书本内容起到提纲挈领的作用，完全可以把数学课本的目录当作一份详尽完整的思维导图来用，它可以让我们对书中的内容一目了然。复习时，只要按照课本目录的顺序对课本内容进行复习，就能全面、细致、精准地掌握书中的知识体系。

Step 2 认真钻研课本例题

课本中每一个例题都是对知识点的实践和运用，上课时一定要认真听老师对例题的讲解。同时，还要从以下两方面出发，认真钻研课本例题。

通过课本例题总结各种题目类型。许多大型考试中的题，都是由课本中的例题延伸而来的，甚至会出现课本例题的变形题，也就是说，只要对课本例题灵活掌握，就可以把题做好。所以可根据课本上的例题类型，预测考试时出题的类型。

通过课本例题学习规范的解题过程。完整规范的解题过程，可以大大降低平时做题的错误率，在考试时，规范的解题过程能够帮助我们更好地得分。那么，什么样的解题过程算得上规范呢？课本上例题的解题过程，就是最规范的，我们日常做题或复习时完全可以拿来参考。

Step 3 熟记课本里的公式和定理

　　课本上的公式定理非常全面，这一点大大超过各种参考书。所以，熟记课本里的公式和定理，才不会漏掉任何一个知识点。

　　而且课本中对公式定理的证明都非常详尽和全面，把前因后果写得非常清楚，能够帮助我们更好地理解某个定理的内容，相比于死记硬背更加有助于记忆。

本节要点回顾

⭐ 把课本丢到一边选择市面上的参考书，可谓舍本逐末。

⭐ 熟悉课本目录，就相当于掌握了整本书的知识内容体系，吃透数学课本，从吃透目录开始。

⭐ 课本中的公式、概念和定理要理解透彻，才能记得更深、用得更妙。

追风小二班
谁想去玩轮滑？学校旁边新建了一个大广场。
今天我要帮我妈做统计表格，去不了。
大人的事你能帮上什么忙？
正好可以用到我们学过的统计方面的知识，我顺便练习一下。
老师讲的我还没弄清楚，你都已经会用了，真厉害。

建立数学思维，打通任督二脉

> 做了很多练习，刷了无数的题，但是数学成绩依然没有提高，这不是因为不够努力，而是因为没有掌握学好数学的诀窍，即没有建立良好的数学思维。

钱小强一边走一边问："这是谁的笔　　，怎么掉地上了？"

米小咪说："呀，是我的。"

钱小强提醒道："米小咪，你平时要注意整理自己的物品，相同的东西放到一起，这样才不容易丢失。"

米小咪高兴地　　说："你说得有道理，看来你不光数学成绩好，整理东西也很有一套。"

钱小强毫不谦虚地说："那当然，其实生活中很多地方都能用得到数学　　，整理归纳只是其中的一种。"

米小咪若有所思地说："唐小糖周末的时候还帮她妈妈统计东西呢，这也是数学知识的运用。"

钱小强说："米小咪，你有点开窍了，再努努力，你的成绩　　完全可以更上一层楼。"

米小咪说："我倒是很愿意努力，可是你看最近我已经那么认真地听课、做题了，数学成绩还是没什么起色。"

唐小糖见状说："成绩不是一下子就能提高的，不过钱小强说得有道理，你平时多整理、多思考，都是有助于提高数学思维的。思维才是高效学习的基础，你平时可以朝着这方面多做努力。"

钱小强也说："唐小糖说得对，学数学，你不要光死记硬背，也不要只看书不思考，要在掌握基础的同时多用脑子，找到内在的逻辑，建立起自己的数学思维。"

同学们的学习往往分为三种情况：一是学习东西慢，做事没有条理，逻辑混乱，有严重的畏难心理，解决问题的能力差；二是学得轻松，能够触类旁通、举一反三，而且越学后劲越足；三是介于这两种之间，学习成绩不算差，可是也很难提高，想要改变却找不到方法。

造成种种差距的关键就在于是否建立了良好的数学思维，数学思维建立不起来，就无法把数学学透。

学霸来支着儿

Step 1 自己尝试，养成独立思考的习惯

遇到一道题，如果运算起来比较复杂，你会怎么办？

数手指、用运算方法计算、画线段……所有的方法都可以用，千万不要轻易放弃。

对于学习来说，任何形式的尝试，都是有益的，不懂不会的绝不要轻易放过，没有思路就多思考。只有自己多思考、多尝试，才会知道哪些路走不通，走不通的原因是什么，哪些知识掌握得不清晰，哪些知识需要去弄明白……只要弄清楚了这些，即使题目没有解决，我们也在思考过程中获得了很多收获。

数学学习的过程就是一个不断试错的过程，自己要勇敢地尝试各种方法，这样才能逐渐地摆脱对老师和家长的依赖，才能养成自己独立思考的习惯。

Step 2 复杂问题简单化，总结做题规律

如果通过自己的尝试，发现解决问题的关键是数字太多、太大或图形太复杂，没有办法用之前的简单办法来解决，那么就要进一步思考：如果把题目中的数字换成更容易运算的小数字，同时减少数字的量，或者把复杂的图形拆解成熟悉的基础图形，结果会怎么样？如：

原题：从3到100，一共有多少个数？

我们可以把题目换成：从3到5，一共有多少个数字？

这样问题是不是一下就简单了，答案是5−3+1=3。

那我们就可以推导出原题答案是100−3+1=98。

这样就可以迅速总结出此类问题的做题规律，即大数−小数+1，这样一来，同类问题很快就可以解出，做题效率迅速提高。

Step 3 **有效输出，理清思路**

如果问题得到了解决，而且总结出了同类题的做题规律，是不是就算结束了？当然不是，我们还要通过有效的输出来激发自己理清学习的思路。如果不理清思路，那在探索数学思维这条路上只能算是浅尝辄止，还没有彻底打通任督二脉。

主动输出具体内容如下：

讲清楚每一步要怎么做。

每一步为什么要那么做。

举一反三，遇到同类型题应该怎么做。

平常可以选择给别的同学讲题或者回到家给家里的人或给玩偶当"小老师"的方式来进行输出，最好选择能做出积极反应的人作为输出对象，这样更容易激发深层次思考的能力。

Step 4 **归纳总结，建立知识之间的联系**

做一道题或一种类型的题，其实都只是掌握零散的知识，没有形成完整的知识脉络。遇到涉及知识点较多的难题，我们依然无从下手，所以还要善于总结和归纳，要通过一个点了解一个面，再通过一个面来建立一个完整的、立体的知识结构体系。

总而言之，只有不断地进行归纳和总结，努力寻找各种知识之间的联系，才能对学过的知识记得更牢，学习和解决问题时才会更加高效。

本节要点回顾

⭐ 数学的本质在于数学思维，数学思维越早培养越早受益，如果能建立起属于自己的数学思维，将受益匪浅。

⭐ 通过一道题，弄明白一类题；通过一类题，搞清楚一个知识点；通过一个知识点，延伸到整个知识体系……数学思维就是要这样举一反三、触类旁通。

今年学校操场上的花圃真漂亮。

往年是两个简单的长方形，今年变了一下，显得灵动不少。

今年的花圃既美观，又没有增加花费，确实不错。

没有增加花费吗？这两个花圃应该比之前的花圃用的围栏更多。

这两个图只是变了一下图案，其实和之前的长方形周长是一样的，周长一样用的围栏自然也一样多。

还真是这样，你真厉害！

我只是熟记概念和公式而已。

熟记概念和公式，遇到难题有思路

　　数学知识在日常生活中被运用得十分广泛，但运用的基础是理解和掌握基本知识。数学中最重要的基本知识就是概念、公式和定理等，这些知识如果弄不懂，不要说实际应用，就连课本上的题都不会做。

　　郭小果一边做题，一边翻开书查看公式　　，钱小强看到了说："数学公式都没背熟，难怪你做题这么慢。"

　　郭小果红着脸　　说："我昨天确实没背，心想用着用着可能也就会背了，没想到做题的时候老卡壳。"

　　钱小强说："你这完全是本末倒置，你背会了、掌握了，才会用，并不是先用再背。"

　　郭小果说："可是今天的数学作业　　很多，我怕再不做题就来不及了。"

　　鲁小路听到她的话后说："郭小果，俗话说'磨刀不误砍柴工'，你还是先背公式吧，如果有一些背得不太熟，可以先在草稿本上写出来。"

唐小糖也说："写一遍 的确会加深印象。"

郭小果虚心地问大家："不知怎么回事，我背公式总是很慢，而且背会的也经常忘记。我想问一下，你们平时是怎么记公式的。"

唐小糖说："公式不是孤立的，你如果只是背公式本身，那根本不会理解，自然不容易记住，更不可能记牢。"

郭小果又问："那应该怎么记呢？"

鲁小路说："你先认认真真地看书 ，了解一下公式是怎么得来的，比如它是根据哪些概念得来的，还是根据其他公式变形得来的。"

唐小糖说："对，只有了解这些，才能吃透公式的基本内涵，然后延伸思考，通过这个公式还可以得到哪些知识。"

郭小果赶紧拿出本子边记 边说："我赶紧把你们说的这些先记下，不然过一段时间 又忘了。"

米小咪看到后说："我也记下吧，以前我听到有人说数学不需要死记硬背，只要理解就可以了，也以为不用背，只要会用就行了。"

唐小糖说："就像钱小强说的，这是本末倒置，背得不熟就说明理解得不透彻，理解不透彻当然做题时就不会熟练运用了。"

　　无论是哪个阶段的理科类学科，都是理解型的知识体系。谈到理解型，大多数同学都认为，不需要背，只要把内容理解就可以了。如果你也有这种想法，那就大错特错了！

　　很多同学说"数学还需要背，简直是个笑话"，但越到后来越会发现，所谓的"理解"是必须要以牢固的记忆为基础的，如果最基本的概念、定理和公式都背不下来，那就不要谈什么"理解"，更不要说顺利地做题了。

学霸来支着儿

Step 1 把概念公式弄懂

　　预习时，先在书上把概念、公式和定理等用荧光笔标记出来，提醒自己上课和复习时作为重点。

　　上课时尽可能地听明白老师对概念公式的全部讲解，如公式的来源、公式的转化等。怎么才能知道自己是否听明白了呢？那就是用自己理解的方式把概念公式及其来龙去脉讲清楚，记住：一定要讲清楚，如果讲不清楚，那就是没有彻底弄明白。比如：长方形的周长＝（长＋宽）×2。

你学过之后要弄清楚：

√这个公式是怎么得来的？（可通过画图来解决）

√知道长方形的周长和其中一条边的长度，可不可以求出其他边的长度？如何求？

√正方形作为一种特殊的长方形，又该如何求周长？

把课本上的例题认真看一看，先不看解题过程，试着自己做一遍，看看书上的概念和公式是怎么运用到解题过程中的。如果不会用，那就重新弄清楚概念公式及其原理。

Step 2 **经常总结，随时梳理**

下课后，先别急着走出教室，在座位上把课上学过的内容梳理一下，尤其要把概念和公式单独提炼出来。

至少每周都要总结一次概念、公式和定理，把本周学过的和之前学过的相关知识都梳理一下，确保学过的都会。如果发现遗忘或遗漏，就随时补充在笔记本上。可以用表格等方式来进行总结，具体如下：

图形名称	文字公式	字母公式
	周长 = （长 + 宽）×2 面积 = 长 × 宽	$c = 2(a+b)$ $s = a \cdot b$
	周长 = 边长 ×4 面积 = 边长 × 边长	$c = 4a$ $s = a \cdot a = a^2$
	面积 = 底 × 高 ÷2	$s = \dfrac{1}{2}ah$
	面积 = 底 × 高	$s = ah$
	面积 = （上底 + 下底）× 高 ÷2	$s = \dfrac{1}{2}(a+b) \cdot h$
	周长 = 直径 ×π = 半径 ×2×π 面积 = 半径 × 半径 ×π	$c = \pi d = 2\pi r$ $s = \pi r^2 = \pi\left(\dfrac{d}{2}\right)^2$
	弧长 = π × 半径 × $\dfrac{n}{180}$ 面积 = π × 半径 × 半径 × $\dfrac{n}{360}$	$l = \dfrac{n\pi r}{180}$ $s = \dfrac{n\pi r^2}{360}$

Step3　在熟记的基础上确保会用

　　会背和弄懂，并不等于把概念和公式学会了，我们一定要在熟记概念和公式的基础上做到活学活用，这才是真正的学会。

比如，学习"长方形的周长"这一内容时，不仅要知道周长的公式及其如何计算，还要知道，如果图形发生变化，不是规则的长方形时，该如何计算周长。

数学中再难的题，也是基于基本的概念和公式的，一定要做到活学活用，才能高效地解决难题、怪题和偏题。数学概念和公式不仅在做题时要学会灵活运用，在实际生活中也可以灵活地拿来使用。

本节要点回顾

⭐ 任何一科的基础知识必须要扎实，理解是在背诵的基础之上的，数学也一样，必须要牢记定理、概念和公式等基础知识。

⭐ 万变不离其宗，难题、怪题、偏题的解题思路，最终是以基本的概念和公式为基础的。

考试要到了，我好担心自己数学考不好。

别担心，我们一起加油复习！

可是我怎么感觉数学题越做越难呢？

我也有同样的感觉，复习了这么久，结果还是错得一塌糊涂。

是啊，我看书的时候都能理解，可一做题就感觉什么都不会了。

可能你们的复习方法有问题。

多刷几遍错题，满分自然来

知识分为两类：第一类是已经掌握的，第二类是还没有掌握的。记下掌握的知识点，如果出错，原因在于马虎。而对于没掌握的，不主动去攻克，那么下次还是不会做。无论哪一种，都应该及时找出自己的薄弱点，进行针性地练习，避免以后再犯类似的错误，这样就可以走出错误的陷阱，轻松提高学习成绩。

鲁小路一进教室就被郭小果和米小咪围住了，她俩对鲁小路左右夹击，并说："马上把数学复习方法交出来，不然就别想从这里通过。"

鲁小路被她们两个逗得哭笑不得，"你们两个今天这是怎么了？"

米小咪说："你之前不是说我俩的复习方法有问题吗？那你肯定有好的复习方法呀，快告诉我们吧，快急死了。"

郭小果也附和着说："是呀，快点告诉我们吧。"

鲁小路说："那我得先问你们一个问题，你们有没有在错题本上整理之前的错题 📄 ？"

米小咪回答："我连错题本都没有，整理什么错题？"

钱小强过来说："米小咪，你连错题本都没有，还怎么复习数学呀？"

看见米小咪急得要哭出来的样子，唐小糖连忙说："米小咪，你不要着急，还有其他办法。"

鲁小路又对米小咪说："以后准备一个错题本 ，把自己平时学习中出现的错题都记到错题本上。记住：错一道，就记一道。如果实在手懒，不想积累错题，那就把所有的考试试卷全部拿出来，钉起来，再找出里面的错题。"

郭小果听了后说："说实话，我觉得这样还不如准备一个错题本省事。接下来要怎么做呢？"

鲁小路说："接下来当然就是做错题本中的错题了。"

郭小果仍然很疑惑，"做错的题肯定是当时不会的，现在再做不是还会做错吗？有什么意义？"

鲁小路答道："以前做错的题，经过一段时间的复习，现在也许就会了。"

米小咪说："如果真的管用，那我马上就去整理错题 。"

鲁小路笑着说："只要按照这种方法做，成绩肯定会有所提高！"

钱小强插嘴说："米小咪，特别提醒你一句，不光要整理，还要重新做。"

米小咪笑着说："知道啦！"

错题本对于数学成绩的提高十分重要，如果没有错题本就要把以前的作业、试卷等都翻出来，这样做其实更麻烦，因为不光要保存很多东西，还要在复习时把这些东西都翻出来。这些工作量远远大于在错题本上积累错题，更何况，还很可能因为东西太多看不清楚而遗漏一些错题。

平时要养成整理错题的好习惯，在周末或其他复习时段，我们可以通过刷错题的方式来提高自己的成绩。

学霸来支着儿

Step 1 拿出错题本，所有错题都刷一遍

如果平时就有积累错题的习惯，那么复习时，只要拿出错题本把里面的错题重新做一遍就可以了。这就是第一遍刷错题。标记的是那些以前不会做、现在刚弄懂的题，以后备用。

Step 2 第二遍刷错题

在考试之前或平时复习过程中，把做标记的错题拿出来再刷一遍，这就是第二遍刷错题。此时，要把做错的原因搞清楚，针对具体

原因找出具体的应对方法。再在这些题前面加上一个特殊标记，比如之前画一个三角形的，可以再画一个三角形，变成两个三角形。

Step 3 第三遍刷错题

依照前面的方法，继续刷题，再把做了两个标记的题拿出来重做，其中不会的题继续问老师、问同学，弄会为止，另外再加一个标记。

Step 4 别忘了最近新出现的错题

刷错题时，除了以前错过好几次的题，最近又出现了一些新的错题。对于这些错题，依然按照之前说的方法，刷上几遍，直至刷会。

本节要点回顾

⭐ 错题本很重要，但它不只是用来整理错题的，主要是为了复习时刷题用的——错题光整理是没用的，还要一遍一遍地去做，直至完全弄会。

⭐ 刷题过程中，遇到不会的一定要立刻问老师、问同学，争取弄明白。如果不会的题任由它不会，那做几遍题成绩都不会提高。

下周数学测试，大家复习得怎么样了？

我觉得自己很用功，可好多知识点就是不进脑子，怎么办？

郭小果，你今天也会说笑话了。

我没说笑话，说的是大实话。

如果记不住的话，试试别的办法吧，画思维导图就不错。

这个办法确实很好，我也常用。

你们这些学霸又在说什么我听不懂的话题。

我去了解一下思维导图学习法。

思维导图，画出数学小天才

思维导图是什么？用思维导图学习有什么用？

思维导图有清晰、美观和系统化的特点，这种方法在很多领域都被广泛应用。在日常学习中，可以利用思维导图来整理笔记、总结知识点、搭建知识体系和框架，还可以制订学习计划等。

通过思维导图学习，往往可以更加直观、高效地了解和掌握各种知识点。

郭小果拿着一张纸，上面密密麻麻的不知都写了些什么。钱小强拿过来看了一眼说："你这是写的什么呀？这么多的字，而且又小又密，看得我都头晕。"

郭小果说："我想做思维导图，你们都说好用，可是我做了半天，就做出一张这样的东西出来。"

钱小强说："你这上面的内容是很多，可是根本看不出主题是什么，更看不到基本的逻辑结构。这怎么能算是思维导图呢？"

唐小糖说："是呀，小果，做思维导图的过程，就是总结归纳知识点的过程。你这上面的内容虽多，可是看不出来你对知识的梳理。"

唐小糖继续说："这样吧，你先想一想，你想总结哪方面的知识，然后再在草稿纸 上标一标具体都包括哪些内容。"

郭小果说："好的，小糖，我想总结一下上节课老师讲的有关长方形 的内容，里面应该包括长方形的概念、公式，还有例题。"

唐小糖说："你说得很好，然后你想一想，这些具体的内容怎么通过画图表现出来，你很会画图，思维导图应该会画得很漂亮。"

郭小果低头画 了起来，过了一会儿，她高兴地说："小糖，你看，我画出来了，你觉得怎么样？"

唐小糖看后说："你画得很漂亮，不过还缺少自己的总结。思维导图既要有知识点的罗列，也要有凝练的总结，确保内容有总有分。"

郭小果点点头回答："你说得对，有了总结以后，这张思维导图反映的内容 就更加明确清晰了。"

米小咪拿起郭小果的思维导图看了看 后说："的确很清晰，看着你的图，我好像对上节课内容的理解也更加深刻了。"

钱小强也夸奖郭小果做得很好，他又笑着说："郭小果，我们没有骗你吧，有了思维导图的帮助，数学 确实没有想象的那么难。"

米小咪问郭小果："我可以把你的思维导图复印一遍吗？"

郭小果说："当然可以，不过我在做思维导图的时候感觉到，经过自己的思考总结出来的内容对自己来说才更有用，如果只是拿来别人的思维导图看，恐怕效果不如自己做得好。"

唐小糖也说："是啊，思维导图是针对自己的思维特点和学习情况梳理出来的，有一定的针对性。每个人的情况不一样，更何况，经过自己的总结和梳理，知识才能更加牢固地记在心里 ♡ 呀。"

米小咪连连称是，也在认真考虑如何用思维导图来整理知识了。

> 思维导图体现的是每个人的不同思维习惯，所以最好由自己来总结和梳理。
>
> 思维导图的制作，是一个由易到难、循序渐进的过程，可以先画一些简单的图形，也可以先从总结一节课的内容做起。慢慢地，就可以增加丰富的形式，内容也可以从一节课增加到一单元、一学期、一学年的整体知识结构。

学霸来支着儿

Step 1 东尼·博赞的英式思维导图

思维导图来自英国的"记忆力之父"东尼·博赞。东尼·博赞为了方便记忆，将关键词用线条连起来，并配上一些彩色简笔画，形成手绘版的思维导图，即Mind maps，也就是现在人们常说的英式思维导图。

英式思维导图的特点如下：

导图中央部分的图形是关键主题，也是整个图形的主干部分。

导图呈"从主干到分支""从中央向四周"的放射状形式。

每一个分支都由不同的关键词组成。

各分支形成一个连接的结点结构。

如下图所示：

英式思维导图呈现的是综合的思维过程，更加复杂，它适合四年级及其以上年龄的同学。

体积 $V = \frac{1}{3}S_{底}h = \frac{1}{3}\pi r^2 h$　　圆锥

长方体

面积 $S_{表} = 2(ab+ah+bh)$

面积 $S_{底} = \pi r^2$

体积 $V = abh$

圆柱

正方体

面积 $S_{表} = 6a^2$

体积 $V = S_{底}h = \pi r^2 h$

体积 $V = a^3$

$S_{侧} = ch = 2\pi rh$

面积

$S_{底} = \pi r^2$

$S_{表} = S_{侧} + 2S_{底} = 2\pi rh + 2\pi r^2$

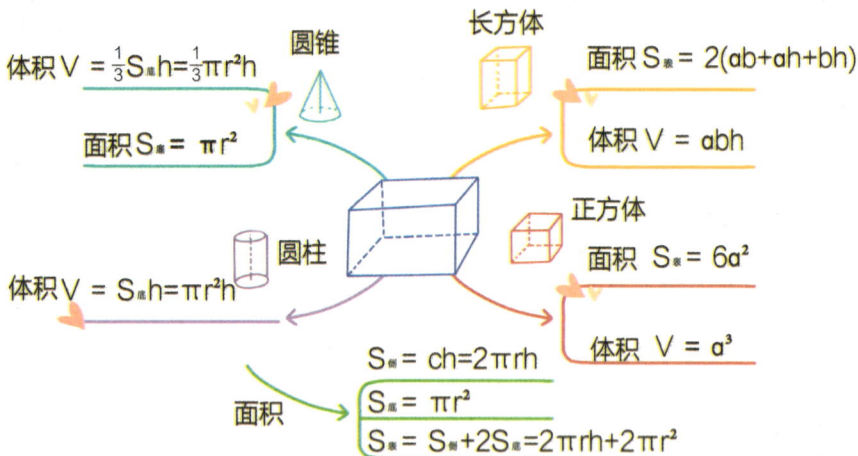

Step 2 常用的8种思维模型

思维导图除了上面提到的英式思维导图，还有一种被称为思维图谱（Thinking map），源自美国，发明人是美国的大卫·海勒（David Hyerle），包含8种思维模型。

与英式思维导图相比，思维图谱的8种思维模型分别对应不同的思维过程，功能明确且单一，与低年级孩子的思维特点相吻合，所以非常适合四年级及其以下年级的同学。这8种思维模型的不同特点如下图所示：

名　称	形状	对应思维	适用情形
圆圈图		联想思维	总结抽象思维，拓宽思维、展开联想
气泡图		发散思维	描述事物的特点和特征，适合低年龄的同学
双气泡图		对比思维	对两种事物进行对比时
树形图		总分思维	用于分组或分类，最上面是主题，依次往下分支，可用作知识的整理和归纳
括号图		整体与局部	用于分析整体与局部的关系
流程图		有序思维	总结做题的步骤，或对一些问题进行排序的情形
复流程图		因果思维	用于分析多种原因和结果
桥形图		类比思维	用于进行类比和类推

　　漂亮的思维导图更能给我们带来成就感，思维导图不必局限于某一种颜色或图形的限制，可以多种颜色、多种图形和符号一起运用，只要最后可以达到更加清晰、准确地掌握知识的目的就可以。

本节要点回顾

　　⭐ 做思维导图的过程，其实就是总结归纳的过程，一张图画完，就是把许多单个的内容串成串、结成网，让知识点不再零零散散、乱七八糟。

　　⭐ 思维导图只是一种学习的形式，形式是为内容服务的，可根据不同的主题巧妙灵活地匹配各种形式。

第5章

走出学习误区，这些要纠正

追风小二班
明天天气很好，我们一起去郊游吧。
举双手赞成。
我们商量一下去哪里吧。
森林公园就很好，我们还可以自己搭帐篷。
好主意！
我还要把上周的内容复习一下，你们先去吧，以后有时间我再去。
郭小果，你怎么总是没有时间？我好想让你一起去。
我也很想和你们一起去，可是我的成绩老上不去，实在不敢再花时间去玩了。

靠时间堆成绩是笨努力

时间很宝贵，不能随意浪费，可是也不能把所有的时间都用在学习上面，因为无论是我们的身体还是精神都需要适度的休息，这样才能放松下来。如果身体和精神长期处于紧张状态，那么反而会影响学习的效率和成绩。

米小咪拿着大家郊游的照片到班里分发，唐小糖正好在发昨天的测试卷 。发到郭小果的时候，唐小糖发现她的脸色很不好，于是等发完了卷子就赶紧走到她身边询问她："是不是身体不舒服？"

郭小果摇了摇头说："我身体没事，只是心情 不太好。"

唐小糖知道，郭小果又在为自己的成绩担忧了，可又不知道该怎么安慰她，只好拉着她的手 摇了摇。

郭小果忍不住说："小糖，我真的很羡慕你们，学习成绩又好，还不耽误出去玩儿，我每天花那么多时间学习，可成绩却不太好，难道我还要再晚睡一个小时 吗？"

唐小糖拍着郭小果的后背说："你不是花的时间不够，光靠时间是堆不出成绩的，而且你现在已经几乎没什么时间休息娱乐，千万不要再减少自己的睡眠时间了。"

郭小果苦恼地说："那怎么办？"

唐小糖告诉郭小果："与其强迫自己花更多的时间，不如充分利用现有的时间。"

郭小果有些不解："什么叫充分利用时间，你刚才不是说靠时间是堆不出成绩的吗？"

唐小糖回答她："充分利用时间并不是花更多的时间，而是用有效的时间取得最好的效果，在更短的时间内取得更好的成绩。"

郭小果赶紧接着她的话说："意思就是说花更少的时间做更多的事，取得更好的成绩！"说完郭小果又不敢相信似的问，"真有这么好的事？我能做到吗？"

唐小糖信心百倍地说："那当然，只要你学会时间管理，充分地利用好时间，就可以做到！"

同样的事情，有的人需要1个小时才能完成，而有的人却只需要20分钟就可以完成；有的人一整天都在忙前忙后，却做不出像样的成绩，而有的人看上去不慌不忙，却成绩显著……造成这种区别的原因有很多，但能否高效地管理时间，必然是众多原因中的一个。

和做其他事一样，好成绩并不是靠时间堆出来的，必要的休息和娱乐可以让身心得到有效的放松，反而有助于更好地投入学习。高效的方法和良好的习惯可以使我们充分利用时间，取得更好的成绩。

学霸来支着儿

Step 1 一段时间专注地做一件事

很多时候，我们花费了大量的时间却没有取得好成绩，甚至每天忙得脚不沾地，最后却连一件像样的事都没干成。这的确令人沮丧。但是，你有没有想过，造成这种结果的原因是不是自己根本没有专注地做事？

一段时间只专注地做一件事，做完一件再做另一件，不要既想做这件事心里又惦记另一件事，最终哪件事也做不好。

如何做到这一点？试试如下方法：

做事要定时定量，如15分钟内背10个单词，背会之后再做其他事。

如果专注时间较短，可以定好先学习20分钟，休息5分钟，学习的时候就集中精力学习，设置的时间一到，马上就休息，休息时间满了以后再马上学习。

把自己的学习区域和其他区域分开，如果没有专门的房间可以戴上耳机、拉上帘子。

精简学习环境，把玩具、杂志等其他容易令自己分心的东西全部拿走。

Step 2 确保一直在做最重要的事情

不要试图把所有的事情都做好，那些学习高手一定是懂得如何舍弃的人。比如，你面前放了一大堆书，你应该如何阅读？答案很简单，拿起你认为最重要的一本，认真阅读，读完了再拿下一本，而不是同时拿起十几本书，随意浏览，那样哪本都读不好。确保自己一直在做最重要的事情，实际上也就是确保了自己的时间一直在被高效地利用。

Step 3 放弃超过能力范围的事

要学会放弃那些看起来很有价值，但是超过自己能力范围的事。比如，在考试时，遇到了一道难度极高的题目，这样的题目虽然值得挑战，如果把时间全耗在这道题上，那么后面的题可能答不好或答不完。去挑战这样的难题，不仅不会有结果，还会减分。因为这会没有时间去做对那些本来可以拿分的题目。

本节要点回顾

⭐ 花费的时间与学习成绩并不成正比，学习效率才是影响学习成绩的重要因素。

⭐ 无论做什么都专注地沉浸其中，专注力越高效果才会越好。

⭐ 学习的时候就专注高效地学，休息娱乐的时候就轻松开心地玩，劳逸结合，才能形成良性循环。

追风小二班
咱们老百姓，今儿个真高兴，真呀真高兴！
什么事情让你那么高兴？
今天语文老师请假，不用上语文课啦！
可是这样一来，数学课会不会就要多上呀！天哪，我的末日到了！
你们俩太夸张了，上什么课不都一样吗？
对于你们全科成绩都好的来说是一样，可是对我们这种某科成绩较差的学生来说就不一样了，学起来太难的科目自然就不想学了。

只学自己感兴趣的学科

如果各科成绩相差极大，有些科目考得很好，有些科目则考得很差，你需要注意自己已经偏科了。这意味着你的某些学科表现很好，而另一些学科则表现不佳。这种情况不应该被忽视，需要认真对待。

语文老师不在，鲁小路代替老师通知大家："语文老师让把上周作业中的错题 📝 都修改完，另外，如果有时间的话，再把前两个单元的笔记整理好。"

钱小强在一边做着鬼脸说："我没有时间，所以只要把错题都修改完就可以了。"

唐小糖说："我看你不是没有时间，而是根本就不打算花时间整理笔记。"

钱小强："就算你说对了又怎么样！嘻嘻嘻！"说着他又冲唐小糖吐了一下舌头。

鲁小路劝他说："钱小强，前面两个单元的笔记很多，你不抓紧

时间 🕐 整理的话，考试时又该丢分了。"

但是钱小强却没有听大家劝告，"没有什么能够阻挡，我对自由的向往——"一边哼着歌 🎵 一边走出了教室。

郭小果在旁边说："钱小强数学那么好，不知道为什么语文考试却总丢分，而我语文成绩还行，可是一想到数学就觉得头疼。"

唐小糖说："我们不能只关注几门功课，所有的科目都要认真学习。现在我们学的科目还比较少，将来上了初中科目会更多。偏科太严重的话，会影响将来升高中、考大学的整体成绩，这对未来会有很大的影响。"

郭小果说："其实你说的这些我也知道，而且我也想学好数学，数学 📘 是很多学科的基础，可是我觉得它太难了，一想到做数学题我就害怕。"

唐小糖鼓励她："小果，不要怕，越难我们越要想办法攻克它，要相信 ✊ 自己！"

也许有些同学觉得只要把自己感兴趣的学科学好就可以了，如果别的科目都能拿高分，偏一科也不要紧；有些同学是出于其他原因而放弃自己不喜欢的科目。无论出于何种原因，偏科问题都要及早纠正，不然困难越积越多、问题越积越深，久而久之，想纠正就更不容易了。

学霸来支着儿

Step 1　找到偏科原因，有的放矢

凡事有因才有果，有些同学不喜欢某些学科也是有原因的，找到原因才能找到根治的办法。通常偏科的原因有如下几种：

畏难心理

如果是因为以下因素而不喜欢学习某些学科，那就是畏难心理在捣鬼：

听别人说，某科很难学，于是就认为凭自己根本学不好。

曾经有一次或几次考试成绩不理想，觉得太难学，干脆放弃。

畏难心理会造成"越觉得难越不喜欢，越不喜欢越觉得难"的恶性循环。

对一些科目提不起兴趣

一些同学就是纯粹地对某些学科提不起兴趣，看见这些课本也不想翻，老师讲课也不想认真听。久而久之，这些科目的成绩就越来越差。

对任课老师有意见

还有一些同学原本对某些学科很有兴趣，学得也不错，却因为对任课老师不满，于是就把不满转移到了这些学科上面，渐渐地对这些学科也没了兴趣。这种情况的出现分为老师和学生自身两方面：

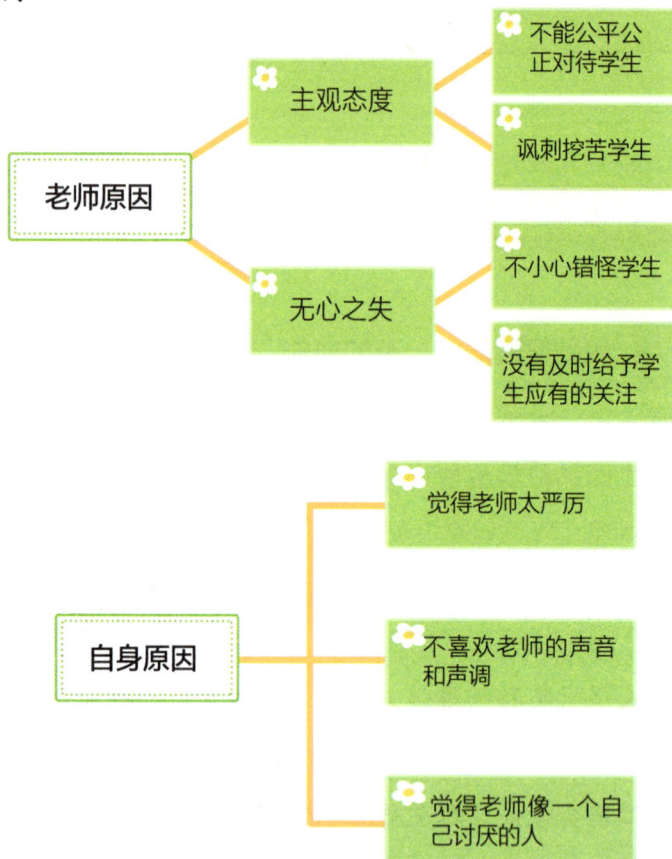

```
                              ┌─ 不能公平公
              ┌─ 主观态度 ─────┤   正对待学生
              │               └─ 讽刺挖苦学生
老师原因 ──────┤
              │               ┌─ 不小心错怪学生
              └─ 无心之失 ─────┤
                              └─ 没有及时给予学
                                 生应有的关注


              ┌─ 觉得老师太严厉
              │
自身原因 ──────┼─ 不喜欢老师的声音
              │   和声调
              │
              └─ 觉得老师像一个自
                 己讨厌的人
```

Step 2　积极暗示，树立克服困难的信心

如果同学们是出于畏难心理才不想学，那就要努力地走出舒适区，打破消极的心理暗示，不断对自己进行积极的心理建设，

这样才能树立克服困难的信心。可以借鉴如下方法：

找些名人名言抄到自己成绩偏差科目的书皮和笔记本封面上，每次打开书或笔记本都会受到正面的激励。

提前预习成绩较差的科目，这样在上课时就不会觉得太难，信心也会逐渐建立。

不和别人横向比成绩，只和自己纵向比，只要自己每天都进步一点，就对自己进行正面奖励。

别人说自己某科差时，不要太在意，只要你自己已经在努力变得更好就可以了。

Step 3　多沟通，早和解

如果因为对老师有意见而导致偏科那实在太可惜，遇到这种情况，不妨自己主动和家长进行沟通，让家长帮自己分析原因，找到合适的解决办法。更重要的是，自己要努力做到心胸开阔，正确对待老师的批评和教导。千万不要因为一时的负气而给自己造成无法挽回的遗憾。

Step 4　提高自控力，纠正偏科行为

学习不能只考虑自己的兴趣爱好，不能对自己喜欢的学科就百般"宠爱"，对自己不喜欢的学科则"打入冷宫"。如果只是出于自身兴趣的原因，那就要提高自控力，有意识地纠正自

己的学习态度，并把时间和精力合理地安排在各个科目上。

当然，纠正偏科行为不止说说那么简单，平时不妨采取以下小方法来提高自控力：

用自己喜欢的卡片做书签，每次一打开书就想起这门科目的重要性，这样可以帮助我们更加专注于学习。

找一个最喜欢的本记笔记，并且每次整理完这些学科的笔记都给自己适当的奖励。

把效率最高的时间段分配给不感兴趣的学科，学起来有效率，成就感就会提升，兴趣也会随之而来。

本节要点回顾

⭐ 无论出于什么原因，偏科带来的后果都是十分严重的，而且问题会越积越多，必须尽早解决。

⭐ 要始终弄清楚一点，学习是为自己而学，千万不要因为别人的消极暗示或不当做法而影响自己的学业。

⭐ 偏科问题要循序渐进地进行纠正，不可急于求成。

追风小二班
露营的食物我都准备好了，你们负责的东西都准备好了吗?
我负责的帐篷准备好了。
我负责的做饭工具也准备好了。
大家把准备的东西清单都发给我一份，我最后再确认一下。
那些东西我都堆在一起了，难道还要全部拿出来列清单吗?
你应该先列清单再准备东西，而且整理后之后还要核对一下。
该准备的东西准备好就可以了，怎么这么麻烦!

只学皮毛，知识没有完全吃透

做任何事情都要尽可能地做好，把各项工作做到位，不能别人一问，回答"好了""会了"就算完事。学习要讲究落到实处，否则最终受到影响的还是自己。

上课时老师常常会问："会了吗？""懂了吗？""掌握了吗？"大家都是怎么回答的？在课堂上常常听到的都是肯定的回答，可实际上真的会了、懂了、掌握了吗？

如果一味地回答"会了""懂了""掌握了"，会误以为自己完全理解了知识点，从而忽略了对知识点的深层理解和掌握。这样，就很难在学习中进一步提高自己的水平，甚至会降低自己的学习兴趣。

上课时，数学老师批评了郭小果，原因是他问了郭小果几个题，结果她都没有答出来。下课以后，郭小果都快急哭了，拿着书赶快向身后的唐小糖请教。

钱小强从她们身边经过时，很不解地说："郭小果，我看你上课挺认真的，怎么这几个题 你一个也没解出来呀？"

米小咪也凑上来说："是呀，老师刚才在提问之前还问大家'是不是都明白了'——呵呵，不过，其实我也不是都明白。"

郭小果苦着脸 说："上课时我确实很认真地在听课，而且老师讲的几个公式我都背了好几遍，我感觉自己确实会了呀，不信你们考考我！"

唐小糖安慰她说："小果，你别着急，大家没有质疑你，其实不只是你，我今天也没太听明白。一会儿，我们把自己不明白的地方都列出来，等自习课的时候大家一起讨论吧。"

钱小强开心地 说："好呀好呀，有一道题我也没弄清楚为什么要那么做。"

鲁小路说："今天的题我弄明白了，其实都是根据课本 上的例题变化来的，只不过有一些题又把前面几节课的知识点加了进去。"

听了大家的话，郭小果渐渐放松下来，说："课本上的例题我也看过，可只看了看解题 经过，根本没有多想，更想不到把前面的知识点融合起来解题。"

许多同学可能都有过和郭小果一样的经历，看上去认真听课，而且把一些知识点也背了下来，例题也看完了，可最后就是做不对题、考试成绩也不好。问题到底出在哪里呢？

其实问题还是出在自己身上，我们可能只是看上去在认真学习，却根本没有把知识学通学透。

每次考试前，老师经常强调"要吃透书本，把知识都理解透了很重要"。但是许多同学都没有真正理解这些话，也很难做到这一点。

如何才能像老师说的那样吃透书本，把知识理解透呢？

学霸来支着儿

Step 1 需要背会的知识要落实到纸上

需要背会的知识，不要只用嘴去背，最好把它们默写出来，这样不仅记忆深刻，而且还可以避免会背不会写的情况。

容易混淆的知识，在纸上把知识之间的相同点、不同点一一列明，并尽量总结出它们的本质区别。

背诵默写的同时，弄清楚要背诵内容的背景，并把老师强调的重点标出来。

Step 2 要求理解的知识要举一反三

举一反三，这件不断被老师强调的事情，不知道你有没有做过呢？真正会学习的人首先会摒弃拖延、懒惰的思想，在遇到问题的时候，会努力找解决方法，同时还会深入思考，用当下的问题做实验，尝试用同样的方法或者知识来解决问题，这就是举一反三。

学习公式概念等需要理解的知识点时，要把它们的来龙去脉、各种变式都弄明白。

把需要理解的知识点用自己的话总结出来，写到笔记本上，一定要自己总结，这是把书本知识消化吸收成自己知识的重要过程。

把要求理解的知识用自己的话讲给别人听，尽量化繁为简、深入浅出，并能做到对别人的提问进行条理清楚地回答。

举出实例来佐证自己对知识的理解，正例反例都要有。

Step 3 需要掌握的知识要活学活用

要求掌握的知识不是会背会写就可以了，而是需要把每个知识点不断地总结、提炼、融合，最终在自己的头脑中形成一张完整的知识网，在做题时这张知识网中的每一个点都要能灵活运用。要想做到这些，平时需做到以下几点：

课本中的例题要反复咀嚼，这样才能吃透对知识点的考查。

新学的知识要通过不同途径多多使用，用得越熟练，知识的掌握程度就越高。

在实际做题时遇到困难可以向老师同学多请教，与别人一起讨论有助于消化吸收新知识。

把旧知识融会贯通，看看能不能发现新问题——善于发现问题的人，才更会解决问题。

本节要点回顾

⭐ "一听就懂，一做就错，一考就完"，造成这种问题的根本原因是学知识的时候只学了皮毛，根本就没把知识完全吃透。

⭐ 养成主动思考、认真钻研的好习惯，遇事多问自己"为什么"，自己解决不了的主动请教他人。

⭐ 总结归纳、融会贯通、活学活用，这是学习所有知识的必备法宝。

我发现了许多好东西，我很快就要一鸣惊人了！

钱小强最近神秘兮兮的。

我也发现了，似乎上课的时候也在偷偷做别的。

我又没做坏事，我是在奋力攻克难题。

做难题还那么上瘾吗？

学霸的世界我们不懂。

钱小强，你最近作业错好多。

那些题小意思啦，只要我认真一点儿，分分钟就能搞定。

忽视基础，追求偏题难题

你的班里有没有这样的同学？

他们看上去很厉害，认为基础题自己一定会做，哪怕以前已经在基础题上丢过很多分、吃过很多亏，还是信心百倍地认为，自己只要再细心一点儿，基础题肯定会做。而且他们还认为，基础题分值太小，不值得花太多的时间和精力去做，而大题一旦做对了就能拿很多分，而且大题做对了就证明自己学习能力强。

如果你见到这样的同学，一定要劝劝他们，让他们回归到课本上，好好把基础知识学扎实。

米小咪看见钱小强垂头丧气地从办公室走出来，觉得很奇怪，于是问道："钱小强，你怎么了？平时你最爱说笑了，今天怎么就像被霜打过的茄子 一样蔫巴巴的。"

钱小强委屈地说："还能怎么了，刚刚被老师批评了呗。"

米小咪问他："又被语文老师批评了？是不是又没完成作业？"

钱小强看上去更加委屈地说："是被数学老师批评了，我现在语

文作业 完成得很好。"

唐小糖和郭小果正好经过听到了他俩的对话,郭小果不禁也问:"这可奇怪了,你的数学成绩一向不是很好 吗?我看一遇到难题,老师都会在课堂上点你的名。"

听到郭小果的话,钱小强的兴致似乎被提起一点,他对着几位同学说:"对呀,我的数学成绩是有目共睹的,而且我也有做难题的能力。"

郭小果又问他:"那你为什么会被数学老师批评呢?"

一听这话,钱小强又蔫了,他说:"老师就是批评我把太多的时间 和精力放在偏题难题上面了,说我忽视了基础知识,最近的作业写得一塌糊涂。"

没等几位同学说话,钱小强又抢着说:"可是,我觉得做偏题难题才能显示出我的水平,那些简单的基础题,谁不会做呀?老师平时留的作业都是些简单得不能再简单的题,只要弄明白基础知识就可以了,我觉得与其花费时间和精力在那些题上面,还不如去钻研偏题难题。"

唐小糖看他心绪难平的样子问道:"看来你对老师的批评有些不满。"

钱小强梗着脖子回答:"老师说我是在钻牛角尖,还说我舍本逐末,觉得我不注重基础知识,以后会吃大亏。我觉得老师说的不全对。"

唐小糖问他:"你觉得老师哪里说的不对?"

钱小强信心十足地说："基础知识稍微复习一下就会了，那些简单的基础题 只要我稍微注意一下就能做对 ，哪里需要花费太多时间和精力。"

唐小糖又问："那你最近的作业 怎么错那么多？"

钱小强不屑地说："那只是我一时不小心。"

唐小糖继续追问他："是你不小心，还是基础知识根本就没有完全掌握？"

钱小强心虚地回答："这段时间我确实没有好好抓基础，不过最近我弄了一些平时很难见到的怪题，越钻研越觉得有意思，虽然烧脑，可是很刺激呀，如果能做对这些怪题难题，考试时那些压轴题不就轻轻松松地拿到分了吗？"

唐小糖问他："这些情况你和数学老师说了吗？"

钱小强说："我和老师说了，可是老师听了以后还是不理解我，还说我这样做是既捡不到西瓜 又会丢了芝麻。"

唐小糖听了以后说："我觉得你忽视基础，一味追求偏题难题的行为不是一个好现象。我劝你还是回归到课本上，好好把基础知识学扎实，每天把作业 认认真真地弄明白。"

钱小强不解地说："怎么你和老师说的都一样？"

唐小糖笑着告诉他："因为我们都是为了你好呀，我知道你的思维很开阔，平时做题 总有一些意想不到的方法，不过，任何一种解题方法都需要围绕基础知识来展开,难题也是建立在基础知识之上的。"

偏题难题一般是指一些考试中的压轴题,或者是一些特殊的竞赛题,做这类题需要花费大量的时间。

有些同学喜欢做偏题难题,觉得做出这样的题很有成就感,于是做题时一味地追求偏、怪、难,对于那些考查基础知识的"简单题"不屑一顾,有些同学甚至把全部时间都用在做偏题难题上,连上课时老师讲的基础知识都不认真听,结果在这条路上越走越偏。

可是事实是怎样的呢?他们认为简单易做的基础题,经常一错一大片,而他们一心追求的偏题难题也并没有完全做对,这就是典型的舍本逐末。

学霸来支着儿

Step 1 学习要以基础知识为本

学习不能脱离基础,要回归到课本里的基础知识上。如书上的例题和练习题,课上老师强调的重点知识等。

Step 2 保证基础题不丢分

基础题在整个学习过程中占非常大的比重，有些同学的基础知识掌握得还不错，可平时却把大量的时间花在了偏题难题上面，做基础题的时间就少之又少了。最后，即使偏题难题能全部答对，整体成绩还是不高。

所以，把基础知识吃透理清之后，还要通过做基础题检验自己的学习成果。平时练习或考试时，要尽可能地保证基础题不丢分。

Step 3 做好基础再拔高

确保自己课本上的知识都会了，平时基础题都做对了，再考虑偏题和难题，这样成绩才能从整体上有所提升。

本节要点回顾

⭐ 考试可不只考大题，难题偏题毕竟是少数，学习一定要回归基础。

⭐ 忽视基础，想通过偏题难题得高分，无异于空中楼阁，奠定好基础才能稳扎稳打。

追风小二班
这周六下午的篮球赛，我要代表咱们班上场了，大家一定要去给我加油助威呀！
下周三就要进行数学竞赛了，周一周二数学老师肯定会进行最后一轮的“疯狂投喂”，你还有时间去打球赛？
适当的运动有助于头脑的放松，而且还有助于提高神经活跃度，这正是我最需要的。
你说得有道理，我们也正好呼吸一下新鲜空气、活动活动身体，让大脑充分休息休息。
我也好想出去透透气呀，可是还有很多题要做，好羡慕你们……

疯狂做题不等于会学习

做完老师布置的作业，又做家长买的卷子，可是回头又看到别人在做自己没做过的模拟题……我们的时间和精力有限，可是题却是无限的。

难道我们就要这样一直将自己淹没在题海当中吗？大家有没有发现，我们虽然在没完没了地做题，可成绩却始终上不去。是做的题还不够多吗？其实是因为做题没有选对方法，要时刻谨记，做题不是为了追求多，而是为了把知识掌握得更好。

米小咪拿着之前借的卷子 问唐小糖："你的卷子上怎么有那么多的标记，而且有很多不同颜色、不同符号的标记，都是干什么用的啊？"

唐小糖说："红色打钩 的是标出的错题，红色波浪线画出的是我当时不能理解的题目。"

"那旁边蓝色的字又是什么？"米小咪不解地问。

唐小糖回答她："那就是我总结出的错题的有关知识点，做错的题，一般都是知识点没有掌握牢固，在旁边写一遍，我就能记得更清楚了。"

郭小果听到她俩的对话不禁也走过来说："这样的话，你不是要花很多时间 吗？每天你做不了多少题吧？"

听了郭小果的话，米小咪连连点头。

唐小糖笑着问她们："那你们说，我们做题的目的是什么？"

见郭小果低头在想，米小咪抢先说："是为了考试的时候遇到同样的题，一眼就能找到答案。"

唐小糖想了一下说："考试 时确实偶尔会遇到这种情况，可是这种情况实在是少之又少，如果想在考试时遇到以前做过的原题有好成绩，那和买彩票中奖的概率差不多。"

郭小果这时开口说："是为了把学过的知识 都弄明白吧？"

唐小糖反问她们："你们想一想，如果原本就没学会、没掌握的知识，做完题以后你们就会了吗？"

郭小果很无奈地回答："当然不会，我早就发现了，以前不会的东西，做相应的题目时肯定会错。"

唐小糖说："做题的目的是检验我们的学习成果，通过做题，可以进一步确定哪些知识已经完全掌握，哪些知识只是一知半解，还有哪些知识是完全没有掌握的。"

米小咪又问："那没掌握的知识该怎么办呢？"

唐小糖说："那就先不要做题 了，把没掌握的知识弄明白以后，再通过做题检验一下自己是不是真的完全掌握了。"

郭小果开心 也说："听你一席话，胜做十套题！小糖，谢谢你。"

> 我们可以通过做题巩固知识，并找出自己的知识漏洞和盲区，还有助于更清楚地了解自己对知识的掌握情况。所以，做题的目的是检验自己的学习成果，做题是提高学习成绩的一种手段，但成绩提高的前提，是要会做题。
>
> 整天埋头做题的人，不见得会做题，更不等于成绩好。所以疯狂做题，不等于会学习。要想学习成绩好，做题必须有头脑。

学霸来支着儿

Step 1 做题之前要先复习一遍课本

千万不要脑袋空空就开始做题，否则不仅不能有效地把诸多知识点消化吸收，还会做得多、错得多，从而打击学习的积极性。课本是基础，吃透课本上的知识点再做题，不仅速度快而且正确率还很高，关键是对知识的理解也更加深刻。

要想更好地巩固知识，可参考如下做法：

平时学完一章或一单元的新课，复习之后，抓紧时间做本章或本单元的练习题，及时巩固当前的知识点。

在做题时迅速找到题目和知识点之间的联系，即看到题马上就知道它要考查的知识点是什么，这样不仅事半功倍，而且也有利于及时发现自己哪些知识点掌握得不够好。

Step2　及时核对答案，认真分析错题

一些同学觉得多做题就可以提高成绩，可是只做不分析、不总结，往往以前错过的题，后来还会做错。造成这种问题的直接原因就是不整理和分析错题，长此下去，自己疲惫不堪，但效果甚微。

做完题后要把错题认真分析一遍，把题目中涉及的知识点认真巩固，尽量保证下次见到类似题目时不会再做错。每一道题，都保质保量地完成，这样才是有效的做题方式。

分析错题时需要做到以下几点：

做好标记，找出错误原因	·标出错误原因 ·写出题目考查的知识点

找到解决 问题的办法	·正确的解题思路是什么 ·拓展的知识点有哪些
归纳总结	·把新的解题思路和新的知识点补充到积累本上 ·把以为自己会实际却并没掌握的知识在笔记上标明

本节要点回顾

⭐ 要想学习成绩好，做题必须有头脑；做题没方法，再多也白搭。

⭐ 做太多的题会让自己身心疲惫，如果错题太多，可能还会打击学习的信心，所以与其疯狂做题，不如选择更有效的做题方法。

⭐ 做题要边做边总结，及时发现自己遗漏了哪些知识点，这比埋头苦做的效率更高。

高效
听课法

你家是否有"同款小孩"？

一上课就发呆走神，心不在焉

左耳进，右耳冒，抓不到重点

只会抄板书，不会做笔记

一堂课下来，只听懂十分之一

......

本书教给孩子听课的技巧

提升专注力，防止上课走神

学会记笔记，精准高效学习

上架建议：儿童教育

ISBN 978-7-5168-3660-6

9 787516 836606 >

定价：158.00元（全五册）

策划编辑：刘慧滢

责任编辑：姚红梅

封面设计：韩海静

学习不累
效率翻倍

学习
有方法

超级记忆法

朝歌 编著

激发学习内驱力　培养终身学习力

搞定难记的
公式、诗词古文、历史事件

学习图形化,方法具象化

专治忘得快,告别记不住

台海出版社

学习·
有方法

超级记忆法

朝歌 编著

台海出版社

图书在版编目（CIP）数据

学习有方法 . 超级记忆法 / 朝歌编著 . -- 北京：

台海出版社 , 2023.10

ISBN 978-7-5168-3660-6

Ⅰ . ①学… Ⅱ . ①朝… Ⅲ . ①学习方法—少儿读物②

记忆术—少儿读物 Ⅳ . ① G442-49 ② B842.3-49

中国国家版本馆 CIP 数据核字 (2023) 第 183679 号

学习有方法 . 超级记忆法

编　　著：朝　歌

出 版 人：蔡　旭　　　　　　封面设计：韩海静
责任编辑：姚红梅　　　　　　策划编辑：刘慧滢

出版发行：台海出版社
地　　址：北京市东城区景山东街 20 号　邮政编码：100009
电　　话：010-64041652（发行，邮购）
传　　真：010-84045799（总编室）
网　　址：www.taimeng.org.cn/thcbs/default.htm
E-m ail：thcbs@126.com

经　　销：全国各地新华书店
印　　刷：三河市南阳印刷有限公司
本书如有破损、缺页、装订错误，请与本社联系调换

开　　本：710 毫米 ×1000 毫米　　1/16
字　　数：106 千字　　　　　　　印　　张：11
版　　次：2023 年 10 月第 1 版　　印　　次：2023 年 10 月第 1 次印刷
书　　号：ISBN 978-7-5168-3660-6

定　　价：158.00 元（全五册）

比天赋更重要的是方法

中国有句古话："工欲善其事，必先利其器。"虽然做事是最终目的，但掌握做事的方法，才是先决条件。学习也是同样的道理，"学会"不如"会学"，只有掌握了学习的方法，才能摆脱"明明很努力，成绩就是上不去"的魔咒。

《学习有方法》是一套科学合理、简便易用的学习方法指导书。全书共分为五册，用简洁的语言和贴近日常生活的故事，讲述孩子在学习过程中遇到的问题。书中包含了上百种学习方法和大量的图形、表格、导图等学习工具，如"万能记忆公式""康奈尔笔记法""时间管理四象限法""番茄学习法"等，这些宝藏学习法趣味性强，高效实用，能有效解决孩子不爱学习、不会学习的问题，助力孩子快速拿高分，逆袭成优等生。

希望《学习有方法》能够成为孩子前进的朝阳，帮助他们拨开云雾，找到通往成功之路。

认识我吧

唐小糖

性格开朗，是同学们的开心果。成绩优秀，班里的小学霸。喜欢分析问题，常常会总结一些学习小窍门与同学们分享。

鲁小路

同学们的暖心哥哥，无论谁遇到困难，他都会挺身而出。天生聪明，为人勤奋，成绩一直很突出。

郭小果

性格温顺，不是很自信，凡事都以和为贵。一直默默无闻地学习，但是缺少好方法，成绩并不太理想。

米小咪

聪明，口齿伶俐，平时很爱美。在同学们眼里，她是"时尚小达人"。不过学习成绩并不好。

钱小强

班级里的捣蛋鬼，常有一些"鬼点子"。反应很快，逻辑能力强，数学对他来说是小菜一碟。

目 录
contents

第1章

你不是记性差，只是没找对方法

追风小二班
学习就是天天背。
背完也还是不会。
就算会了，也还是做不对。
你们到底有没有背呢?
背了很多，怎么能说没背呢？背得我都累了。
可能学习方法没用对。

记忆力的 4 个黄金时段

　　记忆是学习的基础和关键。在学习的过程中，需要记住大量的知识和信息，包括概念、公式、事实、数据等。只有通过记忆，才能在需要的时候快速地回忆起这些知识和信息，从而更好地理解和应用它们。记忆的效果不仅和记忆方法有关，也和记忆的时间有关，那么，该如何选择合适的时间来进行记忆呢？

　　"君不见黄河之水天上来，奔流到海……"为了应对语文老师的检查，米小咪、郭小果刚下课就抓紧拿出语文课本断断续续地背诵起来。

　　"临时抱佛脚是没有用的。"钱小强嬉皮笑脸地说道。

　　"马上在我面前消失。"米小咪严肃地对钱小强说。

　　"你别急眼呀！"钱小强笑嘻嘻地说。

　　"君不见黄河之水天上来，奔流到海不复回……"米小咪没有接话，转头认真地背诵起来。

　　"他们不搭理我，小糖，咱俩一个阵营吧！"钱小强把目标转向正在看书的唐小糖。

"好呀！你站在左面，我站在右面！"唐小糖轻松地应承下来。

"我只能跟你一个阵营，但是你自己站着就好了。"唐小糖笑着对钱小强说。

"人家唐小糖肯定早就背下来了。"鲁小路笑着提醒钱小强。

"唐小糖怎么会背不下来呢！"钱小强恍然大悟地说。

"不过说回来，即使你已经背过了，上课之前再背一遍也没什么问题吧！"鲁小路总觉得临时抱佛脚还是有点用的。

"我已经背熟了，现在还不如看会儿书。"唐小糖反倒认为临时抱佛脚不能真正掌握知识，只有熟练的记忆才能更好地应用。

"你是怎么背的呀？"鲁小路背得差不多了，索性就想取取经。

"我一般都是晚上睡前 30 分钟左右背诵，这段时间背诵不仅有助于入睡，还可以刺激大脑，促进记忆。第二天早上我早起一会儿，再简单回顾一下，基本就能牢牢记住了。"唐小糖轻快地说。

"这么轻松？"钱小强和鲁小路难以置信地齐声说道。

"差不多吧，加上预习、复习等流程，基本也就这点记忆的时间，选择合适的记忆时间，记忆可以事半功倍！"唐小糖接着说道。

"真厉害！小生佩服！"钱小强搞怪地竖起了大拇指。

上课铃响了，在教室后面站着的钱小强也暗暗下决心：以后语文课再也不站着听了，不就是背诵课文嘛！

记忆的黄金时间

根据人类的活动规律，我们发现一天中有些时间段记忆力较强，选择在这些时间段进行记忆性学习，有助于提高记忆效果和学习效率。

"记忆效率太低了，太浪费时间了。"

"每当背诵时就犯困，真记不住。"

充分利用黄金时间段是提高学习效率和记忆效果的重要手段。需要根据自己的时间规律和具体需求安排学习和复习时间，尽可能避免在过于疲累时进行学习和记忆，以获得更好的学习效果。

怎样能更合理利用记忆的黄金时间

立即回顾：在学习或体验结束后尽快抽出时间，回顾前面学习或阅读的内容，对容易混淆的概念、关键点进行梳理和加深。

思考总结：对所学内容进行思考，并进行总结，通过归纳总结加深对学习知识的印象和理解。

记录笔记：写下学习过程、疑问、感悟、认识和体验，有助于日后查找和追溯相关内容。

运用与延伸：将所学知识运用到实际应用场景中，进行延伸和补充，让所学知识能够在实践中得到不断加强和升华。

学霸来支着儿

Step 1 早上6：00 ~ 7：00

经过一夜的休息，身体在早上6 ~ 7点开始活跃，此时迎来一天中第一个记忆黄金时段，还可以攻克一些难以记忆的内容。

Step 2 上午8：00 ~ 10：00

此时是记忆力的黄金时间，可以记忆逻辑性比较强的数学公式或者成篇的课文。

Step 3 晚上18：00 ~ 20：00

回顾一天中所学的知识，将一天中零散的知识进行分类总结，同时也能加深记忆。

Step 4 晚上 21：00 后

　　研究表明，睡前的一个小时是一天中记忆的最佳时间段，记忆效率更高，能达到事半功倍的效果。

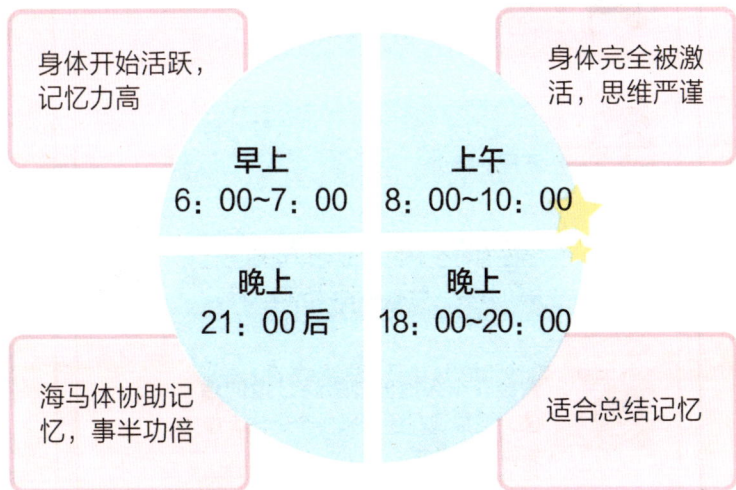

身体开始活跃，记忆力高

身体完全被激活，思维严谨

早上
6：00~7：00

上午
8：00~10：00

晚上
21：00 后

晚上
18：00~20：00

海马体协助记忆，事半功倍

适合总结记忆

本节要点回顾

　　☆ 尽量将记忆性学习安排在记忆黄金时间。
　　☆ 适当的饥饿、寒冷、走动同样有助于记忆。

追风小二班
怎么办，这么多知识点，一下就全忘了。
你怎么这么容易忘记呢?
@ 钱小强 我们每个人的大脑都有不同的特点。
有没有什么好的方法可以帮助记忆呢？比如，一看就能记住的工具。
曾经有个人提出过知识 U 盘的想法，但是现在还只是一个想法，技术并没有实现。
米小咪，不如试试我的万能记忆公式，说不定对你有用呢！

一个万能公式，专治记不住

知识繁多，要么就是记不住，要么就是记混。记忆是学习中遇到的最大的问题，掌握的知识点会忘记，做过的错题依然会做错，复杂的定理难以理解，这虽是记忆的规律，却也可以克服。许多学习优秀的同学尝试用简单易懂的方式来记忆复杂的知识，就好像使用公式一样。记忆真的有公式吗？有公式！但是公式也好，技巧也罢，说到底都是需要通过不断努力来实践的。

"记不住呀！不住呀！住呀！呀！" 刚一下课钱小强就大声喊。

"记不住就记不住呗，说这些干啥？" 鲁小路感到十分纳闷。

"这是回音你懂吗？回音你懂吗？……" 还没等钱小强说完，鲁小路赶紧打断，"等你说完这句话都放学了，有回音的这段时间你都能记好几个单词了。"

"你真不懂幽默，这是加强感叹 的一种修辞手法，我这是练习语文呢，你知道吗？知道吗？道吗？吗？"钱小强嬉皮笑脸地说。

"就你懂幽默！你懂！懂！"鲁小路假装结结巴巴地反驳着。

"钱小强，你真是闲得慌，整天就知道幽默。"米小咪说着，还做出了一个搞笑的表情 。

"我可不是只懂幽默，我学习也很好！"钱小强假装生气 地反驳道。

"没错。"鲁小路赞同 地说道。

"是啊，每个人都有自己的长处和不足。"郭小果说道。

"我的记忆力不如小糖，但是在其他方面很出色。"鲁小路说道。

"你记忆力也不差，再说了，我也只是用了些小技巧，大家都差不多的。"唐小糖并不认为自己的记忆力比别人好。

"可事实就是你比别人记东西快。"鲁小路依然觉得唐小糖拥有超人的记忆力。

"我记得快是因为有公式，很多知识点按照公式，快则几秒，慢则几分钟就记下来了。"唐小糖解释道。

"公式？"大家都很好奇，如果真的有记忆公式，那以后背东西就快多了，就连钱小强也伸长耳朵 等着听是什么公式。

"这个公式简单地说就是，理解＋关键词＋画面感＝记忆。我们天生对图像印象更深刻，因此学习一个新知识点的时候，把这个知识点先理解了，再提取关键词，按照自己的逻辑把关键词串联起来，并且根据自己的想法把这些关键词变成身边容易理解的事物，这样一看到这个知识点，第一个想到的就是相应的事物，再根据事物反推关键词，再按自己的逻辑串联关键词即可。"唐小糖一口气说出自己常用的记忆公式。

"简单地说，就是没有公式！这不还得浪费时间吗？我以为看一眼，就能记下来呢！"钱小强失望地走开了。

记忆有技巧，记忆再好的人也不能过目不忘，只要使用适合的方法，就能提高记忆效率。

万能记忆公式

理解＋关键词＋画面感＝记忆，这个方法也是联想记忆的一种，利用对图像的敏感，将枯燥的文字知识转化成有趣的图像，能加深记忆效果和提高记忆效率。

"背东西好无聊呀！"

"背完就忘，该怎么才能记得牢呀。"

记忆在一些人看来是无聊的、乏味的，有时候眼睛看着干枯的文字，而心已经飞到了九霄云外。

　　我们学习的第一步就是将知识点理解透彻，进而用自己的语言进行复述，提取关键词，把关键词图像化刻进大脑里，这样不仅可以掌握相关知识点，而且能轻松从大脑中将知识点提取，进而达到应用的目的。

如何利用万能公式快速记忆

　　浏览：通读文章、定义等，抓住本质，理解相应内容真正想表达的含义。

　　理解：透彻地对相应内容进行理解并提取关键词，如从中心点到周边任何点的距离都相等的形状叫作圆形，那么这个定义中的关键词就是中心、等距。

　　图像化：结合生活中的物体，可以联想到打靶时的靶子，靶心到边缘的距离是相等的。靶子就是圆形，那么在大脑中就存储了靶子这个形状。

　　回顾：经常回顾已经记住的知识，在大脑中不断地出现已经记住的图像，并尝试反推知识点。

学霸来支着儿

Step 1 背景依赖性记忆

人类大脑有个特质叫编码特异性，就是在相同的背景下记忆效果更好，如相同的地点、情绪、复习顺序等。人们常说的"触景生情""睹物思人"等，就是这个原理。

地点	更换多个场地更容易记忆
情绪	保持心态平和，可以提高记忆效果
复习顺序	不要按照一个顺序复习，打乱顺序，多次记忆

Step 2 还原记忆时的背景

难以回想起一个知识点的时候，不要试图一下子就记住所有的知识，可以通过一点点回想当时的情景，进而想到当时记忆的知识。比如当时在什么地方背诵的？旁边还有什么人？进而想起当时的知识点。

本节要点回顾

⭐ 记忆公式是帮助我们高效记忆的工具。

⭐ 结合自身熟悉的事物理解记忆更深刻。

⭐ 变换记忆背景，记忆更牢固。

追风小二班
要考试了，最近晚上总是入睡困难，有啥解决办法吗？
打一局游戏！
你就不能提供点有用的方法吗！
@郭小果 可别听他的，打游戏只会让人越来越精神。
那可不。
要不……试试跟我一起“修行”？

曼陀罗绘画：自我心理疗愈

因为学习压力大，难免出现焦虑、无法专注甚至抑郁的状态，进而影响睡眠、导致考试发挥失常等。似乎除了玩可以短暂地忘记这种痛苦，并没有什么其他好的解决办法，但是玩过之后又陷入更深的自责和焦虑，最后陷入恶性循环。那么真的没有解决办法吗？曼陀罗训练图是一种通过专注和深度思考来达到内心平静和精神放松的练习。它可以帮助人们减轻压力、焦虑和抑郁等负面情绪，提高注意力和专注力，增强自我意识和自我控制能力。

"不知道为什么，最近很烦躁，学习也学不进去，就连课后练习也总是出错。"郭小果拉着正在画画的唐小糖说。

"这很正常，偶尔烦躁、焦虑都可以理解。"唐小糖没有放下手中的笔 ，一边画一边跟郭小果说。

"我看你就不烦躁呀，是因为你不用担心学习成绩吧！"郭小果看着唐小糖悠然的样子说。

"我跟你们一样，怎么能不烦躁呢？我现在就是在解决烦躁的问题。"唐小糖指着正在画的画跟郭小果说。

"这也能解压，缓解烦躁的情绪？"郭小果难以置信地问。

"什么？我最爱画画 🎨 了，让我也试试！"米小咪凑上前好奇地问。

"这个不是普通的画，这个画叫作曼陀罗绘画，是一种心理疗愈的方法。"唐小糖指着自己刚刚画完的曼陀罗绘画说道。

"曼陀罗？好奇怪的名字，我记得有一种花 🌼 就叫曼陀罗花。"郭小果想起曼陀罗花这个词，但是并没有和绘画联系起来。

"对呀，曼陀罗花、曼陀罗绘画还有曼陀罗冥想等都是从印度传过来的，而曼陀罗绘画曾经帮助著名的心理学家卡尔·荣格走出自己人生最迷茫的阶段，后来曼陀罗绘画越来越多地被应用在心理疗愈领域。"唐小糖为曼陀罗绘画加上了一层神圣的光环 ☀️ 。

"这么厉害，那我这样的能治吗？"钱小强嬉皮笑脸地指着自己说。

"这种心灵上的东西不适合你！"米小咪假装严肃地说。

"不能够，我也得学习学习，总比记东西轻松吧。"原来钱小强只是想通过这个来逃避学习。

"咦——"教室里传来同学们一致的鄙夷声。

"这个方法可以提升心灵层次，还能平衡左右脑，提高记忆力、专注力等。"唐小糖的话让同学们更加好奇这个方法的效果。

"真的这么神奇吗？"同学们难以置信地问。

"我现在至少每两天就画一幅，最起码能感受到它给我带来的心灵宁静，让我不那么浮躁。至于其他的说法，也都是书上说的，在我身上还没得到验证，不过我相信只要坚持下去，这种方法对我一定有巨大的影响，毕竟我才刚刚接触就感觉很美妙。而且如果深入了解后我们还可以通过每个人的作品来分析他的内心 ♡ 世界。"唐小糖对曼陀罗绘画真的很认可。

同学们带着好奇与希望，纷纷研究曼陀罗绘画，有的查阅资料，有的学习画法，有的借鉴唐小糖的曼陀罗学习，教室里热闹极了。

曼陀罗绘画

曼陀罗绘画是一种冥想练习，可以帮助人们放松身心，减轻压力，提高专注力和记忆力；曼陀罗绘画也被用于治疗心理问题，如焦虑、抑郁和创伤后应激障碍。

"快要考试了，最近总是失眠。"

"学习任务很多，可是又学不下去，怎么办啊？"

每个人都有出现负面情绪的时候。有负面情绪不要紧，但如果一直迷失在负面情绪中无法自拔就会影响生活和学习，更严重的甚至带来难以治愈的心理疾病。所以我们应该学习一些技能以应对各种事情带来的困扰，使内心更加强大。

曼陀罗绘画是比较接近我们的一种心理疗愈方法，它简单易行，好玩有趣，让我们在色彩中得到治愈。它不仅可以帮我们走出焦虑、烦躁的困境，还能提高专注力、记忆力，长期坚持还可以提高应对逆境的能力。

曼陀罗绘画技巧

随心所欲的颜色：选择合适的颜色，不同颜色有不同的意义和作用，颜色的选择是随心所欲的，而不是根据美感和配色来选择。

手部稳定：保持手部稳定，绘画时要用整个手臂的力量，而不是只用手腕。

多样的画笔：可以使用不同的画笔和笔触，创造出不同的纹理和效果。

放松心情：绘画时要放松身心，不要过于追求完美，让画面自然流畅。在开始前，可以闭上眼睛深呼吸 10 次，画画时要保持深呼吸。

舒服的音乐：绘画时可以配合冥想音乐或者自然声音，帮助进入冥想状态。

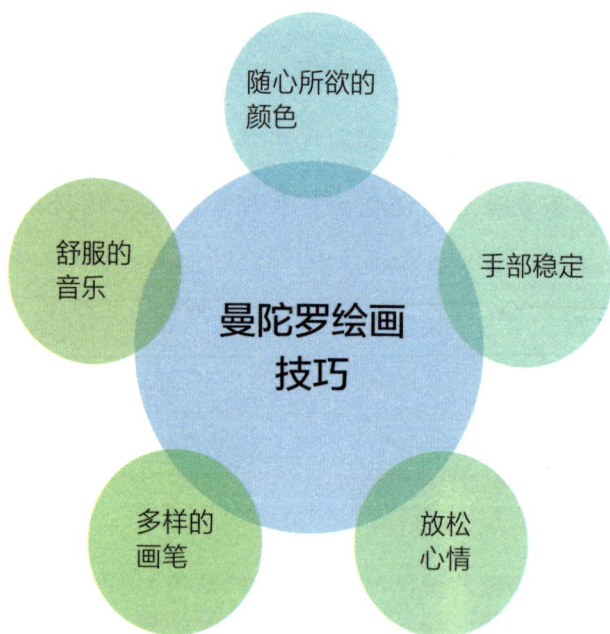

随心所欲的颜色

舒服的音乐

曼陀罗绘画技巧

手部稳定

多样的画笔

放松心情

学霸来支着儿

Step 1 狂草记忆

通过重复抄写的方式进行记忆，效果虽好但是效率低下，把抄写变成狂草，在笔记本上快速地写下自己要背的内容，这样既可以有抄写记忆的效果，同时还可以提高效率。

Step 2 讨论记忆

遇到一个难以理解的知识点时，不要着急记忆，先跟同学探讨这个知识点，经过讨论的知识点甚至都不需要特殊的记忆，就已经印在大脑里了。

本节要点回顾

⭐ 曼陀罗绘画可以平衡左右脑，提高记忆力。

⭐ 曼陀罗绘画可以缓解焦虑、疗愈心灵。

⭐ 曼陀罗绘画是一种探索，而不是一次创作。

养成在脑中"过电影"的习惯

看电视时，经常会有某一个角色回忆一些画面的场景，那么我们学习生活中有没有回忆过一些事情呢，这些事情也会像影视剧里面的场景那样清晰吗？过电影式记忆法能够很好地帮我们培养记忆力，通过不断练习，还可以激发右脑潜能，久而久之就可以轻松记住学习内容。

"你困了吗？"郭小果见唐小糖闭着眼睛问道。

"没有啊！"唐小糖依旧闭着眼睛。

"那你怎么一下课就闭着眼睛，你要么就是困了，要么就是学习太努力，眼睛疼。"郭小果关心地说道。

"哈哈，没有，我既不困，眼睛也不疼，我正在用新学的方法回忆老师上课讲的内容呢！"唐小糖这才睁开眼睛。

"回忆看一下笔记就行了，闭着眼睛怎么回忆呢？"郭小果觉得唐小糖这个行为很令人费解。

"这是我最近学的记忆方法，就是像'过电影'一样回忆上课时老师讲的内容。"唐小糖解答了郭小果的困惑。

"又有新方法？"听见新方法鲁小路两眼冒光 。

"对呀，这个方法就是通过在大脑中'过电影'似的进行复习，我已经试了几天了，效果还不错哦！"唐小糖直接现身说法。

"闭着眼像看电影一样，把上课的画面一点点地重现在眼前，这样对于老师所讲的知识将是一次全面的回放 。不仅可以加深对内容的理解，还可以加深记忆呢！"唐小糖说出了自己的心得。

"我也试试！"说着钱小强就站在原地闭上了双眼 。"怎么啥也不记得啊！"没过几秒钱小强就睁开双眼说道。

数学课结束后，老师吓了一跳，心想：咦？怎么所有同学都闭着眼，我讲的课这么无聊吗？

"唐小糖，你也困了吗？"数学老师还是不敢相信，以前唐小糖都很精神啊。

"老师，我们都在'过电影'呢！回忆课堂上讲的每一句话，每一个知识点。"钱小强率先打破了宁静。

老师听了，满意地走出了教室。

过电影式记忆法

就是将一天所学的知识像过电影一样通过记忆回放在脑海中，能够帮助我们更好地记忆和理解。

"想象力没那么丰富，头脑里很难形成画面。"

过电影式记忆法是一种将信息转化为视觉形象的记忆技巧，这种方法可以帮助我们更加深入地理解和记忆学习内容，因为视觉形象可以更好地激发大脑的联想能力，通过将信息转化为视觉形象，可以减少记忆负担，让学习更加轻松地进行。过电影式记忆法的应用非常广泛，可以帮助我们更加有效地学习和记忆，提高学习效率和成绩。

过电影式记忆法技巧

创造场景：将要记忆的信息如人物、物品、地点等，放入一个具体的场景中。

使用联想：将要记忆的信息与已知的信息进行联想。

制作图像：将要记忆的人物、物品、地点等信息，制作成具体的图像，以便更容易记忆。

使用音乐：将要记忆的人物、物品、地点等信息，与某个特定的音乐进行关联，以便更容易记忆。

使用动作：将要记忆的人物、物品、地点等信息，与某个特定的动作进行关联，以便更容易记忆。

学霸来支着儿

Step 1 多维度记忆

接触到一个知识点时尽量多维度对这个知识点展开联想，例如单词"police"，可以想象出身着制服的警察、闪着警灯的警车等。大胆展开你的想象，联想出的事物越多记得就越牢固。

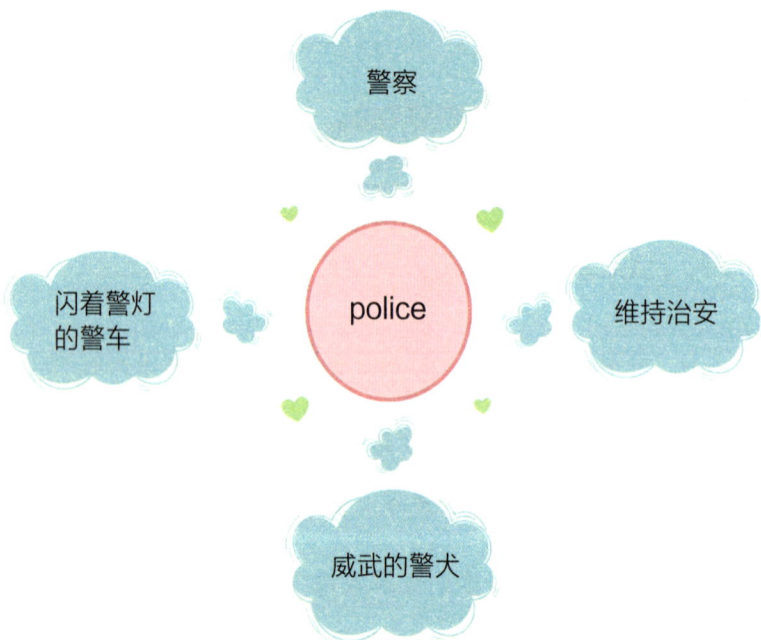

警察

闪着警灯的警车

police

维持治安

威武的警犬

Step 2 编故事

　　将一些需要记忆的知识点编成有趣的故事，故事更容易在大脑中形成画面，形成画面的事物一般都会存储在右脑，记忆更加牢固，也方便我们"过电影"。

Step 3 把知识作为背景音乐

　　把需要记忆的知识用自己的话讲出来，并且录音，在玩的时候播放出来，在自己的讲解下，更容易记住这些知识。

本节要点回顾

　　⭐ 过电影式记忆法可以有效利用碎片时间回忆复习。

　　⭐ 过电影记忆法需要充分展开联想。

追风小二班
吃饭喽，吃完饭写作业去。
吃饭喽，吃完饭打篮球去。
你们真同步。
谁跟他同步，我是爱学习的好孩子。
吃饭倒是挺同步。
写作业喽，写完作业吃饭去。

狮子记忆法：增强记忆的诀窍

现在生活条件优越，但这种舒适的生活状态也让一些同学容易满足现状，缺乏动力和方向。有一些研究表明，适度的饥饿和运动可能会对记忆和认知能力产生一定的积极影响，而我们的生活习惯与这种说法恰恰相反，我们喜欢在饱腹的状态下写作业，需要在温暖的房间里学习，被要求安静地坐在桌子前学习。因此，应该注意培养良好的学习习惯，例如定时上床睡觉、规律饮食、适度运动等，这些习惯有助于提高记忆力和认知健康水平，从而更好地学习和成长。

"吃了睡，睡了吃，吃了还得睡，睡完继续吃 🍳 。"钱小强摇头晃脑地说着走进了教室。

"哈哈，你又在逗我笑了！"米小咪不禁开心地笑了起来。

"这是我为你编的新歌 🎼 ！"钱小强也不介意米小咪的"挑衅"。

"我可是爱学习的好孩子，我是吃了学，学了再学，学完了还得学，可你总是玩玩闹闹，一点儿也不像学生。"米小咪笑着说。

"说来也是，为啥钱小强天天玩，成绩比米小咪好呢？"鲁小路迷惑地自言自语道。

"男孩子，聪明呗！"郭小果总认为别人比自己聪明，其实这都是她的谬论。

"我可不敢苟同。"唐小糖可不认为男女在智商上有多大的区别。

"那可不，要论聪明，还是小糖最聪明。"鲁小路附和道。

"学习方法和习惯还有努力决定了学习成果。"唐小糖对于影响学习成绩的因素还是比较有发言权的。

"学习习惯不就是学习方法吗？"鲁小路不解地问。

"学习习惯指的是什么时候学习，学习的时间往往影响学习的效率。你通常什么时候学习呢？"说着小糖转头问鲁小路。

"放学后玩一会儿，吃完晚饭就开始学习，一直学习到晚上9点多呢。"鲁小路挠挠后脑勺说道。

"你看，学习的时间大部分都集中在饭后 　，饭后身体的能量都用在胃部消化食物了，哪有精力去处理学习呀！"唐小糖发现了同学们学习上的问题。

"那应该什么时候学习呢？"鲁小路疑惑地问。

"人在饥饿时，记忆力是最好的。也就是说应该在饭前选择记忆性的知识进行学习。"唐小糖像个探长一样为大家分析。

"怪不得每天晚饭后做作业都昏昏沉沉的！"鲁小路感叹道。

"是呀，像这样有助于记忆力的情况还有走动时和寒冷时，人们形象地把这个方法叫作'狮子记忆法'。"

没想到就连学习的时间都有这么多的说法，同学们又学了一招，看来以后吃饭前的时间再也不能玩游戏了，这段时间可是太珍贵了！

狮子记忆法

狮子在饥饿、寒冷和狩猎时反应速度和记忆都是最佳的。作为哺乳动物的人类，原始本能跟狮子是类似的，也就是饥饿、寒冷、走动都会让海马体以为现在的状况是跟生存有关的，所以这种情况下，记忆力尤其好。

"这么点作业，吃完饭再写吧！"

"房间太冷了、现在太饿了，等一会再学习吧。"

饥饿、寒冷本来是逆境的状态，我们总想在舒服的状态进行学习，殊不知正是这种看似危及生存的状态，恰恰是记忆的最佳时期，这不仅是生存的本能，更是"居安思危"思想的切实展现。

子曰："君子食无求饱，居无求安，敏于事而慎于言，就有道而正焉，可谓好学也已。"孔夫子把食无求饱和居无求安作为好学的重要指标，正在学生阶段的我们也应该发扬这种精神，在保证营养的前提下，不暴饮暴食、不奢靡浪费，这也是健康生活的前提。

狮子记忆法有哪些技巧

注意细节：为了让狮子记忆法更好地发挥作用，我们需要注意细节。在记忆之前先了解要记忆的内容，考虑如何将它们分配到不同的部位，然后将它们连接起来，形成一个具有逻辑性的记忆架构。

创造图像：在每一个被记忆的元素上创造一个生动的图像，例如一只猫或者一张桌子。每个图像都应该与其他的图像相互关联，形成一个具有紧密联系的图像网，这样可以更容易地回忆起记忆的事项。

练习：在使用狮子记忆法时，需要进行反复练习，让自己观察和记忆的能力更加精细。练习包括反复朗读所记忆的内容、自己编造联想来加深记忆等。

创造情境：可以将要记忆的内容放在一个情境中，让记忆的过程更加生动。例如，将诸多要记忆的内容放在自己家中，每个地方都有记忆的事项，这样能够更容易地回忆起来。

学霸来支着儿

Step 1 保持适当的压力

适当的压力可以增强记忆力，压力过小和过大都会影响记忆力，保持适合自己的压力，有助于提高记忆力。

Step 2 考试记忆法

记忆一个知识点后，立刻就这个知识点做几个习题进行巩固，假想自己这几道题是考试时做错的题目。这样印象会更深刻。

Step 3 间隔记忆

记忆一个知识点不能持续时间过长，否则会导致效率低下，可以在科目之间、知识点之间进行交叉记忆。

30 分钟语文

15 分钟生字生词

15 分钟课文背诵

15 分钟公式定理

15 分钟练习巩固

30 分钟数学

30 分钟英语

15 分钟单词

15 分钟练习

本节要点回顾

⭐ 饥饿、寒冷、走动时记忆力更好。

⭐ 适当的压力可以提高记忆力。

⭐ 狮子记忆法可以结合其他记忆方法共同使用。

追风小二班
我发现，每科我都是第一章掌握得最扎实。
我就不一样，我是最后一章掌握得好。
中间的怎么办？
学呗！
可是由于我常常从第一章开始学，所以到最后就只学了第一章。
那就把每章都当作第一章不就完了。

头尾记忆法：一头一尾最关键

很多同学一学期下来总是第一章学得最好，笔记也是第一章记得最多，甚至连课堂表现都是一开始表现好。这是因为新学期的开始，我们信心百倍地准备大干一场，结果到第二章发现大干一场太难了，还是老老实实地"躺平"比较轻松。就这样一个学期来到了末尾阶段，这才恍然大悟，都要期末了，快学习一下吧，不然期末考试又不及格。这是大多数同学的实际情况，那为何不把每一天都当成开学的第一天呢？

"开学喽，这学期我的目标是超越钱小强！"刚开学没几天，米小咪就树立了远大的目标。

"你不是我的目标，我要向唐小糖发起挑战。"钱小强壮志豪情地发表着自己的雄心。

"我一弱女子可是打不过你，万望手下留情！"唐小糖听见钱小强的挑战，幽默地回应道。

"人家跟你说学习呢，谁要跟你比武啊！"钱小强尴尬地说。

"比武你都不一定能打得过唐小糖。"米小咪不屑地说道。

"成绩碾压唐小糖也不是不可能，你先想办法坚持学习到第二章。咱们以课本 上的笔记数量为标准衡量，怎么样？"鲁小路习惯了钱小强的雄心壮志，故意使用激将法，想着刺激一下钱小强 。

"没问题！咱们走着瞧吧！"钱小强似乎已经忘了以往的败绩。

"别说钱小强，我一般都是第一章学得认真，第二章开始就有些懈怠了，甚至背课文都是第一段背得熟练，中间的都不熟练。"郭小果很理解钱小强的目标，但同时也知道他多半是虎头蛇尾罢了。

"这个问题我也存在。"唐小糖也存在这种问题，索性就着话题跟大家一起讨论。

"原来学霸也这样啊！那你是怎么解决的呢？"鲁小路听见唐小糖也会有这种情况，心里 多了些自信。

"我一般都是把所有内容都分成小段，把大的章节分成小的知识点，这样每天都在学习新的知识点，就不至于因为内容多而懈怠了。尤其是在面对很多需要记忆的知识点时，将大问题分解就至关重要了。这样每段都是开头和结尾，每段都有热情学习。"唐小糖分享了自己的解决办法。

"你为了学习真的是非常努力 呀！"钱小强佩服地说。

这真是个好办法，针对虎头蛇尾的情况，把每个星期、每一天甚至每个小时都当成是一个新的开始。

头尾记忆法

头尾记忆法是针对人们倾向于记住最开始和末尾的事情，而对中间的事情则记忆力较为薄弱的问题所创造的记忆方法。这个方法的重点就是把大段内容分成小内容，以时刻保持最初的热情。

"我总是三分钟热度，过一会儿就没状态了。"

"课文中间的部分总是记不准确。"

我们学习时，往往都是开头的知识点和结尾的知识点掌握得比较扎实，课文的背诵也往往第一段记忆最为深刻，这个现象叫作系列位置效应，就是对于开头和结尾的印象最深。

头尾记忆法可以帮助我们更好地掌握知识点，提高学习成绩，减少重复学习的时间和精力。

头尾记忆法有哪些技巧

制定清晰的学习目标：在学习时，首先要明确自己的学习目标，确定要掌握的知识点和技能，以便在学习过程中有针对性地进行头尾记忆。

分段学习：将学习内容分段，每一段都要有明确的起点和终点，这样有助于头尾记忆。

多次复习：头尾记忆法的关键是多次复习，在学习过程中要反复回顾头部和尾部的内容，从而加深记忆。

强化关键信息：在学习过程中，要注意强化关键信息，例如重要的概念、公式、方法等，这些信息往往是头尾记忆的重点。

运用多种感官：头尾记忆法可以通过多种感官来实现，例如听、看、写等，可以根据自己的学习习惯选择适合自己的方式。

学霸来支着儿

Step 1 多变换顺序记忆

通过不断变换记忆顺序，打破头尾的束缚，所有内容都可以是头和尾，这样记忆效果更明显。

Step 2 定量定时

　　在实践中发现自己的记忆规律，选择自己记忆力最好的 15 分钟，坚持每天在这 15 分钟内记忆一定量的内容，这样可以提高自己的记忆力，同时也能养成良好的记忆习惯，增强记忆效果。

本节要点回顾

⭐ 头尾记忆法是基于系列位置效应的解决方案。

⭐ 多段复习可以解决中间记忆不牢的问题。

第 **2** 章

善用记忆工具，学习"苦差"变游戏

追风小二班
哎……英语到底有多少单词呀?
英语?有英语吗?
@钱小强 你那块信号不好，除了数学，其他的信号都接收不到。
小学阶段英语单词有500～700个。
这不是重点，重点是怎么背呀，这么多!
一个一个地背。

便利贴可以这样用

无论是英语单词还是语文课文，都离不开记忆。数量庞杂的各种知识点交织在一起，让我们望而却步。那有没有什么办法能够帮助我们随时随地都在学习呢？通过使用一些工具，可以有效地帮助我们利用好碎片时间。便利贴就是重要的学习工具之一，合理使用便利贴，可以有效提高学习效率，精准把握学习重点，还方便随时随地学习。便利贴真的这么好用吗？

"小糖，不是我说你，就你这笔记 📖 ，要是我妈看了，非得打你，这上面花花绿绿的都是什么呀，真是强迫症终结者！"郭小果看见唐小糖的笔记不由得感叹。

"我觉得很好看呢！一眼就能找到重点。而且便利贴 📄 还可以取下来单独存放。"唐小糖只看重结果，什么强迫症之类的对学习效果没有影响，她从来不在意。

"你好喜欢便利贴呀，怎么课本上、桌子上全部都贴满了呀，你看着不乱吗？"郭小果大概是受妈妈的影响，喜欢整整齐齐的。

"是呀，便利贴是学习的好工具呢！我一直在用这个工具帮助学习和记忆。"唐小糖不是太理解郭小果的"强迫症"。

"这也能记忆？"郭小果大吃一惊，"就连普通的便利贴在你手里都能成为学习工具，你真是厉害呀！"

"也算是个人习惯了，我喜欢在便利贴上写上英语单词、古诗等，然后把便利贴贴在所有方便看到的地方，就连马桶旁贴的都是，这样随时随地都在背东西，效果很好的。有些单词我根本不用一遍一遍地书写记忆，刷牙时顺便就记下来了。"唐小糖笑着说。

"你把时间都利用到极致了呀！真是太努力了！"鲁小路听见唐小糖的便利贴记忆不由得感叹道。

"主要是这些时间不背单词也只是单纯地刷牙，在那呆呆地杵着，多无聊，不如背单词充实一下。"唐小糖总是把时间安排得满满的。

"有那时间听会儿音乐 也比背单词强。"钱小强在一旁不屑地说。

"这就是你狭隘了吧，没听过 1.1^{365} 和 0.9^{365} 的对比吗？只要每天进步一点点，长此以往那就是巨大的跨越，只是一开始我们可能感觉不到而已。"鲁小路对钱小强说道。

"一个小小的便利贴就有这么多用处，我觉得就算我贴得满墙都是，也不一定看一眼。"钱小强依然一副满不在意的样子。

"你自己不爱学习，别人怎么逼迫也没用。"米小咪说道。

"是呀，便利贴也好，其他的学习方法也罢，都需要我们有一个积极主动的学习态度，学习工具也只是辅助我们学习而已。"唐小糖很认同米小咪的说法。

"不过我倒是挺喜欢你这花花绿绿的课本 📖，我也要用便利贴做笔记和背单词。"米小咪兴奋地看着唐小糖的各种便利贴。

"我觉得为了提高成绩，我妈也不会反对我将笔记本 📓 弄乱一些吧？"郭小果笑着说。

便利贴

便利贴是一种背面带有胶的便笺纸，生活中我们通常用它来做留言条、备忘录等，合理地使用便利贴，可以突出笔记或者课本的重点，同时可以很好地帮助我们记忆。

"便利贴太麻烦了，直接在课本上记就好了。"

"英语单词好难背呀。"

便利贴可以帮助我们利用碎片时间进行零散的记忆。我们可以把英语单词写在便利贴上，贴在经常看见的地方，记住一批就换下一批，这样既可以减少扎堆背单词的痛苦，又可以增强记忆。

在记笔记时，将重点内容记录在便利贴上，复习时就能有的放矢，目标明确，大大减少复习时间。便利贴的使用方法还有很多，重要的是如何摆正学习态度和坚持下去。

便利贴在学习中的应用

记笔记：在课堂上或阅读书籍时，可以使用便利贴记录重要的知识点、思路或问题，方便后续复习和整理。

制作思维导图：将便利贴贴在白板或墙上，可以制作出清晰的思维导图，帮助整理知识结构和思路。

制订复习计划：将便利贴贴在日历或时间轴上，制订复习计划，帮助我们合理安排时间和任务。

制作提醒事项：将便利贴贴在显眼的地方，如桌面、书桌或门口，提醒自己完成某项任务或准备某项活动。

制作词汇卡片：将便利贴分别写上单词和释义，贴在墙上或卡片盒中，方便记忆和复习。

学霸来支着儿

Step 1 复习盲盒

日常学习中，把重点、考点记录在便利贴上贴在经常能看见的地方。我们把相应的内容掌握后就可以将便利贴收藏进盒子里，期末复习时，从盒子里随机拿出一页便利贴，不仅查漏补缺，更能激发学习兴趣。

Step 2 便利贴记单词

将家里的所有物品的英文名写在便利贴上，并贴在相应的物品上。这样我们使用或者路过相应的物品时就会重复记忆。

本节要点回顾

- ⭐ 便利贴可以帮助我们利用碎片时间记忆。
- ⭐ 便利贴可以更醒目地标记重点内容，提高复习效率。
- ⭐ 便利贴可以提高学习的趣味性。

追风小二班
最近记性特别差。
可能最近学习压力比较大，要注意劳逸结合。
是呀，要多注意身体。
可以试着多做一些记忆锻炼。
跟我一起做记忆游戏吧！

好玩的记忆力训练游戏

　　记忆力是人类大脑的一种重要能力，它可以帮助我们更好地学习、工作和生活。虽然每个人的记忆力水平不同，但是可以通过一些方法来提高自己的记忆力。只要愿意付出努力，就可以不断提高自己的记忆力，让自己更加优秀。

　　"有没有什么办法能够快速提升记忆力，让我一目十行、过目不忘呀！"钱小强下课就来问唐小糖。

　　"过目不忘吗？"唐小糖被钱小强突然的提问惊呆了。

　　"啊！快告诉我过目不忘的秘籍，我要称霸武林。"钱小强随即发出浑厚的嘶吼，他无厘头的表现逗得大家哈哈笑。

　　"你怎么突然想提高记忆力了？"鲁小路一本正经地问。

　　"记忆力不好，语文、英语都背不下来，我妈天天唠叨我。我可不想天天被唠叨，再这样下去，恐怕要抑郁了。"钱小强这才说出原因。很多同学也存在这种问题。

　　"秘籍　　我倒是没有，不过你这么喜欢玩，我就告诉你几个提高记忆力的小游戏吧！"唐小糖笑着说道。

"小游戏？"钱小强听了两眼放光。

"对，通过玩游戏就可以提高记忆力，也能解决妈妈坐在身边唠叨的问题。"唐小糖看了一眼钱小强。

"快说吧！"钱小强急不可耐地说。

"通过左右手协调训练来提高大脑的灵活性，是一种被广泛接受的方法。这种训练可以通过一些简单的动作和游戏来实现，比如左手画圆，右手画方。"说着，唐小糖开始左手画圆，右手画方。

"这……太简单了！"钱小强马上跟着做起了这个动作，没想到两只手丝毫不听他的使唤，乱作一团。

"你这是看着都会，做起来就废！"鲁小路的话惹得众人哈哈大笑。

"真的很难！"郭小果一边缓慢地变换着两个手的动作一边说道。

同学们很少有能做到左右手动作连贯互换的，"大家别着急，只要坚持练习，慢慢地头脑就会更加灵活，记忆力也会越来越好的。"唐小糖看着兴致勃勃的同学们鼓励道。

手指游戏

通过左右手做一些特定的动作完成的游戏，通常左右手需要做不同的动作，并进行快速互换。手指游戏可以锻炼大脑的灵活性，平衡左右脑，增强记忆力。

"怎样才能提高记忆力呢？"

"背东西好累呀！"

如果说勤奋是提高记忆力的阶梯，那么技巧便是一双攀爬记忆之山的鞋子，它可以帮助我们更高效、更舒适地攀登到记忆之巅，欣赏不一样的风景。

通过记忆小游戏来提高记忆力，既轻松又能提高学习兴趣，是个不错的方法。做游戏的过程中，能加强和亲人、朋友之间的交流，同时也能达到共同进步的目的。

提高记忆力的小游戏

反转卡牌游戏：这个游戏可以在手机或电脑上玩，将一副卡牌数字朝下，让玩家每次翻开两张牌，如果它们相同，就移除它们，如果不同，就把它们恢复原位并继续猜下一组。这个游戏可以帮助测试大脑的记忆和注意力水平，促进大脑对相似事物的区分能力和记忆提取能力。

记忆矩阵游戏：这个游戏需要记忆一个矩形区域内的图案或字母序列，之后隐藏起来，让玩家尽可能多地回忆当初的序列，挑战自己的记忆极限。

七巧板拼图游戏：将一个七巧板分割成不同形状，让玩家自由组合，拼出指定的目标图案。这个游戏可以帮助理解空间概念，同时也可以提高想象力和创造力，让我们的大脑变得更加灵活。

学霸来支着儿

Step 1 记忆节拍

和同伴一起，其中一个人按照一定的节奏拍手，比如拍两下手再拍三下桌子，另一个人能够准确地重复这个节奏，交换角色，重复游戏。

Step 2 我是大侦探

选定一个地点和角度仔细观察视线内所有物品并记下来，离开该位置，说出每个方位的物品及其摆放角度、颜色、状态等。这个游戏需要我们在大脑中构建一个整体的图像，考验观察能力，培养记忆力。

Step 3 汉字警察

　　将写有汉字的卡片按照一定顺序排列好，仔细观察后闭上眼睛，拿走或者增加一部分汉字，能够准确地说出缺少或者增加的汉字。这个游戏不仅可以加强对汉字的记忆，还能提高记忆水平。随着记忆力的提高可以增加卡片数量，不断激发记忆潜能。

本节要点回顾

⭐ 通过一些小游戏可以平衡左右脑，提高记忆力。

⭐ 游戏种类有很多，选择适合自己的。

⭐ 坚持才能看到更好的效果。

我也想"躺平"。

怎么了?

记忆东西太难了。

欢迎加入"躺平俱乐部",在这里你可以体验安逸的幸福。

"躺平"都商业化了吗?

欢迎加入记忆俱乐部,让"躺平"无处遁形。

制作小卡片，随时随地学习

记忆力是学习的基础和关键之一，对于许多学习者而言，记忆力差可能成为厌学的一个重要原因。记忆力差，会使学习变得相当痛苦，从而降低对学习的兴趣和动力。采用一些外部辅助方法，如各种记忆软件、卡片、手册等，可以激发学习兴趣，在趣味中学习，实现无痛记忆。总之，要提高记忆力需要长期不断地练习，采用合适的记忆技巧以及适用的辅助方法，可以更好地解决记忆力不足导致的厌学问题。

"跟你们说个秘密！"一大早钱小强神秘兮兮地开始八卦。

"什么事，这么神秘？"鲁小路若无其事地说。

"我发现，唐小糖不好好学习。"鲁小路环顾四周小声地说。

"嗨！我以为什么大不了的呢！"鲁小路知道钱小强在造谣。

"怎么，你也知道？"钱小强以为鲁小路早就知道了。

"你这不废话吗？唐小糖不好好学习那不是众人皆知的事吗？这算啥秘密呀！"鲁小路假装附和着钱小强。

"别闹。"钱小强还没明白鲁小路是在拿他开玩笑。

"我没有闹。"鲁小路终于没忍住,笑了出来。

"我看见糖小糖兜里装着一沓很厚的卡片 ,卡片一般男生玩得比较多,而且老师不让带进学校,她天天带着,肯定是下课偷着玩。"钱小强分析得头头是道。

"你以为都像你呀,就算她拿的是卡片,肯定也是帮别人顺便买的,再说了,我们女孩子谁稀罕玩这个呀!"米小咪看不过去了。

"给别人买的总不能天天带在身上吧?"钱小强还是振振有词。

"小糖,钱小强说你不好好学习,天天带卡片上学。"米小咪随即大声地打破了几人的八卦。

"哈哈,我是带了卡片呀!"唐小糖 回过头笑着说。

"你们的卡片是用来玩的,我的卡片是用来学习的。"说着,唐小糖拿出包里厚厚的一沓卡片。上面有的写满了古诗,有的写满了数学题,还有的正反面都写了很多单词。

"我把需要记忆的课文、古诗、生词、英语单词都抄写在卡片上,这样便于我用碎片时间进行记忆,有了这些卡片,我每天几乎不用专门腾出时间背课文。"唐小糖一边拿着自己的卡片展示一边解释。

"我就说吧,唐小糖怎么会不好好学习。"米小咪对着钱小强说道。

"不信谣,不传谣!"鲁小路也回到自己的座位 上,同时翻找自己书包里可以当作卡片的东西,他想马上开始制作卡片。

没过多久,班级里出现了很多颜色各异的卡片 。

卡片学习

小卡片具有便于携带、结实耐用等优点，把知识点记录在卡片上，可以随时随地学习，不但能更好地利用碎片时间，还能达到更好的记忆效果。

"真的没有那么多时间复习。"

"需要背的东西太多了，怎么可能背得下来呢。"

我们总是抱怨作业多，学习的时间少。其实真正安静下来学习的时候才真的少，多数时间都被我们浪费了，很多碎片时间看似很短，可是如果珍惜这极短的几分钟，用来学习，长此以往收获将是巨大的。

小卡片可以让我们充分利用碎片时间进行学习，节约时间，免除束缚。我们只需要在卡片上写下需要记忆的内容或知识点，将卡片随身携带，可以在等待或者空闲的时间快速翻阅，加深对知识点的记忆和理解。这样，就可以利用碎片化时间进行有效学习，从而提高学习效率。

如何制作小卡片

准备所需材料：卡片、彩色笔或标记笔等。

编写内容：在卡片上编写需要记忆的信息，例如关键词、公式、日期、事件等。可以使用不同的颜色、符号或表格来区分不同的信息。

添加图表：如果信息需要配以图表或图片才能更好地理解，也可以加入卡片中。

定义缩略语和缩写：如果有长词或复杂术语需要记忆，可以定义缩略语或缩写，将其记录在卡片上。

加强记忆：可以使用心理学中的记忆技巧，如联想、重复、分段等方法来加强对内容的记忆。

反复复习：在完成制作后，建议反复查看和复习卡片，确保信息被牢记。可以把卡片放在随身携带的包里，随时可以拿出来看。

存档：将小卡片分类或编号，以便进行存档或查找。

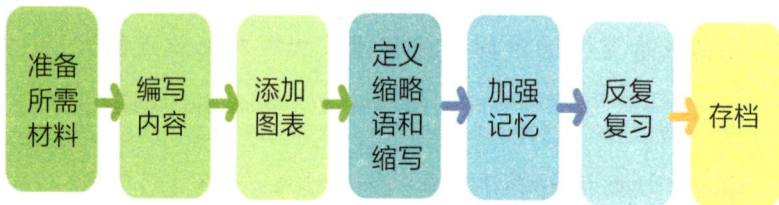

准备所需材料 → 编写内容 → 添加图表 → 定义缩略语和缩写 → 加强记忆 → 反复复习 → 存档

学霸来支着儿

Step 1 精简卡片内容

只需要精准简洁地摘抄关键词就可以。摘抄关键词不仅可以让卡片看起来更美观简洁，还有利于背诵和联想。

Step 2 及时更新

在坚持使用卡片一段时间后，可以增加新的内容，在不断的更新中，记忆的知识将越来越多。

Step 3 错题卡

把错题、难题、典型题记录在卡片上，不时翻阅，对于错题的记忆将越来越牢固。如果有一直难以解决的题目，也可以写在卡片上，在碎片时间进行分析，很快就会找到解决方法。

本节要点回顾

⭐ 制作小卡片本身就是学习的过程。

⭐ 卡片可以帮助我们充分利用碎片时间记忆。

⭐ 卡片是一种辅助的记忆手段，不能过于依赖卡片记忆。

给笔记一点"颜色"看看

记笔记是学习过程中最重要的环节之一，记笔记可以加深知识点的理解、加强记忆，同时还方便复习时准确地找到重点。有的同学记得虽然工整但不容易找到重点，有的同学记得虽然简洁，但是内容却不免缺失，就算自己再回顾的时候，也可能会有遗漏。因此记笔记也是需要掌握的一项重要技能，使用正确的方法和适合的工具可以有效提高笔记的质量和效率。

"小糖，把你笔记 📖 借我用一下，上课没跟上。"刚下课米小咪就跑来跟唐小糖借笔记，她上课记笔记总是跟不上。

"好呀，我记录时用的是不同颜色的笔，你也可以根据自己的习惯和理解，选择合适的颜色记录。"唐小糖 一边递给米小咪一边嘱咐道。

"哇！这么多颜色看起来不乱吗？感觉这么多笔换来换去既麻烦又太花了。"米小咪不明白唐小糖为什么浪费时间做无用功。

"那可不一样，换来换去确实在记录的时候增加了时间，可是在复习的时候用处可就大了。"唐小 糖神秘地说。

"复习的时候？"且不说复习的时候有没有用，米小咪 记完的笔记就从来没翻过，哪还用考虑复习的时候。

"对呀，我们记完笔记，在课后做习题、背诵时都要拿出来看的，不仅要看，还要反复看呢！"唐小糖拿着看起来比别人旧的笔记本说道。

"小糖，你刚才说每个颜色的笔都有特殊的意义不是随便用的是吗？"鲁小路 也对唐小糖的笔记来了兴趣。

"是呀，比如黑笔记的内容，多数都是不太重要或者比较容易掌握的。而红笔 主要是用来纠错和订正的。"唐小糖指着笔记上的各种颜色给大家说道。

"为啥不用更多的颜色呢？红橙黄绿青蓝紫都行呀！"钱小强突然好奇地问。

"你以为你在画彩虹 啊！"米小咪毫不客气地回道。

"具体什么原因我也说不太清楚，但我依稀记得这四个颜色对我们的右脑刺激最强烈，而右脑的记忆能力又远远超过左脑，不过我想画彩虹总比不画强。"唐小糖看着钱小强说，她认为钱小强只要记了就比不记好，哪怕是用再多的颜色，都是加深记忆的过程。

四色记忆法

四色记忆法的核心原理是视觉联想和分类记忆，也就是通过视觉上的刺激让右脑以为所记录的知识是图像，从而提高记忆效果。

四色笔记在记录阶段来回切换颜色确实比一种颜色需要更长的时间。但是我们最终的目的是更好地记忆，使用四色笔记录时，大脑会对各种颜色产生记忆和联想，可以提高记忆效果。正所谓"磨刀不误砍柴工"。

其实生活中也有很多事情，看起来是花费的时间更久，但其实际效率要比匆匆忙忙高得多。我们在生活中也需要结合实际情况，对事情进行充足的了解和评估，在做一件事之前，有充足的准备，做事就会事半功倍。

四色笔记法步骤

选择合适的颜色：选择四种不同颜色的笔，如红、蓝、绿、黑，可以根据自己的喜好和习惯进行选择。

赋予意义：根据需要记录的信息内容，将其分成不同的主题或类别，每个主题或类别可以用一种颜色的笔进行标记。

注释：使用不同颜色的笔记录关键词、重点句子、例子等，并在侧边或下方加以注释和解释。

完善：最后适当增加符号、图表等元素，以增强信息的表达和视觉效果。

学霸来支着儿

Step 1 记忆宫殿

记忆宫殿是通过将要记忆的信息与已知空间相关联来记忆。以一组单词为例子：选择一个熟悉的地方，例如家中的客厅。将要记忆的单词与该场景的不同元素相关联。例如，可以将第一个单词"苹果"想象成悬挂在客厅窗户上的大红苹果。接下来，将下一个单词与场景中的下一个元素相关联，直到将所有单词与场景的各个元素相关联。

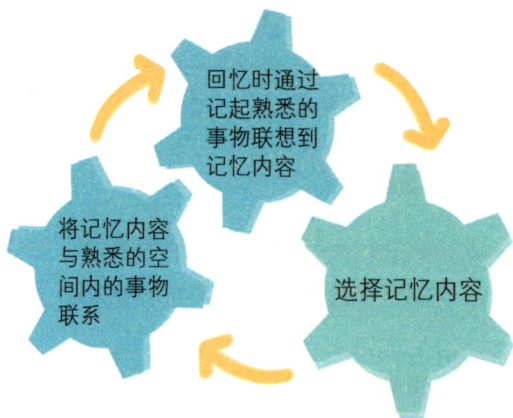

回忆时通过记起熟悉的事物联想到记忆内容

将记忆内容与熟悉的空间内的事物联系

选择记忆内容

Step 2 充分使用图形

利用各种明显的形状，将知识中的重点、难点等进行标记，以方便查找和记忆。例如必背内容用五角星，疑问用圆形等。

Step 3 结合康奈尔笔记法

康奈尔笔记法是一种高效的记笔记和学习方法，通过结合四色笔记法，能够更清晰地记录重点内容。

康奈尔笔记法

（小结区）	（笔记区）
1. 梳理内容	学习笔记：
2. 想法 / 体会	课堂内容
3. 问题 / 解决办法	内容 / 文章重点
4. 对列点的内容做个小结	文章的论据 / 概念
5. 提示重点 / 关键内容	不理解 / 听不懂的内容
	列点式
	简洁的文字
	善用符号 / 描写

（总结栏）用自己的语言对内容进行概要
摘要 / 提纲　　标出难点　快速回忆重点

本节要点回顾

☆ 四色笔记法有利于激发右脑记忆，记忆效果更好。

☆ 四色笔记法更清晰明确。

☆ 根据自己的习惯选择合适的颜色和颜色数量，活学活用。

追风小二班
不学了，没纸笔。
你不能总装作没有机会学习。
你总是找一些无关紧要的借口不学。
别逗了，你玩游戏用的钱可以买很多纸笔的。
好吧，A4 纸总有吧？草稿纸也行。

一张 A4 纸，让学习变高效

笔记凌乱，一眼望去找不到重点；要点遗漏，好不容易看清内容，发现记得不全；复习混乱，看笔记还不如不看。笔记影响着我们的学习，认真记笔记、做好分类有助于后期复习回顾。同时认真记笔记的过程本身就是在加深印象，有没有一种办法可以清晰地解决这些问题呢？除了认真书写外，A4纸学习法也是很好的记笔记的方式。

"这么好的练习本 怎么撕了？"郭小果见唐小糖把练习本撕下一页记单词很不理解。

"反正都是用，这样用能够物尽其用，不仅不浪费，还能更好地利用。"唐小糖神秘兮兮地说。

"你分明是浪费。这撕得参差不齐的，看着真是难受。"郭小果看见唐小糖残破的练习本不免引发了强迫症。

"原来你是强迫症犯了呀，我本来都是用 A4 纸 的，省得撕，结果最近 A4 纸用完了，我爸爸妈妈总是忘给我买，没办法只能撕练习本了。"唐小糖知道郭小果喜欢整洁有规律，她想下次如果郭小果在场撕练习木可得撕得整齐一点儿。

"人家又没撕你的笔记本 📘，你难受个啥！"路过的钱小强看见郭小果难受的样子说道。

"哪都有你！"郭小果没好气地说。

"人家是看你难受，想让你释怀。"钱小强确实是好心，但是他说话总是不中听，让人误解。

"谢谢你。"郭小果假装理解地说道。

"话说回来，你撕本子是怎么回事，在本子上写不一样吗？"鲁小路总能发现问题的重点。

"不一样，把纸撕下来，方便对折便于携带。"唐小糖一边折一边说。

"你不是有什么卡片 📑 、便利贴 📝 吗？跟这个不一样吗？"鲁小路相信这一定是一种新的学习方法。

"还真不太一样，你看像这样把纸对折，再对折，一张纸就被分成了四个区域，我在第一格和第三格分别写上英语单词和汉语，第二格和第四格同样，反过来也是一样的方法。写完单词后，再沿着刚才的折痕让第一格作为第三格的正面。这样一个英语单词记忆卡就出来了。"唐小糖一边演示一边说。

"哇，这么神奇，这样就可以看着前面的单词说出汉语意思，还可以反过来看着汉语说出单词，真是个记单词的好方法。"鲁小路一下就看出了唐小糖的技巧。

"而且最重要的是，这一张纸可以记两个单元的单词，它的容量比卡片和便利贴都大很多。"唐小糖转眼间已经在纸上写了一个单词。

"用这种折纸的方法记笔记同样好玩，你看我还能把这张纸横对折，再竖对折，这样就把这张纸分成四部分，在这四部分分别记上公式定理、例题、思维导图、错题等，就成了一个非常清晰的笔记，把它们订在一起就是完美的笔记本。"唐小糖的点子真多。

"一张平平无奇的纸竟然被你用神了，这也太实用了。"郭小果忍不住称赞。

有了这个方法，同学们记笔记更加高效了，就连记单词也开始使用 A4 纸，这个方法在班级得到了广泛的普及，同学们记单词的热情都高涨了呢！

A4 纸记笔记

用 A4 纸辅助学习，可以提高效率。简单地将 A4 纸对折就可以快速分区，这样记笔记就变得清晰明了。同样的，用 A4 纸列计划、背单词等都是很高效的学习方法。

"课堂笔记随听随记，最后发现乱成一团。"

我们跟着老师的节奏记笔记，最后往往发现这块内容应该放在那块，这个知识点与另一个知识点是同类的。这种情况屡见不鲜，但是听课的时候老师讲得挺有条理的呀，为什么会这样呢？因为老师是按照循序渐进的方式讲课，基本不会将知识点罗列分类按照顺序读给我们听。因此我们再次翻看笔记时就会很乱，没有看下去的欲望。

用 A4 纸分格的方法，可以有效地将笔记内容分类，在预习的时候就将当堂课的大致内容进行分类分格，把老师讲解的内容按照分类放进不同的表格，这样就不至于记笔记没有逻辑了。

A4 纸记笔记技巧

找到重点：在笔记中着重记录老师强调的重点内容，以及自己感兴趣的话题。

利用图表：为了更好地理解和记忆信息，使用图表和图像可以更好地组织和分类笔记。

四色笔：使用不同颜色的笔来强调重点内容，可以更快地找到需要的信息。

关键字和缩写：使用常用的缩写和符号能够节省时间和空间。

学会总结：在每节课课后或者学习期末时，总结笔记有助于巩固知识和提高学习效率。

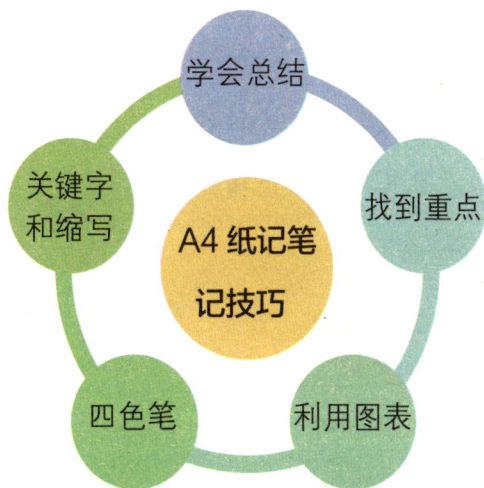

学会总结

找到重点

A4 纸记笔记技巧

关键字和缩写

四色笔

利用图表

学霸来支着儿

Step 1 分格记单词

将A4纸均分四份，将英文和对应的翻译写在间隔的区域中，这样就可以英汉互记，记忆起来十分灵活。

Step 2 查漏补缺的 A4 纸

　　每天把遇到的难点、疑点或者是需要记忆的内容以关键词的形式记录在 A4 纸上；一天的学习结束后，再回顾这些内容，带着没解决的问题睡觉；第二天起床再尝试用几分钟的时间解决昨天没解决的问题，如果依然无法解决，可以寻求他人帮助。

Step 3 情绪垃圾桶

　　无法专注学习时就把影响专注的因素、心里惦记的事全部写在纸上，让它盛放我们的负面情绪。

本节要点回顾

⭐ A4 纸是重要的学习工具之一。

⭐ A4 纸记笔记，分格快捷方便，记录更清晰。

⭐ A4 纸可以帮助我们记忆、回顾，使学习更高效。

第 **3** 章

打通记忆堵点，
速记文史常识

不得不说我对汉字实在没有兴趣。

还好吧，你什么时候能把玩游戏的劲头用到学习上就好了。

游戏里的字我都认识。

那我们可以想办法让学习汉字变得更有趣。

或许钱小强会自动过滤掉不重要的生字。

学生字不用东奔西跑，汉字小游戏帮你提高。

汉字小游戏，生字轻松记

生字是语文学习中最基本的部分，学习生字可以帮助我们增加词汇量，提高阅读水平，增加阅读理解能力和写作能力。汉字经过几千年的发展，出现了象形字、形声字、会意字、假借字、指事字等，而学习这些汉字的方法不尽相同，因此我们在学习汉字时可以根据汉字的种类进行识记，以提高理解和记忆效果。

"生字好难记呀，我总是写错笔画，有时还缺胳膊少腿。"郭小果看着自己密密麻麻的练字本 不禁发出感叹。

"这样机械抄写确实可以练字，但是对记忆效果不大。"唐小糖看见郭小果 愁容满面的样子上前说道。

"那应该怎么学习，才能把生字记牢呢？你看这个'赢'我总是写错。"郭小果像抓住救命稻草 一样，赶紧向唐小糖请教。

"记忆生字的方法可多了，就拿'赢'字举例，我一般都是'亡、口、月、贝、凡'直接就记住了。这个叫拆字法，专门对付这类复杂的组合字。"

唐小糖随口说出自己对"赢"字的记忆方法。

"这么简单？我怎么没想到呢！"郭小果仔细看着自己写的一排排整齐的"赢"感叹道。

"还有很多记忆汉字的方法呢，学生字就像做游戏一样好玩！"唐小糖接着说。

"哪有那么好玩？我觉得好枯燥啊！"米小咪在一旁无精打采地说。

"咱们可以把汉字编成谜语，互相猜，比如我说一个'长女的妹妹'猜一上下结构的字。"唐小糖期待地看着众人，想看看谁先猜出来。

"妒！一户里面全是女的。"鲁小路率先给出自己的答案。甚至还振振有词地给出了解释。

"是上下结构的汉字哦！"唐小糖提醒道。

"姜。"随后米小咪也说出了答案。

"是咱们最近学的一个汉字。"唐小糖还没有揭晓答案。

"我知道了，是'姿'，我刚刚还写了呢？！长女的妹妹就是次女，上下结构，那肯定就是'姿'了。"郭小果兴高采烈地回答。

"回答正确。"唐小糖说着默契地跟郭小果击掌庆祝。

"真好玩，我咋就没想到呢？还有吗？还有吗？"米小咪已经迫不及待开始下一个谜语了。

"还有更多好玩的呢！我们知道最开始我们的祖先都是结绳记事，

后来就在石壁 上画画记事，再后来就衍生到象形字了。根据自己的理解把象形字给画出来，再查找相关的资料验证，也是非常有趣的过程呢。"唐小糖没有继续出谜语，而是又介绍了另一个记忆汉字的好方法。

"原来学习汉字还能这么好玩呀！"大家纷纷感叹，我们常常把学习当成负担，没想到学习中真的是充满乐趣 ，看来学习本身并不痛苦，痛苦的是我们对待学习的态度呀！

汉字

汉字是我们学习语文的基础，它可以带我们认识博大精深的中华文化，汉字在形体上逐渐由图形变为笔画、象形变为象征、复杂变为简单，也让我们更加容易掌握和学习。

"学习汉字就是记住咋写就行了呗！"

"又多音字，又相似的，怎么区分这些汉字呀！"

记忆汉字，简单的机械抄写不仅不能轻易记住，而且还不能更好地理解其中的意义，从而影响记忆效果。

掌握不同种类汉字的记忆方法，有助于加深对相应汉字的理解和记忆，同时还能培养学习兴趣。通过一些汉字小游戏，还能与同学共同成长，建立友谊，并且在游戏中轻松掌握汉字。

汉字六书记忆方式

象形字：通过画图像的方式记忆象形字，既有趣又有效果，是很好的学习方法。

指事字：大多数指事字是在象形字的基础上添加、减少笔画或符号。需要结合想象力和画图的方式来学习指事字。

会意字：用两个及两个以上的独体字根据各自的含义组合成的一个新汉字。学习会意字需要理解各个独体字的意义。

形声字：由形旁和声旁组成。根据形旁可以基本确定这个字跟哪一类事物有关，再根据声旁进行理解和记忆。

转注字：转注字有"形转""音转""义转"三种说法。需要特殊记忆，如"老"和"考"就是形转。

假借字：假借已有的音同或音近的字来表示某事物。这类字不多，可以用联想法进行记忆。

学霸来支着儿

Step 1 故事记忆

发挥想象力，通过自己编故事记忆。如"休"就可以编成一个人倚着一棵树休息。

Step 2 口诀记忆

对于复杂的字可以使用口诀记忆，比如"府"字就可以用口诀"一点一横长，一撇到南洋，南洋有个人，只有一寸长"。

本节要点回顾

⭐ 汉字是学习语文的基础。

⭐ 汉字的记忆应该讲究技巧，死记硬背不可取。

⭐ 通过造字方法学习汉字，有助于理解和记忆。

我背古诗总是丢句漏句。

我也出现过这种情况。

我也一样！

多背背就好了。

要多到什么程度。

无以复加。

字头歌诀法：快速记古诗

古诗背诵不仅是为了应试，还能提高语言能力和表达能力，促进感性认知与理性思考的结合，使人们在审美上得到升华。背诵古诗还有助于培养人的文化自信心和民族自豪感。然而，由于古代汉字繁多、结构复杂，加之古诗常常运用词语的双关、反复、象征等修辞手法，使得古诗的理解和记忆都相对困难。另外，古诗中常常使用的古雅词和典故需要深入了解，这也增加了背诵的难度。此外，古诗的朗诵需要考虑音调、节奏、韵律等，需要投入大量时间和精力进行练习，但只要掌握正确的方法就可以快速背诵古诗。

"每次语文考试，总有那么几句古诗写不上，我明明记熟了，怎么会这样呢？"米小咪拿着刚发下来的语文卷子，一边看一边嘀咕。

"我也有这样的困扰。"钱小强对米小咪说道。

"那怎样才能全都记住呢？"米小咪疑惑地问道。

"我们都有自己的优势和不足。"钱小强安慰地说。

"是啊。"米小咪点头表示认同。

"别说你们了，我有时都会丢句。"鲁小路对此深有体会。

"多背几遍呗，肯定能记住。"郭小果的勤奋众人皆知，可是古诗这么多，也难免有记混的时候。

"我觉得这种就是混乱，而不是记不牢。"鲁小路说。

"确实，我背得再多也有错的时候。"郭小果认可地说道。

"既然都背不下来，那就出去玩吧！"钱小强幸灾乐祸地说。

"你自己去吧，没看见我们正忙着吗？"米小咪严肃地说。

"你们也没有讨论出来呀。"钱小强不屑地说。

"用字头歌诀法就能解决丢句漏句的问题。"唐小糖笑着说。

"什么？古诗本来就挺费脑子了，再加个歌诀不是更混乱了吗？"鲁小路听见唐小糖的话觉得不可思议。

"这要看怎么用了。"唐小糖故意卖关子。

"怎么用呀？"大家齐声问道。

"首先提取古诗每句开头的第一个字，利用谐音把它们编成能记住的词或句子，再将这句话与古诗的题目进行联想，把题目和这句话联系到一起。这样最起码能保证在考试的时候不漏句。"唐小糖直接把方法抛了出来。

"你别说，还挺有意思。"鲁小路笑着说道。

"这真是个好方法呀！"同学们纷纷感叹。相信有了这个方法，以后背古诗再也不会丢句漏句了。

字头歌诀法

字头歌诀法主要用于记忆简短的内容，提取所记内容每句开头的第一个字，再利用谐音将第一个字组成一句自己可以理解的话，再将这句话跟所记忆内容的标题联想，最后达到记忆的目的。

"刚记下来的东西，过一会儿就忘了。"

"这知识给学杂了，经常张冠李戴。"

运用字头歌诀法能够在一定程度上解决记混记错的问题，一方面在整理字头编成歌诀的过程中加深了理解和记忆，另一方面，通过字头歌诀在头脑中产生联想和画面，使记忆更牢固。

字头歌诀法操作步骤

理解记忆：首先需要对记忆内容进行理解和记忆，以确保能够熟练背诵。

提取字头：把每句话的第一个字提出来，按顺序记在笔记本上。

⭐ 谐音关联：将字头与标题进行关联，字头的谐音只要能理解就好。

⭐ 组成一句话：将标题与谐音组成一句话。

⭐ 构建图像：根据组成的话，在大脑中构建一个画面，将这个画面与这首诗的标题进行联系。

理解记忆　提取字头　谐音关联　组成一句话　构建图像

学霸来支着儿

Step 1　唱歌记古诗

古文多数都有一定的韵律，通过歌唱的方式，将古诗记牢，需要输出内容时，根据旋律就可以想起古诗的内容。

Step 2　关键词歌诀法

一些复杂的知识靠字头无法抓住重点内容，因此需要提取关键词，通过关键词，组成合理的句子，进一步与知识标题进行联想。这样也方便记忆。

Step 3 画画记忆

一些比较长的古诗，很难通过字头总结，甚至字头又乱又没重点，可以采用关键词绘画法，即在每句中找到一个关键词，将关键词画出来，根据自己画好的图片进行记忆。这种方法容易在大脑中形成图像，使记忆更牢固。

本节要点回顾

⭐ 字头歌诀法记忆古诗可以有效解决丢句的问题。

⭐ 字头歌诀法适用于各种零散简单的内容的记忆。

⭐ 通过关键词编成歌诀可以记忆更长更复杂的内容。

眼脑直映法：给成绩提提速

　　我们身边总有这样的人，他们考试往往都是第一个交卷，而且每次都是班级前几名；他们看书快、反应快，就连背东西也比我们快。这是为什么呢？难道真的是每个人的天赋不一样？事实上，除了一些病理上的因素，人的大脑组织都是一样的，人与人之间并没有多大差异。通过不断刺激，大脑会越来越灵活。那么，你也想一目十行吗？

　　"小糖，为什么你数学考试总是早早交卷　　，而且分数还那么高？"郭小果忍不住请教唐小糖，她想弄明白到底是什么原因自己做题慢的。

　　"做完了就交呗！"唐小糖不明白郭小果想问什么。

　　"她想问的是为什么你能早早地做完？"米小咪抢在郭小果前面帮她问了。

　　"这个问题，让我想一下……"被这么一问，唐小糖也不知道该怎么回答了，做题快已经是她的习惯了，她也不知道为什么。

"小糖聪明，审题快，做题就快呗！"鲁小路在一旁搭话。

"你说我审题快，我承认，但聪明这个事，我不敢苟同。"唐小糖知道大家在聪明这方面都差不多。

"不过，你倒是提醒我了，我刚刚自己读书 的时候也很慢，一个字一个字地读，要很久才能看完一本书，后来妈妈告诉我尝试扩大自己的视野范围，也就是一目十行，让大脑 同时处理视野中的文字，大概用了半年的时间吧，我读书的速度就比以前快了不少。"唐小糖突然想起小时候妈妈对自己的引导。

"原来真的可以一目十行呀！"钱小强听见一目十行 眼睛都放光 。

"对，但一目十行是个笼统的说法，我现在一目六行没问题。"唐小糖认真地说。

"一目六行，也太厉害了吧，我一目一个字。"郭小果听见唐小糖的阅读速度简直惊呆了。

"你们通过锻炼也可以实现，除了扩大视野范围，还要训练大脑处理信息的能力，否则大脑也跟不上眼睛 的处理速度。你现在阅读慢说明大脑处理信息慢，甚至比眼睛看的速度还要慢。"唐小糖跟郭小果说。

"那我们怎么训练大脑的处理速度呢？"鲁小路听懂了唐小糖的一目十行。

"扩大视野范围后，大脑不要停留在一个字一个字地阅读上，而是尝试从看到的信息里提取关键字，抓住重点信息。再对信息进行处理关联，这样基本就可以让大脑 跟上眼睛的节奏了。"唐小糖是这个方法的切实受益人，现在这个方法已经无形中融入了她的学习生活。

"这个方法听起来简单，估计做起来难呀！"鲁小路仔细分析着这个方法的可行性。

"只要这个方法能提高成绩，再难我也要试一试。"郭小果下定决心。

眼脑直映法

眼脑直映法利用人类神经系统可塑性的特点，通过训练，达到快速而准确地对外界视觉信息进行处理和响应的目的。

"别人就是比我聪明，人家做题都比我快！"

"这孩子反应太慢。"

眼脑直映法是指通过观察、感知和感悟来加深学习记忆，提高学习效果的方法。在学习过程中，采用眼脑直映法可以大幅提升学习能力和效果。例如：在阅读理解方面，采用眼脑直映法可以帮助我们更好地理解文章内容，提升阅读速度和准确性；在数学学习中，采用眼脑直映法可以更好地理解问题和公式，提高计算能力和解题能力。总之，眼脑直映法对学习具有重要意义，可以使学习变得更加高效和快捷。

如何培养眼脑直映

扩展视野：不要让眼睛聚焦在一个字或者一个小区域，尽可能分散焦点，这样能接收到更多的内容。

提取关键词：在视野范围内，找到关键词。

提高阅读量：增加阅读量，在阅读中尝试以行为单位阅读，而不是逐字阅读，循序渐进，从一行两行最后到五行以上。

控制阅读时间：阅读时，严格要求自己提高速度，在有限的时间内阅读大量的资料，只有这样才能强迫大脑尽快处理信息。

展开联想：把关键词由大脑重新处理、组合成正确的逻辑。

眼脑直映法

扩展视野

提取关键词

提高阅读量

控制阅读时间

展开联想

学霸来支着儿

Step 1　看清文字

眼脑直映法的第一步是看清文字，知道是什么字，这是最基本的。

Step 2 高效理解

　　清晰地从上一眼定位到下一眼，并看清区域内的字符。看清以及移动焦点所需要花费的时间越短，就越有利于大脑对文字进行处理，并做到理解和记忆。

Step 3 速读练习

　　通过用快速阅读的方式阅读文章，来不断完善你的速读能力，使你"眼脑"结合的思维反应速度不断加快。

本节要点回顾

⭐ 眼脑直映法可以提高阅读、审题速度。

⭐ 眼脑直映法是受用终生的阅读技能。

⭐ 利用眼脑直映法背古文可以提高效率。

追风小二班
我要是能穿越就好了。
就你这点历史素养，没等落地就……
请你闭嘴！
为什么要穿越呀？
我要穿越到宋代变成美女。
莫非是唐朝？唐朝以胖为美。

公式记忆法：攻克历史知识点

　　记忆历史知识是令人头疼的一件事，繁杂的历史事件、看起来混乱的时间、众多的历史人物等，别说记忆了，就算是理清楚都需要很多精力。那么该如何学习历史呢？知识就像一团乱糟糟的线，越烦躁越懒惰就越难以捋顺。学习历史，需要化繁为简，用简单的思路和逻辑概括所学的内容，这样才能轻松地记忆。就像数学公式，可以把历史事件套入公式，记忆和运用将会更加方便。

　　"学习数学、语文我都可以理解，可是学习历史，我就不明白了，这些都是发生过的事，学完了能改变历史吗？"钱小强拿着破旧的历史书 📖 晃着大脑袋在教室里大声说道。

　　"人家唐太宗不是说了'以铜为镜 🔍 ，可以正衣冠；以古为镜，可以知兴替'吗，我们学习历史是为了吸取历史经验，知道自己从哪里来，到哪里去。"历史课代表鲁小路 引经据典地说。

"贫僧从东土大唐而来，前往……"钱小强还没有说完就被鲁小路就打断了。"说归说，闹归闹，历史知识可不能开玩笑。我们应当铭记历史，实现中华民族伟大复兴。"鲁小路再次强调学习历史的重要性。

"那我就弃笔 ✏️ 从戎，保家卫国！"钱小强满腔热血，准备参军报国。

"参军报国也要有一定的知识储备，如果你不认真学习，有人问你关于侵华战争的事情，你可能无法回答清楚。"米小咪认真地说道。

"这历史太难背了，比语文还难背！"钱小强 😟 抱怨着。

"难背吗？很好背呀！"米小咪 🐑 轻松地说。

"对呀，很好背呀！"同学们都这么说。

"你们都觉得好背？咱们的课本不一样吗？"钱小强惊讶地说道。

"我们都在用公式记忆法，小糖教我们的时候，你正在操场挥汗如雨 💧 呢。"鲁小路幽默地说。

"公式？你们错了，我说的是历史，不是数学！"钱小强以为是同学们理解错了，赶忙解释道。

"就是历史，数学本来就是公式，哪还用得上公式记忆法，历史知识过于繁杂，只有用公式进行整理后再记忆，效果才会更好。"郭小果拿着整理好的历史知识说。

"比如，我们记一个事件，可以用事件＝时间＋地点＋经过＋结果＋影响，这样复杂的大段知识就变得清晰明确，还突出了重点。"郭小果接着为钱小强解释道。

公式记忆法

对于复杂的历史问题，可以归纳总结出基本公式，然后按公式来记忆，方便理清记忆思路。

"历史知识太过繁杂，真难背呀！"

"历史知识总是记混，真没办法呀！"

对于复杂的历史问题，可以借助历史公式清晰地整理和简化历史事件。

抓住几个要点作为支点，然后进行扩充，就能较快地熟记基本内容。掌握这个方法，在巧记重大历史事件、历史人物和古今中外名著等是方面很有帮助的。

各种类型的历史公式

事件 = 时间 + 地点 + 经过 + 结果 + 影响

人物 = 时代（朝代）+ 职务 + 作为 + 评价

作品 = 时间 + 作者 + 内容 + 意义

会议 = 时间 + 地点 + 人员 + 内容 + 作用

条约 = 时间 + 地点 + 签订双方 + 内容 + 影响

学霸来支着儿

Step 1　歌诀记历史

将需要记忆的知识点按照一定顺序编写成韵文或歌曲的形式，以便记忆。

Step 2　理清时间线

时间线是记忆历史事件的重要工具，它可以帮助我们掌握事件发生的先后顺序，联系历史事件，整体把握历史脉络，更好地理解历史文化，从而增强对历史事件和文化的记忆效果。

Step 3 影像资料

通过一些严谨的影像资料可以更好地记忆历史知识，捋清时间、人物关系等，从而更好地记忆。

本节要点回顾

⭐ 公式法记忆历史知识可以有效避免混乱。

⭐ 学习历史可以知道历史的兴替，从中借鉴经验和智慧。

⭐ 通过歌诀法，可以快速记忆历史知识。

四步记忆法：10 分钟背熟课文

　　背诵课文是语文学习中需要付出精力最多的一部分，课文、古诗、古文、优美句子……这些内容的记忆，奠定了语文学习的基础。可是正是这些内容，深深地困扰着我们。背一篇课文往往占用大量的时间，即使如此，依然会出现背过就忘、丢句、错句等问题。那么，语文的背诵真的就没有更好的办法了吗？除了勤奋之外，就是运用合适的记忆方法，除了以往我们说的各种记忆方法外，还有一个更"狠"的记忆方法。

　　"今天语文要求背诵全篇课文，明天上课老师要检查哦！"放学后，语文课代表提醒大家。

　　"又是背诵，不活了。"钱小强沮丧地说。

　　"你有这工夫，都背下一段了。"课代表毫不留情地批评着钱小强。

　　"确实，你这么一整，我都不想背了。"鲁小路无奈地说。

　　"钱小强，你请大家吃雪糕，大家背不下来，全怪你！"郭小果也在一旁随声附和。

"对对对，要说能弥补我内心创伤的，还得是雪糕！"米小咪可不能放弃这么好"敲诈"钱小强的机会。

"没钱！"钱小强说道。

"不买也行，那我们就告诉老师你不背课文，影响大家心情💙了，大家也背不下去了。"看来今天钱小强是躲不掉请客了。

"你能让大家快速地记住这篇课文也行。"米小咪的鬼点子真多。

"我能有什么办法？"钱小强一副无计可施的样子。突然，他话锋一转，"小糖，你最好了！"他笑眯眯地走向正在写作业的唐小糖。

"我哪里好啊？没跟你要雪糕？"唐小糖笑着说。

"背课文，你有什么好办法吗？"钱小强开门见山 地说。

"有啊！"唐小糖看了一眼要雪糕的同学说。

"不告诉你！"唐小糖坏笑地说。

"给你买雪糕。"钱小强衡量利弊后，决定只给唐小糖一个人买。

"那我不成众矢之的了！"唐小糖知道自己如果告诉他，那别人的雪糕就没着落了。

"小糖，你快告诉他吧。"鲁小路上前解围，这样唐小糖不至于为难，钱小强不用花钱，大家还能学到方法，真是"一箭 三雕"啊！

"那我就说了啊，我们通过四步就可以熟记一篇文章。"唐小糖伸出四个手指说。

"第一步，理解，深度理解课文；第二步，通过阅读构建文章大纲；第三步，分段重复快速背诵；第四步，通篇重复背诵。"唐小糖一股脑地全部说出来。

"我们平时也是这么背的呀，你这个不算。"鲁小路纳闷地说。

"我这个是不一样的，第一要保证足够的次数，第二要保证语速和清晰的发音。"唐小糖补充道。

刚说完，看见钱小强拎着一袋雪糕从外面回来。原来钱小强想了想，觉得自己确实影响了同学们的心态，决心跟同学们好好学习。

四步记忆法

四步记忆法是通过多次重复记忆内容，逐渐打通大脑神经元，提高记忆效果。

"课文都背不熟练，怎么办？"

"课文背了就忘，忘了再背，好耽误时间呀！"

课文背不熟练，上课老师提问虽然能勉强应付，可是考试时却错字错句连连，很难得分。反复记忆，反复忘，浪费时间，也在耗费我们的耐心。

四步记忆法看似跟平时的记忆法区别不大，实际上它蕴含着脑科学的原理。通过不断地重复阅读，在大脑里构建连贯的神经通路，使知识牢固地刻在大脑里，从而使记忆效果得到最大化。

四步记忆法

理解：逐字逐句将要背的课文、古文等充分理解。

提炼文章结构：精读两遍，将文章结构理顺，在大脑中构建文章框架，也就意味着在大脑中存下了文章的大纲。

逐段记忆：以段落为单位，以最快的语速和最清晰的发音大声地读30遍。读到准确通顺，就可以开始下一段的记忆。

全文背诵：将所有段落合在一起，按上述办法快速读30遍，直到准确通顺背诵全文为止。

1 理解　2 提炼文章结构　3 逐段记忆　4 全文背诵

学霸来支着儿

Step 1 封闭感官

将眼睛闭上、耳朵捂上，这样就可以切断与外部环境的联系，沉浸式背诵，效率更高。

Step 2 输出记忆

通过费曼学习法将学到的知识输出，讲出来、写出来都可以提高记忆效果。

Step 3 看图背诵

将需要背的课文理解后，把关键内容画出来，画画的方法和质量不重要，重点在于如何理解课文。画出来后结合画面提示再背诵，这样记忆更加深刻。

本节要点回顾

⭐ 四步记忆法可以帮助我们在短时间内背诵一篇课文。

⭐ 四步记忆法的重点在于准确、快速地重复。

第 **4** 章

激活大脑潜能，

牢记公式定理

追风小二班
怎么办？我妈天天让我练加减法。
那多容易呀，练呗！
因为你妈妈认为你是幼儿园的小朋友。
你才是幼儿园，你是小班！
练加减法比看电视强。
不要小瞧加减法的威力哦！

做好运算：培养你的"数感"

　　数学运算能力是学习中一项非常重要的能力，它不仅可以帮助我们在考试和竞赛中取得好成绩，还可以帮助我们更好地解决生活中的问题。要想提升数学运算能力，应不断地学习和积累数学知识来培养数感。在学习基础知识时，需要掌握各种计算方法、公式和算法。如果缺少快速而准确进行加减乘除等基本运算的能力，就会在学习中遇到更多的困难。例如：做题速度慢、准确率低等问题都会随之而来，可见提高数学运算能力是数学学习的前提。

　　"谁来拯救我的数学呀！"米小咪看着"惨不忍睹"的试卷感叹道。

　　"放开那张卷子 📄 ，让我来！"钱小强嗖的一下就窜到米小咪面前，还摆了个炫酷的姿势。

　　"我不需要你的怜悯。"米小咪双手抱在胸前，像在为吵架做准备。

　　"你看你，别那么小气，成绩重要。"钱小强 😊 嬉皮笑脸地说道，完全忘了拿数学卷子嘲笑米小咪的事。

　　"你哪有那么好心 💙 ，嘲笑我还来不及，怎么会帮助我呢！"

学习有方法

米小咪依然对之前的嘲笑耿耿于怀。

"钱小强，你快长点心吧。你总拿人家数学成绩开玩笑，人家不记恨你才怪。"唐小糖打抱不平地说。

"说来也怪，怎么感觉学的时候都会，到考试就做不出来呢？"米小咪问唐小糖有没有好的方法。

"数学，运算能力很重要，如果运算能力差，不仅做题速度提不上来，就连正确率都会受到影响。"唐小糖一语中的地说。

"对对对，我就是做题速度慢，而且有好几道题都是因为算错丢的分。"米小咪对这个观点十分赞同。

"如果运算基础差，又不当回事，就会大大影响后面数学的学习。"唐小糖知道运算对于数学的重要性。

"确实，很多人都忽略了运算能力，我以为做题慢是因为自己笨呢，大部分题基本都会做，有的没有思路套一下公式也基本能做出来。"郭小果最近数学成绩有所提升，大概跟她没日☀没夜🌙刷题有关吧！

数学运算能力

数学运算能力是指运用数学有关知识进行运算、推理求得运算结果的能力。具有良好的数学运算能力意味着能够快速准确地解决各种类型的数学问题。

"运算题我都会，不用反反复复做。"

"大数运算靠计算器就可以了呀。"

数学运算是小学阶段必须培养的能力，如果只是会算而不练习，往往会在以后的学习中遇到很多困难，如做题速度慢、计算结果正确率低等，直接影响学习成绩。

具备了基本的数学运算能力，能够更快速、准确地解决各种数学问题，理清楚复杂情况，并尝试创新应用所学的方法。

运算能力的四个阶段

第一阶段：熟练进行大数加减法的运算，以提高做题速度。

第二阶段：主要提升运算4位数乘法的能力，4位数乘法的运算可以锻炼流程思维。

第三阶段：要掌握分数运算的能力，这对于以后理科的学习帮助很大。

第四阶段：主要掌握代数式的运算，代数是高中、大学数学课程的基础。

学霸来支着儿

Step 1 大数相加运算口诀

同位先相加，错位再求和，两位若不够，前面加凑。

例如 487+591 计算方法如下：

在竖式下面先写出加数 487 和 591，对齐各位，个位在最右边，十位在中间，百位在最左边。

$$
\begin{array}{r}
4\,8\,7 \\
+\,5\,9\,1 \\
\hline
\end{array}
$$

从个位开始相加，7+1=8，写在个位上。

$$
\begin{array}{r}
4\,8\,7 \\
+\,5\,9\,1 \\
\hline
8
\end{array}
$$

接下来十位相加，8+9=17，写在十位上，注意要进位。

$$
\begin{array}{r}
4\,8\,7 \\
+\,5{,}9\,1 \\
\hline
7\,8
\end{array}
$$

最后，百位相加，4+5=9，写在百位上。检查是否漏加或者进位，最终的结果应该是1078。

Step 2 限制时间练习

每天练习一页 A4 纸的题量，根据自己的水平，在规定的时间内准确地完成运算。小学毕业要达到两分钟内完成一页纸的题量。

本节要点回顾

⭐ 运算能力是学习数学和理科的基础。

⭐ 提升运算能力要达到形成肌肉记忆的效果。

⭐ 运算训练要坚持练习。

追风小二班
数学成绩一直垫底，你们有好办法吗？
多做题就好。
你觉得她还不够努力吗？
你觉得我还不够努力吗？
你咋不请教一下我？
这个钱小强有发言权。

用歌诀学数学，记忆更轻松

数学不仅能让我们掌握基本的数学知识和技能，还能培养逻辑思维、问题解决能力、创造性思维等重要素质。在现代社会中，从日常用品到工业制造再到金融投资，都需要使用数学知识。因此，数学的学习对于我们未来的学习和发展至关重要。但是，数学也成了多数同学的心头病，难以理解的公式、复杂的运算、理不清逻辑的应用题，都是提高成绩的绊脚石，其实，数学只要掌握了正确的学习方法就可以有效地提高成绩。

"怎么办呀，每次考试数学都拖后腿。"郭小果 忧心忡忡地说。

"没事，大家都一样。"米小咪 安慰道。

"是呀，一两次考不好，不要放在心 ♡ 上。"鲁小路也上前安慰道。

"是呀，一两次我也不会在乎，可我不是一两次成绩不好了，很稳定好吗？"鲁小路的话深深刺痛了郭小果的心，她的数学成绩确实一直不太理想，而语文和英语成绩一直不错。

"合并同类项，法则不能忘，只求系数代数和，字母指数不变样。"这时只见钱小强嘴里哼着有节奏 🎵 的数学顺口溜走了进来。

"我怎么听着什么合并同类项，什么不能忘，这刚学完的数学知识，你在哪弄的歌词，谁写的？"鲁小路 一连串的问题涌出。

"这是我自己根据公式编的，这样唱出来，不会轻易忘记。合并同类项……"说着，钱小强又摇头晃脑地哼唱起来。

"怪不得钱小强数学成绩这么好，原来他一直在偷着学习呀！真是'人不可貌相'。"郭小果 看着钱小强认真地说。

"怎么说话呢？"钱小强一脸不满意地冲着郭小果说。

"这是夸你呢，重点在于你热爱学习，是我们学习的榜样。"郭小果笑嘻嘻地对钱小强说。

"这还差不多，相比于博学多才，我更喜欢才貌双全。"钱小强向后捋着自己的头发说。

"好吧，才貌双全的钱小强，你数学是怎么学的呢？"郭小果怕吵起来又没完没了，索性顺着钱小强说。

"就是这样学的，你刚才也听到了。"钱小强嬉皮笑脸地说。

"别闹！认真的呢！"郭小果严肃地问。

"我不否认跟我的兴趣有关，我喜欢数学，因此我会把数学的定义、公式都变成歌诀来记。"钱小强跟大家分享自己的学习经验。

"就这么简单？"鲁小路有点儿难以置信。

"我觉得钱小强说得没错，其实他能把定义和公式都编成歌诀，就说明他已经充分理解这个知识点了，这是类似于'费曼学习法'的一种方法。"唐小糖看众人目瞪口呆的样子，帮钱小强解释。

"对对对对……有时候我会把一章甚至一本书 的知识点或者跟这个知识点有关的所有知识点融合在一起。"钱小强连说了好几个对。

同学们都安静下来，原来学习真的可以很轻松，难怪钱小强的数学成绩一直都是班级前几名。

歌诀学数学

歌诀学数学是一种学习数学很轻松的方法，它建立在理解数学定义和公式的基础上，通过将公式和定义编成歌诀，加深对数学知识点的记忆和运用能力，还可以提高知识的关联能力。

"数学的公式定理好难背呀。"

"考试中关于定义的填空题经常填错。"

定义和公式是数学基础中的基础，我们需要透彻地理解和对上下相关知识点进行联系，只有这样才能融会贯通，达到真正掌握数学知识的目的。

而定义、公式都是比较抽象的内容，需要付出时间和精力来学习，以达到透彻理解的目的。把这些基础知识改编成朗朗上口的歌诀，更便于记忆。

儿歌记忆数学步骤

理解：首先需要对知识进行充分理解，只有这样，用歌诀记忆才不至于不知如何应用。

做题：巩固已经理解的知识，并且学会运用。

查资料：看是否已有相应的歌诀，如果有，需要检查歌诀是否正确，是否符合记忆习惯。

编写：如果没有找到相应的歌诀，尝试自己编写歌诀，结合自己做题的心得编写记忆更牢固。

复习：通过复习查漏补缺，分析自己的歌诀是否全面、是否容易引起歧义，以确保后期可以灵活使用。

学霸来支着儿

Step 1 间隔法背公式

公式不需要耗费太多精力背诵，每天抽出 5 分钟时间来记忆，再通过一两道题来巩固，效果就会非常不错了。

Step 2 串联法

把一章的内容或者同类型的公式放在一起记忆就是串联法，这个方法可以避免漏记错记。

Step 3 推导法

推导公式能加强理解和运用公式，因此推导的过程必须熟悉，做题时可以根据已有知识推导出来。

本节要点回顾

⭐ 用歌诀记忆数学知识有趣且记忆效果好。

⭐ 直接使用现有歌诀效率更高。

⭐ 数学知识的记忆需要与习题结合，掌握更牢固。

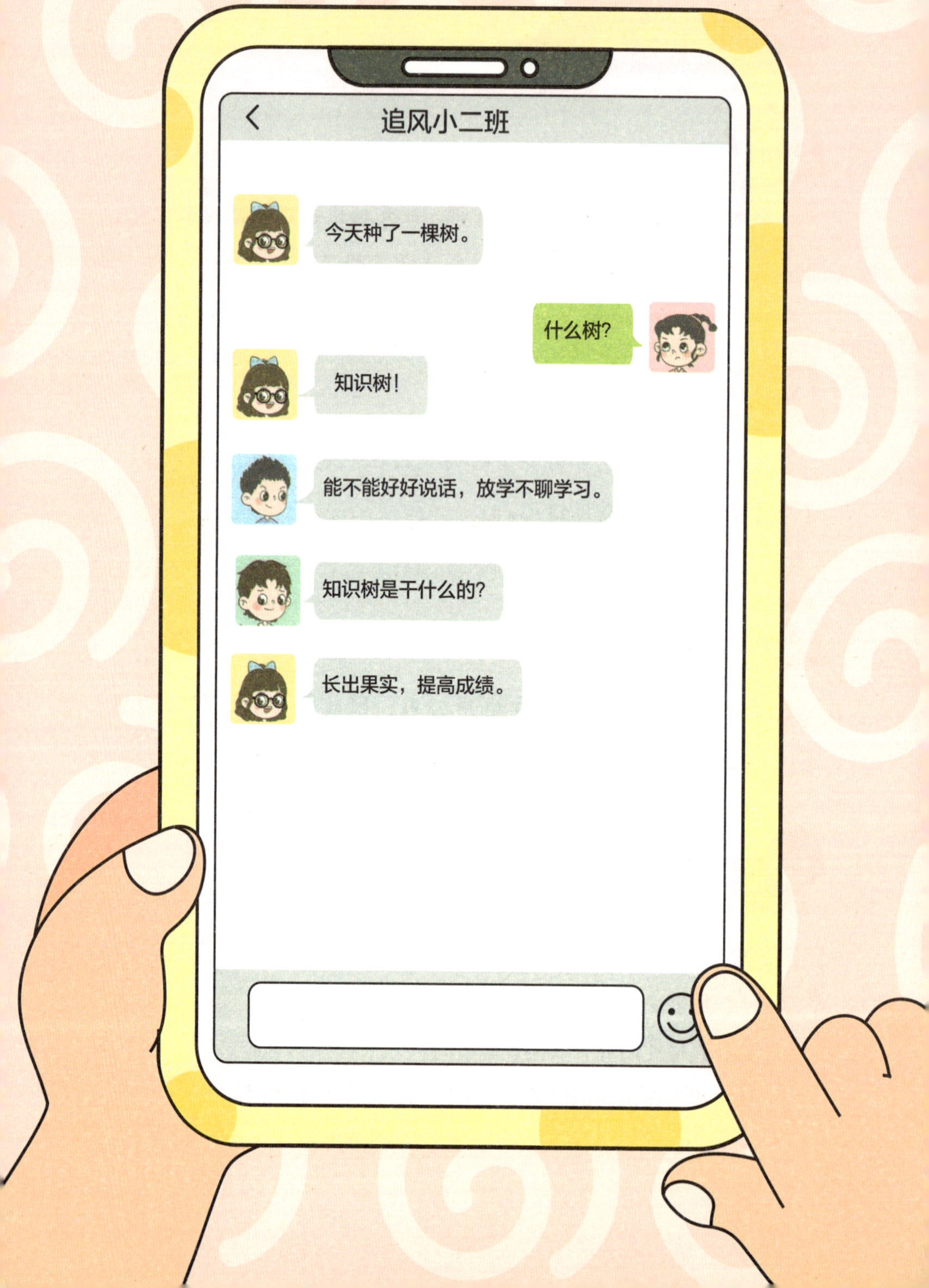
追风小二班
今天种了一棵树。
什么树？
知识树！
能不能好好说话，放学不聊学习。
知识树是干什么的？
长出果实，提高成绩。

解决学习困难的"知识树"

数学的知识通常是零散的，因此容易片面地认知某一个知识，导致我们无法将学过的知识融会贯通，更不要谈清晰地记忆数学知识了。因此学习数学的系统性和整体性就十分重要。有没有一种工具可以帮助我们学习数学呢？知识树是一种简单的学习工具，通过绘制知识树，可以明确数学的知识体系、形成数学的完整概念，从而加深记忆效果。那么知识树该如何绘制呢？

"小糖小糖，快来帮帮我，这道题 📄 我想了很久都做不出来，真是一点儿思路都没有。"郭小果焦急地请教唐小糖 。

"什么题呀？"唐小糖一边向郭小果走去，一边问。

"一道特别特别特别非常非常极度难的应用题。"郭小果恨不得把所有极端的形容词都用在这道题上。

"什么题，我来看看！"钱小强 大大咧咧地说。

"这道题我也看了好几天了呢！"钱小强看了一眼题，无奈地说。

"你看吧，我就说这道题难，连钱小强都没有做出来。"郭小果见钱小强也没有做出来，心里 💙 平衡多了。

"这道题确实难。"唐小糖拿着习题本 📋 说。

"你看吧，这道题超纲了，不是我不行。"钱小强笑呵呵地说。

"这道题难是难，但是不超纲。"唐小糖纠正说。

"我不信，这道题除了老师，谁都做不出来。"钱小强自信地说。

"这道题只是突破点难找而已。"唐小糖说。

"如果我们没有思路，就把这道题所有相关的公式定理都写在旁边，再根据问题反推，就可以做出来了。"唐小糖给大家提供了解题思路。

"公式这么多，也分不清哪个是哪个呀！"郭小果 😟 无奈地说。

"可以通过画知识树的方式将数学知识整理出来，这样我们记忆时就不会漏记了。"唐小糖想到了自己常用的整理方法。

"知识树？"众人纷纷竖起耳朵 👂 ，等着接收新知识。

"知识树有点像思维导图，但知识树重在分类整理和构建知识之间的联系，通常会构建一个分层的结构；而思维导图更注重发散和联系，思维导图可以帮我们发散思维、做计划等。"唐小糖怕同学们听不懂，将知识树跟思维导图进行了对比。

听了这个方法，郭小果赶紧拿出一张纸 📄 整理量和单位相关的知识树，不整理不知道，一整理吓一跳，原来跟量和单位有关的知识点竟然这么多，怪不得这道题做不出来呢。

知识树

知识树是一种用于组织和展示知识的结构，它将知识按照一定的层次结构进行组织，使我们可以更加系统和全面地掌握知识。

"公式倒是记住了，可是跟题对不上号。"

在数学学习中，知识树可以帮我们建立起整个知识体系的概念框架，有利于对数学学科的理解和掌握。

通过使用知识树，我们能够系统性地掌握数学知识，轻松地找到自己需要学习的内容，并且在学习过程中更加高效、有针对性地解决问题。

知识树绘制规则

抓住主线：知识树应该抓住主要线索，从而能够让人快速捕捉到所需知识点。

地图简洁：使用特定符号或目录工具绘制不同类型的节点。

分类清晰：应该将知识树中相关联的概念划分为不同的类别并在相互联系的集合节点之间进行明确标注，方便阅读者的理解。

单向连接：一般情况下，知识树应该是用单向的箭头来展示知识的衍生关系。

清晰可辨：知识树的节点应该具有清晰的文本或图形表示，设计绘制时应该遵循一致的规则，可以使用不同颜色或填充来增加视觉效果和帮助理解。

学霸来支着儿

Step 1 讲出来

整理好的知识树，并且对照知识树像老师一样尽量将每个知识点都阐述清楚，同时加入知识点中的联系和应用，这样对于知识树上的内容才算完全掌握。

Step 2 答题万能模板

一般来说，数学应用题的解答都是有模板的，因此我们需要在刷题的过程中针对不同的问题总结出不同的模板，这样就可以把不需要思考的问题直接做出来，不至于浪费时间。

本节要点回顾

⭐ 知识树可以帮助我们梳理混乱知识，构建知识框架。

⭐ 知识树可以作为大纲辅助记忆。

追风小二班
三角形的面积怎么求来着?
哈哈哈……这你都不会?
我在考你们。
你要这么说，我就假装被难住了。
@ 米小咪 你认真的吗?
知道了正方形的面积计算方法大概就能知道了三角形的了。

类比法记忆：带你玩转数学

数学是一门逻辑性比较强的学科，前后知识都是相互关联的。这给学习带来便利的同时，也需要打牢基础，只有这样才不会轻易掉队。打牢基础除了提高运算能力之外，还要对以前所学的知识进行总结归纳并牢固记忆，再举一反三，尝试用旧知识解决新问题，这样就很容易将新旧知识融合。除此之外，对于数学知识的记忆也是有技巧可循的，那么我们该如何高效学习数学呢？

"咱们学习数学最重要的还得是头脑 清晰、思路灵活，就像我，数学公式不用记，全靠推理。"钱小强又扯着嗓子跟同学们吹牛了。

"你这么厉害，给我证明个 1+1=2。"鲁小路看不过去了。

"1+1=2 还用证明呀？那不是张口就来的常识吗？谁不知道 1+1=2？"同学们也都觉得鲁小路 说得有点荒谬，众人哈哈大笑 。

"哎？别说是你钱小强，1+1=2 这个问题全世界目前还没有人真正证明出来，最接近答案的人是我们国家的数学家陈景润，然而他也只证明到 1+2=3。"唐小糖的话让同学们安静下来，原来看似简单的问题，竟然还是数学难题。

"再说了，咱们现在的数学就像 1+1=2 一样，有很多是直接套公式就能记住的，难道不现在记，要等到考试的时候再推理吗？"唐小糖又给钱小强泼了一盆冷水 。

"看你还吹牛，钱小强吹牛被牛顶了。"米小咪 忍不住哈哈大笑。

"你这么说我可不认可，小糖。"钱小强一直觉得推导公式是他引以为傲的事。

"你看啊，咱们数学要的就是举一反三的能力，我能推导就能记住，就能理解，那记忆效果肯定要比你们死记硬背的强。"钱小强不服气地说。

"对。数学要的就是举一反三的能力，需要理解公式，但我们学过的公式不都是老师教过的吗？都是推导出来的，谁不会呀！"米小咪也不服气地说。

"你能推导出新的公式，那才厉害呢！"郭小果 也觉得推导学过的公式不算什么本领。

"不过，我旧公式也很难记住……"紧接着郭小果失落地低下了头。

"你看吧！我就说理解公式很重要。"钱小强见郭小果自曝弱点，终于可以乘胜追击了。

"别着急，我教你，旧公式如果记不住可以用类比法记忆，这样一下就能记住好几个公式呢。"唐小糖 拉着郭小果的手走向课桌。

"正方形 的面积公式你能记住吗？"随后唐小糖问郭小果。

"可以，边长乘以边长。"郭小果认真地说，"可是梯形 、平行四边形 什么的总是记错。"郭小果紧接着说。

"你看这是正方形，它的面积公式是边长乘以边长，因此我们也能知道长方形的面积是长乘以宽。"唐小糖一边在草稿纸上画 一边给郭小果讲，同学们见唐小糖又在传授学习方法纷纷凑过来听。

"我们知道了长方形的面积，那么你看平行四边形，我们在平行四边形的钝角上垂直于底边画一条线，就出来一个三角形，把这个三角形移到另一边，就组成了一个新的图形，你看这个图形不就是长方形吗？"唐小糖头头是道地讲着，同学们津津有味地听。

"哦，所以平行四边形的面积是底乘以高，就跟长方形差不多。我终于明白了。"郭小果恍然大悟。

"那你再根据这个，看一下梯形面积是怎么算的。"唐小糖希望郭小果能够举一反三。

"梯形……"郭小果一边思考一边在笔记本上画出一个梯形。

"哦，我记得好像是这样。"郭小果又画了一个一样的梯形将两个梯形组合成了一个平行四边形 。

"我知道了，是底乘以高除以2。"郭小果高兴地说。

"原来数学公式不用死记硬背呀，我说我怎么明明背会了，用的时候却错了！"米小咪 在一旁不好意思地说。

类比法记公式

类比法是通过将新知识与老知识进行联系、对比、转化的记忆方法，类比法不仅可以帮助我们更牢固地记忆数学公式，还能培养我们举一反三的逻辑思维能力。

"这么多公式该怎么记呀！"

"公式越学越多，题还是不会做。"

公式看似简单，却包含巨大的信息量，而且常常有变形公式，同时公式与其他知识点的深度联系使得单纯的机械记忆并不能长久。这导致很多公式记下来了却不知道如何应用。

在记忆公式时，需要理解公式的意义、拆分结构元素、利用图表梳理其逻辑性，多次高频练习巩固。类比法可以将类似的公式整理在一起，清晰明确，加深理解。

如何利用类比法记忆数学

找到目标公式的分类：当我们看到一个公式时，首先要看这个公式解决什么问题，进而联想跟这个公式解决相似问题的其他公式。

总结：将涉及这个领域的所有公式先列在草稿上。

整理：再根据每个公式解决的问题进行分类，并找出彼此之间的区别。

记忆：重点记忆这些公式可以解决的问题和区别。

学霸来支着儿

Step 1　总结法

中小学阶段的数学公式不是很多，可以定期整理总结，准备一个可以随身携带的小本子专门记公式。在每页上写清楚公式中的元素分别代表着什么，也可以加入一两个典型例题。随时随地都可以拿出来记一记。

Step 2　借助图像

　　我们知道，大脑对于图像的记忆更为深刻，因此可以通过图像的方式对一些公式进行记忆。

本节要点回顾

⭐ 类比法记忆数学公式更系统。

⭐ 类比法记忆数学公式可以举一反三。

⭐ 通过类比法记忆可以提升解题技巧。

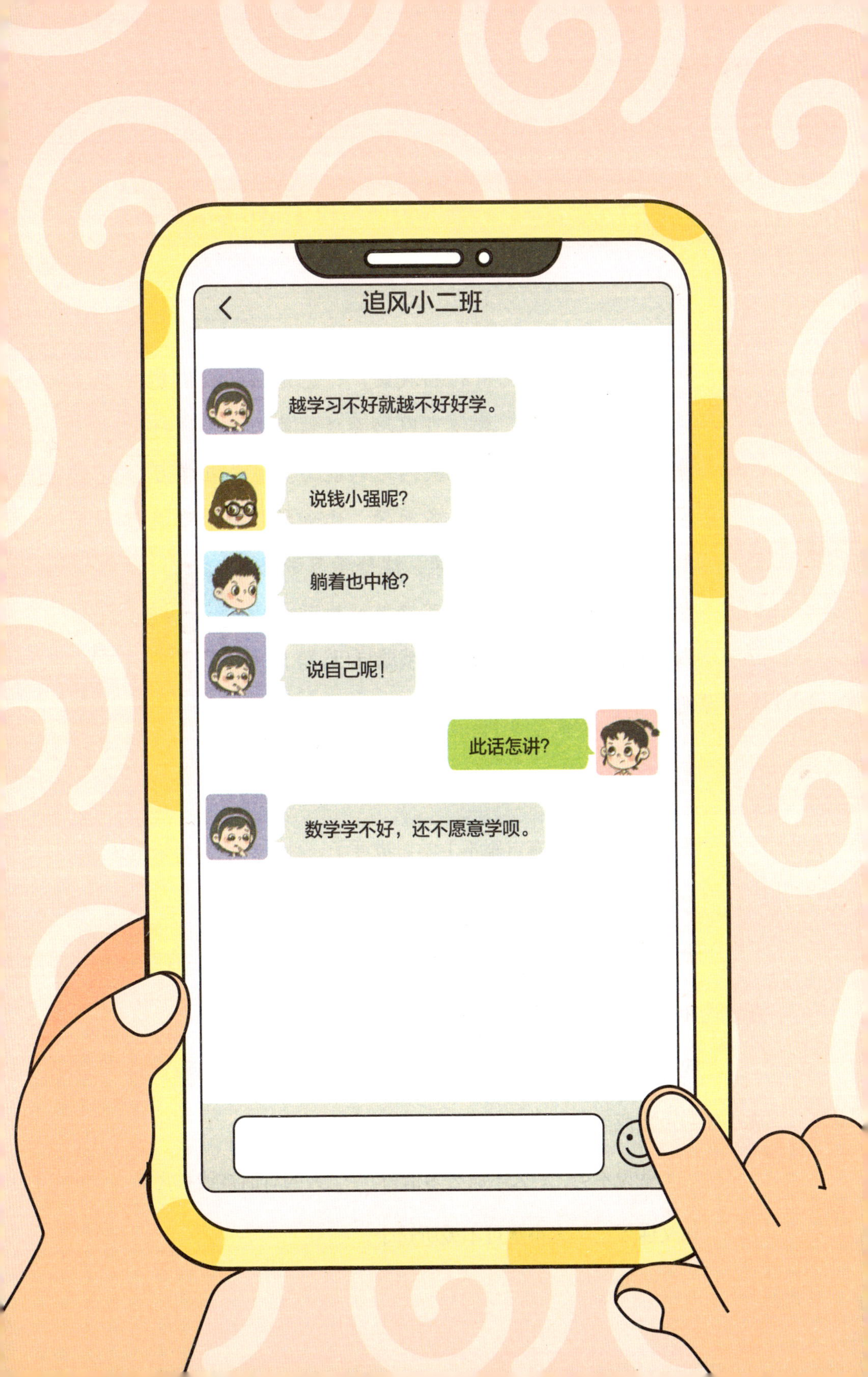
追风小二班
越学习不好就越不好好学。
说钱小强呢?
躺着也中枪?
说自己呢!
此话怎讲?
数学学不好，还不愿意学呗。

会写数学日记，好成绩冲你招手

数学在生活中应用的领域最广，也是陪伴我们整个学习生涯的学科。数学可以培养逻辑能力，提高科学素养，同时还能加强解决问题的能力。但是在学习数学的过程中也会遇到很多问题，比如抽象概念难以理解、应用题型难以解决等，这给学习带来很多阻力。通过数学日记，可以很好地回忆所学知识，同时记录难题解题步骤和思路，加深对数学知识的理解。

"我这大脑 有点跟不上学习进度了。"米小咪跟郭小果抱怨。

"怎么说？"郭小果看着无助的米小咪问道。

"尤其是数学，就感觉每天学完之后也不知道学了啥，有时候做题也迷迷糊糊的，是哪里出了问题呢？"米小咪困惑地说。

"我也差不多，其实就是掌握得不扎实，上课好好听讲就行了。"郭小果一边找原因，一边安慰米小咪。

"不会就说不会，怎么还那么多借口。"二人的对话被钱小强听到。

"你又懂了。"米小咪可不爱听这个。

"我从来不找借口。"钱小强得意地说。

"你别得意，我早晚把数学成绩提上来。"米小咪气势汹汹地说。

"我等着呢！"说完钱小强嬉皮笑脸 地跑开了。

"小糖，我的数学可怎么办呀？"米小咪赶紧向唐小糖求救。

"我觉得咱们学习数学应该有个系统的回顾，知道每天都学了什么知识，哪些掌握了，哪些没掌握，这些自己心里都有数，而且最好记下来，方便以后查漏补缺。"唐小糖根据自己的学习经验说。

"对对对，我觉得我就是不知道哪些知识点掌握了，哪些知识点没掌握，听完课感觉都会了，做题时感觉都没掌握。"米小咪听了连连点头，郭小果 也在一旁附和。

"针对这个问题，我推荐你们写一下数学日记 ，梳理一天所学的数学知识。"唐小糖拿着自己的数学日记给米小咪和郭小果展示。

"啥？数学还有日记？语文日记、积累日记……现在又来个数学日记。"鲁小路听见数学日记后不可思议地叫喊道。

"对呀，不会占用太长时间的，其实就是对当天所学的内容做个回顾，以明确自己哪些知识点彻底掌握了，哪些知识点还没掌握，掌握的知识点通过做题来巩固，没掌握的知识点需要重新翻书弥补一下，再做题查验一下。就这么简单。"唐小糖 轻松地说。

"好吧，我试试，下次考试一定超过钱小强，让他再得意！"米小咪气愤地说。

数学日记

　　数学日记旨在记录一天中数学学习中遇到的问题、知识的掌握情况以及对凌乱知识的整理，进而将前后知识进行联系，形成系统的学习框架。数学日记的书写对数学的记忆有很大帮助。

　　"学过的知识就好像没接触过一样。"

　　"数学知识总是掌握不扎实。"

　　学过的知识如果不及时复习回顾，等再见到它时可能依然是陌生的。一方面是需要将老师课堂上讲的知识记下来，另一方面需要通过做题举一反三，达到巩固和提升的目的。

数学日记可以包含的内容

　　学习笔记：记录数学学习过程中的笔记，整理出有关知识点及注意事项。

例题分析：通过分析习题的解题思路及其细节来推断和整合各个知识点，从而更好地理解问题并找到最有效的解决方法。

解题过程：记录自己在完成数学习题时的思考过程、策略以及关键步骤等。

学霸来支着儿

Step 1 背——写——讲——做

记忆数学和语文英语有所不同，数学在记忆的同时需要举一反三，因此我们首先要记忆，其次再默写，然后以默写的知识作为大纲将知识讲述清楚，最后配合做题加深印象。

背 公式定理　　**写** 默写关键词　　**讲** 结合关键词讲清楚内容　　**做** 结合习题巩固

Step 2 记错题

错题本要时常复习，将错题的正确解题方法刻在大脑里，只有这样，数学成绩才能得到提升。

Step 3 给日记加标签

数学日记与其他类型的日记不同，因为它需要时常回顾，加上标签方便查阅回顾。

本节要点回顾

⭐ 数学日记可以帮我们梳理数学知识。

⭐ 数学日记的内容是多样的，可以根据自己的情况选择。

⭐ 合理选择数学日记的书写频率，提高学习效率。

第5章

告别死记硬背，单词可以这样记

听自己的录音，记得更牢固

　　读音是很多同学学习英语的一大障碍，单个单词尚且说得过去，组成一句话往往就变成了地方英语。准确的发音可以帮助听者更好地理解和学习英语单词、短语和句子的含义。而且，正确的发音还可以帮助说者在口语交流中表达自己，并避免产生误解或造成沟通障碍。因此，在英语学习过程中，应特别注重音标和发音的学习和练习。听自己的录音可以加深对英语的记忆，同时还能及时纠正读音，学习英语更轻松。

　　"小路，你英语读得真有味。"米小咪对正在结结巴巴读英语的鲁小路说。

　　"你是说我有口音吗？"鲁小路放下手中的课本 问道。

　　"我说的是你读的可是正宗的中式英语。"米小咪 笑一边说。

　　"你就别笑话我了，这已经是我最好的状态了。"鲁小路英语成绩中上等，单词和语法学得都不错，就是读起来比较费力。

"我们大家学的都是哑巴英语，怎么办呢？"郭小果也正在为读音发愁。

"那就多听多读呗。"米小咪读得很好，她的经验就是多读。

"我这英语早上读，中午读，下午读，晚上读，就是读不好。"鲁小路无奈地说。

"我的办法很简单。"钱小强大大咧咧地说。

"我们都知道——那就是不读。"众人齐声说，说完相互对视哈哈大笑。

"真没意思……"钱小强哼着歌　　　走开了。

"我觉得米小咪说得没错，英语就是多读。"唐小糖英语口语很好，读音是大家羡慕的美式腔调。

"那你觉得我读得少吗？"鲁小路觉得很委屈。

"不少，但是多读也应该注意方法。"唐小糖不再绕圈子。

"什么方法？"众人都好奇地问。

"我们在读的时候可以把自己的读音录下来。没事的时候就听自己的录音……"唐小糖刚说了一半就被鲁小路打断。"我最不喜欢听自己的录音了，本来读得就不好，听一遍难受一遍。"

"你到底想不想改变呢？你反复地读没有提升，就说明需要换一种方式，我们现在需要的是反馈。"唐小糖严厉地说。

"好吧，你说得对，如果每天像我这样不仅浪费时间，最重要的是成效不大。"鲁小路明白自己的现状。

"我们在听自己的录音的时候就会知道哪里有问题，而且听自己的录音更符合自己的记忆节奏，方便我们记忆。"唐小糖说。

"不仅要听自己的录音，还要多听母语是英语的外国人录的音，这样方便进行比对，知道自己哪里不足。通过反复听反复纠正反复练习，我们的读音会越来越好。"唐小糖接着说。

"对对对，我就是这么学的。"米小咪英语不错，读音也很准。

"其实这个方法也叫刻意练习，通过这种方式还可以进行其他科目的学习。"唐小糖给大家解释这个方法。

"小糖真是博学呀！"郭小果投来羡慕的目光。

"原来我只是机械地读、机械地重复，根本就不知道问题出在哪，听你这么一说，我听着自己的录音，就知道自己的问题出在哪，再结合正确的发音进行纠正。久而久之，不仅锻炼了语感和发音，还加深了记忆。真是个一举多得的好办法。"鲁小路分析得头头是道。

刻意练习

刻意练习是指有目的、有计划和高质量地进行反复练习，致力于提高特定技能和能力的方法。与一般的重复训练不同，刻意练习更强调对练习过程的分析、反思和调整，以达到更好的效果。

"自己的录音听着就别扭。"

"读得不好，听录音不是更不愿意学了吗？"

由于声音的传播路径不同，我们听到自己说话的声音更具磁性、更好听，但是录音中的声音可能会让我们感到不适应。然而，我们必须意识到，录音中的声音才是传达给别人的声音，所以需要经常录音并反复听自己的录音，以更好地发现和改进自己的发音和语调。

通过录音来记忆英语不仅可以提高对知识的记忆效果，培养良好的语感，纠正发音错误等，还能纠正自己的读音，让自己的声音听起来更有磁性，改善别人对我们的第一印象。可见，录音学习是个一举多得的好办法。

刻意练习的步骤

确定目标：首先要有一个明确的目标，例如以达到某个具体音频发音标准为目标。

找到合适的练习对象：可以从课本课文开始，通读课文并且录音。

纠错更正：通过听第一遍录音，找出明显的错误，更正后重新阅读并录音。

对比更正：将更正后的录音与目标录音的发音进行对比，尝试模仿目标发音，再次更正。

完成目标：通过完成目标提高自己的阅读发音水平。

学霸来支着儿

Step 1 看电影学英语

一些英语动画电影发音标准、对白有趣且语速适中，可以帮助我们提高英语听力和口语。通过看电影可以学习标准发音、掌握常用词汇及句型，建立语境感知，并且了解当地文化和习惯。建议选择容易理解的题材，字幕辅助，学原声发音并做好记录等，以此来达到持续的进步。

Step 2 看自己感兴趣的英文漫画

漫画图文结合，更有利于对英语的理解和记忆。另外通过漫画可以培养学习英语的兴趣，还可以引发思考，激发学习动力，遇到不懂的单词更有兴趣查阅，增加词汇量。

Step 3 建立母语思维

看到"苹果"二字的时候,第一个想到的是一种水果,这就是母语思维,而看到英语"apple"的时候,我们先想到的是"苹果"这个词,再想到的是苹果这种水果。培养母语思维,就是去掉中间想到汉语这个环节,这样我们学习英语就方便许多。通过多听和模仿逐渐培养母语思维。

母语思维:apple=

外语思维:apple= 苹果 =

每次翻译转换,相当于花两倍脑力去学习。

本节要点回顾

⭐ 听自己的录音可以使记忆更牢固。

⭐ 只有不断地纠错、更正,才能达到更高的目标。

⭐ 大胆地与伙伴交流互相纠错,记忆效率更高。

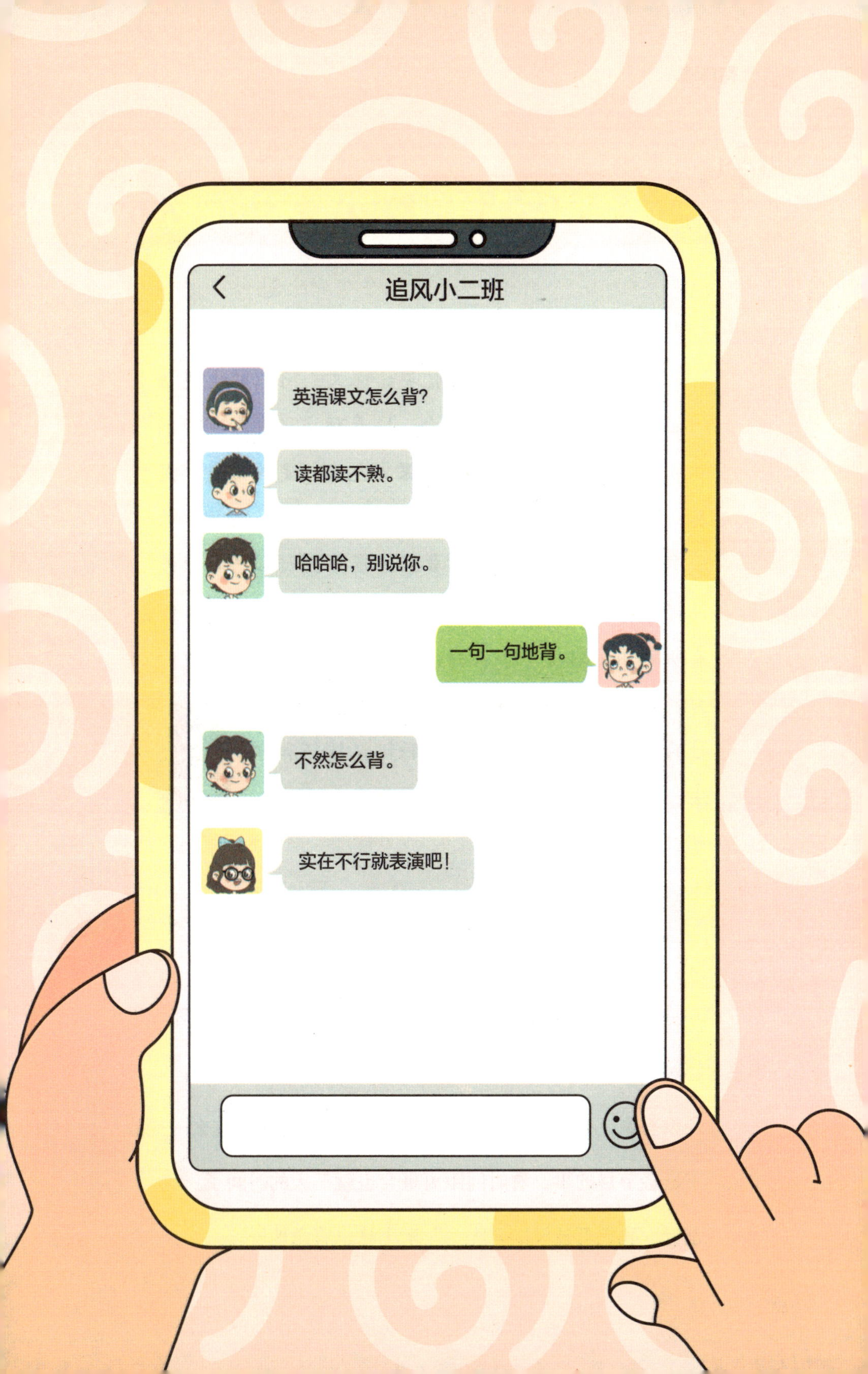
追风小二班
英语课文怎么背?
读都读不熟。
哈哈哈，别说你。
一句一句地背。
不然怎么背。
实在不行就表演吧!

把课文编成情景剧，边表演边记忆

通过阅读、理解和记忆英语课文，可以扩大英语词汇量，提高听说读写能力，培养独立思考和判断问题的能力。然而，记忆英语课文也有一定的难度。尤其是对于初学者来说，课文中可能包含很多生词、长难句和复杂语法结构，需要通过反复阅读和练习才能记忆和掌握。此外，每个人记忆语言材料的难度可能有所不同，取决于个人的语言学习背景和语言处理能力。因此，要背诵英语课文，需要开展系统性的学习和练习，并采用多种记忆技巧和方法，尝试将英语课文编成情景剧表演出来，可以提高记忆效果。

"小糖，班会老师让表演的节目准备好了吗？"刚下课郭小果就焦急地问唐小糖。

"还没有啊，不知道要搞个什么节目呢。"唐小糖被这么一提醒，才想起来班会节目的事，看时间距离班会也就三天的时间了。

"是呀，我们都还没准备呢。"米小咪也着急地说。

"怎么办呢？"郭小果 眉头紧锁，恨不得马上就找到解决办法。

"不如我们一人唱首歌吧！"鲁小路 提议道。

"我不会呀，合唱还可以滥竽充数，独唱还不如直接上台站一会儿好呢。"郭小果比较内向，不喜欢当着这么多人的面唱歌 。

"跳舞总行了吧，大家一起练习。"米小咪会跳很多舞。

"可是跳舞没时间练习了，还有三天的时间，到时候肯定是群魔乱舞了。"鲁小路 想到时间很紧急，不太同意跳舞。

"既然咱们班会是给家长和老师们表演，不如就展示一下学习成果吧！"唐小糖笑着提议。

"你要我们一起考试吗？我可不干，小考挨小揍，大考挨暴击，这个我受不了。"钱小强听了唐小糖的提议直摇头。

"不是，咱们可以把英语课文改编成情景剧，再加入一些幽默元素，大家每人背自己的台词，三天时间足够了，估计还有时间排练。"唐小糖看钱小强害怕的模样笑着说。

"这是个好办法，不仅新颖，而且还能向老师和家长展示我们的学习成果，顺便把课文也背了。"鲁小路对唐小糖的提议赞不绝口。

"是啊，这是个好方法，就算偶尔错一两个单词家长也听不出来。"钱小强就奔着摸鱼去的。

"我赞成小糖 的提议，只是钱小强不能参加，小心被他影响演出效果。"米小咪又在找钱小强的麻烦了。

"哎哟，就你好，你才影响效果呢！"钱小强丝毫不让。

"好了，钱小强你参加可以，但是得注意不能给大家拖后腿。"鲁小路严肃地说。

"放心吧，我钱小强 可是识大体懂大局的人，绝对不会拖后腿的。"钱小强拍着胸脯保证。

"其实我们平时也可以用这种方式记英语课文 ，一人饰多角，自导自演，记忆课文的效果会更好呢，说不定还能发掘出一个影帝呢。"唐小糖想到自己背课文的方法，顺便提醒大家。

"真的吗？这个方法一定很有趣。"郭小果想到自己模仿大恐龙说话的样子就好笑。

"对呀，我们将课文编成情景剧的过程就是学习的过程，我们把自己带代入角色，就会在头脑中产生相应的场景，可以加深记忆。"唐小糖解释说。

"好呀，正在为背英语课文发愁呢，这个方法一定要试试。"鲁小路激动地说。

时间很快就到班会了，同学们表演的英语情景剧幽默生动、读音标准，获得了家长和老师的阵阵掌声，同学们也自信地昂起了头。

代入角色

　　将课文编成情景剧，把自己代入角色，可以一人饰多角，也可以跟同学配合，这样的学习方法既轻松又有趣。

　　"英语课文既难理解又难背，真麻烦！"

　　"背一篇课文总需要几天的时间。"

　　背英语课文是提高英语水平的有效方法，不仅可以增加词汇量，让我们更准确清晰地表达自己；还可以帮助我们提高口语水平和语感，大幅度缩短思考时间，形成类似母语的思维模式；同时也能促进阅读能力和理解能力。

将英语课文编成情景剧的步骤

　　阅读并理解英语课文：在开发情景剧之前，请先确保了解故事的整个梗概，包括主要人物、时间、地点和具体细节等内容。

抓住关键情节：将关键情节视为整个谈话的目标，在任何场合都不要从中脱离，让情景剧更有连贯性。

将剧情拟定好：根据所选材料思考构建一些短小精悍又生动有趣的情境，能够抓住观众的注意力，同时也会让自己身临其境。

分配角色：最好选择不同口音和模式的角色进行扮演，这样有利于提高自己的英语表达技巧以及发音准确度。

施行：好的情景剧不仅考虑了角色、语言素质和表演技巧等方面，还要将作品表演出来，让到更多的人看到，并通过他人的反馈不断改善和进步。

学霸来支着儿

Step 1 融入角色

我们听说过有些演员参与影视创作后入戏太深，很难走出来。只有真正理解角色的人物特点，才能生动形象地表演出来，也只有这样才能激发兴趣，加强记忆。

Step 2 最小记忆单元

英语课文的最小记忆单元是句子。而英语句式都是以语法为主要框架的，只要抓住该句的关键词，再将关键词重新套进相应的语法中，一句话就记下来了。

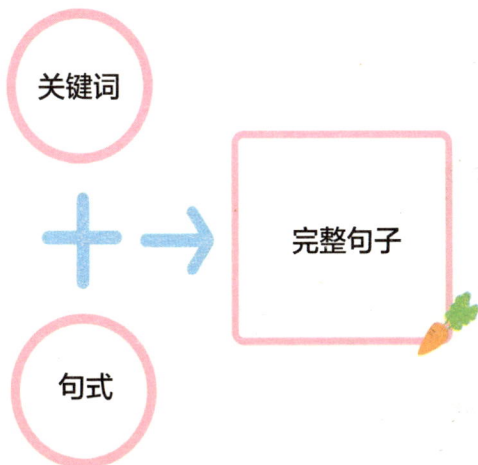

关键词

＋ → 完整句子

句式

本节要点回顾

⭐ 将课文改编成情景剧可以提高记忆效率。

⭐ 享受改编过程的乐趣，有助于提高记忆效果。

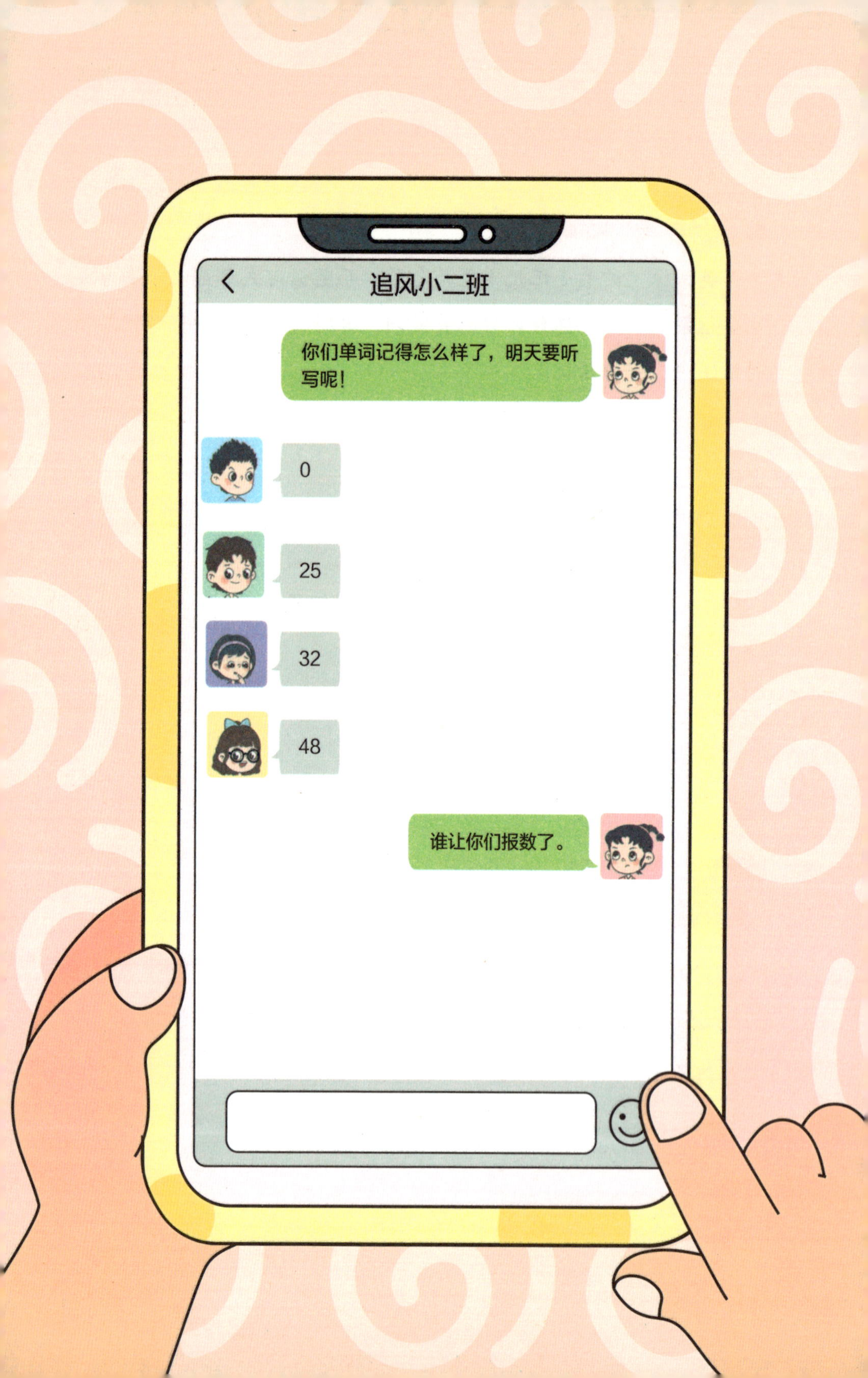
追风小二班
你们单词记得怎么样了，明天要听写呢！
0
25
32
48
谁让你们报数了。

字母组合编码，海量单词轻松记

　　英语单词的构词方法有章可循，比如加前缀、后缀、变体拼写等，通过这些方法造词也就出现了类似于中文的偏旁部首。例如：in-、un- 等前缀，通常表示否定。这也就给记忆带来极大的方便，我们不再需要死记硬背，而可以通过不断地深入总结，或者通过查询相关资料，获取单词构词的元素，将这些元素进行编码组合，就像学习汉语一样简单，从而达到轻松记忆单词的目的。

　　"不得不说，最近我对英语有了新的认识。"钱小强跟同学们聊着对英语的新感悟。

　　"不得不说，你今天竟然提到了英语，进步不小呀！"米小咪拍着钱小强的肩膀故作欣慰地说。

　　"这就叫'士别三日，当刮目相看'。我钱小强可不是一般人。"钱小强 见有人赞赏，骄傲地说道。

　　"你当然不是一般人，你是二班人，我们都是二班人。"鲁小路打断了他刚要兴奋起来的情绪。

"这个笑话好冷。"钱小强翻了个白眼说。

"你倒是说说你对英语有什么新认识呀？好让我们刮目相看。"郭小果更在意钱小强的新认识。

"话题终于回到了大家想听的那段，话说那是个月 🌙 黑风高的夜晚……"钱小强又开始跑题了。

"直接说重点，没人喜欢听你的渲染。"米小咪赶忙打断。

"我在我妈的批评下开始背单词，我发现单词竟然有偏旁部首，你说神奇不神奇。"钱小强板着脸用最快的语速说完。

"怕是被你妈吓坏了吧，把英语当语文学了。"米小咪一边笑一边说。

"钱小强真是挺厉害呀，你只被批评了一顿就发现了这么惊人的秘密。"唐小糖微笑着说。

"这么说你也知道？"钱小强故意压低声音，好像怕别人听见一样。

"我老早就发现了，用这种方法不仅能背单词，就算是生词，都能猜出大概意思。"唐小糖也假装压低声音，配合钱小强演戏。

"有这么好的事，你咋不早说。"鲁小路探出头也小声说。

"你也没早问呀！"唐小糖调皮地说。

"行了，都能听见，不用那么神神秘秘的。"米小咪打断了神秘气氛，将对话拉回原有的语调。

"钱小强不愧是数学高手，这种找规律、找逻辑的事一下子就能发现，英语中确实有很多类似于汉语偏旁部首的东西，我们叫前缀和后缀。"唐小糖再次表达了对钱小强的赞美。

"那必须的。"钱小强 得意地说道。

英语的偏旁

英语作为一种广泛使用的语言，它的构词方法很简单，通常有前缀、后缀、派生、复合、缩写、变体拼写等。只要掌握了它的构词规律，就可以轻松记忆单词。

"英语单词毫无规律，太难记了。"

"这么多的单词，什么时候是个头啊。"

英语单词确实有很多，而且每年都在增加，但是如果掌握了英语单词的构词规律，那么记忆将不再是困难的事，反而可以举一反三，一次记住很多有共同特点的单词。

通过英语单词构词法记忆单词，可以借助前缀、后缀、复合词、缩写词等多种方式，将单词分解为更小的构成元素，在归纳和理解这些构词元素的含义的基础上，逐个推导出各个单词的意思。这种方法不仅可以拓展词汇量，也能帮助我们提高语言认知水平，更重要的是，可以更好地理解和运用语言。

如何通过字母组合编码记单词

掌握前缀后缀：学习常见的前缀、后缀，例如：dis-（否定）、un-（不）、-ful（充满着……的）等。同时可以借助一些构词法记忆单词，途径有课本、背景资料或者英语单词词根词缀大全。

拆分：尝试通过前缀和后缀，理解不同单词之间的联系与区别。遇到生词时，可以把其拆成前缀、后缀和核心部分，分别了解这三部分的含义，然后再根据上下文推测出单词的意思。

扩展：在学习新单词的时候，了解它的派生词，即通过前后缀再次拼接形成的相关单词。这样不仅可以扩大单词量，还能够更好地掌握单词的使用方式和语境。

学霸来支着儿

Step 1 词源法记单词

从单词的词源入手，逐渐透过词根与词缀走向复杂语汇结构的理解和认识。例如，了解了"tele-"这个前缀表示"远离"的含义，就可以更容易地理解"television"（电视机）或"telephone"（电话）等单词的意思。

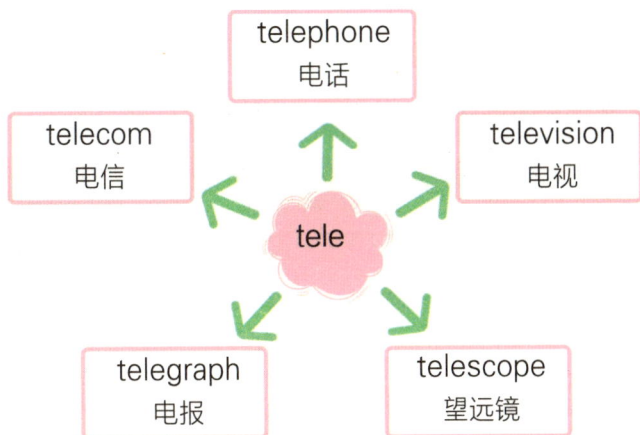

telephone
电话

telecom
电信

television
电视

tele

telegraph
电报

telescope
望远镜

Step 2 词缀记单词

利用前缀、后缀、派生词的规律，将已知单词中的构成元素应用到新单词中。例如，掌握了"comfort"这个单词时，可以轻松记住"discomfort""comfortable"等相关单词。

Step 3 反义词记单词

　　学习单词的同义词和反义词，并通过对比差异来加深对意思的理解。这样可以建立一个语义网络，使记忆的单词彼此联系在一起，提高学习效果。

本节要点回顾

⭐ 英语单词构词有规律可循。

⭐ 掌握英语单词的词根词缀，记单词可以举一反三。

⭐ 利用字母组合编码的方法记单词，需要牢固的基础。

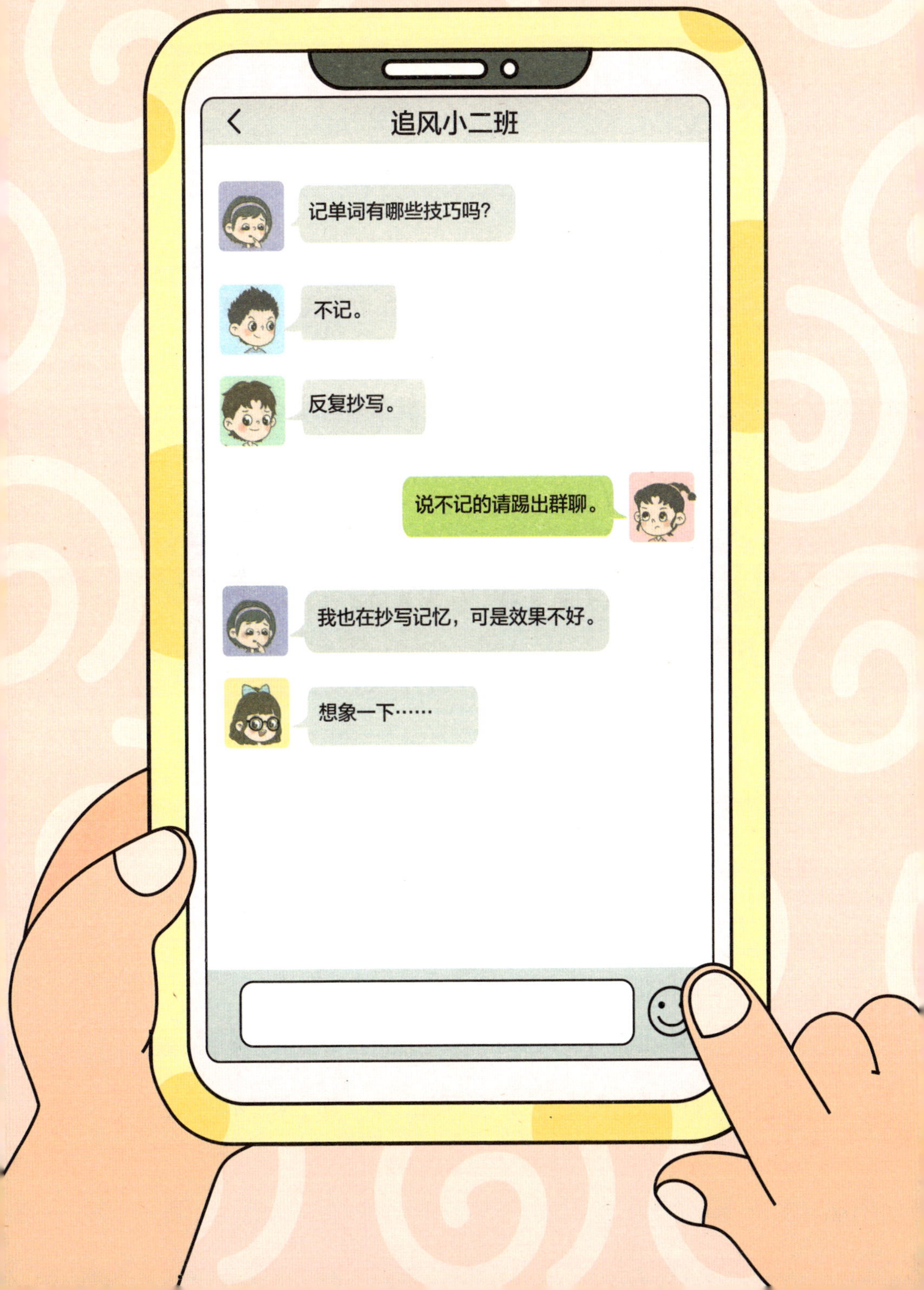
追风小二班
记单词有哪些技巧吗?
不记。
反复抄写。
说不记的请踢出群聊。
我也在抄写记忆，可是效果不好。
想象一下……

联想记忆，从此爱上学英语

英语学习涉及了发音、听力、语法、词汇量、阅读理解和口语表达等方面。对于非英语母语的我们来说，英语无疑是具有挑战性的，繁多的单词、复杂的语法、难懂的阅读理解都是我们学习的障碍。其中当属单词最为基础，且最简单易学。因此单词成了很多人学习英语的重中之重。但仅凭单词的学习有时难以提高成绩，英语的语言习惯跟汉语有很大的差别，仅靠单词成绩很难得到提升。

"我就说吧，英语就是不好学，你看！郭小果都没考好。"钱小强扯着嗓门拿着郭小果的测试卷 跑进教室。

"我只是最近单词没认真背而已。"郭小果红着脸向钱小强抢卷子。

"咋也比你好。"米小咪 为郭小果打抱不平。

"就是呀，我最近背单词不在状态而已，再说了，这个小测验能说明什么，咱们期末考试见，看我不碾压你。"郭小果毫不客气地说。

"钱小强要小心了哦，小心你成了众矢之的！"鲁小路好心提醒。

"碾压我门槛太低，你们应该以唐小糖为目标，去积极碾压她。"钱小强说得也在理，他除了数学值得被碾压外，好像其他科目没有碾压的余地。

"你倒是挺有自知之明，好在你数学还值得一提。"鲁小路 说。

"不过，我最近英语学习兴趣确实不是很高呢！不仅不爱背单词，而且作业 也都是蒙混过关，一塌糊涂。这怎么回事呢？"郭小果忧虑地说。

"不用担心，一次两次的说明不了什么，先歇一段时间就好了。"鲁小路安慰郭小果 说。

"我觉得歇一歇可以，但是不能'躺平'。你现在可能是对英语兴趣不足，应该想办法提高学习兴趣才是重要的。"米小咪告诫郭小果。

"米小咪说得对，如果我们因为一次两次的挫折就'躺平'，可不是好习惯。培养学习兴趣很重要。"唐小糖看见失落的郭小果不免有些担心。

"可是对英语我最近确实没啥兴趣。"郭小果 愁容满面。

"我教你个好玩的吧，叫联想记忆法。"唐小糖决定先从兴趣培养开始。

"联想记忆法是个公认的好的记忆方法，我们接触一个单词或者句子的时候，可以先翻译，再根据汉语意思进行联想。"唐小糖继续说道。

"这个不是比直接记更费劲吗？还得翻译，翻译完了还得联想。"鲁小路 听了感觉很麻烦。

"其实不管是重复抄写还是反复阅读，我们的目的无非就是学会并记牢。单纯地重复，时间久了就会觉得枯燥乏味，失去学习动力，掌握有趣的学习方法，让学习变成乐趣。学习就变成了一种习惯。"唐小糖耐心地为鲁小路解决问题。

"想想也是，之前你说过主动学习效率更高，想想主动学习的动机不就是兴趣吗？每天枯燥乏味地背单词当然会失去兴趣啊。"鲁小路举一反三，想到了主动学习这个话题。

"是啊，学习不可能主动成为习惯，我们只能培养学习兴趣，养成良好的学习习惯。"郭小果对于唐小糖 的观点十分赞同。

联想记忆

　　研究表明人类大脑对图像的记忆要强于对文字的记忆，因此在记忆英语时，将枯燥的英语单词转化成有趣的图像储存在大脑里，记忆效果更好。

"英语的学习太枯燥了。"

"英语怎么努力都很难提高成绩。"

联想记忆是一种有效的学习方法，它可以帮助我们更好地记忆英语单词、短语和句子。通过联想，可以将英语单词与具体的形象、记忆之中的场景、时间等相关信息联系在一起，从而使我们对这些信息建立更加深刻的印象，并在后续的应用中能够更快更准确地回忆和识别。

使用联想记忆学习英语时，可以选择一些与单词意思相关或发音相似的图像或符号，并将这些符号和英文单词互相联系，比如"banana"这个词，可以将其与香蕉的形象、黄色、曼妙的微弧形状等特点联系起来，创造直观的联想信息。采用联想记忆的方法学习英语可以让学习过程更加生动、有趣，并且能够让单词和词组印象深刻，从而更易于记忆和应用。

使用联想法学习英语的步骤

选择内容：选择一个单词、短语或句子，了解其意思和正确发音。

关联：将这个单词或短语与具体形象相关联。例如，单词"apple"，可以将它与苹果的形象、颜色、味道等方面联系在一起。

构建故事情节：构建一个有趣的故事情节，将所选单词和形象置于其中。通过构建故事情节，让单词和形象之间产生联系，并加深印象。

拓展关联：尝试多种不同的关联方法。联想法需要发挥创造力和想象力，可以采用多种不同的方式来联系形象和单词，比如画图、制作卡片等，亦可加深理解。

复习：不断复习，反复巩固记忆，保证对单词和句子的理解和掌握。

学霸来支着儿

Step 1　创造对话

学习英语不管是为了交流还是应试，听说能力都是至关重要的，当说英语的机会很少时，我们就要尝试自己创造对话。学会自言自语，例如在家里打扫卫生，准备一块抹布，你就可以自言自语："I need a piece of cloth for wiping."如果自言自语中有不会的词可以先用汉语代替，空闲的时候可以查询记忆，这样不仅练习了口语，还增加了词汇量。

Step 2 跟读

　　找到优质的跟读素材，例如一些卡通电影，跟读一句就暂停一下，一句一句地跟读，这样可以很好地培养语感，从而提高英语成绩。

本节要点回顾

　　⭐ 联想法只是学习的工具，不可过度依赖。

　　⭐ 听、说、读、写四个方面平衡，才能更好地学好一门语言。

超级记忆法

学习习
有方法

高分学习法

朝歌 编著

台海出版社

图书在版编目（CIP）数据

学习有方法.高分学习法/朝歌编著.-- 北京：

台海出版社,2023.10

ISBN 978-7-5168-3660-6

Ⅰ.①学… Ⅱ.①朝… Ⅲ.①学习方法－少儿读物

Ⅳ.① G442-49

中国国家版本馆 CIP 数据核字 (2023) 第 183678 号

学习有方法.高分学习法

编　　著：朝　歌

出 版 人：蔡　旭　　　　　　　封面设计：韩海静
责任编辑：姚红梅　　　　　　　策划编辑：刘慧滢

出版发行：台海出版社
地　　址：北京市东城区景山东街 20 号　邮政编码：100009
电　　话：010-64041652（发行，邮购）
传　　真：010-84045799（总编室）
网　　址：www.taimeng.org.cn/thcbs/default.htm
E-m ail：thcbs@126.com

经　　销：全国各地新华书店
印　　刷：三河市南阳印刷有限公司
本书如有破损、缺页、装订错误，请与本社联系调换

开　　本：710 毫米 ×1000 毫米　　1/16
字　　数：106 千字　　　　　　　印　　张：11
版　　次：2023 年 10 月第 1 版　　印　　次：2023 年 10 月第 1 次印刷
书　　号：ISBN 978-7-5168-3660-6

定　　价：158.00 元（全五册）

比天赋更重要的是方法

中国有句古话："工欲善其事，必先利其器。"虽然做事是最终目的，但掌握做事的方法，才是先决条件。学习也是同样的道理，"学会"不如"会学"，只有掌握学习的方法，才能摆脱"明明很努力，成绩就是上不去"的魔咒。

《学习有方法》是一套科学合理、简便易行的学习方法指导书。全书共分为五册，用简洁的语言和贴近日常生活的故事，讲述孩子在学习过程中遇到的问题。书中包含了上百种学习方法和大量的图形、表格、导图等学习工具，如"万能记忆公式""康奈尔笔记法""时间管理四象限法""番茄学习法"等，这些宝藏学习法趣味性强，高效实用，能有效解决孩子不爱学习、不会学习的问题，助力孩子快速拿高分，逆袭成优等生。

希望《学习有方法》能够成为孩子前进的朝阳，帮助他们拨开云雾，找到通往成功之路。

认识我吧

唐小糖

性格开朗，是同学们的开心果。成绩优秀，班里的小学霸。喜欢分析问题，常常会总结一些学习小窍门与同学们分享。

鲁小路

同学们的暖心哥哥，无论谁遇到困难，他都会挺身而出。天生聪明，为人勤奋，成绩一直很突出。

郭小果

性格温顺，不是很自信，凡事都以和为贵。一直默默无闻地学习，但是缺少好方法，成绩并不太理想。

米小咪

聪明，口齿伶俐，平时很爱美。在同学们眼里，她是"时尚小达人"。不过学习成绩并不好。

钱小强

班级里的捣蛋鬼，常有一些"鬼点子"。反应很快，逻辑能力强，数学对他来说是小菜一碟。

目录
contents

1

第1章

拒绝无用功，
学会学习再学习

明天我们一起去爬山吧，西山新修了栈道。

太好了，几点出发？

有谁不去吗？我统计一下人数。

你们先去吧，这次我就不去了。

郭小果，你怎么了？我好想让你一起去。

我也很想和你们一起去，可是我还要从网上打印一些资料。

网上资料有优有劣，小果你要注意分辨。

精准输入，学习要直奔目标

在信息爆炸的时代，可以用来学习的方式和途径有很多，可以学习的内容也是无所不包。但是，很多同学发现，越是这样，往往越难选择。每天面对无数扑面而来的知识，我们却不知道自己应该学什么，也不确定哪些学习途径的效果会更好。

郭小果拿着厚厚的一沓资料来到教室，钱小强看到了大声说："郭小果，你这是哪科的资料？"

当知道哪科资料都有时，钱小强说："请你把数学资料拿出来给我看一下吧，如果有用的话，我也印一份。"听完，郭小果就把数学资料拿给钱小强了，一边往外拿，还一边说："这里面有很多题省略了解题步骤，我根本看不懂，你要是看懂了，就给我讲一讲吧。"

钱小强一边答应着一边低头去看数学资料。看着看着，他的眉头逐渐拧成一团，他说："这些题的解题步骤我也看不懂，有一些题的解题方法好像是错的，一会儿我问问老师。"

大课间的时候，钱小强对郭小果说："郭小果，那些资料里有些题确实是错的，我和老师分析过了。你从哪弄来的资料，我觉得你还是慎重一点，不要浪费了时间又做了无用功。那样岂不是太亏了。"

米小咪听到了说："岂止是太亏了，简直是亏大了，周末爬山小果都没去成，就是为了打印这些资料 吧？"

郭小果说："是的。"

唐小糖问："小果，你怎么又打印这么多资料？"

郭小果说："书上好多内容我弄不懂，我想提高成绩。"

唐小糖说："小果，如果你是想弄懂书上的知识，你就直接去看书，看不懂的地方可以问同学、问老师，书上内容弄懂了，成绩自然就会提高了。"

郭小果说："我以为多看一些资料、多做一些题 可以有助于加深对知识的理解。"

唐小糖说："你说的没错，不过看资料、做题，这些都是以书本知识为基础的，如果书本知识没弄懂，资料再没选好，你是不可能提高成绩的。"

钱小强也说："如果资料没选对的话，不仅会浪费许多时间，还可能对理解知识造成不利的影响，反而会妨碍成绩的提高。"

郭小果听了以后急忙 说："我把语文和英语资料也拿给老师看一下吧，如果这些资料也不好，我就把它们扔了。"

学习要讲究高效，首先要精准输入，那么如何精准输入呢？就是我们要学习能直接影响最终结果的那部分知识，以终为始，直奔结果，简单地说，就是学习对目标有用的知识，不要花时间去学没用的东西。

学霸来支着儿

Step 1 选准目标：带着目的去学习

要想高效学习，就要学有用的知识，即学习过程中，要率先形成目标意识，明确自己学习的目标是什么。

很多同学，学习效率低的根本原因就是缺乏目标意识，不知道自己为了什么样的目标去学习。当我们带着明确的目的去学习时，就会略过无用的内容，直奔学习目标，这样一来，学习效率自然大大提升。

制定目标时，可利用 SMART 原则去检验一下，你的目标是否明确清晰。

Specific 具体的

目标的描述要清晰具体、不含混，才能做到真正的精准输入。

Measurable 可衡量的

用确切的数据去描述目标，这样目标是否达成，很容易衡量。

Attainable 可达到的

制定目标要充分考虑实际，必须是通过努力可以达到的，不要制定完全脱离实际的目标，目标太高相当于没有目标。

Relevant 有相关性的

目标的制定不是孤立的，要充分考虑与之相关的其他情况，如短期目标要与长期目标相结合、单科目标要与整体学习目标相结合等。

Time-bound 有时限的

制定目标时要设定具体的完成时间，没有时间的要求，目标很容易被拖延。

Step 2 选好资料：不把时间浪费在不必要的地方

适合自己的学习资料，就是最好的资料。选定学习目标之后，就要根据目标，去选择学习资料了。

比如，我们的目标是考试取得好成绩，那么教材就是最好的学习资料。因为，考试大纲就是根据教材编写出来的，也就是说，考试时的题型，绝对会以教材为基础，如果超出了教材范围，那就属于超纲题，是不允许出现的。

又如，如果我们的目标是积累成语，那么就去选择专业的成语词典。

Step 3 立即行动：马上落实目标

选准目标、选好资料之后，就应该马上采取行动去实现目标了。在这一过程中，必须时刻紧盯目标，所有的行动都紧紧围绕具体的学习目标而进行。

拒绝拖延、马上行动，有问题马上去问，有疑惑迅速寻找答案，想到怎样去做就立即动手去做。

本节要点回顾

⭐ 知道自己学习什么，这可以让我们从根源上摆脱许多无用的知识，也可以免去很多不必要的困扰。

⭐ 学习时要紧盯目标，只关注与目标有关的内容，绝对不要进行漫无目的的浏览。

追风小二班
江湖救急！ 英语第五单元的笔记，麻烦大家发给我看一下。
今天太阳真是从西边出来了，学霸来找人帮忙了。
小糖上个星期身体不舒服，落了一个星期课，你忘了？
不好意思，我才想起来。
笔记已经发过去了，唐小糖，如果哪里不明白可以随时问我。
还有我。
数学可以问我。
小糖，还有我，欢迎你随时找我。
谢谢大家！

认清自己：和"不懂"一起踏上旅程

孔子曰："知之为知之，不知为不知，是知也。"就是说，知道就是知道，不知道就是不知道，这才是最基本的求知态度。

知道自己知道什么，也知道自己不知道什么，这是一种正确的求知态度，也是一种科学的学习方法，同时也是一种自我认知的能力。

很多同学学习成绩不好的原因，不是不想好好学习，而是不知道自己不知道什么，自然也不知道自己该从哪里开始学。

耽误了一星期课的唐小糖终于上学了。刚走进教室，郭小果和米小咪就高兴地拉着她的手，询问她的病情，唐小糖告诉她们："我的身体已经没事了，就是功课落下不少，这段时间你们发给我的笔记我都看完了，对我帮助很大呢，谢谢你们 ！"

鲁小路问唐小糖："我发给你的练习题，你都做了吗？ 有没有不会的？"

　　唐小糖说："我都做了，不过英语有一些题，我从书上找不到正确答案，可能是老师在课上拓展的内容，需要再问问你。"

　　鲁小路问："是哪些题？"

　　唐小糖把英语错题本 [英语] 拿出来，指着错题位置说："你看这里，这个介词的用法，我不太明白。"

　　鲁小路看了后回答："我想起来了，这是老师新讲的知识点，当时老师说要把这个知识点和单词放在一起记，我就记在书上单词表旁边了，发笔记的时候忘了发给你。"

　　唐小糖说："怪不得，我查书和你发给我的笔记 [NOTE] 都没弄清楚这道题。现在把你的书给我看一下，我抄一下这个知识点。"

　　郭小果说："小糖，你虽然耽误了一个星期的课，可是看上去似乎一点都不着急。"

　　米小咪也说："对呀，要是我的话，真的要急死了。"

　　唐小糖笑着 ⌒ ⌒ 说："急也没用呀，其实我心里是很急的，但是也很清楚，再着急也要一步一步来，落下的知识一点一点地补吧。"

　　钱小强走过来说："唐小糖说得对，只要知道自己哪些知识不懂，然后针对不懂的内容问老师、问同学就好了，而且很多知识看书和笔记也可以弄明白。"

唐小糖说："确实是这样的，如果不清楚自己不会什么，那才更让人着急，好在，通过自学和做题，我知道自己哪些不会，这样应该很快就能补上落下的课。"

当学习出现问题时，着急是没用的。再急也要讲究方法和技巧，学习不是眉毛胡子一把抓，而是根据自身的学习情况有针对性地突出重点，自己不会的知识往往就是学习的重点。

发现自己有不懂的问题时，我们不但不必着急，还应该庆幸，自己终于知道自己"不懂"什么了。因为，只有知道了"不懂"，才能和这些"不懂"一起踏上目标明确的学习旅程。

学霸来支着儿

Step 1 知道自己不知道什么

并不是每一位同学都明白自己现在会什么、不会什么。知道自己不会什么的同学可以有的放矢地学习去弥补自身知识的不足。我们可以通过以下方法进行自测：

把书拿出来，放在桌面上，然后自己去回忆学过的内容，先回忆大标题，再思考大标题下面的小标题及其具体的内容，把回忆起来的知识用关键词总结出来。然后打开书本，翻开目录，看看自己哪一部分内容落下了，或者看到目录还是想不清楚具体的内容，就重点标出来，这部分内容很可能就是之前的学习过程中忽略了的内容。

认真分析自己最近的练习题或测试卷。拿出自己最近几次的测试卷或练习题看一下，错题主要出现在哪里。如果某一科的错题很多，那就是这一科的许多基础知识没弄明白，如果错题不太多，而且只集中在某些知识点上，那就是这些知识点的内容没有弄清楚。

Step 2 找到高效的学习方法

知道了自己不会什么，确定了自己需要优先去学哪些知识，接下来，要做的就是找到高效的学习方法去把这些知识弄明白。

通过之前的分析，针对自己不懂的具体原因可以找应对方法：

如果是书上的基础知识没掌握，那就去看书，把基础知识都弄懂；

如果是思路有局限，那就想办法打开思路；

如果不会的题，自己怎么都弄不明白，那就去问老师、问同学，问到自己明白了为止。

本节要点回顾

⭐ 弄明白自己会什么、不会什么，这是开启高效学习的第一步，如果不弄明白这些，那么学习常常会做无用功。

⭐ 对自己不懂的知识，要全面、具体地进行分析，泛泛的、笼统的描述会让学习时找不到重点。

⭐ 错题反映的往往是知识薄弱的部分，通过分析错题，可以及时查漏补缺。

追风小二班
大家上午抓紧时间学习，下午一起去图书馆借书吧。
我就剩下英语单词没背了。
那我还可以做一套题。
我打算把上周的错题整理分析完。
我也想整理错题，可是我恐怕连作业都写不完，还有语文摘抄要做。
郭小果，我看你一直在学习，怎么还有这么多事没做完？
我也不知道怎么回事？ 明明一直在学，怎么总是没有效率。

拒绝假努力，告别无效学习

有些同学常常会有这样的疑惑：为什么我起得比周围的同学都早，睡得比他们都晚，甚至根本就没有娱乐的时间，可是学习效果却并不如人意。

针对这样的疑惑，我们不如再认真地想一想，之前的学习是真正的努力学习，还是只是想象中的努力学习。

当郭小果迈着疲惫ㅇㅅㅇ的步伐走进教室的时候，唐小糖首先注意到了她的两个浓浓的黑眼圈，唐小糖瞪大了眼睛问她："你昨晚熬到了几点？怎么黑眼圈那么重？"

郭小果回答："唉，昨天我做完学校的作业都已经快吃晚饭了。吃完晚饭，我想到钱小强说他还做了一套题，我就想也做一套题吧，结果这一做就做到了夜里12点多，都要累死我了。我就奇怪自己这么用功，成绩怎么还不能提高！"

看着郭小果疲惫ㅇㅅㅇ的样子，唐小糖问："你经常这样熬夜吗？熬那么晚，白天怎么有精神听课？"

郭小果听了沮丧 ◕‿◕ 地说："我也没办法呀，我现在恨不得一天有 48 小时，上次的考试成绩太糟糕了，我一定要想办法提高。"

唐小糖说："学习成绩是要提高，熬夜却不是好办法。更何况，会影响你白天听课，白天落下的课岂不是还要熬夜去补回来，这样下去，不但成绩提高不了，身体也被搞坏了。"

钱小强也说："郭小果，你不要看我做一套题，你也去做一套题，你要根据自己的目标和计划去学习，别人有别人的学习节奏，你有你的学习节奏，打乱自己的节奏去模仿别人，其实没有太大意义。"

郭小果说："至少我做完一套题了呀。"

钱小强问道："那你花了多长时间做完的？ 做对了多少？ 做错了多少？ 错题原因是什么？"

郭小果说："我做题的时候都要困死了，花了 3 个多小时才勉强做完，哪还有精神去看对错，至于错题原因，还是等以后有时间再总结吧。"

钱小强说："所以说，即使你做完了一套题，又有什么意义？ 而且我看你今天上午至少得睡两节课才能补足精神。"

郭小果苦恼 ◕_◕ 地说："你说的对，我平时经常这样，总是花费很多时间和精力去做一些无用功，我自己也意识到了。"

钱小强着急 ◔‸◔ 地说："意识到了，就要想办法纠正啊，你这种无效的学习方式真的是浪费时间。"

有这样一句话：不要假装努力，结果不会陪你演戏。假装努力只是自欺欺人，花再多时间，都是在做无用功。真正的努力是把时间和精力都用在刀刃上，集中精力去创造高效的成果。

学霸来支着儿

Step 1 不仅要坚持学习，更要坚持进步

高效学习会带来成绩的提高、能力的提升和知识的积累，而无效的学习只会带来时间的消耗、身体的透支和结果的原地踏步。

为了高效学习，我们需要做到以下几方面：

听课时，问自己：我听到了哪些内容？我掌握了哪些知识？我暂时不懂的东西有没有记录下来？通过提问，不懂的内容有没有弄懂？

做笔记时，问自己：我记的笔记，知识点有哪些？自己理解了多少？

做题时，问自己：我做了多少题？其中对的有多少，错的有多少？错的原因是什么？下次做题我需要注意什么？

背单词时，问自己：我背了多少单词？比昨天多背多少？这些单词的用法我是否已掌握？

总之，学习不要只看自己学习了多长时间，不要只看自己是不是坐在那里学，更要看自己有没有动脑，自己通过学习取得了哪些收获。收获大、进步快的学习才是有效的学习。

Step 2　合理分配，提高时间利用率

合理分配时间可以让学习更高效，具体做法如下：

在头脑最清醒、学习效率最高的时间段完成需要深入思考的高强度学习任务，如做一套题、整理和分析错题、背诵整篇课文等；

利用碎片时间做不需要深度思考的低强度学习任务，如课外阅读、摘抄与积累、练习英语听力、练字、朗读等；

在效率不高的大段时间，如临睡前，总结自己一天或前一段时间的收获，分析第二天的学习计划，还可以思考下一个阶段自己的目标任务有哪些。

Step 3　不找借口，立即行动

需要做的事就尽快去做，把所有借口都抛到一边，立即行动。如果觉得自己静不下心，那也要先做一个小任务，完成后告诉自己再做一个小任务……坚持下去，你就会发现，做了就比不做强，而且收获还比想象中的多。

本节要点回顾

⭐ 学习不是走形式，而是看实效，看起来很努力，只能短暂地骗别人、骗自己，时间一长，成绩会让你露出真面目。所以记住：不要用时间来衡量自己是不是努力，而要用实际成果。

⭐ 学习需要持之以恒，任何事都要坚持，如果总是轻易被影响、轻易说放弃，这样的努力就是假努力。

追风小二班
在线求助，请问《小王子》这本书谁看完了？
我看完了，怎么了?
把你的读后感发给我看一下吧，急用！
你看我的读后感干什么？
我只是粗略地看了一下，读后感写不好，所以借你的参考参考。
钱小强，你居然把抄袭说得这么清新脱俗！
钱小强，你都没认真看，怎么能写好读后感，还是先认真看书吧。

阅读有方法，学习更高效

　　拿到一本书，如果只是随便翻了几页、看了几眼，那其实并不是真正的阅读。可是，阅读也不是要求把所有的书都拿来认认真真地进行钻研，书有千千万，可是时间却很有限，所以读书需要有方法。

　　这里讲的阅读，是指针对一些课外书的阅读，课外书对积累词句、拓展知识和提升写作都有积极意义的，阅读这类书当然也要讲究合适的方法，这样我们的阅读才会更加高效。

　　钱小强一大早就在读《小王子》，只见他一会儿就翻了好几页。

　　郭小果看见了问他："钱小强，你看书怎么这么快？ 而且我都没看见你画好词好句。"

钱小强不以为然 ❤‿❤ 地说："好词好句,我看的时候好好欣赏就可以了,没必要画出来,这本书的故事情节还不错,挺吸引人的。"

鲁小路说："阅读可不只是为了了解情节,况且,你根本不动笔,很快就会把书中的许多情节都忘掉的。"

钱小强想了想 ◕_◕ 说："你说得有道理,确实我读后面的内容时,前面的一些情节就有些忘记了。"

米小咪说："你这样阅读,就是典型的'囫囵吞枣',就是看了个热闹。"

钱小强说："那怎么办 ‿‿ ? 其实我也想看完有收获的,况且还要写读后感。"

鲁小路说："阅读的目的可不只是为了写一篇读后感,写读后感也不只是为了给老师交作业,而是通过阅读和思考有所收获。阅读可以让我们的视野更开阔、理解问题更有深度。"

钱小强说："你这个要求太高了,我感觉自己做不到 ᵐ‿ᵐ 。"

鲁小路认真地说："只要掌握了有效的方法,你也可以做到这些。而且阅读确实是讲究方法的,否则就会变成无效阅读。"

什么是无效阅读？如果你看了很多书，书中的内容却总是难以记住，当别人询问你的看法时，你的大脑更是一片空白。那这样的阅读就是无效阅读。

阅读不是比谁看的书多，而是看谁能通过阅读掌握相应的知识。阅读是学习的重要途径，科学的阅读既有助于拓展知识，又有助于深化思想。而这两方面，对于成绩的提高和思维的进步都具有重要作用。所以说，阅读有方法，学习才能更高效。

如何才能掌握科学的阅读方法呢？

学霸来支着儿

Step 1　选择合适的阅读方式

拿到一本书先略读

拿到一本书先不要急着一字不落地去读，先通过书中的一些内容去判断是否值得花很多时间去精读，如：

看书名	通过书名初步了解相关内容或思想感情
看作者	大概了解作者的写作风格及写作背景
看序言或推荐文字	了解书的类型及宗旨
看目录	了解书的框架及大概内容
看插图	插图很关键，尤其是绘本类图书，插图可以说是全书的精华

通过总体了解，如果确定一本书的思想内容深刻、感情细腻或浑厚，作者文风充满个性，而且书的插图十分精美，书本身也是值得细细研读的类型，那就可以精读；如果不符合以上条件，那只要通过略读进行初步的了解就可以了。

如何精读

顾名思义，精读就是要把一本书读精、读透，通常来说，精读一本书需要做到以下几点：

弄清楚书的整体结构和内容；

详细了解作者的观点有哪些，哪些观点是正确的，哪些观点是不正确的；

确定书中的哪些知识可以为我们所用；

清楚书中有哪些好词好句，并摘抄下来；

用自己的语言梳理全书的框架和内容；

形成自己的理解和感悟。

Step 2　提问阅读

尽可能地边思考边阅读，在阅读过程中善于发现问题和解决问题。具体的阅读方式如下：

多问自己几个"为什么"和"怎么样"，比如，作者为什么要以这样的方式开篇？作者是怎么设计整体结构的？这本书和作者的其他同类作品的区别是什么？……

带着问题去阅读，自己进行思考和分析，看看能否找出问题的答案；

如果自己找不到问题的答案，那就立刻去向老师、同学或家长请教，使问题尽早得到解决。

Step 3　叙述和总结

用自己的语言叙述内容，叙述的方式是：看着自己的提问和书中的标题，将知道的内容尽可能地多说一些。当然，在叙述时不要看书。

另外，总结一下重点内容。

"三二一" 练习
快速阅读

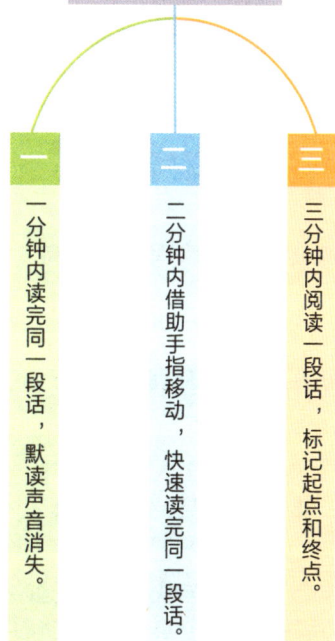

一 二 三

一分钟内读完同一段话，默读声音消失。

二分钟内借助手指移动，快速读完同一段话。

三分钟内阅读一段话，标记起点和终点。

本节要点回顾

⭐ 读书的目的不仅仅是读完一本书，而是要通过阅读，思考把书中内容运用到学习和生活当中。

⭐ 无论是略读还是精读，对于了解一本书，或是一篇文章都十分有用。

追风小二班
我已经到公园门口了，你们在哪?
你怎么这么快？我早饭还没吃完。
米小咪，你怎么这么慢?
因为我早上烧了水，还听了听力，这些事都弄完，时间就晚了。
你可以先把水放到火上，然后边吃早饭边听听力，这样就节省很多时间了。
我怎么没想到?
《统筹方法》那一课你白学了吧？

把难学的知识与轻松的事物联系起来

为什么同样的时间，有些同学做得又快又好，一切都安排得井井有条；而有些同学则又忙又乱，最后还有很多事情没做好？ 因为他们不懂得把时间管理和实践生活紧密结合。

为什么有些同学学东西很快，还乐在其中；而有些同学不仅学得慢，还经常处在崩溃的边缘？ 因为他们不知道如何把枯燥的知识和轻松的事物相结合。

学习要掌握事物之间的关联性，要想办法把难学的知识与轻松的事物联系起来，只有这样，才能提高学习效率。

唐小糖站在讲台上问大家："学校的文化节要开始了，我们班准备什么节目比较好？ 大家可以踊跃发言。"

郭小果说："去年文化节我们班表演大合唱，今年还是大合唱吗？"

钱小强说："那多没有新意？ 还是准备一个有意思的新节目比较好。"

郭小果说："那要花很多时间去构思和排练，感觉太难了。"

米小咪说："咱们排一个情景剧吧，多有意思。"

鲁小路说："可以想一个和我们学习生活比较贴近的节目，这样就不会太难。"

钱小强说："总不能把课堂内容变成节目吧？ 那成什么了？"

唐小糖说："你们这么一说，我忽然有一个想法。你们看，我们能不能排一个以课文为剧本的情景剧，这样的话，既熟悉内容，方便排练，也有意思，还能体现文化节中有关'学以致用'的主题。"

鲁小路说："这个想法好是好，可是该选择哪篇课文呢？ 需要人物多一点的课文。"

钱小强说："排《白雪公主与七个小矮人》吧，里面人物是真多。"

大家听了都笑着说，童话故事适合幼儿园和低年级的小朋友，不适合我们四五年级的大哥哥、大姐姐了。

米小咪说："那就排练《三顾茅庐》好不好？ 三国中的人物和故事背景，我们大家都比较熟悉，课文中的人物也不少。"

"这个故事不错，而且语文老师不是正让我们读《三国演义》这本书吗？ 我原本还觉得这本书挺难读下去，如果读书时想象着把其中的一些情节排练成情景剧，那就有意思多了。"听了米小咪说的，郭小果抢着表态，其他人也纷纷表示赞同。

当一本书太难啃，一个知识点很难搞懂时，你会怎样面对呢？放弃还是逼自己学？其实最好的办法就是把难学的知识变简单、把低效的方法变高效！

学霸来支着儿

Step 1 从兴趣入手，激发对知识的热爱

很多同学，之所以学不会知识，其原因是他们根本不想学。他们对所学的知识感到厌倦、恐惧，觉得所学知识太过抽象和枯燥，学起来非常困难。这就导致他们要么根本不愿意去学习，要么刚遇到困难就觉得坚持不下去，想放弃。

如果遇到这种情况，千万不要强制自己带着消极的情绪去学习，因为学了也是白学。可以换一种思路，从兴趣入手，把不喜欢的知识变成自己想要迫切掌握的知识。可参考以下做法：

总结感兴趣的事情或东西，比如，是喜欢观察天体、探索宇宙，还是喜欢画画、看科幻小说和纪录片。

分析喜欢的这些事情或东西需要哪些知识来实现。比如：探索宇宙与数学和物理知识息息相关，很多先进的科学资料也需要学好英语才能看明白；要想真正地看懂科幻小说和纪录片，也要有较高的理解力，这需要强大的语文学习能力。

在兴趣的基础上制定学习目标，并在完成一定的学习任务后，奖励自己可以去做感兴趣的事，这样就可以在收获知识的同时，也能收获到很多的乐趣。

Step 2 善于利用联想的方式记忆知识

对于生活中一些有趣的事情，我们会感到轻松，而对于很多需要记忆的知识，常常会感到困难重重。为此，可以充分利用联想的方式去记忆知识。如：

联想顺口溜 去记忆	
泡 炮 跑	有水冒气泡，有火放鞭炮；
抱 饱 胞	有足才能跑，有手来拥抱；
刨 苞 袍	有食能吃饱，有月是同胞；有刀把木刨，有草开花苞，有衣上身是衣袍。

联想歌曲
去记忆

《水调歌头·明月几时有》，想不起词中内容时，哼一下同名歌曲就可以啦。

Step 3 把难学的知识换用熟悉的方法去学习

在学习书中知识时，无论是听课、记笔记还是背诵，都不要孤立地去学，可以把以前熟悉的、好用的方法迁移到难学的新知识上。如学习乘法时，弄清楚乘法的原理其实就是加法中几个相同数的相加，这样利用学过的加法知识就可以进一步理解和掌握乘法知识了。

本节要点回顾

⭐ 兴趣是最好的老师，学不进去时，与其强迫自己苦学，不如寻找学习的乐趣快乐地学。

⭐ 学习本来就不是孤立的，是可以触类旁通、灵活运用的，生活中熟悉的有趣的事物、学习过程中熟悉的方法，都可以用到学习新知识上。

高分学习法

第 2 章

费曼学习法，
用输出带动输入

追风小二班
大家听说没有，英语老师要调走了!
不会吧，我们都那么喜欢她。
你听谁说的？ 消息准确不准确？
我路过办公室的时候，听五班两个老师说话时提到的。
米小咪，麻烦你搞清楚：五班的英语老师和我们班的英语老师不是一个人！
米小咪，你可真是个糊涂蛋!

明确学习内容：深层次获取知识

生活中偶尔听错消息不要紧，可是在学习的时候，如果把重要信息弄混了、弄错了，那影响就大了，甚至会带来更大的错误和遗憾。所以，在获取知识时，要尽可能地保证良好的信息来源，尽可能地为自己输入优质信息。

米小咪拿着自己的作文坐在那里自言自语："这个例子明明很好，为什么老师非要说不恰当，真是奇怪。"

钱小强走过来说："米小咪，你在那里嘟囔什么？"

米小咪把自己的疑惑告诉了钱小强，钱小强看了她的作文，也没看出个所以然来，于是把她的作文又递给了旁边的鲁小路。

鲁小路拿到作文，仔细看了一下说："你这个例子是错的，我以前也犯过这样的错误。你们好好看一看，这个例子中说的事情，并不是你写的人做的，而是另有其人。"

米小咪不可置信地说："不可能！这个例子是我从网上查到的，那个网站很出名，怎么可能会出现这种错误。"

鲁小路说："网站再出名，也不能保证网站里面的所有内容都是正确的。不信的话，你可以去问问语文老师。"

钱小强考虑了一会儿说："对对对，鲁小路说得对，我也记起来了，例子中的这个人做的是另外一件事，这两件事很像，但确实不是一回事。"

米小咪不服气地去问了语文老师，结果得到了和鲁小路一样的答案。等她回到教室后，鲁小路又说："你如果还不十分确信，回家以后可以再继续查证一下。以后千万记得，收集的资料在使用之前一定要先查证清楚它的准确性。"

其实此刻，通过大家的一番讨论和自己向老师请教，米小咪已经知道自己选的那个例子是错误的了。不过，她还是心有不甘地说："我查资料的时候，看到作者使用了很多案例，我觉得这个最合适，写作文的时候才选了这个，没想到居然一下子就选了个错的，真是倒霉！不过，我还是不死心，我回家以后一定要再去查查其他几个案例是不是真实的、准确的，要是都有问题的话，我就要举报了。"

看着米小咪义愤填膺的样子，大家都被她逗笑了，不过这件事也给大家提了一个醒：收集信息的时候一定要再三求证，确保自己收集的信息是准确的，才能使用。

费曼学习法是诺贝尔物理学奖获得者理查德·费曼创造的一种学习方法。费曼学习法的核心就是以教促学，让输出倒逼输入，即把知识教给他人，我们可以最大化地收获知识。

首先要确立学习目标，选择自己想要掌握的知识和技能。其次要对学习的内容进行归类、分解、对比、筛选，并选择合适的方式进行学习。

学霸来支着儿

Step 1 获取优质知识

每天的时间都是固定的，获取优质信息可以使学习更高效。

优质知识有哪些？

优质知识是指课本、规范的参考书、专业的练习册等提供的知识，这类知识错误率低、结构更合理、内容更紧凑，我们不用走太多弯路就可以获取。

获取优质知识的途径有哪些？

网络社会，获取信息的途径有很多，包罗万象的互联网，虽然查阅和获取信息很方便，但是各种信息良莠不齐，我们需要进行大量的筛选。所以，日常学习过程中，可以通过听课、记笔记、提问、讨论等方式去获取优质知识。

Step 2 对信息进行归纳和对比

当我们通过各种途径对自己需要的信息进行了充分的了解之后，还需要通过整理笔记、归纳总结、相互对比等方法将信息初步加工，从大容量的、毫无规律的碎片化信息中提炼关键信息。

比如，通过提问的方式对二年级下的课内阅读《小柳树与小枣树》进行信息提炼：

文章中的主体有几个？

分别是谁？

小柳树有哪些特点？

其中有哪些优点、哪些缺点？

小枣树有哪些特点？

其中有哪些优点、哪些缺点？

小柳树的态度为什么由最初的嘲笑变成了最后的不好意思？

Step 3 梳理知识，将知识可视化

关键信息成功提炼之后，就要对这些关键信息进行进一步的总结和梳理，搭建初步框架形成可视化的知识点。同样还以《小柳树与小枣树》为例，看看如何将知识梳理成简单的框架：

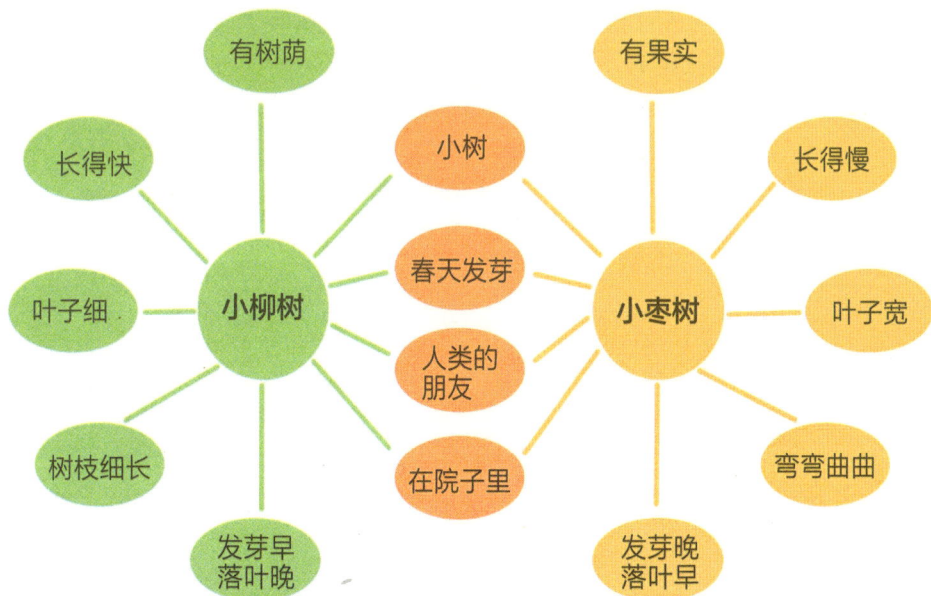

本节要点回顾

⭐ 费曼学习法的核心是用输出倒逼输入，输出是非常高的学习方式，但明确学习内容是费曼学习法的基础，如果缺少了这一环节，就不会形成高效的学习。

⭐ 输入需要大量的可靠信息，学习时可以从很多途径去寻找信息，但是一定要注重辨别真伪、区分良莠，不是所有信息都可以作为知识来使用的。

追风小二班
唐小糖，你下午有时间吗?
今天我表弟要来我家，小果你有事吗？
有几个句型结构我总是弄不明白。
那你下午来我家吧，我给你讲一讲，正好我表弟也一起听。
唐小糖，你的老师瘾还挺大。
给别人讲的同时，自己对知识的掌握也会更加牢固，你也可以试一试。

输出知识：把自己当成老师

很多人都苦于找不到好的学习方法，只能搞题海战术，每天拼命做题，但是学习成绩却没有显著提高。

费曼认为，之所以学习很难进步，是因为一直都在被动地接受知识，没有把自己想象成一个老师。因此，费曼提出，输出可以让我们获得更高的内容留存率。把自己当成老师一样去输出知识，的确是获取知识的好办法。

钱小强看到郭小果一边做题一边念念有词，说："郭小果，你在干什么？"

郭小果说："我在自问自答，在做题时问自己一些问题，思路更清晰。"

唐小糖说："小果这是把费曼学习法活学活用了，自问自答也是一种输出，可以带动对知识的理解。"

郭小果说："是的，以前我总以为背会就是把知识掌握了，其实自己以为的会并不是真的会。"

钱小强说："这话就像绕口令，会不会自己心里还不清楚吗？"

唐小糖说："其实很多时候，我们对知识的掌握，并不像自己以为的那么好。可是，如果能把学过的知识都流畅地讲出来，那才是真正的会了。"

钱小强又问："万一心里知道，但讲的时候突然忘掉了呢？"

唐小糖说："那其实还是掌握得不牢固，不然就不会忘掉。"

钱小强又问："如果自己会做题，可是给同学讲的时候，总是讲不明白，那是怪对方太笨，还是怪自己没讲好？"

唐小糖又说："如果别人不明白，那多半是因为你没把知识点讲透，可以尝试把难以理解的知识用更简单的方法讲出来，让知识更易懂，比如举例子、用旧知识推导等。"

郭小果也说："这就是真正的'深入浅出'和'举一反三'。"

钱小强说："我明白了 ＾ ＾，以前有同学问题时，我还常常不耐烦，原来这不仅是帮助同学，也是帮自己深入理解知识。"

费曼说："最好是几岁的小孩也能明白你在说什么。"把自己当成老师，就要用自己的话把知识讲给别人听，是否能给别人讲明白，这是检查自己是否真正地掌握了这些知识的重要途径。

学霸来支着儿

Step 1 自己给自己讲，促进积极思考

在学习过程中，可以先讲给自己听，这可以让自己有意识地思考正在学习的内容。在讲给自己听的过程中，需要注意以下两点：

提出的问题要具体，并要给出明确答案

要问自己什么问题，可以根据自己的学习内容来合理安排，提问方式可以借鉴下图：

	这个作文的主题是什么？这个主题和什么有关？这些材料有什么用？
写作文时问自己： 做数学题时问自己： 学英语课文时问自己：	已知条件有哪些？要求的结果是什么？主要考察哪个知识点？需要用到哪些公式？解题步骤是什么？还有没有其他解题方法？
	这个句子用了哪种语法？固定搭配是什么？这个单词可以延伸出哪些单词？这个形容词或副词可不可以用其他词代替？

放慢速度，边思考边讲解

讲解知识的时候，不要太急，一定要先思考再输出，语速要慢下来，从一开始就慢慢讲解。放慢速度，是为了给自己思考信息和整理知识的时间，条理清晰地把每一个字都说清楚、把每一个知识点都讲出来。

Step 2 刻意练习，经常复述学过的内容

在输出知识时，要真正地把自己当成老师，要尽可能地模仿老师把知识点讲全、讲透、讲好，这就需要私下里多加练习。这是顺利输出的关键。要相信，通过一次又一次的练习，以及在每一次练习中不断地复述学过的内容，我们对知识的掌握程度会不断地加深。在实际生活中，可以通过以下方法进行练习：

对着镜子练习；

对着自己的玩具练习，把玩具想象成自己的"学生"。

把自己输出知识的过程拍成视频或制作成录音文件，这更便于检查；

像老师一样写一份真正的"教案"，把重难点知识进行梳理。

Step 3 选择合适的对象

输出最好要有反馈，通过及时有效的反馈会更全面深入地了解自己的学习情况，所以，除了要自己讲给自己听、私下里练习，还有最好选择合适的对象进行讲解——既能让自己真正体会当老师的感受，也能让自己对知识的掌握更加灵活和深刻。

把自己当成老师，选择具体的听课对象时，最好对方同时具备以下两种条件：

对方本身不懂这个知识

如果对方原本很清楚你要讲的知识，那你讲课过程中的一些问题就容易被忽略掉。所以，你要尽可能地选一个确实不懂这个知识的人去听，然后你要让他弄明白这个知识。

对方要给予你及时的反馈

对方最好能给予你及时的反馈，比如你哪里没讲清楚，导致对方没听明白；哪些知识点比较难，需要深入浅出对方才能懂；哪些信息不够，需要补充；等等。

本节要点回顾

⭐ 老师在课堂上讲课时，重要的知识点会不断地重复和强调，我们把自己当成老师时也要如此，这是强化记忆的重要方式。

⭐ 把自己当成老师以后，就会发现，输出会加深对问题的理解，输出确实会带动输入。

追风小二班
告诉大家一个不幸的消息——我骑自行车时，车前轮突然掉了，我的门牙差点磕断，疼死了。
请原谅我实在忍不住笑了，我知道你很可怜，但想起你没有门牙的样子又觉得太好笑了。
米小咪，你真是一个没有同情心的家伙。
骑车之前没有检查一下吗？ 如果认真检查一下，也许就能避免惨剧发生了。
真是后悔死了，骑车前忘了检查。

重复回顾：及时发现问题

世上没有后悔药，但是很多问题却可以提早发现。生活中如此，学习时也是一样。重复回顾是费曼学习法的重要一环，也是日常学习知识时必不可少的一环。

钱小强正在给郭小果讲数学题，有一处郭小果觉得钱小强讲的和老师之前讲的不一样，可是钱小强却认为自己讲对了。两人正在僵持时，鲁小路走了过来，他问清楚原因后，拿出了数学课本和笔记，仔细一比对，发现真的是钱小强讲错了一个细节。

钱小强看到鲁小路拿出的"证据"，还是心有不甘地说："明明这道题老师都给我判对了，你们却偏偏说我弄错了。"

郭小果说："钱小强，我只是想让你帮我把问题讲明白，对不起。"

唐小糖走过来说"小果，你不用说对不起，其实钱小强应该谢谢你。"

郭小果和钱小强都惊讶地看着唐小糖，两个人的脸上好像都写着大大的问号。看到他们的样子，唐小糖说："钱小强，你好好想一想，虽然老师给你判对了，但那是因为老师没有注意到你这个小细节的失误，可是你这个失误却是真真切切存在的，小果现在帮你发现了它，你找出失误原因，很快就能纠正过来。如果小果没发现，你自己也不注意的话，以后再出现同样的失误，老师还会给你判对吗？"

听了唐小糖的话，钱小强摸了摸脑袋说："对不起，我刚才态度不好，谢谢你郭小果，也谢谢鲁小路。"

郭小果连连摆手 ，表示不用谢。

鲁小路说："其实如果你讲题时觉得不顺，或者对方不明白、有疑问，那多半是你自己的知识出现了问题，要么发生了遗漏，要么出现了误区，要么就是理解得不够深入。"

唐小糖也说："及时发现问题很重要，要不然问题会越来越严重。"

钱小强也自嘲地说："看来再擅长的科目，也不能盲目相信自己，我以后还是要多回顾自己对知识的掌握情况。"

> 无论是知识的输入，还是输出，都可能会遇到种种问题，这些问题在我们吸收和消化知识过程中既是障碍，也是机会。因为只要问题存在，无论我们是否发现，它都会影响学习，如果及时发现，学习就会进步。

因此，与其被动地等待问题对我们产生不利影响，还不如在学习过程中及时查漏补缺，尽早发现问题、解决问题。

学霸来支着儿

Step 1 知识卡壳：及时发现问题

当我们输出知识时，往往会发生卡壳，对此我们一定不要忽视，要弄清楚卡壳的原因。卡壳的部分常常就是知识链条的薄弱环节，把这一环节的问题解决好了，我们的知识体系才会完整全面。所以，面对卡壳不必尴尬和懊恼，而应该把它当成发现问题的重要机会。

通常，造成知识卡壳的原因及解决方法如下图所示：

记忆有误 → 知识卡壳 → 温习知识

理解有误 → 知识卡壳 → 重点理解

发现了问题，就要及时解决问题。如果是哪里记错了，那就重新复习哪里，直到记对记熟；如果是理解错了，那就弄明白自己哪些地方理解得有问题，然后换一种方式重新理解，直到完全弄懂。

Step 2 学习新知识时经常查验旧知识

学习新知识时，要主动查验旧知识的掌握情况，这有助于及时发现以前的知识漏洞和误区，也可以及时修正旧知识、吸收新知识。

Step 3 保持怀疑心

保持怀疑，这是有效的查漏补缺方式。在学习过程中，可从以下几方面去进行怀疑：

对知识来源保持怀疑：如果所学的知识源于网络，那一定不能轻信这些知识，更不要未经求证就把这些知识当成正确的知识去处理，更不要随便拿这些知识输出给别人。

对自己保持怀疑：有些知识觉得自己已经完全掌握，但事实不一定如此。一定要经常复习旧知识、经常翻阅课本、经常与他人讨论，如果发现自己存在知识漏洞，马上解决。

对别人的认同表示怀疑：这不是说别人是在假装认同你，

而是指当别人和你意见一致时，并不意味着你们的认知都是正确的。不妨邀请更多的人加入讨论，或者向老师请教，一定要经过深入的思考和严谨的论证，再去确认。

本节要点回顾

☆ 学习知识既要有独立的思考，也要进行不断的查证，经常思考有助于及时发现问题，认真查证有助于及时解决问题。

☆ 学习知识要避免"经验主义"，知识常学常新，保持怀疑心，才能保证学习过程少出错、避免出大错。

追风小二班
阅读月就要开始了，大家的读书卡制作得怎么样了？
书中的内容那么多，一张卡片怎么能把内容说清楚？
又不是让你把全部内容都写上，是让你用自己的话把内容大致讲明白就可以。
我也觉得好难。
如果不能讲清楚，说明书中的内容你还没有真正地掌握。

简化、内化：让知识变得更易懂

费曼学习法中重要的一步是简化并内化学过的知识，只有这样才算是真正吸收和掌握了知识。通过简化和内化知识，将学习过的知识用自己的方式总结复述一遍，做到大脑可以随时随地灵活运用，这样才可以真正地将"有用的知识"转化为"自己的知识"。

"最近你在忙什么？"唐小糖看着 ●﹏● 低头阅读的郭小果问道。

郭小果抬起头回答："我表姐落在我家一本杂志 📖 的合刊，里面的内容包罗万象，包括美食 🍨、文化、地理、历史、植物、动物等各个方面，看完这个，感觉自己像是了解了全世界各个领域的重要信息。"

米小咪听到了急忙走过来说："那你看完以后，给我也看看，让你这么一说，感觉错过了这本合刊，就像错过了全世界似的。我最喜欢看这些不用费脑筋思考，只要轻松浏览就可以的东西了。"

郭小果却说："这里面的信息量很大的，读完以后我感觉脑袋里塞得满满的了，很充实。"

唐小糖听了以后摇了摇头说："如果是休闲时间 ⏰，我觉得这种杂志读一读确实没什么不好，可是这类杂志合刊，其实只是把许多碎片信息集中到一起，对我们来说，它们很难融进自己的知识体系。"

米小咪疑惑地说："我不太懂你的意思，你能再解释一下吗？"

唐小糖说："我的意思就是，这些信息只会让我们表面上觉得充实，其实仔细思考之后，就会发现，它们根本不会转化成我们自己的知识或能力。"

看郭小果不太认同的样子，唐小糖又说："小果，我问问你，你说里面的知识包罗万象，那里面的地理知识具体都有哪些内容，你看了以后，觉得哪些知识可以为我们所用？"

郭小果认真思考了一会儿，很不解地说："我看的时候，觉得有很多有趣的知识，当时还想着以后可以讲给你们听，怎么现在你一问，我一下子什么都想不起来了。"

鲁小路听了以后说："那是因为你以为有趣的知识其实只是未经你自己头脑处理的信息，信息并不会自动转化为知识。"

苹果公司的创始人乔布斯曾经说过："很多时候人们得到的知识根本不能算是真正的知识，充其量只是一堆信息。"可能有很多同学对这句话深有感触。

很多同学都有过这样的体验：明明刚刚复习完，可是合上书后，却常常说不出来自己复习了哪些内容。如果再过一天，记起来的内容就更少，一周以后，或许就忘得一干二净了。看一本新的课外书时，这种情况也会经常发生。

对于学习这件事来说，重要的不是阅读，而是认知加工，即通过头脑的加工将书中的信息转化为自己的知识。

学霸来支着儿

Step 1 巧用读书卡，提取加工书中的重要信息

学习的时候，可以利用读书卡提取加工书中的重要信息，这种提取加工的过程就是把书中信息变成自己知识的过程。

读书卡主要包括如下内容：

书的内容：可以用文字配合树形图，或大括号等方式，理清书的结构和脉络；

读后收获：通过此书，你可以学到的核心知识有哪些，你的学习感悟有什么，等等。

可以参考下面的形式制作读书卡：

书

卡

读

主要内容　　　　**读后感悟**

书名：＿＿＿＿＿
作者：＿＿＿＿＿
班级：＿＿＿＿＿
姓名：＿＿＿＿＿
阅读时间：＿＿＿

Step 2　**把新知识与实际问题联系起来**

　　把新学的知识与学习或生活中的实际问题建立有效的联系，这个过程就是吸收知识的过程。可以通过如下方法，把新知识与实际问题相联系：

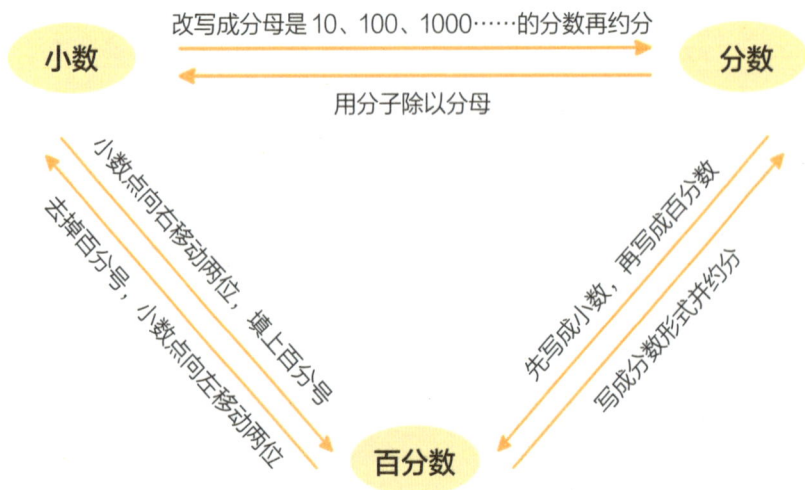

小数　——改写成分母是 10、100、1000……的分数再约分——→　**分数**
　　　　　←——用分子除以分母——

小数点向右移动两位，填上百分号

去掉百分号，小数点向左移动两位

先写成小数，再写成百分数

写成分数形式并约分

百分数

知识推导：就是学习新知识时，看看与以前学过的内容有着怎样的联系，这种新旧知识的链接，可以帮助我们充分吸收新知识、巩固旧知识。如下图中关于分数、小数和百分数的互相转化：

做题：找与所学知识相关的题去做，在做题过程中利用知识解决问题的过程，就是吸收知识的过程。

联想：想象一下，在实际生活中，可以利用所学知识解决哪些相关联的问题，解决问题的能力越强，将知识应用得越广，就说明我们对知识的内化程度越高。

Step 3　科学总结，把知识的来龙去脉写下来、讲出来

学习内容，不只要做到心里明白，还要做到能系统深入地表述出来，最好是动笔写或讲给别人，因为通过书写或讲解可以更清楚地进行思考和梳理，书写或讲解的过程就是思考和梳理已学知识的过程。在书写或讲解知识时，需从以下几点出发：

明确需要掌握的知识一共有哪些，把这些知识进行系统的挖掘，即把知识学全，努力做到知识不遗漏、不短缺；

针对重点知识进行深入挖掘，探索知识背后的内容是什么，让自己在更深层次上理解所学知识，真正地把知识学透，讲解时经得起别人的多个"为什么"；

把学到的知识简单化，想象一下如何把复杂的概念深入浅出地讲给低年级或同班同学听，让自己记得更牢、用得更灵活。

本节要点回顾

⭐ 学习也许很简单，但是把学来的知识内化为自己的一部分，很不容易，如果我们做到了这一点，知识才会变成我们自己的。

⭐ 学习不是背就可以，需要实践、积累和总结，这个过程就是简化、吸收和内化的过程，只有经历了这一过程，学过的知识才算是真正地掌握和理解了。

第3章

上瘾式学习，
快速找到学习诀窍

追风小二班
最近大家在看什么书，求推荐。
我最近迷上了数学，在看一本有关数学游戏的书。
你这个似乎有些高深，不想看。
我在看一本关于如何记好笔记的书。
郭小果，你觉得有用吗?
记笔记还要学吗？ 郭小果，你每天都在记笔记，还要学怎么记笔记，真是奇怪。

选用方格笔记本，越记越有效率

俗话说："好记性不如烂笔头。"笔记对于日常学习起着至关重要的作用，每一位同学每天都在记笔记，但是记好笔记，却不是每位同学都能做到的。

有些同学的笔记是把所有内容都写到一起，虽然写了很多，可是看上去就觉得很混乱，需要拿出来看的时候，很难找到重点。还有一些同学，没有那么勤快，不愿意花时间大篇幅地记笔记，甚至没有像样的笔记本，经常东一点、西一点地记，而事后又不加以整理，这样的笔记显然连基本的完整性都做不到，想用它提高学习成绩更是难上加难。

放学了，米小咪想和唐小糖、郭小果一起走。发现她俩正低着头一起在看一本书，米小咪悄悄地走近，结果把她俩吓了一跳。

米小咪说："你俩在悄悄地看什么呢，怎么不叫上我？"

郭小果说："我俩先研究研究，弄明白了，再推荐给你看。"

米小咪拿起书说："这就是你之前说的那本教人记笔记的书吧，

真的有用吗？"

唐小糖说："挺不错的，我们可以买方格本来试一试。"

郭小果说："好呀，以前大家都习惯用横格本来做笔记，这次换个方格本看看是不是效果更好。"

米小咪不解地说："以前记不好笔记的人换个本子就能记好笔记了？ 你们是不是有点太迷信这本书了。"

唐小糖说："换个本子只是第一步，当然还有最重要的第二步了。我们正在研究书里记笔记的方法，打算先按照书里的方法整理一些知识点，如果觉得这种方法好用，我们再大范围推广。"

郭小果说："对，你说得有道理。不过，小糖这种方法在任何时候都适用吗？ 是不是以后记笔记就都用这种方法了？"

唐小糖说："再好的方法也不可能适用所有的情况，但是，只要多掌握一种方法，我们就多一条记好笔记的途径，也增加一种提高学习效率的方法，在具体的学习过程中根据自己的情况去选择就可以了。"

米小咪说："小糖你说得很对，所以我觉得我也很有必要学一学这种记笔记的方法，呵呵 ＞＿＜ 。"

记笔记的方法有很多种，其中有一种是日本

的高桥政史提出的方格本记笔记法，方格笔记本可以让我们书写整齐，同时也便于画表格和其他小图片，从而让我们可以更加高效地写和画。

学霸来支着儿

Step 1 用"黄金三分法"搭建知识框架

方格本记笔记法，是指利用方格笔记本将整个页面分成三部分，把需要记录的知识点、重点和总结在区域上明显划分出来，复习时大致一看就能明白笔记上的内容。这种把学习内容分成三份的方法也被称为"黄金三分法"。

利用这种方法可以很容易地整理信息，并把散乱的信息搭建成一种基本的知识框架，使我们在记笔记和用笔记学习的时候，都感觉更加清晰。比如下面这种形式：

主题	
知识点	提出的疑问或举例
No1.	1.
No2.	2.
No3.	3.
总结	

Step 2 在实际学习中的具体使用

在语文学习中的使用方法

利用"黄金三分法"可以把语言知识（文法、字词表达等）、作者（生平、写作风格等）、课文内容（中心思想、写法赏析等）分别记在方格笔记本中划分好的区域内。举例如下：

《落花生》—— 许地山		
作者简介	全文分四个情景	本文文体
No1.许地山，我国现代著名作家、学者。	1. 种花生：荒地不肥沃，第一次种没经验； 2. 收花生：短时间内就收获了，令人感到出乎意料的惊喜； 3. 尝花生：大家都爱吃； 4. 议花生："味道很美""可以榨油""价钱便宜"——实用价值高——对社会有用	记叙文，记述了作者小时候的一次家庭活动。文章抒情性不强，主要部分以"实录"的对话形式呈现。
总结：议花生是全文重点，由花生的特点道出了"人要做有用的人，不要做只讲体面，而对别人没有好处的人"这个耐人寻味的道理，体现了作者不为名利、只求有益于社会的人生观与价值观。		

在数学学习中的使用方法

数学笔记中关于定义、公式、定理，都可以用这种方法来记录，可以把定义本身、推导出的公式或定理以及延伸知识等分在几个区域，具体如下图：

续表

面积	
面积定义：	面积是几何学的基本度量之一。是用以度量平面或曲面上一块区域大小的正数。
常用面积单位：	平方毫米、平方厘米、平方分米、平方米、平方千米、公顷
延伸知识：	常见数的平方表 $1^2=1$　　　　$6^2=36$　　　　$11^2=121$ $2^2=4$　　　　$7^2=49$　　　　$12^2=144$ $3^2=9$　　　　$8^2=64$　　　　$13^2=169$ $4^2=16$　　　$9^2=81$　　　　$14^2=196$ $5^2=25$　　　$10^2=100$　　　$15^2=225$
延伸知识：	$16^2=256$　　$23^2=529$　　$30^2=900$ $17^2=289$　　$24^2=576$　　$31^2=961$ $18^2=324$　　$25^2=625$　　$32^2=1024$ $19^2=361$　　$26^2=676$　　$33^2=1089$ $20^2=400$　　$27^2=729$　　$34^2=1156$ $21^2=441$　　$28^2=784$　　$35^2=1225$ $22^2=484$　　$29^2=841$　　$36^2=1296$
小学面积公式汇总：	1. 长方形面积 = 长 × 宽； 2. 正方形面积 = 边长 × 边长； 3. 三角形面积 = 底 × 高 ÷ 2； 4. 平行四边形面积 = 底 × 高 5. 梯形面积 =（上底 + 下底）× 高 ÷ 2 6. 圆形面积 = 半径的平方 × π；

在英语学习中的使用方法

英语中大到对一篇课文的解读，小到对一些语法点、单词用法、句型等内容的解析和整理，也可以运用方格笔记本的"黄金三分法"来记录，具体如下：

疑问代词	
基本类型	延伸短语举例
1.WHAT 释义：什么 2.WHY 释义：为什么 3.WHERE 释义：什么地方 4.WHEN 释义：什么时间 5.WHO 释义：谁 6.WHOSE 释义：谁的 7.WHICH 释义：哪个 8.HOW 释义：怎么样	1.WHAT DAY 释义：星期几 2.WHAT TIME 释义：几点 3.WHAT COLOR 释义：什么颜色 4.HOW OLD 释义：多大年龄 5.HOW MANY 释义：数量多少 6.HOW MUCH 释义：价格多少 7.HOW LONG 释义：多长 8.HOW OFTEN 释义：多久一次 9.HOW HEAVY 释义：多重
总结：疑问代词开始的句子叫特殊疑问句，句型结构为：特殊疑问词 + 助动词（或 BE 动词）+ 其他句子成分	

本节要点回顾

★ 记笔记的过程就是加深印象、不断思考的过程，笔记本就是人们思维模式的具体体现，笔记内容清晰、重点突出的人，思维也清晰；笔记内容混乱、没有重点和条理的人，思维也缺乏条理。

★ 无论选用方格本，还是横格本，只要掌握了良好的思维方式，并通过这种思维方式去学习，就会充分吸收所学知识、学习效率也会大大提高。

追风小二班
听说最近有些学校发生了校园霸凌事件。
为什么这类事件总是发生？我们分析一下遇到这种事件的解决办法吧。
好呀，这样就可以有效地防患于未然了。
这个想法很好，大家踊跃发言，我来画图记录。
是要画鱼骨图吗?
是的，用这种方法记录速度更快，以后再看也会一目了然。
你画好了，我也学一学，这种方法记笔记也不错。

画鱼骨图，深度固化记忆

　　鱼骨图由日本管理大师石川馨发明，这种方法是将信息整理成鱼骨的形状，中间一条粗的鱼骨，即鱼的脊椎骨指向的是主题或中心内容，而脊椎上下部分的每一根鱼刺则用来搭配分支信息。笔记中加入鱼骨图来分析信息，形象的内容可以让我们加深对知识点的理解，从而使记忆更深刻。

　　郭小果带着一脸兴奋 ◑‿◐ 来到教室，她悄声告诉唐小糖："小糖，我发现一个秘密。"

　　唐小糖也学着郭小果神秘兮兮 ⤳‿⤳ 的样子问她："什么秘密？"

　　郭小果笑着 ◕‿◕ 说："其实也不算是什么秘密，我周末不想自己在家，就陪妈妈去她工作的医院，结果我看到医院有一个护士姐姐也在用鱼骨图做护理笔记呢。"

　　唐小糖大笑 ⌒‿⌒ 着说："哈哈，我以为什么秘密呢，原来是这个呀。鱼骨图本来就是一种分析工具，它在很多领域都被广泛应用。只不过以前咱们没有认真了解过这种方法。"

米小咪走过来问："你们俩在聊什么，这么开心？"

唐小糖说："我们俩在聊鱼骨图可以用在很多领域，医院、工厂、商店、学校都可以用到。"

米小咪说："原来是说这个呀，以前不知道这种记笔记的方法时，从来没有关注过，现在我也注意到，就连咱们路上遇到的广告文案里都有鱼骨图呢。"

郭小果也说："是呀，以前只是咱们不注意，实际上它的应用范围极广。我看到那个护士姐姐　　　　就用鱼骨图去分析病人摔倒的原因，那个姐姐好认真，不仅图画得漂亮，而且内容一看就清楚，就连我这个小学生看了，都对病人摔倒的原因了解得清清楚楚的。"

唐小糖说："其实老师在讲课的时候也用过这种方法，你们记不记得语文课上老师讲《一个粗瓷大碗》就画了一个简易的鱼骨图。"

鲁小路走过来接着说："是啊，我对那个图印象很深刻，后来发现这种方法在数学难题的分析上非常有用，各种已知条件和需要求出的未知条件一目了然，解决问题的思路感觉一下子就开阔了。"

钱小强听到了问："真的这么神奇吗？我也要试一试。"

鲁小路说："你试几次就知道了。不过，我想提醒你，画鱼骨图时一定要边思考边进行，要在头脑中形成一定的知识脉络，不要想到什么就往上填什么，那样很容易造成信息的混乱。"

钱小强说："意思就是说，鱼头部分写什么、鱼骨部分的知识点要如何分配，需要提前理清，对吗？"

鲁小路说："你说得对。这个方法很容易上手的，相信你一定能用好。"

郭小果说："我也觉得这个方法很方便、很实用，关键是让人记忆深刻。"

米小咪说："这样一来，我们的笔记本上就又有新成员加入啦，哈哈，一条漂亮的美人鱼 ！"

唐小糖听了忍着笑说："米小咪，其实鱼骨图不一定非要画成一条完整的鱼，有鱼骨就可以，关键是信息之间的关系要明确、梳理知识时注意脉络分明。"

钱小强却忍不住边笑边说："米小咪，你想象力可真丰富，笔记本当然是以内容为主、形式为辅，还画一条美人鱼，你怎么不把动物园里的动物都搬来呢。" 钱小强的话一说完立刻引来大家的笑声。

　　鱼骨图最初只是一种分析因果关系的思考工具，现在这种方法已经被广泛运用于各个领域。同学们在记笔记时，可以用鱼骨图来分析内容中相关要素的因果关系，也可以分析解决问题的具体方法，还可以突出主线和分支的知识。

利用鱼骨图对信息进行分析，可以更加深入地思考问题的原因、结果、解决方案等，从而让我们对信息的理解更加深入。

学霸来支着儿

Step 1　用鱼骨图分析因果关系

多种原因导致一种结果

如果是多种原因导致一种结果，那在用鱼骨图分析因果关系时，同学们可以把鱼头放在右面，以最终的结果作为鱼骨的主题，而导致结果出现的种种原因则是鱼骨的各个分支，这样就构成了鱼骨图的主要框架，可以用倒推思维去整理相关知识点。如右图所示：

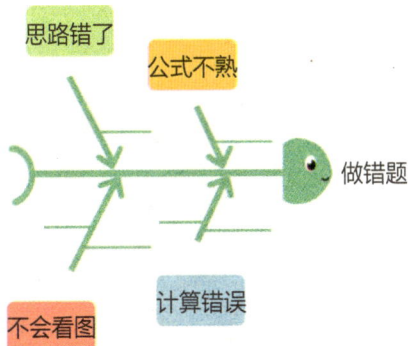

思路错了　公式不熟　做错题　不会看图　计算错误

一种原因导致多种结果

如果是一种原因导致多种结果，那在用鱼骨图分析因果关系时，则要把鱼头放到左面，而可能出现的结果则可以作为鱼骨的各个分支，这种框架和上面的框架基本相似，只是把思考问题的方向由"从结果分析原因"变成了"由原因分析结果"。

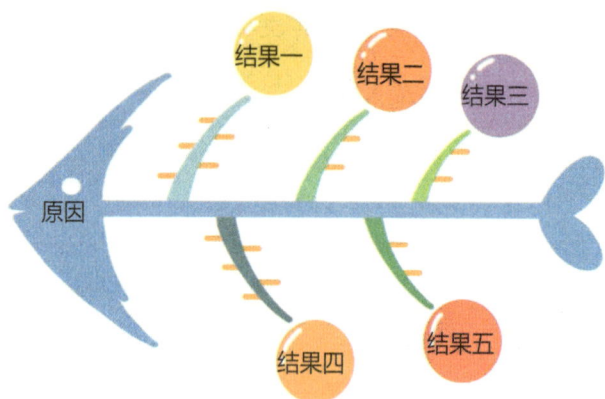

 **Step 2** 用鱼骨图分析解决问题的各种方法

可以用鱼骨图分析各科知识中解决问题的具体方法，比如语文阅读理解的方法、数学的一题多解、作文的写作方法等。

举例如下：

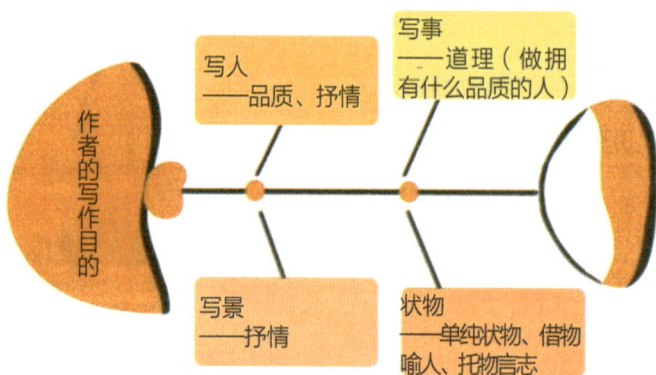

Step 3 用鱼骨图突出主线和分支知识

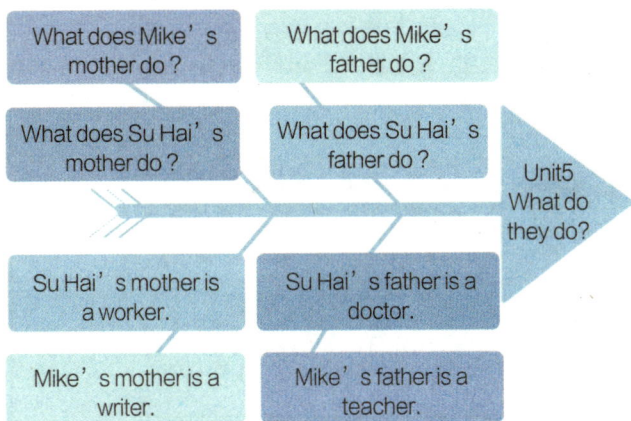

What does Mike's mother do？

What does Mike's father do？

What does Su Hai's mother do？

What does Su Hai's father do？

Unit5 What do they do?

Su Hai's mother is a worker.

Su Hai's father is a doctor.

Mike's mother is a writer.

Mike's father is a teacher.

本节要点回顾

⭐ 用鱼骨图记笔记，可以让笔记中各知识点的关系一目了然，比如因果关系、分总关系等。

⭐ 用鱼骨图做笔记，也可以与其他记笔记的方法搭配使用，如四色笔记忆法、便利贴等，这会让笔记的形式更加美观、内容更加丰富、知识点更加清晰。

追风小二班
前两天我看的那本书，已经看完了，谁想看？
我想看，我最先说的，谁也不许和我抢。
我可不想看，太烧脑了。
我说得太慢了，只能等钱小强看完我再看了。
那么费脑子的书，你们怎么一个个的都想看？
感兴趣呗，你没听说过嘛，“兴趣是最好的老师”。

培养兴趣，享受学习带来的乐趣

同样一本书，有人觉得太费脑，有人则觉得思考的过程充满了成就感，原因就在于是否对书里面的内容感兴趣。兴趣的确是最好的老师，不过兴趣也并不是天生的，可以后天培养。

米小咪看着一边整理笔记 一边笑的唐小糖说："唐小糖，整理笔记你怎么还这么开心？"

唐小糖拿过自己的笔记本指着一处对米小咪说："你看看，我画的这个图，是不是知识点一下子变得特别清楚，哎呀，我可真棒 呀！"

米小咪看了看说："确实特别清楚，好像内容一下变简单了。"

唐小糖说："的确是这样的，好的学习方法可以给学习增加许多乐趣，我现在越来越觉得在学习过程中可以享受到在别处体验不到的乐趣。"

米小咪不解地说："只有像你这样的学霸才有这样的感受，像我这样没有学习天赋的人，永远也体会不到你说的这种乐趣。"

郭小果不认同地说："学霸也不是天生的呀，哪有人一生下来就学习成绩好的？但任何人都可以享受到学习的乐趣。"

米小咪一脸惊讶 👀 地看着郭小果说："郭小果，你今天怎么这么反常，平时不是常常喊知识点太多，要累死了吗？"

郭小果不好意思 ⌒ ⌒ 地说："以前是以前，现在是现在，我现在越来越觉得学习是一件挺有趣的事了。"

米小咪好奇地问："郭小果，你是怎么做到的？"

郭小果说："这需要从很多方面努力，但最根本的是自己迫切地想要改变，然后才能运用各种办法，真正地改变过去那种消极的学习状态。"

米小咪问："我当然想要改变，谁不想学习好呢？ 快告诉我都有哪些方法！"

唐小糖说："方法有很多，要一个一个讲。不过，事先说好了，你不能太急切，任何方法都要循序渐进才能产生好结果，如果你太急切的话，学习的时候就会太急躁，一时达不到你要的效果，你又会失望，反而更打击你学习的兴趣。"

米小咪说："好吧，我放平心态，向你们学习，争取早日改变现状。"

学习不能一蹴而就，需要长期坚持。培养学习兴趣，不仅有助于增强自信心和意志力，而且还能充分享受学习带来的种种乐趣。

学霸来支着儿

Step 1 投入时间和精力，深入了解所学知识

　　一件事情，投入的时间和精力越多→对这件事的了解就越深入→学习兴趣就越高→就会主动投入更多的时间和精力，这是一个良性的循环过程。平时多投入时间和精力在学习上面，少关注对学习产生不良影响的事物，当你关注得越多、投入得越多时，就会发现自己已经不知不觉地进入良性循环状态里面了。比如：

多去做的事	少去做的事
早起时多听听力和新闻	少听八卦和小道消息
上课时边听课边记笔记	少做小动作和开小差
放学路上多聊课堂内容	少聊游戏和八卦
写作业时多复习、多做题	少看电视，不磨蹭
晚上睡觉前多看书	少看手机

Step 2 看书、整理笔记和做题搭配

对于大多数同学来说，除了听课，学习主要是通过看书、整理笔记和做题这几种途径。在这些过程中，如何培养学习兴趣呢？试试以下做法：

看书有方法，学习不无聊

不要每次看书都想着从头到尾全部看完，因为现实与想象往往相背，越想从头到尾全看完，越觉得无聊坚持不下去，结果每次翻书都是从开头开始，又在开头结束，不信的话看看你的英语字典，是不是始终都只看前几个单词。

看书前要想好目标，看书时直接翻到目标知识，每次定一个目标，完成这个目标后，下次再去看新目标对应的内容。这样既有成就感，又会产生新鲜感和新兴趣，学习自然不会再像以前总是"从头开始"那么无聊。

做题也能增强信心、培养学习兴趣

多做与自己的能力水平相近的题，这样可以增强学习的自信心。信心是兴趣的基础，不要做难度超出自身水平太多的题，尤其不要看别人做难题就心急，这会增加自己对学习的畏难情绪和逃避心理。每个人的知识水平和学习能力不一样，要着眼于自己。

整理笔记花样多一点、兴致高一点

整理笔记时，不要密密麻麻写一堆字，否则整理的时候会觉得太累，拿出笔记想要复习时也提不起兴趣。按照前面提到的记笔记方法，换个不一样的笔记本、运用一些使知识更有条理的工具、画一些既高效又漂亮的图，你的笔记会焕然一新，整理笔记和复习笔记也会觉得是一种享受。

Step 3 多和老师同学讨论学习问题

平常多和老师同学讨论与学习有关的问题，这既是一种时间和精力的投入，也是培养学习兴趣、获得学习灵感的方法。一个人学习思路有局限，和老师同学讨论会打破自身的局限，况且讨论这种方式本身就是大多数人都愿意接受的学习方式。

Step 4 用益智类游戏培养兴趣

如果暂时不想看书、整理笔记、做题，周围也没有人和你一起讨论学习问题，可以和家里人或小伙伴一起玩一些益智类游戏，边玩边动脑子，玩中学、学中玩，能快乐加倍。

如果你不知道玩什么，那试试这几种游戏吧：

| 成语接龙 | 平时积累的成语越多，就越有趣，如果总是输，不如赶快拿起成语词典背一背。 |

| 你说我猜 | 观察事物、描述事物细节以及语言表达能力都会提高。 |

| 数独游戏 | 可以一个人玩，也可以和小伙伴比赛，看谁完成一个游戏用时最少，锻炼数学逻辑推理能力。 |

本节要点回顾

⭐ 如果不能够享受到学习的乐趣，就会把学习当成一件苦差事；如果对学习感兴趣，即使再辛苦也会苦中作乐。

⭐ 学习兴趣要培养，学习过程要自制，兴趣和自我约束双管齐下，学习就不再是难事。

我看了一个绘本，讲了一只小鸡想去看大海的故事。

它肯定由此踏上了一段冒险的旅程。

它为什么想去看大海？

因为它不想每天都下蛋，"下蛋，下蛋，怎么每天都是下蛋"是它的口头禅。

这只小鸡真像每天要写作业的我们。

我也是这么想的。可是在它命悬一线的时候，还是下蛋这个本领救了它一命。

让写作业达到效能最大化

"作业，作业，每天都是没完没了的作业！"是不是很多同学都有过这样的抱怨，抱怨每天都有作业要写，抱怨老师留的作业太多，抱怨作业太难写不出来……甚至有些同学因为作业而感到焦虑。

如果你也因为作业总要写到很晚而生气和抱怨，那不如先放下这些消极的做法，想一想怎样才能又快又好地完成作业吧。

今天上完课，五一假期就要开始了，可是好多同学都是一副不开心 ⌣‿⌣ 的样子，因为不仅有很多假期作业要写，而且五一假期结束后就要期中考试，这似乎注定是一个让人无法轻松的假期。

郭小果一脸焦虑 ◕‿◕ 地说："怎么办呢？那么多作业要写，感觉这个假期好难熬。"

钱小强说："你可以先把简单的题做完，开个好头，心里就会轻松一些。"

郭小果问："真的吗？"

钱小强坚定地说："那当然，每次作业多的时候我都是这么干的，包你百试百灵。"

郭小果又问："那简单题做完了怎么办？ 其他题呢？"

唐小糖接着说："那就再做中等难度的，最后再做最难的，如果是特别难的，想破脑袋也找不到思路的题就去问、去查，不要自己硬抠。"

米小咪也过来问："那写作业速度太慢怎么办？ 别人写完都复习了，可我总是到假期结束的最后一天才草草写完作业，根本没有复习时间。"

唐小糖说："你试一试先复习再做作业，这样写作业会更快。"

钱小强也说："如果复习之后作业还是写得慢，多半是你自己在拖拖拉拉浪费时间，你得给自己定个时间 ⏰ ，要求自己必须在规定时间内写完。"

为什么要先复习再写作业？ 怎样才能按时完成作业？ 怎样才能让写作业达到效能最大化？ 这一系列问题，每一位同学都很关心，那就让我们看看具体应该怎么做吧。

学霸来支着儿

Step 1 先复习再写作业

很多同学在做作业的时候经常会出现有些题不会做的情况，出现这种情况的原因往往是课堂上的知识没有充分掌握。

所以，回到家不要拿起作业就做，在写作业之前先把课上的知识复习一下：没背熟的背一背、不理解的知识去加深理解，最好把笔记整理一下再做作业，因为整理笔记的过程就是消化和吸收课堂知识的过程。

如果是做单元卷或综合练习卷，那就把卷子中涉及的课本目录拿出来，看着目录中的标题去回顾相应的知识，掌握不好的地方拿出笔记或书本迅速复习，做到知识无遗漏，然后再去做卷子，就会感觉轻松很多。

先复习再写作业，看似延后了写作业的时间，实际上磨刀不误砍柴工，把知识掌握好了再写作业，会发现写作业时不仅速度更快，而且正确率还非常高。

Step 2 先分后做，计时完成

分好再写

如果是日常的家庭作业，通常都是当天学习的内容，写作

业前先把作业按照科目分好，然后再一科接一科地去按时完成就好了。

如果是遇到假期，不仅老师留了一堆假期作业，就连家长也给留了一套又一套的卷子，那该怎么办？

先把作业按照科目分开，再把每一科的作业题按照难易程度分成简单、中等、困难三种类型。先用较少的时间把简单题全部完成，做简单题一定要速度很快；然后再去做中等难度的题，注意这两种题要确保不错；最后再去做比较困难的题，做这些题时可以先复习一下书本和笔记，如果中间有特别难的题挡了路，那就先绕过去，等所有题都做完了，再做最难的部分。

上述内容，可以用一个简单的流程图来表示：

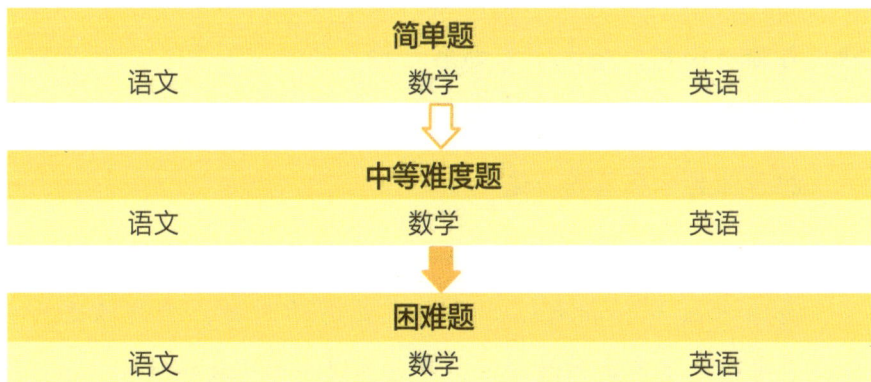

简单题		
语文	数学	英语

⬇

中等难度题		
语文	数学	英语

⬇

困难题		
语文	数学	英语

按照先易后难的顺序做题，在做简单的题时，会速度很快，正确率也很高，成就感自然也随之增长，会让我们更加愉悦

地投入后面的作业过程。如果先难后易，不仅前期要花费太多的时间和精力，而且还很容易打击信心，甚至产生放弃写作业的想法。

计时完成

无论是较少的日常作业，还是较多的假期作业，写每一科、每一项作业都要给自己定下时限，自己和自己约定好，按时完成之后才能休息；如果提前完成就提前休息，或者给自己一个小小的奖励。

为了让自己更有紧迫感和更专注，在写作业的时候，不妨拿出闹钟或沙漏，或者直接把表调成倒计时状态。

Step 3 写完作业"回个笼"

同学们有没有睡过"回笼觉"？就是早上醒来后觉得还想睡，再睡一小觉，一天下来都感觉精力充沛。写完作业也可以让自己的思绪"回个笼"，比如：

把作业再回头筛查一遍

写完作业先别急着把作业本放进书包里，先迅速检查一遍，看看有没有漏掉题；如果没有漏写的题目，就再检查一下，看每道题是不是都做对了，重点去检查那些做题时感觉不太顺畅的题目，如果没有问题就进行接下来的事情。

合上书本，回顾一下作业中考察的知识点

检查完作业，闭上双眼去回顾一下作业和课上的知识。想一想自己从中学到了哪些知识，还有没有今天必须要解决的知识点，如果有，就立刻行动，当天的知识一定要当天消化。

本节要点回顾

⭐ 写作业很重要，通过作业，可以自查哪些知识掌握得好，哪些知识掌握得不好，进而有目的、有重点地复习，最终，让自己把课堂知识全部吃透。

⭐ 独立完成作业，按时完成作业，通过写作业前的复习和写作业后的自查，可以更加全面、深入地掌握和理解知识。

追风小二班
这周末我们的集体活动是什么?
去爬山吧，这项活动大家都可以参加。
这个主意不错，既能锻炼身体，又能呼吸新鲜空气。
这周末我得做题，不能去了。
郭小果，你要注意劳逸结合，你已经连续三周都没参加集体活动了。
别把自己逼得太紧，学了这么久，爬山就当是奖励自己的辛苦付出吧。

适度奖励，让学习更有动力

如果做一件事，从一开始就拼尽全力，即使感觉很辛苦、很累也不放松，那久而久之就会没有热情和动力了。

学习是需要付出很多努力的事，学习很辛苦，但是适当的奖励可以冲淡辛苦，让我们在辛苦之余感受到快乐，而这些快乐则可以为学习提供源源不断的动力。

六年级二班的一位同学上课时晕倒了，这个消息在全校引起了轰动，大家纷纷猜测，各种"真相"浮出，一时不知道该相信哪一个。后来，在全校大会上，校长的讲话平息了各种谣言，原来是那位同学平时学习太用功、劳累过度导致的暂时性供血不足。

听了校长的话，郭小果心有余悸地拍拍自己的胸口说："真的会累晕啊，我一直以为那只是夸张手法呢。"

钱小强则说："郭小果，你的确应该注意了，否则下一个晕倒的没准就是你。"

唐小糖笑着 说"钱小强，你不要吓她了，她胆子小可不经吓。"

郭小果说："没关系，我知道你们都是关心我。不过，钱小强说得对，我确实应该改变一下学习方式。上次爬山 以后，我觉得心情很放松，积累了好几个星期的压力终于释放了一些。"

唐小糖说："小果，你给自己的压力太大了，其实除了周末爬山，平时你也可以通过一些小奖励来激励自己，不要总是给自己加压。虽然压力可以转化为学习的动力，可压力太大可能会适得其反，而小奖励则会让你在学习中既感到轻松和愉悦，也会受到激励。"

钱小强开玩笑说："那我只想要奖励，不想学习怎么办？"

唐小糖说："奖励的目的就是为了让我们更高效地学习，所以奖励也要讲策略讲方法，不能失去了奖励的意义。"

心理学上有一条"峰终定律"，指的是一段体验的好坏在于高峰和结尾。如果高峰和结尾是愉快的，那整段体验就会很愉快。这条心理学定律也常常被人们用到学习上，比如每次都在学得最开心时停下来，那大脑就会记住学习是快乐的，下次还想继续。

基于这种心理学原理，我们在每次学习一段时间后，或者在完成一些学习任务后，或者在取得一些进步后，可以对自己进行适当的奖励，这种方式能让我们学习更有动力。

学霸来支着儿

Step 1 难易搭配，学习不累

一整天都学习比较难的知识会很容易感到疲累和烦躁，如果在进行较难的学习项目时适当插入一些相对轻松的项目，那大脑就会感到放松。这种相对轻松的学习项目就可以当作奖励，让我们换换脑、轻松轻松。具体搭配方式如图所示：

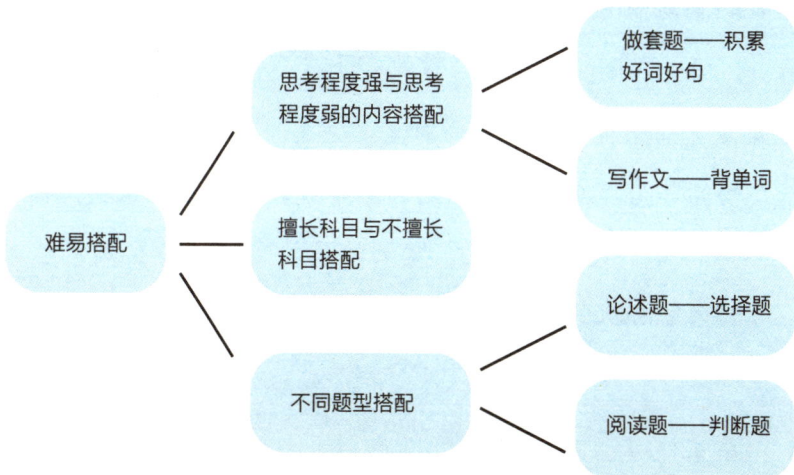

思考程度强与思考程度弱的内容搭配 —— 做套题——积累好词好句

写作文——背单词

难易搭配 —— 擅长科目与不擅长科目搭配

不同题型搭配 —— 论述题——选择题

阅读题——判断题

Step 2 运动或娱乐奖励

坐在椅子上学习得久了，不光腰酸背痛，就连眼睛也会受不了。不如做完一道难解的题目后，站起来活动活动吧，把适当的运动或娱乐当作对自己的奖励。运动和娱乐可以产生多巴胺，能让大脑感到兴奋，运动娱乐完了再学习，会效率更高。适合用来当作学习奖励的短时运动和娱乐项目有很多，如：

室外运动：慢跑、打羽毛球、跳绳、踢毽子、骑自行车等。

室内运动：做瑜伽、跳健身操等。

娱乐项目：听音乐、看剧、看课外书、跳舞、唱歌、弹琴等。

Step 3 像游戏一样设置即时奖励机制

大脑总是希望得到及时的正反馈，可以根据这一特点去设置即时的奖励机制。只要有进步，就启动奖励机制，让大脑感到快乐，这样大脑就有动力持续地学下去。

在设置奖励机制时，需特别注意一点：一定要用自己喜欢的事情或物品作为奖励，如果奖励的事情或物品对自己来说没有兴趣，那就失去了奖励的意义，奖励的目的自然也不会达到。比如，有的同学喜欢收藏小卡片，那就每完成一个任务就奖励自己一张小卡片；有的同学喜欢吃甜品，那就完成任务后奖励吃一个小甜品。

本节要点回顾

☆ 适时适度的奖励会让大脑觉得学习是简单的、快乐的，而不是困难的、痛苦的，这会使学习过程充满快乐，有助于激励我们更加奋发向上。

☆ 奖励要适时。规定的任务完成后，就要及时奖励，如果延时太长，容易让自己觉得失望。

☆ 奖励要适度。奖励的目的是为了激励我们更好地学习，所以只要能感到小小的满足和快乐就可以了。而且小奖励也易于持续进行，如果每完成一个小任务就需要一个花费较多的大奖励，那不现实。

高分学习法

第 4 章

这些学习上的坑，你跳过了吗？

追风小二班
新的一年要开始了，大家制定好今年的新目标了吗？
去年我定的目标几乎都没有实现，今年我都不想再定目标了。
去年你的目标是什么，郭小果？
我定了好多目标，各方面的都有，可是都没有实现，我简直太没用了！
也许就是因为目标太多，才没办法都实现。

目标不合理，等于没有目标

当计划的事情没有完成的时候，先不要急着去否定自己的努力，更不要质疑自己的智力，而应该从根源上去想一想，是不是自己的目标和计划有问题。如果目标太多、太大、太空，即使十分努力，也难以集中精力做好其中的任何一个，自然无法完成。

当发现是目标不合理导致的学习效率低下时，不妨先停下来，认真思考，如何把目标设计得更有针对性、更具体些，然后再围绕主要目标行动。

大课间的时候，唐小糖正在座位上休息，郭小果和米小咪一起过来找她。郭小果说："小糖，你来看看我们制定的目标 📋，是不是合理？"

唐小糖先拿起郭小果制定的目标，然后说："我们三个一起来分析一下吧。"

郭小果和米小咪同时说："好呀。"

米小咪又补充了一句："正好向你学一学，怎么进行目标分析。"

唐小糖看了一会儿，然后问米小咪："你觉得这份目标制定得怎么样？"

米小咪说："我觉得有点高了。小果，你定的目标是各科成绩都接近满分，这个目标真的很难实现，到时候实现不了你会很受打击的。设置目标时，应该给自己预留一些空间，不要太高、太满。"

郭小果说："其实我也意识到这一点了，这个目标确实太难实现了。"

米小咪拿出她制定的目标问："你们看看我的问题在哪里？"

郭小果说："你的目标很符合实际，不过要怎样实施呢？怎么只有大目标，下面没有根据大目标进行拆分的小目标？"

唐小糖说："光有大目标，没有具体到行动的小目标，是不行的。米小咪，你可以在大目标下面再进行拆分，最好一直拆分到一看就知道自己每天要做什么，哪一项任务要用多长时间。"

米小咪说："原来还要这么麻烦。"

唐小糖说："现在考虑得全面、细致一点，以后学习时才更方便执行，要不然只知道要达成怎样的目标，却不知道每天具体要干什么。"

要想成绩好，目标很重要，只有科学合理的目标才能帮助我们行之有效地提高成绩。如果目标不合理，那就和没有目标一样，依然不清楚自己的努力方向在哪里，也不知道自己每天要怎么做。

学霸来支着儿

Step 1 围绕一个主线设置目标

一段时间内的目标最好只围绕一个主线来展开，如果目标太多，反而哪个目标都无法全力实现，最后和没有目标一样。

在一个阶段内，对自己来说最重要的事情是什么，这件事就是这一阶段的核心目标，在设置目标时就要按照这个主线去进行。比如，对于小学阶段的同学们来说，学习是最重要的事，那培养良好的学习习惯和提高学习成绩就是核心目标。

如果同时定下几个目标，那这些目标必须相辅相成，最好是共同围绕一个主线来展开，比如培养良好的学习习惯和提高学习成绩，都是围绕着学习这一件事来展开的。

Step 2 根据实际情况对目标进行拆分

大目标是方向，对于学生阶段的我们来说，每个学科都学好就是大方向，具体执行时要按照这个方向进行一级一级地拆分，否则在实际学习过程中，就很容易犯迷糊，不知道自己到底该怎么做。

按照学科进行一级拆分

小学阶段，学习科目主要有语文、数学、英语三门，那按照学科进行一级拆分，就是要按照学科制定不同的学科目标。在这一过程中，需要注意：一定要根据自己的学习特点，一定要符合自身的实际情况。

拆分目标时，可以用树形图或大括号等形式来体现，如：

> 语文：期中考试考到班级前 5 名（92 分左右）；期末考试考到班级前 3 名（95 分左右）；
>
> 数学：期中考试考到班级前 10 名（85 分左右）；期末考试考到班级前 7 名（90 分左右）；
>
> 英语：期中考试考到班级前 10 名（85 分左右）；期末考试考到班级前 5 名（95 分左右）。

根据具体学科特点进行多级拆分

不同学科的学习内容和学习方法不同，下一步制定的目标也不同，比如，针对语文这一学科，同学们可以参考下图对学习目标进行进一步拆分：

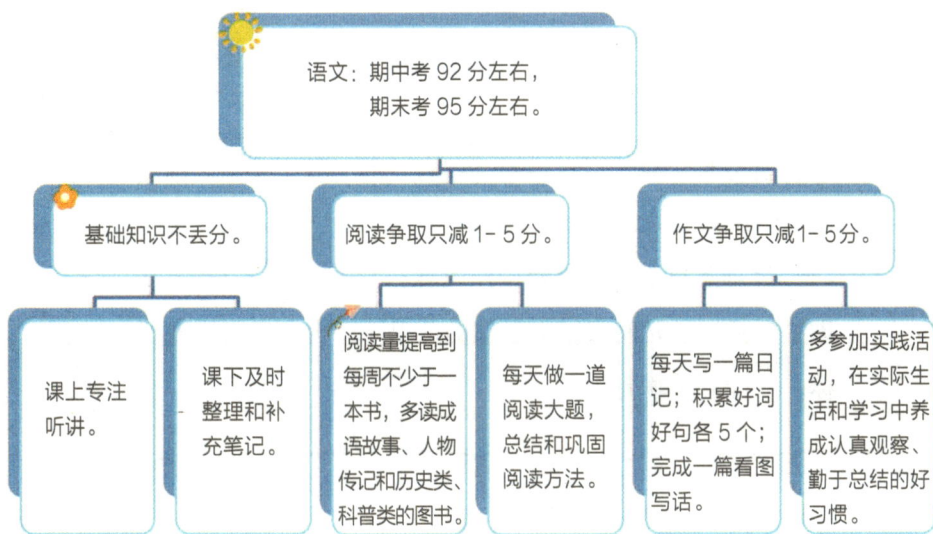

语文：期中考 92 分左右，
期末考 95 分左右。

基础知识不丢分。

阅读争取只减 1- 5 分。

作文争取只减 1- 5 分。

课上专注听讲。

课下及时整理和补充笔记。

阅读量提高到每周不少于一本书，多读成语故事、人物传记和历史类、科普类的图书。

每天做一道阅读大题，总结和巩固阅读方法。

每天写一篇日记；积累好词好句各 5 个；完成一篇看图写话。

多参加实践活动，在实际生活和学习中养成认真观察、勤于总结的好习惯。

Step 3 设置和拆分目标的原则

设置和拆分目标时，需掌握以下基本原则：

目标描述要具体：尽可能把具体的目标分数、每个阶段的学习任务都用具体的数据描述出来，这样目标感才会更强，行动时也更容易被激励。

实现目标的途径要明确：具体要通过哪些途径去实现目标，必须要清楚。

本节要点回顾

⭐ 目标要具体、清晰、明确，只有这样的目标才真正具有可行性。

⭐ 拆分目标时，可以借助一些有效的工具，比如之前提到过的鱼骨图等。

⭐ 各种小目标之间也有主次之分，具体执行时可优先考虑主要目标，时间和精力足够的前提下，再去考虑次要目标，不可主次颠倒。

追风小二班
我们班的板报弄好了吗?
文字部分我已经完成了，就剩下画插图了。
郭小果，明天下午全校开始大检查，你快点画吧。
我在纸上调整了几次方案，都觉得不是太完美，再等等。
郭小果，你从几个方案中选一个好的就行了，再等的话就来不及了。
这次全校大检查，我想画个最好的。
时间紧急，完成比完美更重要。

"完美主义"扼杀效率

一些同学会因为太追求完美而导致学习没有效率，最后不仅没办法达到理想的完美状态，就连基本的完成都做不到。

周六下午，大家约好了要一起做风筝，钱小强和鲁小路一起动手，几个风筝的主体骨架很快就做好了。郭小果看着有些担忧地说："这个骨架采用的材料是不是最轻最结实的那种，只有又轻又结实的材料才能做出好风筝。"

钱小强一脸不在意地说："无论选用哪种材料，只要到时候能飞上天就是好风筝。"

鲁小路也说："以我们目前的时间和实力，不可能找到最轻最结实的那种材料，不过比较现有几种材料，咱们采用的是最好的。"

米小咪高兴地说："这几天的天气都很适合放风筝，我去准备风筝线，到时候咱们就可以看着亲手制作的风筝飞上天了，想想就开心。"

唐小糖说："绸布也准备好了，你们不是说想要手绘出有个性一点的风筝吗？ 我就选了这种纯色的绸布，到时候让郭小果手绘一些图案就可以了。"

钱小强说："郭小果，这次你可不能再拖到最后画了，咱们几个每人一个风筝，要花不少时间 🕐 呢。"

郭小果问："那你们大家都想要什么图案的？ 我先在纸上画样子。如果觉得不好，随时都可以改。"

米小咪说："我想要一个小猫 🐱 图案，什么猫都行，样子也不用太讲究。"

郭小果说："怎么能不讲究呢，万一画得不好怎么办？"

米小咪说："不好就不好呗，又不影响飞上天，再说了，你一向那么认真，画得肯定好看。"

唐小糖说："小果，你不要有心理压力，我们做这个就是为了开心，真的不必太讲究。如果你为了这个事太过费心费力，反而会让大家觉得不好意思。"

郭小果说："我只是想，大家都这么用心地参与，最好能呈现出完美的作品。"

鲁小路说："这个世界上哪有什么完美的作品，只要我们觉得开心就好了，小果你放手去画吧。"

郭小果说："其实我知道，自己也做不出完美的作品，但是不知道为什么，我就是害怕做不好。"

唐小糖说："你放心大胆地去做吧，无论做出什么我们都会喜欢的。我们不需要完美，只想快点看到我们亲手制作的成品。"

> 由于各种主观因素和客观因素的存在，完美的结果通常很难实现，但是无论是学习还是做其他事情，总是要不断向前推进，不能因为追求完美而举步不前。

学霸来支着儿

Step 1 理性接纳，不把问题"灾难化"

有些同学，只要一出错，就害怕，自己在心里把出错的后果放到无限大，并且因此而变得焦躁、沮丧、自暴自弃。

其实，做错一件事，犯了一些错，这都没什么，该干什么就继续去干什么，世界末日不会到。对待问题，不必过度焦虑地将它放大延伸为"无法面对的灾难"。要理性接纳，凡事都有多面性，一次错不代表全部错，一个问题带来的不见得全是坏处。很多时候，所谓的问题也不见得就只能带来不利的后果。

事情不是只有"好"和"坏"两种结果

首先要明白，所有的事情都不是只有对错、好坏之分。比如，做错了一道题，但也许开拓了一种新的做题思路；虽然这次考试没考好，但从中发现了自己某些知识和能力的不足；虽然字写得不够好，但已经尽最大努力了，而且比以前已经有所进步……

别人是别人，自己是自己

有些同学纠结于自己做得不如别人好，或者太过担心别人对自己的评价。对于这种担心，要时刻谨记一点：别人是别人，自己是自己，别人不能代替我们生活和学习。况且，或许你只看到别人比你好的一面，而他们不如你的一面只是没有展现给你而已；又或者你的不完美，只是自己的过度要求，别人根本就没有那么在意。

Step 2　马上行动，不等"最好的时机"

一些同学因为害怕出错、担心不完美，宁可一直拖着不敢动手去做，渐渐形成习惯性拖拉，一遇到事情就往后退缩。

如果不去做，事情就永远不会完成，其实大多数时候，做事的目标是完成，而不是完美。告诉自己，勇敢试一下，错了也不必害怕。不要怕出错，别人也没有那么在意你的错，就算在意又如何？况且事情还没做，怎么知道就一定会出错；再者说，即使出了错也没什么。如果发生错误，无外乎两种情况：一些事可以弥补，而一些事则无法扭转。

对于第一种情况，既然事情可以弥补，那根据需要，看是不是需要弥补，如果确有需要，那去弥补即可；如果根本不需要弥补，那更加不必因此纠结。

对于第二种情况，既然事情已经无法扭转，那纠结又有何用，有这个时间和精力，还不如去做一些更有意义的事。

总之，确定应该做的事，就勇敢地放手去做，做了就比不做强，永远没有"最好的时机"。

Step3 分清重点，不试图做好所有事

人的精力是有限的，而要做的事却是无限的，所以试图做好所有事的结果往往是什么事都做不好。因此，无论是生活还是学习，同学们都要学会把握重点，并不是所有的事情都需要做到全力以赴、精益求精，根据事情的重要程度去决定需要投入的精力，不能眉毛胡子一把抓。关键时刻，要懂得适当的放弃。

Step4 看到努力，不只看到成果

做一件事，无论是否成功，都要学会通过过程去看到自己的努力，努力的过程比成功的结果更值得关注。因为，无论成功与否，努力就是一种收获。

本节要点回顾

⭐ 我们的目标首先是完成任务，而不是保证结果完美，这一点必须搞清楚。

⭐ 做事前不必过分焦虑，做事时不要过分关注细节，做事后不必在意是否完美。

⭐ 把目光放长远，出错很正常，而且也是收获的一部分，永远不出错是不可能的。

追风小二班
谁参加全区的数学联赛？
我不参加，我觉得我天生就不是学数学的料。
我也觉得自己脑子转得太慢，参加也是白参加，我也放弃。
哪有人天生就什么都会的？ 你们俩这是消极的自我设定。
就是呀，通过联赛我们可以很好地发现自己的问题，只有好处没有坏处，千万不要放弃。

做事浅尝辄止，容易放弃

　　这个世界上有雄鹰，也有蜗牛。新东方的创始人俞敏洪先生曾经说过，与他的很多同学相比，他就是一只蜗牛。凭借着坚持到底、永不言弃的精神，引领着新东方从创立走向辉煌，又从低谷迈向新的征程。

　　俞敏洪像无数人一样，曾经遭遇过无数次失败与挫折，但他却从不轻易放弃。我们也要向俞敏洪这样的成功人士学习，学习他们做事坚持到底、永不放弃的精神。就像我们喜欢的那首歌《孤勇者》中的歌词一样：

　　　　爱你孤身走暗巷，

　　　　爱你不跪的模样，

　　　　爱你对峙过绝望，

　　　　不肯哭一场，

　　　　……

　　这周的数学课开始讲有关图形的知识，结果在周测的时候，老师发现米小咪和郭小果做错很多题，于是老师告诉米小咪和郭小果，如果遇到不会的题，可以随时去问老师，也可以向班里数学成

绩好的其他同学求助。

钱小强自告奋勇地说："你们俩有不会的题，可以问我，我一定有求必应。"

米小咪说："那如果你也不会呢？"

钱小强说："那就去问会做的同学，或者去问老师。"

米小咪却说："我怕到时候同学们和老师会觉得我太笨了，图形题对我来说太难了，听说以后会越来越难，我觉得我肯定学不会这方面的知识，不如 ⌣‿⌣ 趁早放弃。"

郭小果说："米小咪，不要这么早就说放弃，我们再坚持坚持，我今天又看了书上的例题，也重新整理了笔记，我觉得前面这部分知识不难掌握。"

米小咪说："我现在只要想起那些图形就头疼，还有那么多公式要背，更麻烦。"

唐小糖说："米小咪，学习哪有不麻烦的，没有任何知识和能力会一下子就轻松掌握的，你现在就放弃这些知识，以后有关图形的所有题你都不做了吗？考试时这些分你也完全不要了？"

鲁小路也说："图形题不光现在有，将来初中、高中都会有，而且中考、高考时这类题占的比重都不少，你要是放弃了，拿什么去考你心仪的高中和大学？而且，以后我们还会遇到各种未知的问题，难道你都要放弃吗？"

郭小果拉着米小咪的手说:"米小咪,不要放弃,我们一起努力,即使学得慢一点也没关系,只要我们不放弃,就一定会成功的。"

看到同学们这么关心自己,米小咪感激 ◕ ◕ 地说:"谢谢大家的鼓励,我不会再轻易说放弃了。"

> 学习的道路上充满了太多的艰辛和坎坷,坚持下去确实很难,放弃真的很容易。但是如果选择放弃,我们将一事无成;如果选择坚持到底,那么再大的困难,也终究会有被克服的一天。因为,成功就藏在一次又一次的坚持之下。

学霸来支着儿

Step 1 遇到障碍或挫折,试着再向前走一步

学得比别人慢不可怕,成绩暂时比较差也不可怕,怕的是一遇到问题就自我设限、轻易放弃。只要自己坚持不放弃,试着再往前走一小步,也许问题就会获得转机。当你试着往前一小步又一小步之后,回过头再看,就会发现自己已经进步了很多,而且之前曾经困惑无比的难题,对于勇敢坚持的自己来

说，早已不再成为问题。

所以每当遭遇障碍或挫折时，可以试着用下面的方式鼓励自己向前走一走：

在学习时抬眼可以看到的地方，贴上励志性的语言——越是让自己感触深的语言，就越有用；

把自己的学习目标一一列出来，用目标来激励自己；

给自己设定一个学习榜样，看到榜样一直坚持努力，自己就更容易进入努力状态。

Step 2 分析失败原因，换一种思路去解决问题

如果屡次尝试，仍然无法跨越学习道路上的一些障碍，那就要认真分析失败原因，弄清楚是哪些因素导致了失败，然后根据具体原因采取相应的办法去解决问题。像错题本学习法，就是解决问题的一种有效思路，具体地说，主要有如下步骤：

第一步：整理和罗列问题。如目前遇到的问题有：基础题得不了高分，稍难一点的题就不会做。

第二步：分析问题产生的原因。问题产生的原因可能是：基础知识不扎实，听课效率不高，笔记记得不全。

第三步：根据原因解决问题。可以通过认真听课、记笔记、看书、做例题等方式去巩固基础，在此基础之上，再去做适合自己难度的题。

Step 3　适度奖励，让自己更有动力坚持下去

每天从早到晚的学习，会让同学们感到疲惫。在学习的过程中，不妨巧妙地设计一些小奖励，以此来增加学习的动力。当然，在设计奖励时，需注意以下原则：

每次克服了一个困难之后再奖励自己，困难没闯过前不能奖励；

取得进步后，也可以奖励自己；

奖励方式要适当，既要有激励性，又要方便执行，但不要因为奖励而影响学习。

Step 4　实在坚持不下去时，适度放松自己

即使明明知道学习很重要，知道努力才会有结果，但总有一些时候，我们会觉得很累、压力太大，甚至感觉自己马上就要坚持不下去了。如果遇到这种情况，与其逼着自己效率低下地学习，还不如适当放松，让自己的身体、情绪和头脑都从过度紧张的状态中跳出来。如：

听听自己喜欢的音乐，会令我们感觉轻松愉快；

在周末的午后，让自己在温暖的被窝里安安心心睡一觉，睡醒之后也许就会活力满满；

去安全安静的地方静静地冥想，完全放空自己，身体和头脑会轻松许多；

和家人朋友吐吐槽，把自己心里的焦虑和郁闷发泄出来，也是一种放松自己的方法；

和自己喜欢的宠物相处一会儿，动物柔软的毛发会放松我们绷紧的情绪；

约同学一起去散散步、逛逛街，吃些自己喜欢的食物、聊些彼此喜欢的话题，也可以帮我们有效减压。

需要特别注意的是，放松不是放弃，而是缓解身体和精神上的巨大压力，当压力得到有效缓解时，就要轻装上阵、继续前行。

本节要点回顾

⭐ 任何事情，放弃很容易，但是如果能一直坚持下去，那真的超级酷。

⭐ 选定目标之后，就要一直为了目标的实现而努力，如果中途累了，要想办法调整自己，而不是逼自己。

追风小二班
今年学校举行的“诗词大会”活动又要开始了，大家赶快报名参加吧。
今年的活动怎么比每年开始的早，我还没准备好呢。不然，我等下次再参加吧。
米小咪，下次就是一年以后了，再等我们都快小学毕业了，你还是抓紧机会参加吧。
每年活动的时间都一样，想参加就不要等了。
我的记忆力不如你们，诗背得太少了。
不要为自己的懒惰找借口，如果你把逛街的时间用在背诗上，肯定能背很多。

思维懒惰比行动懒惰更可怕

成功者善于找方法，失败者善于找借口。我们学到多少知识，往往取决于付出了多少努力，而不是天生的聪明程度。与行动的延迟或懒惰相比，思维上的消极才是学习道路上的最大敌人。因为行动的懒惰其根源还是思维的懒惰，许多不良习惯的养成和学习能力的不足，背后就是消极的思维在起作用。

所以，要想取得好成绩，就要从根本抓起，从思想的源头抓起。

郭小果把自己的诗词积累本拿出来递给了米小咪，说："之前听你说诗词背得不够多，我这个积累本上有很多诗词，你可以抓紧时间背一背。"

米小咪拿起厚厚的本子说："天哪 ◔｡◔ ，这么多诗词怎么可能背得完！"

郭小果笑着 ◕ ◕ 说："又没让你一下子全部背完，你根据自己的时间订个计划，一天背一两首，能背多少是多少嘛。"

米小咪又撇着嘴 ◡·◡ 说："你这个本子这么厚，每次都拿着它背累也累死了。"

钱小强听了说："郭小果每天都拿着背，也没见她累死啊。米小咪，你自己懒就不要找这么多的借口。况且，如果你觉得这个本子太厚不方便拿的话，那你可以找便利贴 🗒 或小卡片每天抄几首去背呀。"

米小咪说："每天都抄的话，还是很累呀。再说了，这么多诗词，我也不太好选择。"

郭小果说："这个你不用担心，我都已经提前分好类，而且每首诗都用小标签标好了。"

米小咪说："说实话，我就是不想背啊，这个诗词大会又不是重要的考试，为什么非要花时间去参加呢，真是想不通。"

唐小糖说："诗词是我国传统文化的重要组成部分，无论是考试时的文学常识，还是日常的阅读和写作，掌握大量的诗词对我们来说都十分有用。所以，诗词大会虽然不是重要的考试，但我们也要积极地报名参加，而且我们参加也不只是应付老师，而是真心地想利用这样的机会去提升诗词水平。"

米小咪苦着脸 ◡‿◡ 说："可是背诗真的很无聊，很辛苦。"

郭小果说："学习哪有不劳而获的？ 米小咪，学习任何知识都应该端正态度，认真去做，否则就会一事无成。"

天上不会掉馅饼，要掉也只是陷阱，学习也一样，要想学到知识就不能被动地等，知识不会自己进入我们的头脑里，好成绩不会凭空落到我们的头上。要想学习好，就要克服思想上的消极性，要勤奋积极，不要懒惰消极；要努力找方法，而不要被动找借口。我们真的一步一步努力去做了，才有可能一点点地使自己变得更强更好。

学霸来支着儿

Step 1 想要学习，就立刻去做

想要学习就要立刻去做，不必找各种借口去拖延，如：马上整点了，等整点就去学；吃完饭或喝完水再去学；等妈妈回来再去学……也不要反复定目标、做计划却一直不行动。只要不行动，就永远不会产生效果，记住这一点，马上动起来。

Step 2 不懂，就要想办法去弄懂

很多同学出于爱面子或单纯的犯懒，对于不懂的知识往往采取一种听之任之的态度，甚至不懂装懂。结果呢？不懂的东西一直不懂，与这些知识相关的一系列知识都没办法理解……最后学习越来越跟不上。

既然不懂，就要想办法把知识弄通、弄透，解决方法有很多，比如：

认真看书、看笔记：一些知识弄不懂的原因，就是看书或笔记时不够认真，答案也许就在书和笔记里。

向老师提问：老师在上课时兼顾不到每一位同学，所以，老师希望同学提问。你提出问题，老师才明白你的问题出在哪里，才能有针对性地帮你解决问题。

向同学请教：向成绩好的同学虚心请教，请教时，注意提问要具体，首先自己弄清楚不会的知识是什么，这样同学辅导你的时候才能有的放矢，你才能真正学到知识。

Step 3 学习之余要科学反思

不进行总结和反思，也是思维懒惰的重要表现。学习是在不断反思中得以进步的，所以同学们在埋头学习之余，还要留出

时间来进行科学的反思。可从如下方面加以反思：

反思他人批评

在学习中，同学们似乎经常听到来自老师、家长或其他一些人提出的批评。有些同学总是害怕听到他人的批评，认为别人批评自己就是和自己作对、看不起自己，于是总是对批评持消极、对抗的态度。

其实，当他人提出批评时，不应消极对抗，而应该认真反思——反思是否真的存在这些问题，如果真的存在，应该如何加以纠正。

所以，应该感谢别人的批评，因为别人的批评能够帮你及时认清自己，还可以帮你高效地改善自身问题、全面提升自己。

反思错误原因

当学习或生活中出现错误时，不要无视错误，一定要认真反思错误发生的具体原因是什么。找到原因，才能找到改正问题的方法，学习才会少走弯路。

反思不良习惯

学习中有些问题如果反复出现，就要反思是不是自己的错误习惯导致的。经常发生在学生身上的不良习惯主要有如下几种，可以对照一下，有则改之，无则加勉。

不良习惯	应对方法
上课注意力不集中，思想总溜号	锻炼和提高专注力
东西乱拿乱放，学习的时候总是找不到相应的物品	把物品分类整理
写作业前不复习，导致做题效率低下	先复习再写作业
边做作业，边玩玩具或手机	整理书桌，消除干扰物再去写作业
平时不复习，考试前熬夜学	定期复习，考试前保持良好的学习节奏

本节要点回顾

⭐ 所有的好成绩背后都是一天又一天的努力坚持，没有人能随随便便就取得好成绩，要想成绩好，就必须放弃懒惰思想，必须一步一个脚印地坚持学习。

⭐ 不会的就学，错了的就改，该做的就赶快去做，做过的要及时反思，这些可以有效地避免学习中的很多问题。

追风小二班
放假好，过年好，可惜作业太多了！
饭好吃，糖好吃，学习之苦不好吃。
一个假期过去，你们一个个变成诗人了。
什么诗人呀，还是先告诉我作业怎么才能快点写完吧。
我这里有一份全科答案，你们谁要?
抄答案只能应付老师，但你能一直这么应付下去吗？
那有什么办法能帮我马上写完作业吗？
没有办法，只有一条忠告：以后早点完成作业。

急于求成，往往一事无成

作业不可能一下子写完，成绩不可能一下子提高，知识不可能一下子掌握……学习本来就不是一蹴而就的事情。学习必须要早行动、勤努力、多坚持，指望一下子速成，那岂不是揠苗助长？急于求成，往往一事无成，这一点要时刻谨记。

听说隔壁班有一位同学以前成绩并不突出，结果这次考试居然考了全班第一。米小咪听了心动不已 👀👀，一直向周围的人打听这位同学，想要通过这位同学找到迅速提高学习成绩的"制胜法宝"。

结果打听来打听去，最后才得知，这位同学这次能得第一，只是出于幸运——隔壁班考试之前有人得了病毒性红疹，导致班里三分之一的同学都不能出席考试，其中成绩优异的同学占了一多半。得知真相的米小咪失望 ◡‿◡ 地走回了教室，她蔫头蔫脑地说："看来想要迅速提高学习成绩，真是不可能了。唉，我还以为他有什么法宝可以拿来一用呢。"

钱小强说："他要有什么法宝，为什么以前没有考好？ 米小咪，你还是不要做白日梦了，好好学习要紧。"

鲁小路也说："学习的制胜法宝就是一直坚持努力，想要一口吃成胖子，那不可能。"

米小咪说："学习为什么这么难呢 �__ ？"

唐小糖说："正因为难，所以才需要努力坚持呀，而且通过努力坚持取得的成果才更有价值。"

鲁小路说："正因为学习之路艰难，所以才更要一步一个脚印地去走好每一步。急于求成的想法太功利，也太短视，往往会令人们一事无成。"

急于求成，往往会一事无成，这种说法并非耸人听闻。急于求成者，既不想付出足够的努力，又想取得巨大的成就，这种想法本身就是矛盾的、不切实际的。持有这种想法的同学，往往在设计目标时好高骛远，在遇到挫折和阻碍时，又一蹶不振，而这些都是学习的大忌。

所以，在学习道路上，一定要保持一种长远的、客观的、理性的态度，并在此基础之上踏实努力、持续精进。

学霸来支着儿

Step 1 把眼光放长远，学习需要长期主义

学习本身是一项长期的事业，需要付出长期的努力和坚持。要把眼光放长远，并做好长期努力的准备，这样的话，无论是取得成绩还是遇到挫折，我们都能正确对待。

Step 2 学习新知识不忘复习旧知识，持续精进

知识体系不是靠一时的努力就能形成的，而且知识体系也需要不断地补充新知识，所以一定要对新知识保持强烈的好奇心。与此同时，也不要忘记经常复习旧知识，新旧知识的相互补充和碰撞，才能保持知识体系的先进性。

所以，一方面要有目标、有计划地学习新知识，一方面也要定期复习旧知识。比如，经常复盘和总结，或者通过做题去查漏补缺等。

Step 3 不要只看重学习成绩，要关注行动和知识本身

太注重一时的成绩，是急于求成的表现。如果发现自己总是因为一两次的考试成绩而焦虑，那不妨换一种方式去描述学习目标。方法如下表所示：

原有的学习目标	修改后的学习目标
期末考试时数学成绩达到95分。	每单元的基础知识全部掌握，包括定理、公式、例题等都弄明白；考点单一的题都做对，思路复杂的难题至少做对一步。
语文考试成绩达到全班前5名。	学过字的字音、字形、字义全部掌握；课本中的词做到不出错，课外拓展的词每天掌握5个；每天保证三篇课外阅读，至少有一篇要做到精读细读；每天的写作练习要做到主题明确、书写工整、材料丰富；考试时做到和平时练习一样细心专注。
英语期末考试要达到90分以上。	除了弄懂学校老师讲的内容，课外的听、说、读、写练习要每天坚持。
期末体育考试成绩要良好以上。	每天慢跑、跳绳15分钟，每周爬山、游泳一次。

按照计划坚持去做，久而久之，就会养成良好的学习和生活习惯。

本节要点回顾

☆ 好习惯加好方法，再加上坚持不懈的努力，才是实现成功的唯一途径，除此之外没有任何捷径。

☆ 学习是终生的事情，从当下着手，做好当前的每一步、每一天，只要一直坚持下去，努力会带来最好的回报。

第 5 章

掌握考试秘籍，轻松当学霸

追风小二班
明天考试，今天下午我们一起去逛街吧。
正合我意！
我请大家喝奶茶。
你们都复习好了？ 我还想再做几道题。
郭小果，这个时候还是不要再做题了，容易导致紧张。
可是，不管做不做题我都会紧张。

考前别太拼，头脑要放松

考试前保持一定的紧张感其实是好的，但紧张过度就不好了。紧张过度会让自己陷入太过焦虑的情绪当中，严重的话，影响的可不仅仅是一次考试成绩，还可能影响长期的心理状态。

学习是一项需要长期进行的事情，考试将会始终贯穿其中，而且未来还有许多比考试更令人紧张的事情，所以考前不宜太拼，身体和精神都需要一定程度的放松，要懂得张弛有度。

下午大家约好了要一起逛街，郭小果看着大家都高兴😊地讨论着要买什么东西，心里羡慕极了。她忍不住回头和唐小糖说："小糖，其实我也很想去，可是我总是担心自己没复习好。"

唐小糖回答说："小果，其实我们都希望你一起去。可是，又担心影响你的复习计划📄。"

郭小果说："其实我知道，明天就要考试📝，多复习一下午也改变不了太多，不会做的题📄也不可能再会了。但是不知道为什么，我就是觉得很害怕。"

唐小糖说："你自己心里最清楚自己的复习情况，而且你平时已经很努力了，考试时稳定发挥的话，成绩不会差的。"

看她俩说话，米小咪也加入进来，说："就是呀，明天就要考试了，把自己弄得太累，反而影响考试发挥。"

钱小强也说："是呀，你忘了吗？有一次你因为考前复习得太晚，第二天考试时还差点迟到呢！"

郭小果说："怎么会忘呢，而且我还清楚地记得，那次考试时我居然还犯困了，所以考得特别差。"

唐小糖说："所以说考前别把自己逼得太紧了，考前太拼的话，效果反而不好。小果，如果你确定复习完了，不如让身体和头脑都适当地放松放松。"

钱小强和米小咪也劝郭小果适当地放松一下。

郭小果想一想说："我早就按照复习计划复习完了，其实我也很想让自己稍微放松一下。可是，往往心里越想'别紧张、别紧张'，结果就越紧张。到底该怎么办呢？"

看到郭小果的样子，唐小糖对她说："小果，不要着急，其实每个人都会紧张焦虑，不过总有办法让我们放松下来的。"

如果觉得自己已经复习得很累，感觉无论是身体还是头脑都要支撑不下去的话，即使明知自己有些东西还没有掌握好，也不要再逼着自己去背重点、做难题了。否则，考试还没开始，紧张和焦虑的情绪就把你压垮了。

考前过度紧张焦虑怎么办？

紧张焦虑的情绪，大多数人在考试前都会有，适度的紧张焦虑有助于更积极地复习和备考，从而更好地应对考试。但如果深陷于紧张焦虑的情绪当中走不出来，那就要及时采取措施。

学霸来支着儿

Step 1　制定合理的目标

很多同学在考试前焦虑的原因往往是制定的目标不科学。

目标如果超出自己平时的知识水平，不仅没有积极的作用，还会带来急躁、焦虑等消极的负面能量。

所以要对自己的知识掌握情况有一个清醒的认知，根据自身情况制定合理的目标。千万不要把目标定得太高，给自己造成太大的思想负担，也不要太过激进，妄想"一口吃成个胖子"。

Step 2　多关注自己，少关注别人

每个人的学习能力和复习进度各不相同，所以，备考时，要结合自己平时的知识掌握情况认真制订复习计划，不要过度关注其他同学的复习情况，尤其不要因为"×××已经做完了几套模拟卷""×××把重点知识背得滚瓜烂熟"而产生焦虑情绪。

要坚定地按照自己的复习计划往前推进，按照最适合自己的方式去复习，自己的心定下来了，考试就会稳定发挥。

Step 3　正确对待外界压力

不论你的学习处于什么水平，父母和老师都必然会对你产生期待。不妨把它当成促进自己前进的动力，认真学习，给父母信心，给老师信心，也给自己信心。

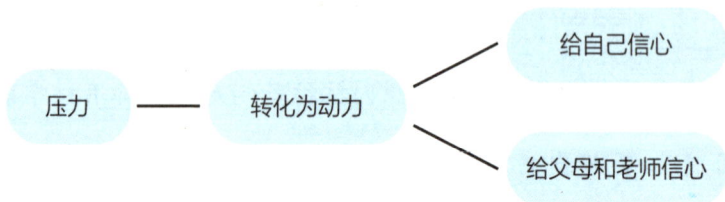

压力 —— 转化为动力 —— 给自己信心 / 给父母和老师信心

Step 4 合理饮食，给大脑供能

考试时不仅需要做大量的题，同学们一定会感到紧张，这些都非常消耗大脑能量。当大脑能量消耗过多时，就容易出现反应迟钝、注意力不集中等问题，从而造成考试时犯困、走神的现象。这样必然会严重影响考试时做题的效率和最终的成绩。

所以，要根据大脑的需求，及时有效地为大脑提供能量。不过提供能量也是有技巧的，具体如下：

考前吃颗糖，既能缓解焦虑，又能帮助大脑提供最需要的葡萄糖。一颗小小的糖，可以让你感到开心，如果是薄荷糖、口香糖还能让你提神。

考试前吃饭要清淡，太油腻的食物不利于大脑迅速吸收，而且还可能造成肠胃的不适。

吃得别太饱，吃得太饱人容易犯困，会影响做题效率，考前最好吃七八分饱。

Step 5 寻找更多放松方式

考前太过紧张时，可以先把脑子放空，不要去想与考试相关的事情，可以在生活中寻找更多的放松方式，具体如下：

听听让自己感觉轻松愉快的音乐；

闭上眼睛深呼吸，用力吸气再大口呼气；

去安全安静的地方散一会儿步；

和家人朋友吐吐槽，把自己心里的焦虑和郁闷发泄出来；

和自己喜欢的宠物相处一会儿；

随便乱写乱画一通也可以。

本节要点回顾

⭐ 备考强度要适中，不要复习到身心俱疲的程度，如果感觉到太累了就适当放松一下，觉得怎么舒服怎么来，让自己尽可能保持轻松的考前状态。

⭐ 考前要有好心态，把平时掌握的知识和习题巩固好，保证把会的内容都做对就可以了，不要强求自己，否则事与愿违。

追风小二班 >

考大家一个脑筋急转弯，谁先答对谁就请我吃冰激凌。

好呀，赶快放马过来！

小明有两个哥哥，大哥叫大毛，二哥叫二毛，小明叫什么名字？

这也太简单了吧，当然是叫"小明"了！

恭喜你，答对了，那明天你就请我吃冰激凌吧，我喜欢草莓味的哟！

我明明答对了，凭什么要请你，难道不是你请我吗？

钱小强，你好好看看米小咪最开始是怎么说的 。

天啊，我居然被你这个家伙骗了！

审题要认真，不丢冤枉分

被"骗"的原因可能是对方太"狡猾"，也可能是自己太粗心大意，没有认真听题。钱小强的经历，是不是很多同学在考试时也遭遇过？

考试中不认真审题的人，明明很简单的题却会做错，是不是很让人懊恼？如果仅仅用"粗心大意"四个字来为自己解释，次数太多的话也实在说不过去；但是如果说是平时不用功，知识没掌握的话，也有点冤枉自己。

拿到卷子后，鲁小路看到钱小强一脸不悦，于是问他："怎么了，没考好吗？"

钱小强挠着脑袋生气地说："我怎么这么粗心，这道题明明很简单呀，居然会做错。我又白白地丢了3分呀！"

郭小果看着他的卷子也说："的确太可惜了，这分丢得太冤枉。"

鲁小路接着他们的话说："对不起，我不是要责备你，但我忍不住想说，这部分丢分不冤枉。因为，对于考试来说，'认真细心'也是一项重要的检验标准，所以，考试时一定要认真审清每一道题 ，这样才能避免因粗心而丢掉不该丢的分数。"

郭小果听了若有所思地说："你说得对，要不然怎么每次考试之前老师都要一而再再而三地叮嘱我们要认真审题呢。"

钱小强还是心有不服地说："每次考试前，老师都会这么说，说得太多，我都自动忽略了。"

唐小糖接着说："正因为这些话很重要，所以老师才一再强调啊，对于老师一再强调的话一定要重视。"

钱小强委屈地说："你们怎么一点儿同情心 都没有，我没考好，你们不仅不安慰我，还打击我。"

鲁小路拍了拍他的肩笑着说："我们不是打击你，而是想提醒你，以后做题一定要认真审题，大家都不希望你再因为这个而丢分了。"

钱小强低着头说："对不起，是我自己的错。我当时要是细心一点儿，也许就不会出现这种情况了。考试时看着题目很简单，没有认真审题就去做了，结果就做错了。"

唐小糖说："你能认识到自己的这个问题就是一个好的开始，有很多人都意识不到问题，你的这个问题，我以前也有过。"

　　钱小强不可置信地说："你怎么会像我一样马虎粗心，你一向都很认真呀。"

　　唐小糖回答他："以前我确实也像你一样，经常看到一些题觉得很简单就以为不用认真审题也可以做对，最后的结果当然也是丢分丢得很惨。不过，好在我及时发现了问题。"

　　鲁小路也说："这种情况大家可能都有过，只要我们平时养成认真审题的习惯，考试时才不会把会做的题做错了 。"

　　钱小强说："对呀，老师确实经常在考试时让我们一定要保证'会的都对'，我有时还觉得这句话没什么用，想当然地认为，会的怎么可能做错。今天你们这些话算是点醒了我。我得谢谢大家 ！"

　　很多同学上课时对知识点 掌握得不错，可是在考试或平时做作业时却经常出错，而出错的原因无非是这几种："时间太紧，没顾上好好看题""这道题我以前还做对过，不知道为什么这次会做错""那句话我居然没看到，如果看到了这道题就简单多了"……

　　上面的话，你是不是听着很耳熟？是不是自己也曾经说过？

　　为什么明明简单的题、平时很容易做对的题，考试时却丢了分呢？这是因为很多同学也和钱小强一样，考试的时候看到题就急着去做，不仔细审题，结果不是看错了题目，就是漏掉了重要信息。

养成认真审题的好习惯，做题的错误率就会显著降低，我们检查作业、更正错题的时间就会大大减少，学习效率会不断提升，成绩自然而然也会随之提升。

学霸来支着儿

Step 1 认真读题，不放过题目中的任何字、任何符号

考试时看到题目，先认真读两遍。

在读第一遍时，应该用笔指着每一个字和符号，同时嘴里轻声逐字读出题目，也要跟着认真想。

在读第二遍时，边读边用笔勾画，画出关键字、关键词和关键句，筛选有价值的信息，弄清楚题目告诉了我们哪些条件，还要搞明白，题目要求我们干什么。

读题 → 列出重要信息 → 建立起联系

建立起联系 ↓

帮助更快理解 ← 画关系图 ← 整理解题思路

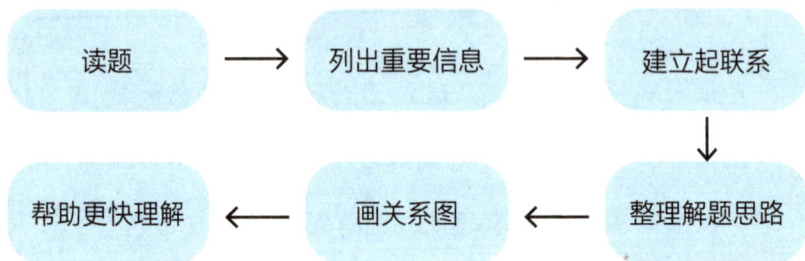

Step 2 将题目中的条件 —— 列出来

在自己的头脑中理一遍题目，确认自己是否真的审好了题。

为了更清晰地把题目搞清楚，不妨把题目中的条件和要求一一列出来，具体如下：

数学题中的已知条件一共有几条，分别列出来，题目问的是什么；

语文阅读题，可以利用的信息在哪些段落，最后要做什么；

英语作文题，题目告诉了哪些信息，要求写的内容有什么。

Step 3 正反推导，找到正确的解题方法

要认真思考问题与已知条件之间有什么关系，一般的题不会直接通过条件得出答案，这就需要推导，具体如下：

正向推导：从已知条件，推出结论。以语文作文为例，题目中包含的信息会提醒写作的主题。

反向推导：从结论推导出需要哪些条件。比如，英语阅读题中，通过问题可以推导出可以去哪里找到答案。

本节要点回顾

⭐ 要想考试时不丢掉每一分，那在审题时就不要放过每一个符号和每一个字。

⭐ 边看、边读、边画、边想，多调动一些感官功能，题目就会审得更清楚，做题的成功率也会更高。

追风小二班
我已经到东郊公园的门口了，怎么一个人也没看到？
我也马上就到了，还有一站地。
我下了公交车，不知道该怎么走，正在问路。
郭小果，你家不是离东郊公园不远吗？你居然不认识来这里的路。
不好意思，我路痴。
你手机没有导航吗？
呵呵，我到了，我也是导航过来的。
我一急就给忘了，你真是太聪明了，钱小强。

思路要清晰，想好再下笔

做题时的思路，就如同在日常出行时需要的导航，题目中的条件如同导航的起点，题目的要求就如同导航的终点。有了清晰的思路，就知道每一步该怎么写，下一步会怎么样，最后就能完成解题，成功到达终点。

如果思路没有理清，就胡乱下笔，那就好像不知道路线瞎走一样，很有可能南辕北辙。

刚考完试，同学们三三两两地围在一起对题。郭小果拉住唐小糖问："小糖，这次的作文你觉得难吗？"

唐小糖回答道："我觉得有点儿难。以前写作文都是老师定好的题目，这次需要自己拟定题目，而且只给了一段材料，没有告诉我们要围绕什么主题来写。"

米小咪也走过来说："我也觉得这次的作文实在是太难了。"

郭小果说："我干坐了半天都不知道从哪里下笔，最后看时间快到了，就胡乱写了一通，这次考试我的作文肯定会被扣很多分。"

唐小糖不解地问她："胡乱写了一通，是什么意思？ 你围绕的主题是什么？"

郭小果："我都不知道自己要围绕什么主题来写，就把以前我写过的一篇作文搬了上去。"

米小咪惊讶地问："把以前的作文原封不动地搬了上去，没做任何修改吗？"

郭小果说："对，我看到那段材料脑子一塌糊涂，完全不知道从哪里下笔 。"

唐小糖说："你其实可以从材料中找到一些关键词作为突破口，再通过这些关键词展开来写。以前的作文中如果有合适的题材也可以用，但如果没有围绕这次材料要求的主题 来写，那恐怕就会跑题。"

郭小果说："那我这次肯定完了，我写的时候只顾着快点写完，一点儿也没有提到材料中的内容。"

米小咪问："数学最后那道大题，你们答出来了吗？"

郭小果说："我只答出第一小问，第二小问我实在是想不出来怎么解。"

唐小糖也说："我也只答出第一小问，第二小问没有完全解出来，不过我记得老师讲过做这种题的基本思路，所以按照基本思路写了几步，应该也可以得几分。"

米小咪说："解不出最后答案，只写 ✏️ 几步也可以得分？早知道我也写几步上去了。"

郭小果说："即使只写几步，你得写对 ✔️ 才能得分呀。你知道按照哪种解题思路写吗？"

米小咪不好意思地回答："那道题列出的已知条件一大堆，可是我看来看去，好像一个也用不上，哪知道什么解题思路。"

唐小糖说："这道题主要考查的是长方形 ▭ 的有关知识点，长方形的概念、面积公式等在解题的时候都需要用到，解题时可以参考书上 📕 例题的思路。"

看到难题就犯怵？以前没做过的题，就不知道如何下手？已知条件一大堆，分不清哪些有用，哪些只是用来迷惑我们的？

考试时如果思路不清晰，做题时就不知道从哪里入手。平时勤于总结，考试时深入思考，有助于找到清晰的解题思路。只有思路清晰了，做题才会高效顺畅。

学霸来支着儿

Step 1 梳理条件，抓住关键信息

通过审题，对题目中列出的具体条件有了基本的了解，接下来就要认真地对这些条件进行梳理，题目考查的是哪些知识点，即涉及的知识有哪些。弄清楚这些，才能根据出题的目的，进行知识的归纳、总结和推导。

科目	考查知识点
语文	字词用法、句子分析、文章解读、写作要素等
数学	概念、公式、性质、定理等
英语	单词、短语、时态、语法等

Step 2 找准答题思路

这一步，需要确定从哪里下手，解答题目的切入点是什么，具体的解题过程是怎样的。如根据已知条件怎么才能推导出目标答案，知识点如何使用，老师讲过的解题思路如何变化才能解决当前的问题，等等。

Step 3 按照思路一步一步完成题目要求

考试时，即使是一些难题、怪题，只能先确定一部分答题思路，也要依照基本的思路把具体的步骤一步一步都写出来，要通过答题过程把自己的思路体现出来。也许一些之前没解决的题会通过一步步地书写或计算激发出新的解题灵感。即使一些题实在太难，不能完全答出，但只要思路没错，前面在做题时展现出来的思考过程，也会得一些分。

Step 4 保证每一次落笔都准确无误

每一次落笔都要认真，比如易混淆数字和字母的书写、笔画多的字的书写、容易写错的数字或文字的书写，从一开始就保证正确。写的时候注意力要高度集中，从而让书写更迅速、更高效。

本节要点回顾

⭐ 任何一道题都要认真对待，不忽视考试时的每一个得分点，养成良好的答题习惯，这是考高分的关键。

⭐ 如果对类型题的基本套路成竹在胸，那在考试时就可以灵活迅速地确定解题的具体思路，这可以大大提高考试时的做题效率。

追风小二班
明天就要考试了，提醒大家检查自己的考试用品。
多谢提醒，都准备齐了。
米小咪，你的准考证号千万要记好。
多谢小糖提醒，这次我把它贴到桌子上了，肯定不会再写错了。
上次的错误可不要再犯了。
收到大家的提醒，谢谢大家，祝大家考试顺利！

节奏很重要，答题有顺序

临近考试，无论是心理上还是知识上的准备都要做好，当然也不能缺少必备的考试用品。如果这些事情都准备好了，那就要打起十二分的精神，努力迎接即将到来考试。

考场上，拿到试卷的第一步是干什么？准备先做哪些题，再做哪些题？能不能在规定时间内做完所有题，是否心中有数？

"郭小果，你有什么事情？"监考老师看到座位上的郭小果举着手，问道。

郭小果回答："报告老师，我的卷子 上没有作文。"

监考老师惊讶地说："啊？你先坐在那儿别动，我过去看看。"

走过去一看，发现郭小果的卷子果然有问题，缺了最后一页。监考老师马上给郭小果换了一套卷子，然后又大声地对其他同学说："大家都认真检查一下自己的卷子再答题，看看有没有缺页的或其他问题。"

大家都翻看自己的卷子，确认没有问题后，才放心答题。

考完试后，米小咪走到郭小果面前说："幸好你做题之前认真检查一下，要不然可麻烦大了。"

郭小果也轻舒一口气说："这还是唐小糖教我的呢，以前我考试的时候，一发下卷子 就迫不及待地做题，总以为那样可以多争取一两分钟的做题时间。"

米小咪说："虽然今天我的卷子没问题，但是你在考试中遇到的这个问题 ，对我也起到了提醒作用。以前虽然常常听老师说做题之前先认真检查，可是我从来没当回事。"

唐小糖听到后说："这种事情确实很少发生，但是不能确保永远不会发生，花上一分钟时间 检查一下还是很有必要的。"

米小咪又说："小糖，之前你还提醒过我准备考试物品的事，谢谢你。不过我还想问问你，考试的时候还有哪些事值得注意？"

唐小糖听了笑着说："考试的时候，我们还要合理安排时间，根据自己平时的习惯形成适合自己的做题节奏。"

米小咪问："什么是做题节奏？"

唐小糖回答："简单地说，就是考试时先干什么、后干什么。"

米小咪不解地说："这有什么好讲究的，大家不都一样吗？不是都按照顺序做题吗？"

唐小糖说："这确实是考试做题的基本节奏，不过也不完全是这样。"

米小咪急切地说："快给我仔细讲一讲。"

虽然我们经常考试，可是很多同学从来没有考虑过做题节奏这回事。合理的做题顺序、稳定的做题节奏，会让我们在考试时更加从容自信，遇到问题也能迅速找到应对方法。

学霸来支着儿

Step 1 做题前认真检查试卷

考试时，拿到卷子以后不要急着动笔，先认真检查一遍试卷，检查内容如下：

是否缺页；

是否打印不清不全；

答题卡是否完整、清晰。

一旦发现问题，立刻向监考老师报告。

不要小看这一步，也不要以为这是耽误时间。要知道，一旦卷子或答题卡有问题，而我们又没有及时发现，那之后会带来很多麻烦，耽误的也不仅仅是这一点点时间。

认真检查试卷，确认没有任何问题，再认真书写自己的学号、姓名和班级，写完再确认一下，确保没有错误。

Step 2 合理分配时间，做到心中有数

开始答题前，除了检查卷子是否存在问题，还要迅速浏览一下，看看各种题型的题量和分值分配情况，这样，在考试时就会对各种题型花费的时间做到心中有数，也会在心里明确自己的做题节奏。以语文试卷为例，具体如下：

选择题共多少，每道题分值多少，大概要花多少时间；

填空题共多少，每道题分值多少，大概要花多少时间。

阅读理解题共多少，每道题分值多少，大概要花多少时间；

作文大概要花多少时间。

通常情况下，都是按照顺序做题，不过语文考试时，最好先花一分钟时间看一下作文的具体要求，但不要动笔，可以边做前面的题边构思。这样，等写作文的时候，就可以直接动笔了。

Step 3 先易后难

如果做题途中发现了不会做的题，那就要本着先易后难的原则进行。这样既不会耽误时间，也不会影响做题的心情、打乱做题的节奏。

Step4 做好标记，认真检查

在考试时，如果不确定某道题的答案，应该在试卷上做个标记，以便在有时间的情况下重新检查和重新做题。不过需要注意的是，如果检查时仍不确定正确答案，那就不要随意修改之前写的答案。

本节要点回顾

⭐ 每次考试都要总结经验，尽可能地优化自己的答题节奏，让自己按照最适合自己的节奏去答题。如果考试经验少，可以参考平时做题的节奏。

⭐ 准备充分，忙中有序，时间再紧张也不要慌乱。

书法老师让咱们班准备几幅作品去参加区里的联展。

我真想写一幅，可惜我写得太差，还是算了。

郭小果，你的书法很不错，你写吧。

那要给我几天时间。

怎么要那么久，明天老师就要。

你平常写一幅字用不了多久呀？

我平常是用不了多久，可是一听说要参加联展，我就有点紧张，我一紧张就容易写坏，考试的时候我也总是这样。

你这心理素质也太差了。

考试有技巧，尖子生都会

像郭小果一样的同学应该并不少，这些同学平常在放松状态下表现往往不错，可是一旦到了考试、比赛或其他重要时刻，就会因为压力太大而过于紧张，最后导致发挥不好。

唐小糖看着明显有两个黑眼圈的郭小果走进了教室，担忧地问她："你怎么了？ 昨天没睡 好吗？"

郭小果精神不济地回答："昨晚又失眠了。"

唐小糖关切地问："你最近总失眠吗？ 知道原因吗？"

郭小果说："还不是因为下周的期末考试！"

钱小强听到了说："一次考试而已，你怎么还会因此失眠。你换个角度想一想，考完试以后，我们就可以放寒假了！ 放寒假，我们就可以看电影、旅行、去游乐场，过年还有压岁钱，真是想想就美。"

看着钱小强开心的样子，郭小果羡慕极了，可她自己却做不到像钱小强这么洒脱，说："首先要把期末考试考好，放寒假才会觉得开心呀，如果考不好，我觉得连新年也会过得不快乐。"

唐小糖对郭小果说："一次考试并不能代表什么，不要让一次考试对自己产生太大的影响。再说，你平时复习得很认真，知识点如果都掌握了，就不要有太大压力了。太紧张反而会影响发挥。"

米小咪走过来说："我和郭小果的情况不一样，我倒是不会那么紧张，可是有一些题，为什么平时我做得还不错，可是考试的时候却总是会被扣分呢？"

鲁小路说："除了心态调整得不好，还会有其他一些问题导致不能发挥出正常水平，比如考试技巧不足，还有书写不规范等细节问题。"

钱小强急忙接过鲁小路的话说："我知道，我就属于书写不规范，因为写字潦草，我已经有过好几次惨痛的教训了，这次请大家监督，我一定要改。"

郭小果说："钱小强，你平时脑子反应很灵活，做题速度又快，考试的时候如果因为书写丢分就实在太可惜了。"然后她又对米小咪说："米小咪，其实我考试时不仅容易紧张，而且也会出现与你一样的问题，这些大概就是因为我们没有掌握应试技巧。"

米小咪点头回应道："你说得有道理，可是考试难道除了实力，还有技巧吗？"

唐小糖说："那当然了，考试前，我们都应该学习一些必要的技巧。"

如果你平时学习认真努力，但每次考试总是表现不佳，那么你需要认真思考问题出在哪里。可能是因为做题不够细心，也可能是因为还没完全掌握做题技巧，又或者是因为需要调整心态。总之，考试成绩的好坏自有原因。如果你想像学霸一样考试拿高分，可以参考下面的内容，并找出自己的问题所在，加以修正，确保以后不再犯。

学霸来支着儿

Step 1 做题的每个细节都要规范

做题的规范，包括走进考场之后的每一步操作，比如：检查卷子、书写姓名和考号以及认真审题等，因为规范才会减少出错，才能拿到能力范围之内的最高分。

除了做题前的一系列操作，做题时，还需从以下几方面努力做到规范：

书写要规范，字体大小适当，字迹清晰准确、工整好看；

答题步骤要规范，不要随便跳过重要步骤，否则即使答案正确也可能会丢掉相应的步骤分；

书写内容较多的主观题，一定要边写边检查，确保不多写一个字、不少写一个字、不写错一个字，语文和英语的作文尤其如此；

计算过程复杂的题，同样要边计算边检查，每一个符号、每一个数字和字母，都要认真检查，确保每一步都正确无误。

Step 2　一次做对

考试时不仅要审题认真，做题时更要细心，养成一次做对的习惯，会大大提高做题的效率，为后面的难题、大题节约时间。

Step 3　学科不同，技巧各异

语文作文的题目宁新毋滥——作文的题目要力求新颖，尤其不要写与材料内容重复的标题，一个让人眼前一亮的作文标题，是得高分的关键。

基础差的同学，在写作文或做其他主观题时，尽量写短句，这样不容易出错；基础好的同学，在不出错的基础上要尽可能地求新求美。

做数学题一下子找不到思路时，不妨试试画画图，也许能帮助你打开思路。

Step4　稳定的心理状态是决胜的关键

考场之上，有一些同学心理素质太差，由此影响了自己的正常发挥。比如：

看到题目很简单，就忍不住得意起来，放松警惕；看到题目很难，就立刻失去信心，顿时慌乱不已。

看到题目简单也不可轻率大意，因为对你来说容易的题目，对其他人来说往往也是如此，越是这种时候越要谨慎、细心，保证不丢掉任何一分。看到题目太难，也没必要惊慌失措，对你来说难的题目，对别人来说可能也一样，此时谁的心理素质更强，谁的发挥就更稳定。

总之，考场之上，无论题目简单还是困难，都不能大意，也不能太紧张，要尽可能平心静气地去做每一道题，充分发挥自己平时的水平，这对于每个人来说，就是一种成功。

本节要点回顾

⭐ 平时学习有方法，每逢考试有技巧，才能更好地应对学习和考试的挑战。

⭐ 学霸总是能稳居全年级前几名，这是因为他们不仅对知识掌握得很好，面对考试时的心理也很稳定。

⭐ 考试其实是平时学习能力的总结和体现，平时养成良好的心理状态和认真的做题习惯，任何一场考试对你来说都不难。